KB186805

壬 亂 捕 虜

# 임란포로,
# 끌려간 사람들의 이야기

저자 노성환

현재 울산대학교 일본어일본학과 교수로 재직 중이다. 계명대학교와 한국외국어대학교 대학원 졸업 후 일본 오사카대학 대학원에서 문학박사 학위를 취득했다. 미국 메릴랜드대학 방문교수, 일본 국제일본문화연구센터 객원연구원을 역임했으며, 주된 연구 분야는 신화, 역사 그리고 민속을 통한 한일비교문화론이다. 저서로는 『일본 속의 한국』(울산대학교출판부, 1994), 『한일왕권신화』(울산대학교출판부, 1995), 『술과 밥』(울산대학교출판부, 1996), 『젓가락 사이로 본 일본문화』(교보문고, 1997), 『일본신화의 연구』(보고사, 2002), 『동아시아의 사후결혼』(울산대학교출판부, 2007), 『고사기』(민속원, 2009), 『일본의 민속생활』(민속원, 2009), 『일본신화와 고대한국』(민속원, 2010), 『오동도 토끼설화의 세계성』(민속원, 2010), 『일본신화에 나타난 신라인의 전승』(민속원, 2014), 『임란포로, 일본의 신이 되다』(민속원, 2014) 등이 있고, 역서로는 『일본의 고사기』 상, 중, 하(예전사), 『조선의 귀신』(민음사, 1990), 『고대한국과 일본불교』(울산대학교출판부, 1996), 『불교의 기원』〈일본출판〉(法藏館, 1997) 등이 있다.

# 임란포로, 끌려간 사람들의 이야기

초판발행   2015년  10월  24일
2쇄발행   2016년  09월  12일

저  자  노성환
발행인  윤석현
발행처  박문사
등  록  제2009-11호

주  소  서울시 도봉구 우이천로 353 성주빌딩 3F
전  화  (02) 992-3253 (대)
전  송  (02) 991-1285

전자우편  bakmunsa@daum.net
홈페이지  http://www.jncbms.co.kr
편    집  최현아
책임편집  김선은

ⓒ 노성환, 2016. Printed in KOREA.

ISBN 978-89-98468-72-9  93380          정가 37,000원

壬 亂 捕 虜

# 임란포로,
# 끌려간 사람들의 이야기

노성환 저

박문사

필자는 오랫동안 민속학 연구를 위해 한국과 일본을 오갔다. 때로는 신화로, 때로는 세시민속과 민간신앙으로 양국을 오고 가곤 하는 동안 임진왜란에 관심을 가지게 되었다. 임진왜란은 누구나 다 알다시피 1592년 일본의 도요토미 히데요시가 일으킨 전쟁이다. 이것으로 말미암아 한국과 일본은 물론, 중국까지 휘말린 그야말로 동아시아의 전쟁이었다.

그러한 전쟁에 일본의 민속문화를 연구하는 필자가 관심을 가지게된 것은 일본 곳곳에서 일본군에 잡혀 일본으로 끌려가 일본에서 살다가 죽은 조선인들에 관한 이야기를 너무나 쉽게 접할 수 있었기 때문이다. 특히 일본유학 시절 지도교수 부인의 선조가 규슈九州에서 활약했던 조선도공이었고, 또 몇 해 전 일본민속학회 회장을 역임한 모 교수의선조 또한 시마네島根에서 그릇을 구웠던 조선도공이었다는 사실을 직접 들었을 때 적지 않은 충격이었다. 이처럼 나의 지근에도 피랍된 조선인의 후예들이 있었던 것이다. 이러한 현상은 규슈를 포함한 서일본西日本 지역에서 더욱 두드러지게 나타난다. 일설에 의하면 조선인 피랍자의 수가 10만여 명에 이른다고 한다. 그렇다면 오늘날 일본에 살아가는 일본 사람들 가운데 한국인의 피가 흐르지 않는 사람이 오히려 적을것이다.

지금까지 국내에서 진행된 임진왜란의 연구를 돌이켜 보면, 임란이 우리 민족에게는 엄청난 시련을 가져다주었지만, 결코 패배한 전쟁이 아니었다는 것에 초점이 맞추어져 있다는 느낌을 시울 수 없다. 그 결과 이순신과 같은 전쟁 영웅, 그리고 곽재우와 같은 의병들의 투쟁에 관한 연구가 많았다. 그에 비해 피랍인에 관한 연구는 턱없이 부족하다. 가령 있다 하더라도 당시 조정의 포로쇄환을 위한 노력과 성과이거나, 아니면 일본에서 돌아온 사람(지식인)들이 남긴 기록에 관한 연구가 중심을 이루고 있다.

이러한 경향이 최근에 들어 일본 전문 연구가들에 의해 새로운 변화가 일어나고 있다. 이들은 일본에서 직접 유학한 경험을 가지고 있는 사람들이다. 그러므로 일본 문헌을 자유자재로 읽을 수 있는 능력을 가지고 있어서 그들은 지금까지 우리들에게 알려져 있지 않은 일본 문헌에 관한 조사와 분석이 얼마든지 가능한 장점을 가지고 있다. 그럼에도 불구하고 그들 또한 조선인 피랍자에 관한 관심은 그다지 높지 않다.

이들은 임란포로 가운데 일본문화에 커다란 공헌을 한 위대한 인물을 부각시키는 작업을 하는 한편, 또 어떤 이는 임란이 일본문학에 어떠한 영향을 끼쳤는지 구체적인 사례를 찾아내어 상세히 분석하기도 했다. 물론 이러한 작업이 착실히 진행되는 동안 국내외의 숨겨진 자료들이 새롭게 발굴되고, 그에 이어 분석이 이루어짐에 따라 임란에 관한 자세한 정보가 제공될 것이다. 그러므로 이들 작업 또한 임란연구에 있어서 매우 중요한 의미를 가지고 있다고 하지 않을 수 없다.

그러나 이상의 연구에서 한 가지 유감스러운 것은 돌아오지 못한 조선 피랍인에 대한 관심과 연구는 좀처럼 진행되지 않고 있다는 점이다. 이러한 상황은 일본도 마찬가지이다. 극단적인 표현을 하자면 한일 양국은 모두 그들을 버린 셈이다. 이들 가운데는 싸우다가 적군에 잡힌 병사들은 물론 철도 들지 않은 어린 소년과 소녀, 그리고 연약한 아녀자와 노인네들도 있었다. 또 그중에는 그릇을 굽는 도공, 기와를 만드는 와공 및 다양한 기술을 가진 사람들도 있었다. 그중에서 가장 필자의 마음을 아프게 한 것은 '조선녀', '조선국녀', '고려관녀'라는 이름이 새겨진 조선 여인들의 묘비를 보았을 때의 일이다. 그들은 자신의 이름을 가지지 못하고, 태어난 고국이 곧 자신의 이름이 되어 묻힌 무명의 사람들이다. 냉정하게 생각하면 그들은 나라가 지켜주지 못함으로써 생겨난 불쌍한 백성들이었다.

우리가 이러한 사실을 잊어버리고 방치해 둔다면 이들은 얼마나 억울할 것인가? 이 책은 가능한 한 일본 지역에 묻혀 있는 조선인 피랍자들을 발굴하여 그들의 이야기를 오늘에 사는 우리들에게 전달하는 데 목적이 있다. 다시 말하여 필자가 무당이 되어 그들이 잃어버렸던 이름과 얼굴 그리고 목소리를 찾아주어, 필자를 통하여 세상에 자신들의 이야기를 하게끔 하는 것이다. 가능하다면 그들 모두를 살려내고 싶다. 민속학 자체가 서민들의 삶과 문화를 연구대상으로 삼고 있기 때문에 결코 이러한 작업이 민속학과도 무관한 것이 아니라고 생각한다.

이러한 작업을 진행하기 위해서는 일본 각 지역에 남겨진 흔적들에 관하여 끈질기게 추적해야 했다. 여기에 좋은 길잡이가 되어 준 연구가 일본인 나이토 슌보內藤雋輔 씨와 재일 언론인이자 연구자이기도 한 윤달세尹達世 씨의 작업이었다. 이 책은 이들이 한 작업을 토대로 필자의 현장답사와 각 지역의 향토사가들로부터 얻은 자료들을 지역별로 정리한 결과물로 보아도 크게 틀리지 않다. 이미 고인이 되었지만, 이 두 분에게 커다란 감사를 드리지 않을 수 없다.

끝으로 이 책이 나오기까지 여러분들께 많은 신세를 졌다. 시코쿠 지역을 조사할 때 교통편이 없는 나에게 기꺼이 발이 되어 준 에히메 대학의 무라카미 가즈히로村上和弘 교수와 시미즈 후미토清水史 교수, 고치高知의 자료를 아낌없이 제공해준 고치 현립 역사민속자료관高知縣立歷史民俗資料館의 우메노 미쓰유키梅野光興 전문학예사 등의 도움은 실로 컸다. 그리고 산인山陰 지역을 조사할 때는 하기 시萩市에 사는 오카 히로시岡弘 씨에게도 큰 신세를 졌다. 이 분들께도 심심한 감사를 드린다. 또 어려운 출판 사정에도 불구하고 보잘것없는 원고를 맡아 훌륭하게 한 권의 책으로 엮어 준 박문사의 윤석현 사장과 편집부 여러분들께도 감사를 드린다.

2015년 9월 문수산 자락 연구실에서

노 성 환

## 【 목차 】

11

제1장

후쿠오카 지역의
임란포로

## 1. 머리말

역사학자 이원순은 임진왜란을 노예전쟁이라고 규정한 적이 있다.[1] 이는 수많은 조선인들이 일본군의 포로가 되어 일본으로 끌려가 노예와 같은 생활을 한 경우가 많기 때문일 것이다. 도요토미 히데요시豊臣秀吉 (1537~1598)가 일으킨 임란과 정유의 왜란 때 조선으로 출병한 일본의 영주大名들은 전쟁을 수행하면서 조선인들을 사로잡아 노예로 끌고 가는 일에는 예외가 없었다. 그러므로 그들의 지배영지에는 조선포로들에 관한 흔적이 남아 있기 마련이다.

후쿠오카 현福岡縣에도 임진과 정유의 왜란 때 군사를 이끌고 조선으

---

1 이원순, 「임진·정유왜란 시의 조선인 포로·노예 문제 −임란성격 일모−」, 『조선시대사논집』 (느티나무, 1993), p.38.

도요토미 히데요시

로 출병한 영주들이 많았다. 그 대표적인 예로 나카쓰中津의 구로다 나
가마사黒田長政(1568~1623), 고쿠라小倉의 모리 요시나리毛利吉成(?~1611)
와 그의 아들 요시마사毛利吉政(?~1615), 지쿠젠筑前의 고바야카와 다카
카게小早川隆景(1533~1597), 구루메久留女의 고바야카와 히데가네小早川秀包
(1567~1601), 야나가와柳川의 다치바나 무네시게立花宗茂(1567~1643), 오
무다大牟田의 다카하시 나오쓰구高橋直次(1572~1617), 야메八女의 쓰쿠시
히로가도筑紫広門(1556~1623) 등을 들 수 있다. 그러므로 이 지역들에는
당연히 강제로 연행된 조선인 포로들이 많이 있었을 것이다.

　최근 임란포로에 관한 관심이 높아져, 그에 관한 연구도 조금씩 진행
되고 있다. 그로 인해 일본에 남은 포로들의 실태가 조금씩 밝혀지고
있다. 그런데 이상하게도 후쿠오카 현의 조선포로에 관한 연구는 대부

분 도자기를 생산하는 도공들이 중심을 이루고 있다. 이 지역의 포로들 가운데 도공들만 있는 것이 아님에도 불구하고 도공이 아닌 일반인들에 관한 연구는 물론 기본적인 자료조차 소개되고 있지 않은 것이다.

　그러한 가운데 최근 일본의 핫토리 히데오服部英雄는 후쿠오카의 당인정唐人町을 임란포로에 의해 형성된 마을이라고 소개했고,[2] 그에 이어 한국의 윤유숙도 핫토리와 같은 입장에서 후쿠오카의 당인정을 조선인 마을이라고 간략하게 소개했다.[3] 이들의 글이 가지는 한 가지 특징은 당인정의 유래 혹은 한 인물에 관심이 치우친 나머지, 그곳에 사는 사람들에게는 관심을 보이지 않는다는 데 있다. 따라서 이들의 연구가 후쿠오카의 낭인성이 임란포로에 의해 형성된 마을이라는 사실을 일깨워주는 의의를 가지는 반면 후쿠오카 시福岡市를 포함한 후쿠오카 현에 어떠한 조선포로들이 있었는가에 대한 궁금증을 해결해 주지는 못한다.

　지난 2009년 7월 11일 KBS가 역사스페셜을 통하여 후쿠오카에서 생애를 마감한 조선포로 출신 '일연'이라는 승려를 선조의 손자이며, 임해군의 장자로 소개한 적이 있다. 이로 말미암아 후쿠오카의 조선포로에 관한 관심이 더욱 높아지는 계기가 되었다.

　이에 본 장에서는 고국에 돌아오지 못하고 후쿠오카 현에 남아야 했던 조선포로들 가운데 도공이 아닌 일반적인 포로들에 대해 살펴보고 그들이 이곳에서 어떠한 자취를 남기고 있는지 그 흔적들을 추적 조사해 보고자 한다. 이러한 작업을 효과적으로 수행하기 위해서는 먼저 포

---

2　服部英雄, 「前近代のチャイナタウン.コリアタウン」, 『동북아세아문화학회 국제학술대회 발표자료집』(동북아세아문화학회, 2008), p.8.
3　윤유숙, 「근세초 서일본 지역 조선인 집단 거주지」, 『사총』 68(역사학연구회, 2009), p.112.

로들을 쇄환하기 위하여 파견된 사절단의 기록을 통하여 후쿠오카 지역의 포로쇄환 상태를 알아보고 난 나음, 시역의 사료와 문헌들을 통하여 고국에 돌아오지 못하고 이 지역에 남은 포로들의 흔적을 찾아내고자 한다.

후쿠오카 지역은 규슈 북부에 위치한 지역으로 고대로부터 지금에 이르기까지 한반도와 일본열도를 연결하는 데 중요한 역할을 해 온 곳이다. 그러므로 이 지역에 남은 조선포로들에 대해 살펴보는 작업도 나름대로 의의가 있다고 하겠다. 본 장의 주된 목적은 이 지역에 남은 임란(정유)포로들을 한 명이라도 더 찾아내는 데 있다. 그러므로 이 작업은 이론적인 분석이 아니라, 연구에 필요한 기초자료를 수집하는 일과도 같다고 할 수 있다. 이러한 과정 없이는 임란포로에 관한 문제를 심도 있게 다룰 수가 없기 때문이다. 그리고 전쟁(임란)을 통한 인적 물적 이동에 관한 연구가 본 궤도에 오르기 위해서는 반드시 이루어져야 하는 가장 기초적이고 중요한 일차적인 작업이 아닐 수 없다. 이러한 의미에서 본 장의 작업은 관련 연구의 초석을 놓기 위한 준비 작업이라 할 수 있을 것이다.


## 2. 사행록에 나타난 후쿠오카 현의 조선인 포로

임란 직후 조선정부는 조선인 포로들을 고국으로 송환하기 위해 3차례(1607년, 1617년, 1624년)나 회답겸 쇄환사를 파견했다. 이들이 남긴 기록 가운데 후쿠오카 현의 조선포로에 관한 기사는 1607년의 사행록에 장희춘의 『해동기海東記』, 경섬의 『해사록海槎錄』이 있고, 1617년의 사행록에는 이경직의 『부상록扶桑錄』, 오윤겸의 『동사상일록東槎上日錄』
이 있으며, 1624년의 사행록에는 강홍중의 『동사록東槎錄』 등이 있다.
먼저 이러한 사료를 단서로 후쿠오카 현의 조선포로에 대해서 살펴보기
로 하자.

1607년 조선은 포로쇄환을 위해 경섬 등을 일본으로 파견했다. 같은
해 3월 24일 일행은 현재 시모노세키下關인 아카마세키赤間關에 머물렀
다. 그 일행 가운데 한 사람인 장희춘이 쓴 『해동기』에 의하면 일행은
팔번궁八幡宮을 찾았을 때 고쿠라小倉에 살고 있는 한 조선 여인을 만난
다. 그녀는 창원기생 옥경玉鏡이라는 여인으로, 정유재란 때 포로가 되
어 규슈 각지에 팔려 다니다가 고쿠라에 머물게 되었는데, 조선에서 사
신들이 온다는 소식을 듣고 찾아왔다는 것이었다. 이를 들은 일행은 귀
로에 데리고 가겠다고 약속을 했다.[4]

이처럼 고쿠라에는 조선인 포로들이 많이 살고 있었을 가능성이 높
다. 아니나 다를까 일행들이 막부의 쇼군을 만나고 귀국길에 올라 그
해 6월 18일 아카마세키에 다시 들러 머무르고 있었을 때 고쿠라의 영
주 호소카와 다다오키細川忠興(1563~1646)가 사람을 보내 소, 돼지, 음식
등의 물건과 함께 포로인 40여 명을 보내왔다. 그러자 이에 힘입어 사
절단은 최의길, 나대남을 고쿠라로 보내어 다다오키를 만나 쇄환방법에
대해 논의한 끝에 100여 명의 포로를 얻었으며, 그중 40여 명을 먼저
데리고 왔고, 그 나머지는 나대남 등이 남아서 모두 쇄환하기로 했다는
기록을 경섬의 『해사록』에서 확인할 수 있다.[5] 이처럼 고쿠라의 다다오

---

4 김용기, 「임진왜란의 피로인 쇄환관계 신자료 〈해동기〉고」, 『대구사학』1(대구사학회,
  1969), pp.13~14.
5 경섬, 「해사록」, 『고전국역총서 해행총재』3(민족문화추진회, 1989), pp.322~323.

키는 조선 측의 포로쇄환 노력에 비교적 호의적이었다. 그 덕분에 고쿠라 지역에 머무는 조선인 포로 140여 명을 데리고 올 수 있었다.

하카다博多의 구로다 나가마사黑田長政도 협조적이었다. 조선사절단은 아카마세키를 떠나 아이노시마相島에 머무를 때 나가마사로부터 하카다에 있는 포로 100여 명을 보내주겠다는 전갈을 받았고, 사절단의 일행이 잇키노시마壹岐島에 도착하였을 때 약속대로 진주 유생 강이를 비롯한 120여 명을 보내 주었다.[6] 그뿐만이 아니다. 히로시마에 포로로 가 있던 강사준을 비롯한 80여 명이 영주에게서 해방되어 배를 빌려 귀국하다가 하카다에 도착하자마자 군졸에게 붙잡혔다. 나가마사 앞에 끌려갔을 때 자초지종 이야기를 하자 나가마사는 "만약 그렇다면 가진 것을 모두 빼앗고 가두어서는 안 된다. 이곳에 인솔해 온 자들을 배에 태워라." 하고 이들을 해방시켜 주었다.[7] 이처럼 그는 포로쇄환에 비교적 적극적이었다.

이처럼 후쿠오카 현의 영주(대명)들 가운데 하카다의 구로다와 고쿠라의 호소카와는 포로쇄환에 협조적이었지만, 다른 지역의 영주들은 포로들을 모집하여 보내왔다는 기록이 없는 것으로 보아 그다지 협조적이지 않았던 것 같다. 이는 바꾸어 말한다면 기본적으로 당시 영주들은 포로들을 보내고 싶지 않다는 것을 의미한다. 하카다의 나가마사와 고쿠라의 호소카와가 포로송환에 협조적이었던 것도 인도적 차원에서 나온 것이 아니라 자신들의 영지가 조선사절단이 지나가는 길목에 위치해 있었기 때문에 어쩔 수 없이 응하는 부분도 있었다.

그러한 예가 오윤겸의 『동사상일록』에도 보인다. 호소카와가 지난번

6 경섬, 앞의 책, pp.323~325.
7 『선조실록』(선조 34년 4월 18일 조).

에 포로들을 쇄환한 것에 대해 후회하여 포로쇄환을 허락하지 않는다는 것이다.[8] 이처럼 영주들이 포로쇄환에 응한 것은 그들의 진심이 아니었던 것이다. 그러므로 이들 지역에 고국으로 돌아가고 싶어도 돌아가지 못한 포로들이 얼마든지 있을 수 있다. 그 같은 사례를 1617년 그리고 1624년의 사절단 기록에서도 다음과 같이 확인할 수 있다.

1617년의 사절단도 회답겸 쇄환사였다. 즉, 포로쇄환이 주된 목적이었던 것이다. 이들이 8월 3일 후쿠오카 현의 아이노시마藍島에 머물고 있을 때 두 명의 조선인 포로들과 만나게 된다. 한 사람은 작은 종이쪽지에다 "바닷길을 평안히 건너오셨는지, 어사를 공괘하느라 또한 수고하겠소. 20년 이래 소식이 없었는데, 서로 만나 서로 대해도 말을 다 못하오. 국하충신은 씀"이라 쓰고, 그것을 조선의 군관들이 있는 배 위에 던졌다. 이에 조선사절단이 그를 만나려고 하자 일본 측이 가로막아 서로 만나지 못하게 했다. 이에 조선 측은 "그의 거주지와 성명을 묻고 싶었으나 또한 할 수 없으니 지극히 통분스러웠다. 곧 군관 등을 시켜 답서를 만들어 부쳐주되, 조정에서 쇄환할 뜻으로 선유한 것을 말해 주어 여러 사람들을 소모해놓고 돌아갈 때를 기다리도록 하였다."라고 했다.[9]

이처럼 이 지역의 조선인 포로들이 다 송환된 것이 아니다. 이들이 고국의 사절단을 만나려고 하였을 때 접근조차 하지 못하도록 했다. 그러므로 잔류 포로들이 고국에서 온 사절단을 만나는 일은 어쩌면 목숨을 걸어야 하는 행동이었을 수도 있다. 이 자는 시로 자신의 의사를 표현할 정도로 지식계층의 양반이었을 것으로 추정되며, 그 후에 귀국하였는지는 기록이 없어 분명치 않다.

8 오윤겸, 「동사상일록」, 『고전국역총서 해행총재』 2(민족문화추진회, 1989), p.382.
9 이경직, 「부상록」, 『고전국역총서 해행총재』 3(민족문화추진회, 1989), p.44.

이들 사절단은 그곳에서 또 한 명의 조선포로를 만난다. 그는 여성으로 사절단에 접근하기 힘들었는지 언문편지를 써서 하인들이 있는 곳에 던졌다. 그 편지의 내용을 소개하면 다음과 같다.

조선국 전라도 순창 남산 뒤에 살던 권목사의 손녀이며, 아버지는 권백이었습니다. 외조부는 정유년(1597년)에 용안현감으로 있었습니다. 첩의 나이가 열다섯일 때 포로가 되어 와서 이 고을 태수와 친근한 왜노의 여종이 되었습니다. 이 고을 이름은 바로 지구전至久前인데, 이곳에서 가장 귀한 것은 호피이니, 만약 한 장만 얻으면 제대로 팔아서 돌아갈 수 있습니다. 비록 그렇게 되지 못하더라도 이 고을 태수에게 말을 할 것 같으면 반드시 놓아주어 돌아가도록 할 것입니다. 첩은 살아 돌아가 고향에서 죽으려고 생각하여, 남들은 모두 시집을 갔으나 저는 홀로 살고 있습니다. 이번에 우리나라 사신이 오다는 것을 듣고 구제될 길이 있기를 바라며 감히 이렇게 앙달합니다.[10]

여기에서 보듯이 그녀는 순창 권목사의 손녀이며, 권백의 딸이다. 그리고 외조부는 용안현감을 지낼 만큼 양반 출신 여인이었다. 그러한 그녀가 15살 때 일본군에 연행되어 지구전至久前의 태수와 가까운 일본인의 하녀로 있었다. 지구전이란 지쿠젠筑前, 즉, 후쿠오카 지역을 가리키는 우리나라식 한자표기이다. 그러므로 그녀는 후쿠오카에 살면서 조선사절단을 만나기 위해 일부러 배를 타고 아이노시마까지 간 것이었다. 이것 또한 목숨을 건 행위였다. 조선사절단은 이러한 그녀를 만나

10 이경직, 앞의 책, pp.44~45.

려고 했지만 일본 측은 경계하며 만나게도 해 주지 않았다. 이경직은 그녀의 나이가 35세[11]라 하니 무릇 20년이나 일본에서 시간을 보낸 사람이었다.

그런데 위의 문장에서 주목할 만한 사항이 하나 있다. 그것은 다름 아닌 그녀가 풀려나는 데는 호피 한 장이 필요하다는 말이다. 즉, 이것은 포로쇄환이 그냥 되는 것이 아니라 그들을 데리고 있는 주왜主倭(일본인 주인)에게 그에 상응하는 대가를 치르면 풀려난다는 것을 의미한다. 그녀 또한 그 후 사절단을 따라 귀국하였는지 알 수 없다. 그러나 아이노시마에서 만났던 이상 두 사람을 통하여 우리가 알 수 있는 것은 1607년 포로송환 이후에도 돌아오지 못한 조선포로들이 여전히 많이 있었다는 사실이다.

그러한 사실은 1624년에 갔던 사절단의 기록에서도 나타난다. 이들도 다른 여느 때와 같이 그해 10월 25일에 아이노시마에 들렀다. 그때에도 예기치 않게 조선포로 두 명을 그곳에서 만나는 사건이 일어났다. 그들도 엄중한 감시망을 뚫고 접근한 것이다. 한 명은 여성으로 강진 백성의 딸로 정유년에 6살 된 아들과 함께 포로가 된 사람이며, 배를 빌려 타고 찾아왔다고 하는 것[12]으로 보아 이 섬에 살고 있는 것이 아니라 후쿠오카 지역에서 살고 있었음을 알 수 있다.

그에 비해 또 다른 한 명은 김해의 양반출신 남성으로 사절단이 머무는 아이노시마에 살고 있었다. 그는 "사로 잡혀 와 이 섬에 살고 있는데, 본국으로 돌아가려 하나 탈출할 기회가 없소. 행차가 돌아갈 때에 마땅히 따라 가겠으니, 그때 하인을 시켜 여염 가운데서 외치기를 '사로잡혀

---

11 이경직, 앞의 책, pp.44~45.
12 강홍중, 「동사록」, 『고전국역총서 해행총재』 3(민족문화추진회, 1989), p.189.

온 사람으로 본국에 돌아가려는 자가 있으면 모두 즉시 나와라'고 하면 마땅히 죽음을 무릅쓰고 도망해 오겠소.'[13] 하고 말하고 있는 것으로 미루어 보아 조선포로들의 탈출에 대한 일본 측(주인)의 감시가 얼마나 심했는지 알 수 있다.

그런데 앞서 보았던 아들과 함께 나타났던 여인이 한 말 가운데 "사로잡혀 온 사람으로 나와 같이 있는 자가 한 부락을 이루고 있는데, 모두 돌아가려 해도 되지 못하니, 내가 미리 알려 두었다가 같이 오겠습니다."라고 한 말이 있다.[14] 이를 토대로 추정해 보면 조선포로들이 한곳에 집단을 이루고 살고 있으며, 귀국하고 싶어도 귀국할 방도가 없어 일본에 살고 있는 사람이 많았다는 사실을 알 수 있다.

이를 뒷받침하듯 그때 조선사절단과 함께 있었던 한 왜인은 조그마한 종이 쪽지에 글을 써서 "명감明鑑에 살고 있는 자가 매우 많은데, 만약 관백의 허락을 얻는다면 모두 나갈 수 있습니다."라고 하였다.[15] 여기서 말하는 명감이란 어디를 가리키는 것인지 명확하지 않다. 왜냐하면 그러한 지명이 보이지 않기 때문이다.

그러나 그곳은 지쿠젠의 명도名島일 가능성이 매우 높다. 그 이유는 그것을 한국어로 읽었을 때 '명'이란 발음의 글자가 공통적으로 들어가 있고, 또 명도는 6군을 이끌었던 고바야카와小早川의 본거지가 바로 그곳이며, 또 그들이 패퇴하면서 포로들을 데리고 가서 자신의 영지 내에서 집단적으로 살게 하였을 가능성이 매우 높기 때문이다. 그러한 추정이 맞다면 후쿠오카에는 조선인의 집단거주지가 있었을 것이다.

13 강홍중, 앞의 책, p.189.
14 강홍중, 앞의 책, p.189.
15 강홍중, 앞의 책, pp.189~190.

그들은 집단을 이루고 살았지만 행동이 자유롭지 못했다. 더구나 고국으로 돌아가려면 주왜로부터 벗어나야 하고, 또 이를 금전적으로 해결하지 못할 경우에는 일본 지배자인 쇼군(관백)으로부터 명령과 허락이 있어야 했다. 즉, 정치외교적인 방법이 아니면 앞의 여인처럼 경제적인 대가를 치러야 비로소 그들을 송환할 수 있었던 것이다.

이와 같이 일본으로 잡혀간 포로들을 송환하는 것은 결코 쉬운 일이 아니었다. 따라서 고국으로 돌아오지 못하고 일본 후쿠오카 현에 남은 조선인들이 많았을 것이다. 이러한 사례들을 지역의 문헌자료에서 찾아서 각각 살펴보기로 하자.

## 3. 후쿠오카 시福岡市의 조선포로

후쿠오카는 규슈의 최대 중심도시로 임란 당시 이곳은 고바야카와 다카카게의 영지였으나, 그 이후 구로다 나가마사의 영지가 된 곳이다. 특히 구로다는 앞에서 말한 바와 같이 포로쇄환에 협조적이었다. 1607년에도 많은 사람들을 보내 주었지만, 1617년에도 포로 21명을 배를 태워 아이노시마에 머물고 있는 조선사절단에게 보내어 주었다.[16]

이처럼 나가마사는 포로쇄환에 있어서 매우 호의적이었지만, 그렇다고 해서 그의 영지 내의 조선포로들이 모두 귀국한 것은 아니다. 여러 가지 사정으로 인하여 돌아오지 못하고 그곳에서 남은 사람들도 적지 않았을 것이다. 이같이 돌아오지 못한 임란포로의 흔적을 후쿠오카에서

---

16 오윤겸, 앞의 책, p.384.

찾을 수 없을까? 이들 대부분이 일본인의 깊은 관심을 끌만한 대상이 아니었기 때문에 역사적인 사료에 나타나지 않는다. 그러나 그들의 흔적이 전혀 드러나지 않는 것은 아니다. 때로는 지명으로 나타나고, 때로는 일본인들도 잊지 못할 만큼 강한 인상을 남긴 인물로 나타난다. 지명으로는 당인정唐人町, 인명으로는 금용사金龍寺의 묘청妙淸과 묘안사妙安寺의 일연日延 그리고 안양원安養院의 심예心譽 등을 꼽을 수 있을 것이다. 이들에 대해 구체적으로 살펴보기로 하자.

### 3.1. 후쿠오카의 당인정唐人町

후쿠오카에는 당인정이라는 매우 특이한 이름을 가진 동네가 있다. 그곳은 후쿠오카 성 아래 오오보리大濠의 북측에 위치해 있는데, 얼핏 보아 중국인들이 사는 차이나타운으로 생각하기 쉽다. 그러나 그것은 사실이 아니다. 후쿠오카의 국학자 가이바라 에키켄貝原益軒(1630~1714)이 1688년에 지은 『축전국속풍토기筑前國續風土記』와 가토 이치쥰加藤一純(1721~1793), 다카토리 지카시게鷹取周成(1735~1807)가 공동으로 쓴 『축전국속풍토기부록筑前國續風土記附錄』에 의하면 "이 마을은 최초로 고려인들이 살았기 때문에 그러한 이름이 붙여졌다."라고 하였을 뿐 구체적인 언급이 없다.[17] 그러나 『축양기筑陽記』에는 문록(임란), 경장(정유)의 역(왜란) 때 포로가 된 조선인들을 살게 했던 곳이라고 설명하고 있다.[18] 이처럼 이 마을은 고바야카와 혹은 구로다에 의해 연행된 조선인들이 살게 되면서 시작된 마을임을 알 수 있다.

---

17 加藤一純·鷹取周成, 『筑前國續風土記附錄』上(文獻出版, 1977), p.63.
18 服部英雄, 앞의 논문, p.8.

당인정에 조선인들이 몇 명이나 살았는지, 또 그들이 어떤 직업을 가지고 있었는지는 기록이 없어 알기 어렵다. 그러나 1814년경에 성립된 『축전국속풍토기습유筑前國續風土記拾遺』에 이곳 사람들의 오본御盆[19]에 대해 설명하고 있는데, 일본인들은 일반적으로 7월 15일에 행하는 반면, 이곳 사람들은 오본공양을 그보다 조금 늦은 7월 19일과 20일 양일간 행하며 등롱을 밝히는데, 사람들은 이를 당인들을 공양하기 위한 것이라고 했다고 한다. 그 당인들의 자손이라 하며 동네에 살고 있는 사람도 있으나, 서류가 없기 때문에 알 수 없다고 했다. 즉, 이미 이 시기에 당인정에는 조선인과 일본인들이 구분 없이 살고 있었다는 것이다. 이같이 당인정은 임란과 정유의 왜란을 통하여 포로가 되어 일본으로 건너간 조선인들이 집단을 이루며 살던 것에서 생겨난 지명이었다.

## 3.2. 묘안사와 향정사의 일연

이러한 당인정에는 조선인에 의해 세워진 묘안사妙安寺라는 사찰이 있었다. 이 절을 세운 일연상인日延上人도 임란 때 가토 기요마사加藤淸正(1562~1611) 군대의 포로가 되어 일본으로 잡혀간 조선인이었다. 앞에서 본 『축전국속풍토기부록筑前國續風土記附錄』에 의하면 그는 7살 때 누이와 함께 포로가 되었으며, 그 누이는 우키다 히데이에宇喜多秀家(1572~1655)의 가신인 도가와 다쓰야스戶川達安(1567~1628)의 측실이 되었다 한다.[20] 그리고 자신은 하카다博多의 법성사法性寺에서 출가했다. 그는 훗날 교토

---

19 정월과 함께 일본 최대의 명절이다. 과거에는 우라본盂蘭盆 또는 우라본에盂蘭盆會라는 이름으로 음력 7월 15일에 지내다가 1873년 일본에 공식적으로 양력이 도입되면서 양력 8월 15일을 오본으로 정하여 현재까지 이어지고 있다.
20 加藤一純・鷹取周成, 앞의 책, p.82.

본국사本國寺의 단림檀林에서 3년간 수행하였으며, 19세가 되던 해에는 시모후사下總의 반고단림飯高檀林에 들어가 수행했다. 그리고 39세가 되었을 때 종조 일련日蓮의 탄생지에 건립된 탄생사誕生寺의 제18대 주지직이라는 중요한 직책을 맡았다. 그 때 아와安房의 용잠사龍潛寺, 에도의 원진사圓眞寺, 각림사覺林寺 등을 창건했다.

1630년(寬永7) 2월 에도 성江戸城에서 수불시受不施를 주장하는 신연산身延山 구원사久遠寺와 불수불시不受不施를 주장하는 이케가미池上 본문사本門寺와의 논쟁이 있었다. 이에 막부는 이케가미 측에 추방과 유죄의 처분을 내렸다.[21]

도요토미 히데요시가 죽은 자기 어머니를 회향하기 위해 1천 명의 승려들을 동원하는 명령을 내렸다. 이에 일련종은 그 명령을 받아들여 종문宗門을 지키려는 수불시파와 이를 거부하고 종규宗規를 지키려는 불수불시파로 분열했다. 1630년에 수불시파인 구원사의 승려 일섬日暹이 불수불시파인 본문사의 일수日樹가 자신들을 비방, 중상모략하고 신도들을 빼앗아 갔다고 막부에게 호소하는 사건이 터졌다. 막부는 당연히 권력과 타협하지 않는 불수불시파에게 패소를 결정하고 관계자들의 유죄처분과 더불어 그들을 유배 보냈다. 조선 출신 일연은 불수불시파에 속하는 인물이었기에 정치적 영향을 받는 주지직에서 물러나지 않을 수 없었던 것이다.

이러한 그의 성격과 관련된 일화가 지금도 전해진다. 즉, 일연이 쇼군가將軍家에서 내리는 보시물을 거부한 것이었다.[22] 권력과 타협하지

---

21 이는 묘안사 측이 발행한 「朝鮮王朝 第14代 宣祖大王 長孫 可觀院 日延上人 終焉の地 日蓮宗 海福山 常樂院 妙安寺」라는 자료에 근거한 것이다.
22 加藤一純·鷹取周成, 앞의 책, p82.

않겠다는 그의 불수불시 사상을 엿볼 수 있는 부분이다. 이처럼 그는 종규의 원칙을 지키기 위해 권력과의 타협을 단호하게 거부하는 인물이었던 것이다. 그러한 그가 중앙의 정치세력과 사이가 좋을 리 없었다.

그리하여 그는 자신이 출가했던 하카다의 법성사로 돌아갔다. 이때 그의 누나는 그를 반기며 불상 조각가에게 부탁하여 그의 입상을 만들게 하였다고 전해진다. 그는 법성사에서 4년간 거주하면서 후쿠오카의 영주인 구로다 다다유키黑田忠之(1602~1654)의 귀의를 받아 향정사香正寺를 재흥시켰다.

향정사에 보관되어 있는 상인교

향정사의 일연상인 위패

향정사가 있는 거리를 오늘날에도 사람들은 쇼오닌도오리上人通り라 부른다. 스님의 거리라는 의미이다. 이러한 지명이 생기게 된 것이 조선인 승려 일연과 관련이 있다. 즉, 일연은 바둑의 고수였고, 이로 인해 종종 바둑을 좋아하는 영주 구로다 다다유키黑田忠之(1602~ 1654)의 상대가 되어 주었다. 그러던 어느 날 간밤에 비가 너무 많이 와서 강물이 넘쳐 강을 건너 성으로 들어갈 수가 없게 되었다. 이 말을 들은 다다유키는 즉시 명을 내려 일연스님이 성으로 다니는 데 불편함이 없도록 다

리를 만들도록 하였다. 그리고 그 다리를 일연스님이 다니는 다리라 하여 상인교上 人橋라 했다는 것이다. 쇼오닌도오리는 이 다리에서 기인한 지명이었다. 이처럼 일연은 영주로부터도 신임을 얻었던 명성 높은 스님이었다.

묘안사의 일연상인입상

그 후 일연은 72세 때(1660년) 고국이 보이는 땅에 거주하기를 영주에게 원했다. 그리하여, 이사키伊崎의 해안(현 唐人町)에 3천여평의 땅을 하사받아 해복산海福山 묘안사妙安寺를 창건하여 은거하다가 77세의 일기로 1665년(寬文5) 1월 26일에 사망한 인물로 되어 있다.[23]

이러한 경력을 지닌 일연과 그의 누이는 조선에서 어떠한 사람들이기에 일본으로 건너가게 된 것일까? 여기에 대해 일본에는 몇 가지 기록을 남겨 놓고 있다. 첫째는 향정사의 「번만다라연기幡蔓茶羅緣起」이고, 둘째는 용잠사의 「과거첩過去帖」이며, 셋째는 『축전풍토기筑前風土記』이다. 이것 모두 그와 관련이 있는 곳에서 남겨 놓은 기록들이다. 그런데 이들 기록들이 모두 동일하지 않고 조금씩 다르다. 먼저 향정사의 「번만다라연기」에 의하면 다음과 같이 서술되어 있다.

일연상인은 조선국에서 태어났으며, 부형 모두 그 나라의 정사를 맡아서 했다. 조선정벌 때 가토 기요마사의 손에 형제자매 3명이 포로가 되어

23 이는 묘안사측이 발행한 앞의 자료 참조.

일본으로 오게 되었다. 형은 일요상인日遙上人으로 훗날 히고肥後의 구마모토 발성산發星山 본묘사本妙寺의 개산開山이다. 누이는 빗츄備中의 하세羽瀨의 영주 도가와씨戶川氏의 측실이 되었다. 일연상인은 남들과 달리 심상치 않아 기요마사가 특히 아꼈으며, 이윽고 출가를 했다. 아이 때 이름은 태웅台雄이라 했다. 1604년(慶長9) 16세 되던 해에 교토京都 본국사本國寺의 학사에서 3년간 수행한 연후에 관동關東 시모후사下總國 반고단림飯高檀林에 가서 학술수련의 공덕을 쌓고 드디어 방주房州 소진산小溱山 탄생사誕生寺 18세의 법맥을 이어 받았다.[24]

여기에서 보면 그는 임란 때 기요마사에게 그의 형제자매와 함께 포로가 되어 일본으로 건너간 것으로 되어 있다. 그들의 부모는 정사를 맡았던 것으로 보아 조선의 관리였을 것이며, 그뿐만 아니라 그의 형도 출가하였으니 그가 바로 구마모토 본묘사의 일요라는 것이다. 그리고 누이는 앞에서 보았던 것처럼 도가와戶川의 측실이 되었다고 설명하고 있다. 만일 그것이 사실이라면 그의 고향은 알아낼 수가 있다. 왜냐하면 일요의 고향이 산청이고, 그의 아버지가 여천갑이며, 그의 본명 또한 여대남이기 때문이다. 그렇다면 이들 형제자매는 여수희의 자식들이 되는 셈이다.

그러나 이것은 사실이 아니다. 그 이유는 여수희에게는 자식이라고는 여대남(일요) 하나밖에 없었기 때문이다. 즉, 여대남에게는 형제가 없었다. 그러므로 일연과 일요는 이름이 비슷할 뿐 형제로 보기가 힘들다. 아마도 이것은 출가한 그들이 사용한 이름들이 매우 유사한 것에서

24 內藤雋輔, 「文祿, 慶長役における被虜人遺聞 ―宗敎家の場合―」, 『朝鮮学報』 49(朝鮮学会, 1968), p.203에서 재인용.

생겨난 착오이거나, 아니면 이들이 남이지만 같은 조선인 출신으로서 마치 형제처럼 지냈던 것에서 생겨난 잘못된 인식에서 생겨났을 가능성이 높다. 그런데 용잠사의 「과거첩」에는 일연상인에 대해 「번만다라연기」와는 다음과 같이 다르게 서술하고 있다.

> 당사의 개벽자는 본산의 18대 일연상인이다. 일연상인이 태어난 곳을 물은즉, 조선국 이연대왕李昖大王(=선조)에게는 순화와 임해라는 두 왕자가 있었는데, 회령에서 체포되어 고니시 유키나가小西行長가 영을 받아 데리고 왔다. 기요마사는 그 후 임해군의 자식 남자 1명, 여자 1명을 히데요시공에게 바쳤으며, 그 남자아이를 기요마사가 몰래 자신의 아이처럼 길렀다. 그 아이가 성장하여 출가하니 오늘의 일연성인이며, 탄생사의 관주貫主이다.[25]

여기에서는 일연이 일요와 형제라는 사실은 언급되어 있지 않다. 그리고 일본으로 잡혀간 것은 형제가 아니라 남매로 되어 있는 것도 다르다. 그런데 그들의 출자가 임해군의 자식으로 되어 있는 것이 눈에 띈다. 임해군은 선조의 장남이다. 그렇다면 일연은 다름 아닌 선조의 맏손자가 되는 셈이다.

이러한 전승을 사실로 믿었던 연구자가 있었다. 그는 원불교학자 양은용으로서 1592년 4월 임란이 발발하자 9월 아버지 임해군과 함께 함경도 회령에서 두 살 위의 누나와 포로로 잡혀 가토 기요마사에 넘겨졌고, 그 후 임해군은 풀려났으나 일연은 누나와 함께 일본에서 억류생활

---

25 內藤雋輔·內藤雋輔, 앞의 책, p.321에서 재인용.

을 해야 했다고 했다.[26] 여기에서 보듯이 그는 일연스님을 임해군의 아들로 보고 있다. 이러한 견해를 묘안사 측에서도 받아들였을 뿐만 아니라, 또 앞에서 말한 KBS는 물론 일본 측 마이니치신문사每日新聞社에서도 같은 견해를 가지고 일연을 선조의 손자이자 조선의 왕족으로 소개했던 것이다.[27]

그러나 이것도 사실이 아닌 것 같다. 『조선왕조실록』에 의하면 회령에서 국경인鞠景人에게 두 왕자를 비롯해 부인과 궁녀 및 노비 등 200여명이 감금되어 기요마사에게 넘겨진 것은 사실이지만, 그때의 기록에는 임해군의 자식에 대해 일체 언급이 없다. 그뿐만 아니다. 선조의 계보에는 임해군에는 자식이 없어 양녕군陽寧君을 양자로 삼고 있다. 더군다나 일연은 임해군이 16세 때 태어났다고 한다. 그리고 그와 함께 포로가 된 누이가 그보다 2살 위라는 사실을 감안한다면 임해군은 14세 때에 이미 아버지가 된 것이 된다. 아무리 조선 시대에 조혼이 성행했다고 하나 16세 때 이미 자식 둘을 가졌다고 보기는 쉽지 않다. 그러므로 그를 임해군의 장자로 본 것은 너무나 성급한 결론이라 하지 않을 수 없다.

앞에서 보았듯이 구로다 번은 포로쇄환에 매우 호의적이었다. 그리고 사쓰마薩摩에서 왕손의 후예가 아니면서도 왕족이라고 사칭하여 일본에서 후대 받고, 무사히 귀국한 이금광의 사례도 있었다. 이를 감안하여 그가 정말 왕족이라고 한다면 귀국하는 데 그다지 어렵지 않았을 것이다. 그럼에도 불구하고 그러한 행동을 취하지 않았던 것은 왕손이 아니었기 때문일 것으로 보인다. 이와 같이 일연상인을 비롯한 그의 누

---

26 김남희, 「한많은 삶과 깨달음 아! 일연스님」, 『전북일보』(2002년 10월 19일 자, 문화면).
27 綿貫洋, 「日韓友好のシンボルに」, 『毎日新聞』(2002년 11월 26일 자).

이가 조선국 왕자의 핏줄을 이어받았다는 것은 사실이 아니며, 그것은 훗날 그의 출신을 과장되게 윤색하는 과정에서 생겨난 것으로 볼 수 있다.

이에 비해 1703년(元祿 16) 가이바라 에키켄貝原益軒에 의해 저술된 『축전풍토기』의 향정사의 항에는 다음과 같이 매우 객관적으로 서술되어 있다.

> 향정사를 개산한 일연은 조선국에서 태어났다. 조선정벌 때 포로가 되어 일본으로 왔다. 당사에 살면서 일련종의 승려가 되었다. 방주의 탄생사의 주지가 되어 불수불시의 종의를 굳게 지켜 당시 공방公方의 보시물을 받지 않았던 관계로 이곳으로 좌천되어 오게 된 것이다. 그 수가 7명이나 되어 그들이 1632년(寬永9)에 이 절을 세웠다.[28]

이처럼 가이바라 에키켄은 매우 냉정하게 그의 출자에 대해서는 단한마디도 언급하지 않고, 다만 그는 임란포로 출신의 승려이며, 그의 의지가 강해 일련종에서 정한 불수불시의 종규를 굳게 지키다가 후쿠오카로 좌천당하여 살면서도 향정사라는 새로운 절을 창건했다는 사실을 밝히고 있을 뿐이다.

이상에서 보듯이 그의 가계에 대해서는 명확히 알 수가 없다. 그러나 그는 누이와 함께 임란 때 포로가 되어 일본으로 건너가 승려가 되었으며, 재능을 발휘하여 일본에서도 이름을 떨친 고승이었음은 위의 기록들을 통해서도 확인된다. 다시 말하여 이들이 조선에서 보냈던 행적에

---

28 內藤雋輔, 앞의 책, p.325에서 재인용.

향정사의 일연상인좌상

대해서는 분명치 않다. 하지만 이들 남매가 일본으로 납치되어 가서 누이는 일본 무장의 측실이 되고, 남동생은 출가하여 수행한 끝에 이름을 떨치는 고승이 되었다는 것만은 부정할 수 없는 사실이다.

　현재 향정사와 묘안사에는 그의 목상이 모셔져 있다. 그중 향정사의 것은 좌상이지만, 묘안사의 것은 입상이다. 후자는 앞에서 잠시 언급했듯이 그가 이세伊勢를 거쳐 후쿠오카로 돌아왔을 때 유일한 피붙이였던 친누나가 그를 반기며 솜씨 좋은 조각가를 시켜 동생의 모습을 새기도록 하여 만들었다는 것이 바로 그것이다.[29] 그러나 그것이 입상인지 좌상인지 분명치 않다. 화재로 인해 근래까지 존안상만 남아 보관되어 왔기 때문이다. 최근 이러한 사실이 원광대 양은용 교수에 의해 한국에

29 이재형, 「발굴취재 −409년만에 알려진 일본의 한국인 고승, 일연스님」, 『법보신문』(2002년 6월 5일 자).

알려져 2002년 전주 금산사의 도움을 받아 신체 부분을 한국에서 만들어 얼굴 부분과 합체하여 합장해 있는 입상으로 복원되어 본전에 모셔져 있다. 그리고 묘안사에는 일연이 소지하고 있었다는『법화경』8권과 그가 직접 썼다는 만다라 1폭이 보관되어 있다. 그리고 그의 묘지는 향정사에 위치해 있다. 향정사에도 일연스님의 좌상이 모셔져 있다.

## 3.3. 안양원의 심예

후쿠오카의 야쿠인藥院에는 안양원이라는 불교사찰이 있다. 핫토리 히데오가 여기에 대해서 잠시 언급하였는데,[30] 실은 앞에서 언급한『축전국속풍토기』에 비교적 자세히 소개되어 있다. 그것에 의하면 이 절의 원래 이름은 향백산香白山 수락사受樂寺였고, 창건자는 심예心譽였다. 그는 조선국 전라도 향백산香白山 안양원安養院의 주지였으며, 임란 때 구로다 나가마사黑田長政(1568~1623)의 가신 이케다 구로베池田九郎兵衛에게 잡혀 일본으로 건너가 구로베의 하인이 되었다. 그러한 생활을 하면서도 육식을 금하였고, 구로베가 그의 의지를 꺾으려고 환속을 시키기 위해 하녀 중 한 명을 그의 아내로 삼았으나, 3년이나 아내를 범하지 않아 어쩔 수 없이 부부가 헤어졌다. 그 후 구로베는 그의 의지를 꺾을 수 없다는 것을 알고 야쿠인에 초암을 지어 그곳에서 그를 살게 하였다. 그리고 그 암자 이름을 조선에 있었던 곳의 이름을 따서 안양원이라 했다.

그러한 연유로 이곳에 살았던 많은 조선인들이 이곳에서 장사를 치

---

30 服部英雄, 앞의 논문, p.5.

렀으므로 이곳에는 조선인들의 무덤이 많다. 심예가 조선에서 가지고
간 불사리佛舍利와 불서 1권이 지금도 남아 있다고 했다. 그리고 제2세
는 춘재春才였는데, 그는 불서보다는 유교서적을 읽었으며, 아이들에게
글을 가르쳤다. 그 후 1653년(承応2) 구로다 다다유키 때 현재 이곳으
로 옮겼다고 한다.[31]

여기에 보듯이 이 절은 조선인 승려 심예에 의해 향백산 수락사로
출발하여 훗날 일연의 향정사와 얼마 떨어지지 않은 현재의 자리로 옮
겼다. 향백산, 안양원이라는 이름은 모두 심예가 자신이 조선에서 머물
렀던 절 이름을 그대로 사용했다. 조선의 전통을 그대로 이은 셈이다.
그러나 현재 이곳은 수년전 화마에 건물이 소실되어 복원되지 못하고
또 조직폭력단과 결부된 부채로 인해 일반인 출입마저 금지되고 있다.

### 3.4. 금용사의 묘청지장

당인정과 얼마 떨어지지 않은 주오 구中
央区 이마가와今川에는 금용사라는 사찰이
있다. 그곳에 묘청지장妙淸地藏이라는 특이
한 이름을 가진 지장보살상이 모셔져 있
다. 묘청이란 이 절에 있었던 비구니의 이
름이다. 원래 그녀는 임란 때 구로다 나가
마사의 가신 하야시 나오토시林直利(=太郞
右衛門, 掃部)에 의해 연행된 소녀포로였

묘청지장

31 『筑前國續風土記』 卷之3 「安養院 浄土宗鎮西派」 참조.

다. 그녀의 일본이름은 '사토'였는데, 그의 주인인 나오토시가 죽자 금용사로 출가하여 묘청니妙淸尼라고 불리웠다.[32] 묘청지장은 그녀가 죽자 그 넋을 기리기 위해 만들어 모신 지장보살상이었다. 지장보살상 옆에는 비석이 하나 서 있는데, 그 비석에는 그녀에 관한 사항이 다음과 같이 적혀 있다.

묘청은 조선국 사람이다. 그의 성씨는 모른다. 자字는 사토里. 문록연간文祿年間(1592~1595)에 우리의 조종祖宗인 삼군三君이 조선에 있었는데, 어느 날 산중에서 8~9세가량의 한 여자아이를 만났다. 군君에게 울며 목숨을 구하였기에 군이 이를 가엾게 생각하여 "그래 슬프게 울지 마라 나는 사람을 시켜 너를 친척에게 보내주마."라고 하자, 그 아이가 말하기를 "나의 친척들은 병란으로 거의 죽었고, 살아 있는 자들도 모두 도망쳐 어디에 있는지 알 수 없습니다."라고 하는 것이었다. 말이나 안색이 너무나도 비애에 차있었다. 그리하여 군은 견디지 못하여 그 아이를 진중에서 기르다가 귀국 때 데리고 일본으로 돌아왔다. 아이는 이윽고 성장하여 노비下婢가 되었고, 은덕을 입었다. 그 후 군은 차남인 나오미치直道의 집에 그녀를 주었다. 그리고 1629년(寬永6) 11월에 군이 사망하였고 묘지를 금용사金龍寺에 두었다. 그 때 그 비는 삭발을 하고 출가하기를 청했다. 그리하여 그녀를 묘청이라 하고 묘역을 지키게 하였으며, 이곳에 석불을 세우고 미리 시신을 묻는 장소로 삼았다. 그 후 병사하자 이곳에 묻었다. 1802년(享和2)에 종론을 거쳐 돌에 이 사실을 적게 하였다. 아 아! 포로출신 여인으로 은혜를 느끼고 의義를 알고, 지志를 지니고 드디어 변하는

32 금용사측이 발행한 자료 『貝原益軒翁』에 수록된 「妙淸地藏」을 참조.

것이 없었다. 이것 또한 기이한 일이 아닐 수 없다.

林直統。

享和二季歲(1802) 壬戌夏五月

이 글을 쓴 사람은 하야시 나오노리林直統이다. 그는 하야시 나오토시 (1569~1629)의 7대손으로 후쿠오카 번福岡藩의 가로家老였던 사람이다. 특히 그의 선조인 나오토시는 구로다黑田 24기二十四騎의 한 명으로 시즈 가타케賤ヶ嶽 전투, 세키가하라 전투關ヶ原合戰, 오사카의 진大阪陣 등에 참 가하여 훈공을 세운 인물이다. 축성 기술에도 뛰어나 나고야 성名古屋城, 후쿠오카 성福岡城 등의 조영에도 관여했다. 특히 그는 임란 때 구로다 나가마사를 따라 조선으로 출전했으며, 그때 조선 호랑이를 잡았다는 일화가 전해지고 있다.[33] 이러한 그가 묘청을 포로로 잡은 것은 임란 때의 일이었다. 그녀의 고향이 어디인지 알 수 없지만 가족을 잃고 산 속에서 울고 있었을 때 나오토시에게 발견되어 포로가 된 것 같다. 그 때 그녀는 8~9세의 어린 소녀였다.

그녀가 일본에 끌려가 나오토시의 몸종이 되었음은 두말할 나위가 없을 것이다. 오갈 데 없었던 그녀로서는 나오토시가 아버지와도 같은 존재였을 것이다. 그러나 나오토시는 그녀를 끝까지 돌보지 않고 어느 날 그의 차남 나오미치의 집에 보내어 버렸다. 그녀는 나오미치의 집에 가 있으면서도 나오토시를 잊지 못했다. 그 후 나오토시가 사망하고 그 의 시신이 금용사에 안치되자, 그녀는 머리를 깎고 출가하여 묘청이라

---

33 本山真澄, 『黑田の虎将 林掃部』(福岡県文化会館, 1978), p.99.

는 승려가 되어 나오토시의 묘역을 돌보고, 또 석불을 만들어 모시고 그곳을 자신이 묻힐 곳으로 미리 정했다. 이러한 생활을 보낸 그녀가 병들어 죽자 하야시 나오토시 집안에서는 포로 출신이면서도 주인의 은혜와 의리 그리고 지조를 지킨 인물로서 그녀를 칭송하여 비석을 세웠던 것이다. 이처럼 금용사의 묘청지장에는 전쟁으로 인해 고향도 가족도 잃어버린 조선의 소녀가 일본인에게 길러져 부모 모시듯이 주인을 모시다 죽었다는 슬픈 역사가 스며 있다.


## 4. 야나가와와 야메 그리고 오무다의 조선포로

후쿠오카의 남쪽에 야나가와, 야메, 오무다라는 지역이 있다. 앞에서 언급한 바와 같이 야나가와는 다치바나 무네시게立花宗茂(1567~1643), 야메는 쓰쿠시 히로가도筑紫広門(1556~1623), 오무다는 다카하시 나오쓰구高橋直次(1572~1617)가 각각 지배하던 영지였다. 이들은 모두 지쿠젠筑前의 고바야카와 다카카게小早川隆景가 이끄는 제6군에 소속되어 조선을 침략했다. 이들도 많은 조선포로들을 데리고 갔다. 그러나 이들에 관한 흔적을 찾기란 쉽지 않다. 그러한 가운데 야나가와柳川와 야메八女 그리고 오무다大牟田 등지에서 그들의 자취를 약간 엿볼 수 있는데, 그 대표적인 예들을 소개하면 다음과 같다.

야나가와 시내에 복암사福巖寺라는 사찰이 있다. 이곳 경내의 묘역에는 조선관녀朝鮮官女라는 여인의 무덤이 있다. 그녀는 이 지역의 무사인 다치바나 지카요시立花親良가 임란 때 조선으로 쳐들어왔을 때 피랍된 여인이었다. 그녀는 일본으로 건너가 지카요시의 측실이 되어 살다가 목숨을 거둔 조선 여인이었다. 그녀에 관한 기록이 없어 고향과 이름을 알 수 없지만, 조선관녀라는 명칭에서 보듯이 어쩌면 궁궐에서 일하는 궁녀였을지도 모른다. 그녀의 묘비는 1미터 50센티 정도 되는 묘석으로 되어 있는데, 그것에 의하면 그녀의 법명은 화악원전각예경원대자花岳院殿覺譽慶園大姊이며, 사망한 해가 1646년(正保3)으로 되어 있다.[34]

야나가와에서 일본무사의 아내가 된 사람은 그녀뿐만 아니었다. 150석의 무사인 다하라 나오치카田原直親의 아내도 조선 여성이었다. 그녀의 묘는 시내 사이쿠 정細工町의 상광사常光寺에 있으며, 사람들은 그녀의 묘를 '고려할머니高麗姥의 묘'라 하였다. 그리고 사다헤베이佐田平兵衛라는 무사의 아내도 조선 여성이었다.[35]

한편 야메 군의 다치바나 정立花町에는 고려인삼을 재배하던 조선인들이 있었다. 『입화회람기立花懷覽記』에 "임란 때 무네시게공宗茂公을 따라 간 병사가 통역을 통하여 인삼 묘종을 구하여 야나가와 성읍에 보냈다. 귀향할 때 포로로서 조선인을 데리고 온 자에게 야메 군八女郡 기타덴쇼北田庄 오토코무라男子村(=현 立花町)에서 재배케 했다. 그 후 같은 군 모토야마本山 및 헤바루邊春 지방立花町, 미이케 군三池郡 다카다 정高田町 등에도 재배케 한 일이 있다. 하에가와무라飯江村 가메타니龜谷의 산상山上에 약 1정보(약 1만 평방 미터) 정도를 인삼 밭으로 만들어 1860년경까지 지속했다."[36]라는 기록이 보이는 것이다. 즉, 이들은 조선에서 인삼의 묘종을 구하여 자신들의 고향으로 보냈고, 재배 방법을 알 리가 없는 그들은 조선인 포로들로 하여금 재배케 하였다는 것이다. 이러한

---

34 尹達世, 『四百年の長い道』(リーブル出版, 2003), pp.184~185.
35 尹達世, 앞의 책, p.185.
36 尹達世, 앞의 책, p.190.

것으로 미루어 보아 인삼밭을 지나가면서 그 가치를 모를 리 없는 그들은 인삼 농사를 짓는 전문적인 기술을 가진 조선의 백성들을 납치해 갔음을 알 수 있을 것이다.

야메 시에도 후쿠오카와 같이 당인정唐人町이 있다. 현재는 동서로 나뉘어져 있지만 위치상으로는 후쿠시마 성福島城의 바깥 해자와 접해 있다. 이 성은 임란(정유) 때 군사 900여 명을 이끌고 조선으로 침략한 쓰쿠시 히로가도가 세운 것이다. 그러므로 이곳에 있는 당인정은 후쿠오카, 사가, 가고시마, 구마모토의 예에서 보듯이 조선에서 강제적으로 연행하여 간 사람들을 집단적으로 살게 한 곳일 가능성이 높다.

그리고 오무다시大牟田市의 구누키歷木에도 조선포로에 관한 이야기가 전해지는데, 그 지역의 문헌인『전외구기田隈舊記』에 의하면 미이케 군 히라노무라平野村의 야산지彌三次와 기혜지儀平次의 선조는 조선인이라는 기록이 보인다. 그들의 선조의 이름은 알려져 있지 않지만 임란 때 이 지역의 무사인 오노 키이치로小野喜一郎와 오노小野 아무개라는 무사가 조선에서 납치하여 데리고 가서 자신의 부하로 삼았다고 전해진다.[37] 이처럼 야나가와와 오무다에는 아주 단편적으로 조선인 포로들의 흔적을 찾아볼 수 있다.

37 尹達世, 앞의 책, pp.184~185.

## 5. 맺음말

조선은 임란 이후 일본에 잡혀간 포로들을 쇄환하기 위해 일본 측과 외교 교섭을 벌였다. 그 결과 막부의 명에 의해 귀국이 허용되어 포로의 일부가 귀국 길에 오를 수가 있었다. 조선 측이 노력한 포로쇄환은 원만하게 이루어지지 않았다. 후쿠오카 현은 비교적 이에 협조적인 태도를 취했다. 그 이유는 후쿠오카 지역이 조선통신사들이 드나드는 길목에 있었기 때문이다. 특히 아이노시마는 통신사들이 들러 머무는 곳이고, 또 고쿠라는 아이노시마에서 출발하여 아카마세키로 가는 뱃길에서 바라볼 수 있는 지근거리에 있다. 그러므로 이곳 영주들은 막부의 명을 어기고 포로쇄환에 대해 비협조적일 수가 없었다. 그리하여 후쿠오카, 고쿠라 등을 비롯한 북부 지역의 영주들은 포로쇄환에 협조적이었다. 그러나 그 밖의 지역에서는 조선인을 돌려보내는 데 협조적이지 못했다. 이처럼 이들은 기본적으로 포로쇄환을 원하지 않았던 것이다. 이로 인해 타의든 자의든 많은 포로들이 후쿠오카 지역에 남았다.

포로가 주왜로부터 벗어나 쇄환되기 위해서는 때로는 호피 한장이라는 뇌물도 필요로 했고, 또 목숨을 걸고 고국에서 파견한 통신사들과 개인적으로 접근을 시도하기도 했다. 이처럼 필사적으로 고국으로 돌아오려는 사람들이 있었는가 하면 그렇지 못하고 일본에 남은 자들도 많았다. 그들은 집단을 이루며 살았기 때문에 그 지역을 일본인들은 당인정이라고 했다. 후쿠오카와 야메의 당인정이 바로 그것이다.

그중에는 승려가 된 사람들도 있었고, 일본인과 결혼한 여성, 그리고 고려인삼을 재배하는 사람들, 또 일본의 잡병(병사)이 된 사람들도 있었다. 이처럼 다양한 계층의 사람들이 있었던 것이다. 그중에는 승려 일연처럼 일본 사회에 눈부시게 활약한 인물도 있었고, 또 금용사의 묘청처럼 자신을 키워준 왜인에 대한 은혜를 잊지 못하고 출가를 한 여승도 있었다. 특히 일본에서 출세한 경우 조선에서도 귀족 또는 왕손이라고 윤색하는 경향이 있음도 알 수 있었다.

이상에서 보아 온 조선인들은 그나마 지금까지 전해 오는 기록 또는 유물이 있어서 찾아낼 수 있었다. 그러나 후쿠오카 현에 남은 조선포로들은 비단 이들만 있는 것이 아닐 것이다. 아직도 우리가 모르는 곳에서 잠들어 있는 사람들이 많이 존재할 것이다. 여기에 대한 우리의 지속적인 관심과 발굴 작업에 대한 노력을 계속 진행하여 일본 전역에 걸친 조선인 임란포로 찾기를 할 필요가 있다. 이것이야말로 임진왜란이 노예전쟁이었다는 것을 증명할 수 있는 길일 뿐만 아니라, 오늘날 한국에 살아가는 후손들의 사명이라 하지 않을 수 없을 것이다.

제2장
사가 지역의
임란포로

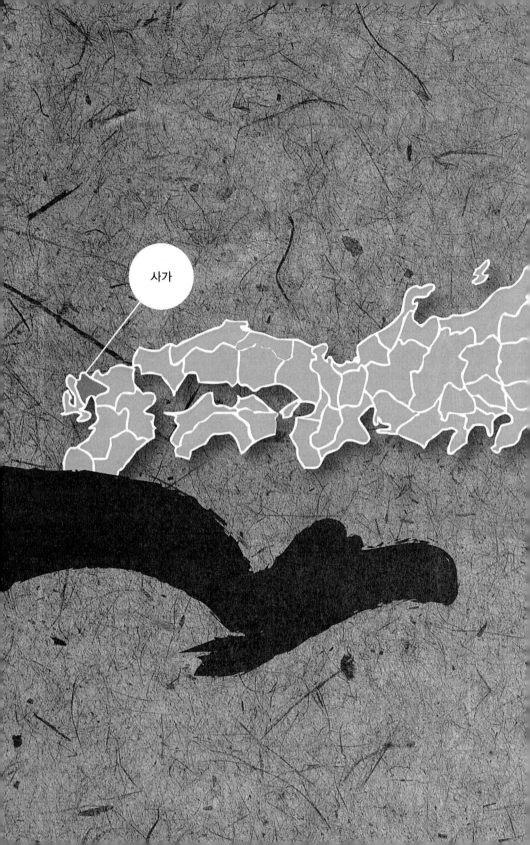

## 1. 머리말

규슈 북부에 자리잡고 있는 사가 현은 임란 당시 나베시마씨鍋島氏가
지배한 영지였다. 그들의 시조격인 나베시마 나오시게鍋島直茂(1538~1618)
는 임진과 정유의 왜란 때 군사를 이끌고 조선 침략에 가담하였을 뿐
아니라 그가 철수할 때 수많은 조선인들을 납치해 간 것으로 널리 알려
져 있다. 특히 그는 조선도공들을 많이 잡아간 것으로 유명하다. 그리
하여 학계에서는 그가 잡아간 조선도공에 대한 관심이 높아 연구도 어
느 정도 이루어지고 있다.

그러나 그가 도공만 잡아갔던 것은 아니다. 도공이 아닌 다른 분야에
종사하는 조선의 피랍인들도 있었을 것이다. 그러한 흔적은 여기저기서
감지된다. 더군다나 나베시마는 도요토미 히데요시에게서 세공인과 봉

관녀縫官女를 잡아 보내라는 주인장朱印狀을 받았을 때 그는 1594년 6월과 7월에 두 번이나 히데요시에게 봉관녀를 잡아 보낸 자이다. 그러므로 그는 도공 이외에도 다른 특수한 기술을 가지고 있는 사람들을 포로로 잡아갔을 가능성은 매우 높다.

이에 필자는 사가의 현지를 방문하여 이것에 관해 몇 차례 조사를 벌인 적이 있다. 그리고 초기의 조사결과를 학회에 보고하기도 했다.[1] 그러나 조사가 거듭되면서 앞서 발표한 연구가 너무나 미흡하다는 사실을 깨닫게 되었다. 다시 말하여 그 논문은 대폭 수정하고 보충하지 않으면 안 되었다. 이러한 필요성에 따라 필자는 다시 사가 지역의 현지조사를 행하였고, 그 결과 지금까지 미처 발견하지 못했던 조선포로들을 찾아내고, 또 그에 관한 기록들을 수집할 수 있었다. 본 장은 비록 그 결과의 일부분을 정리한 것이나 범위는 사가 시에 국한하지 않고 사가 현을 대상으로 함으로써 이 지역에 있어서 조선포로 전체의 실상을 살펴보려고 한 것이다.

도공이 아닌 조선포로들도 사가 현 전역에 흩어져 살고 있었다. 그중에서 특히 가라쓰唐津와 사가佐賀 그리고 오기小城와 다쿠多久 등지에는 오늘에 이르기까지 이들에 관한 전승 또는 유적들이 많이 남아 있는 편이다. 그리하여 여기서는 이 지역들을 중심으로 어떤 조선인 포로들이 살았으며, 또 그들이 어떤 삶을 살았는지에 대해 남아 있는 자료와 전승을 통해 살펴보고자 하는 것이다.

---

1 노성환, 「일본 사가 시에 남은 임진과 정유왜란」, 『일어교육』 46(한국일본어교육학회, 2008), pp.273~293.

## 2. 가라쓰의 조선포로

사가 현 북부에는 충청도의 당진과 똑같은 지명이 있다. 가라쓰唐津가 바로 그것이다. 이곳은 바다를 사이에 두고 한국과 마주보고 있는 지형적 특징으로 말미암아 임란 때 일본군들이 이곳 나고야에서 총집결하여 조선으로 출발했던 곳이기도 하다. 그러한 관계로 이곳에는 임란은 물론 임란포로에 관한 이야기들이 많이 남아 있다. 그중 하나가 고덕사의 조선예조 유고문일 것이다.

### 2.1. 부산해 고덕사와 조선예조의 유고문

고덕사는 나카 정中町에 있다. 정식의 이름은 부산해釜山海 고덕사高德寺이다. 보통 일본에서 절의 이름은 ○○산이라는 식으로 산호山號를 쓰는 것이 일반적이라는 점을 고려할 때 이 절은 이름부터 매우 특이하다. 즉, 산山 대신 바다를 의미하는 해海를 썼고, 그것도 부산이라는 이름이 붙어져 있다. 여기에는 나름대로의 이유가 있었다.

1877년(明治10) 이 절의 주지였던 오쿠무라 엔신奧村圓心(1843~1913)[2]이 쓴 『조선국포교일지朝鮮國布敎日誌』에 의하면 이 절을 세운 것은 오하

---

2 명치 시대 진종대곡파眞宗大谷派의 일본 승려. 사가 가라쓰 출신. 오쿠무라 이오코奧村五百子의 오빠. 1877년(명치10) 조선 개교에 대한 구체적인 안을 대곡파의 본산本山에 제출하였고, 그 때 마침 당시 내무경內務卿 大久保利通와 외무경外務卿 寺島宗則가 동본원사東本願寺의 법주法主 엄여嚴如에게 조선에 포교할 것을 의뢰했다. 그러한 것이 계기가 된 것인지 확실하지 않지만 같은 해 8월 16일 오쿠무라는 조선국 출장에 대한 명을 받고, 같은 해 9월에 혼자서 부산으로 들어가 1878년 12월에는 본원사本願寺 부산별원釜山別院을 개설했다. 그 후 그는 원산별원元山別院, 인천지원仁川支院을 개설했다. 그리고 1894년 갑오경장 전에 친일파 개화파 관료들과도 접촉을 시도하기도 했다. 그리고 일단 귀국한 뒤 다시 조선으로 건너와 광주光州를 중심으로 포교 활동을 개시했다.

리 번尾張藩의 가신 오쿠무라 가몬奧村掃部이었다. 그는 무사의 직분을 그만두고 줄가하여 교토의 본원사本願寺의 승려 교여敎如의 제자가 되어 이름을 정신淨信이라 고쳤다. 그는 본원사로부터 조선 포교의 명을 받고 부산에 건너가 포교를 하면서 절을 세웠는데, 그 절의 이름을 고덕사라 했다.

1591년(天正19)에 조선 출병이 결정 나자, 그는 히데요시의 명에 따라 귀국하였으며, 그 이듬해인 1592년에는 나고야 성에 있는 히데요시에게 불려가 조선에 대한 정보를 제공하기도 했다. 그리고 같은 해 종군하여 바다를 건너 사자의 영혼을 위로하다가 1596년에 귀국하였으며, 1598년에 다시 부산에 가기 위해 가라쓰로 돌아왔으나 도해가 금지되어 어쩔 수 없이 교토로 돌아가려고 했다. 그때 가라쓰의 영주 데라사와 히로다카寺沢広高(1563~1633)의 간청으로 이 지역에 머물게 되었으며, 히데요시로부터 부산해라는 산호山號를 받았다고 한다.[3]

이러한 내용을 순수하게 받아들이면 고덕사의 출발은 일찍이 자신들의 불교를 조선에 포교하고자 하는 마음에서 부산으로 건너가 포교 활동을 벌인 오쿠무라 가몬의 불교 사찰에서 시작되었다고 볼 수 있다. 그러나 전쟁이라는 시점에서 보았을 때는 그렇지 못하다. 히데요시가 조선을 침략하기 위한 정보가 필요할 때 그들이 조선에서 활동하면서 수집한 정보를 고스란히 제공하였기 때문이다. 전쟁 시 그도 종군하여 전사자의 영혼을 위로하였다고는 하나, 일본군이 전쟁을 수행하는 동안 통역 또는 정보를 제공하는 첩자 노릇까지 하였을 것으로 쉽게 짐작할 수 있다. 그가 히데요시에게서 받았다는 부산해라는 이름은 그에 대한

---

3 尹達世, 『四百年の長い道』(リーブル出版, 2003), pp.164~165.

고덕사 입구                    오쿠무라 이오코

공로가 인정되었기 때문일 것이다. 그렇다면 그의 활약은 많은 조선인
들이 일본군에 납치되어 일본으로 끌려가는 데도 일익을 담당하였을 가
능성도 없지 않다.

이와 같이 부산해 고덕사는 출발부터 정치적이었기 때문에 그 후 활
동도 매우 정치적이었다. 가령 막말 때 주지 오쿠무라 료칸奧村了寬은 근
황파勤皇派로 활약했고, 그의 장녀 오쿠무라 이오코奧村五百子(1845~190
7)[4]는 애국부인회를 조직한 여성이다. 그뿐만 아니라 1877년(明治10)에

---

4 막부 말기·메이지 시기의 사회운동가. 애국부인회의 창설자. 사가 현의 가라쓰 출신. 부
  친의 영향으로 존왕양이운동尊王攘夷運動에 참가하는 등 정치적인 성향이 강한 인물이었
  다. 1862(文久2)에는 남장의 모습으로 조슈 번長州藩과의 교통에 있어서 밀사 역할을 한
  적이 있다. 동일한 종파인 복성사福成寺의 주지 오토모 호인大友法忍과 결혼하나 사별, 그
  이후 미토 번水戸藩 출신의 鯉淵彦五郎와 재혼하나 정한론을 둘러싸고 의견이 대립하여
  곧 이혼한다. 이혼 후 가라쓰 개항에 분주하게 운동하는 한편 조선으로 건너가 1896년(明
  治29)에 광주光州에서 실업학교를 만들고, 정토진종의 포교를 위해 조선으로 온 오빠 오
  쿠무라 엔신을 도왔다. 북청사변北淸事変 이후 현지시찰을 계기로 여성에 의한 병사위문

는 과거 고덕사가 부산에 포교한 인연이 있다고 하면서 조선포교에 나서기노 했다. 본사인 본원사의 힘을 빌려 임란과 한일합병에도 일본의 첨병노릇을 하였던 것이다.[5] 이러한 사찰이 가라쓰에 있는 것이다.

이와 같이 이름만큼이나 조선과 관계가 깊은 가라쓰의 부산해 고덕사에는 조선정부가 포로로 잡혀간 동포들에게 알리는 조선국예조위통유사朝鮮國禮曹爲通諭事가 보관되어 있었다. 그러나 유감스럽게도 1989년경 이 통유문은 사찰의 개보수를 할 때 관리소홀로 도난당하고 말았다. 다행스럽게도 그와 똑같은 내용의 것이 현재 사가 현립 나고야 성 박물관에 보관되어 있어 그에 관한 사정을 살펴볼 수가 있다. 현재는 각각 세로 101.7센티, 가로 66.1센티 두 장으로 재단되어 표구되어 있는데, 원래는 세로 101센티, 가로 132센티의 폭으로 되어 있었다고 한다.[6] 이러한 크기로 보아 큰길에다 게시하여 보게 했을 것으로 추정된다. 그 내용을 현대어역으로 소개하면 다음과 같다.

과 구원 그리고 유족지원이 필요하다고 생각하고 1901년에 近衛篤麿·小笠原長生과 화족부인華族婦人들로부터 지원을 받아 애국부인회를 창설했다. 그 이후에도 애국부인회를 위한 일본 전국으로 돌아다니면서 강연활동을 벌였으며 러일전쟁 때에는 병든 몸을 이끌고 헌금운동에 여성들이 참가하도록 권장하며 전지위문에도 힘썼다.

5 오쿠무라 엔신은 1870년대부터 조선에 들어와 전국을 돌아다니며 절을 세우는 등 일본식 불교 포교에 열을 올렸으며, 그의 여동생 이오코는 일본의 폭력조직인 흑룡회黑龍會를 뒤에 업고 광주에 들어와 활동을 했으며, 그 후 그녀의 둘째 딸(光子)과 사위까지 광주에 와 정착하여 활동을 벌였다. 이들이 처음 정착하였을 때는 광주에 일본인들이 8명밖에 없었다. 그러나 1898년에는 100여 명으로 늘어났고, 불로동과 황금동에 일본인들이 이용하는 음식점과 요정이 생겨났고, 이를 기점으로 광주 북쪽에는 일본식 부락인 '극락촌'을 만들어 집단으로 거주했다. 이들은 일제는 식민정책의 강화와 군수물자를 조달하기 위한 일환으로 광주에 정착한 어용상인과 민간인들이었다. 이러한 기반을 만들어 낸 사람들이 부산해 고덕사의 오쿠무라 일가들이었던 것이다.

6 米谷均, 「사로잡힌 조선인들 -전후 조선인 포로 송환에 대하여-」, 정두희·이경순 엮음, 『임진왜란 동아시아 삼국전쟁』(휴머니스트, 2007), pp.97~101.

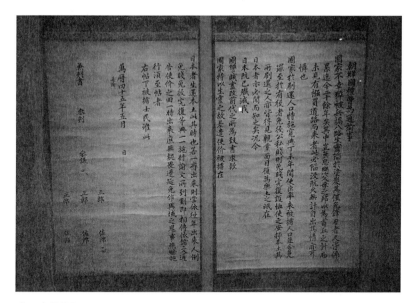

예조의 통유문

조선국 예조가 다음과 같이 통유한다.

나라가 불행히도 갑작스러운 병화를 입어 전국의 백성들은 도탄에 빠졌다. 가까스로 적이 휘두르는 칼에 죽음을 당하지 않고 살아남은 자들도 모두 포로가 되어 어언 20여 년이라 세월이 흘렀다. 그러한 가운데 부모의 나라를 생각하고, 고향으로 돌아가려고 시도하지 않는 자가 어디 있겠는가. 어린아이를 등에 업고 큰길을 따라 고향으로 오는 자를 아직 보지 않았으나, 이는 완전히 매몰하여 세월이 흘러 자력으로 탈출할 방도가 없기 때문일 것이다. 그 심정은 또한 가련할 뿐이다. 나라가 피로인을 쇄환함에 있어서 특히 관대한 조치를 베풀고자 한다. 정미년(1607)에는 (일본에 파견한) 사신이 피로인들을 데리고 왔다. 그들은 한결같이 죄를 사하고, 부역을 가진 자는 역을 면제하고, 공사의 천민이면 천민으로부터 해방하고, 완전히 다시 돌아가는 것을 도와 고향의 땅에 돌아가게끔 했다. 쇄환된 자는 모두가 친족들의 얼굴을 만나게 되었고, 다시 낙토의 백성이 되었다. 일본에 있는 자도 반드시 이 사실을 들어서 알고 있을 것이다. 더군다나 일본은 우리나라의 적(도요토미 일가)을 물리쳐 멸망시키고, 모든 전대의 소업을 새롭게 고치고, 서찰을 보내어 우호를 구하여 왔다. 나라는 백성들을 위해 사신을 보내어 일본에 남아 있는 피로인들을 생환하고자 하는 것이다. 지금이 바로 이때이다. 만일 일제히 (사신이 있는 곳) 나오면, 왕년에 나온 자의 예에 맞추어, 천민을 해방하고, 부역을 면제하고, 이전의 생활을 회복시키는 등 특전을 일일이 시행하고자 한다. 이 유문이 도달하면 (동포들) 서로 알려 유문의 통고에 따라 사신이 (조선국으로) 돌아갈 때 일시에 나오도록 하라. 의심하거나 무서워하여 우물쭈물 망설이는 일이 없이 이역의 혼귀가 되는 일은 없도록 하라. 분명히 시행하기 위해 이렇게 쓰노라. (이상의 글을) 피로의 사민士民에게 부치노라.

만력 45년(1617) 5월 통유.[7]

이상에서 보듯이 이는 1617년에 포로쇄환의 목적과 회답사를 겸한 정사 오윤겸 등이 본국으로 포로들을 데리고 간 상황을 말하고, 쇄환자에게는 관전을 베풀고, 유역자에게는 역을 면하게 하고, 공 또는 사적으로 천한 자는 천역을 면하는 등 충분히 애호무휼愛護撫恤을 베풀고, 각기 고향에서 안심하고 정착할 수 있도록 하고, 또 일가친척들도 만나게 하여 낙토의 백성이 되게 한다고 하며, 새로이 본국으로 귀환하기를 원하는 자들은 의심하지 말고 이역에서 귀신이 되는 일이 없도록 하루 빨리

7 이는 나고야 성 박물관에 보관되어 있는 것을 번역한 것이다.

같이 돌아가자는 것이다.[8] 즉, 일종의 호소문과 같은 것이었다. 그 호소문을 쓴 날짜는 만력萬曆 45년 5월로 되어 있다. 즉, 1617년의 일이다.

포로들을 모집하는 데 필요한 공고문은 대략 3가지 종류가 있었다. 첫째, 조선예조가 발행한 문서이고, 둘째 조선 사절이 발급한 문서이며, 셋째는 일본 막부의 숙로宿老가 쇼군將軍이 피로인의 귀국을 허락했다는 내용을 조선 예조로 보낸 서계였다. 이를 큰 길에다 붙여서 지나가는 사람들이 보게끔 했다. 그리고 경우에 따라서는 "조선으로 귀국하고 싶어 하면 반드시 귀국시키라는 명령이 내려졌다. 이 명령에 따라 의문을 품지 말고 귀국해라. 약속한 배는 우리가 준비할 테니 아무 염려할 필요가 없다."라는 일본어로 된 문장이 첨부되는 경우도 있었다.[9]

이상의 것은 조선예조가 발행한 서계이다. 또 이러한 내용의 예조 유문이 가라쓰 이외에 오우미近江의 히가시아사이 군東淺郡과 이요伊豫의 마쓰야마松山에서도 전래되는 것으로 보아 조선 조정은 여러 장의 유고문을 작성하여 조선포로들이 있을 만한 곳에 배포하여 가능하면 많은 사람들을 쇄환하려고 하였던 것이다. 그 이후에도 가라쓰 지역에 있던 조선인 포로들을 쇄환하려고 노력했던 것 같다. 1636년 조선통신사가 귀국길 도중에 역관 강우성을 유고문을 가지고 가라쓰로 파견한 기사가 조선통신사의 기록[10]을 통해 확인되기 때문이다. 이러한 흔적이 가라쓰의 부산해 고덕사에 남아 있었던 것이다.

이러한 조선 정부의 노력에도 불구하고 돌아가지 않은 사람들은 사가지방에도 많았다. 이들에 대해 구체적인 사례를 들어 살펴보도록 하자.

---

8 內藤雋輔, 『文祿慶長役における被虜人の硏究』(東京大出版部, 1976), pp.736~737.
9 米谷均, 앞의 논문, pp.97~101.
10 강홍중, 「동사록」, 『고전국역총서 해행총재』 3(민족문화추진회, 1989), p.265.

## 2.2. 당인정의 조선인 기술집단

　고덕사에서 얼마 떨어져 있지 않은 곳에 당인정唐人町이라는 동네가
있었다. 현재 초다町田 5초메丁目라는 곳이 바로 그곳이다. 여기에서 당
인이란 당나라 즉, 중국인을 의미하는 것이 아니라 조선인을 의미한다.
도미오카 유키마사富岡行昌에 의하면 경장연간慶長年間(1596~1615)에 데
라사와 히로다카가 조선에 출병하여 데리고 온 조선인을 살게 함으로써
생겨난 지명이라고 설명했다.[11]

　이들은 평범한 조선인이 아니었다. 『당진촌지唐津村誌』에 의하면 "도
요토미 히데요시가 정한征韓에서 귀환할 때 데리고 온 조선인을 이 땅에
거주케 하고 가신家臣 오니히라鬼平로 하여금 감독케 하여 무명삼베를
짜는 일에 종사케 했다. 번정시대藩政時代에 이르러 크게 발전하여 강호
저江戶苧, 당진자마唐津紫麻라는 이름으로 세상에 알려졌다."라고 되어 있
다. 그리고 에도 중기의 가라쓰 번의 무사였던 기자키 유유켄木崎悠悠軒
이 그린 『비전국물산회도肥前國物産繪圖』에는 그들의 작업현황이 생생하
게 그려져 있다고 한다.[12] 그리고 『당진촌사唐津村史』에 "이곳에 거주하
는 다키시다滝下라는 성씨는 이들의 자손이다."라는 기록이 보이는 것으
로 보아 이들 대부분이 일본식 이름으로 바꾸어 생활하고 있었음을 알
수 있다.[13] 이처럼 당인정에는 삼베를 짜는 기술자들이 있었다.

　한편 사가 지역의 명산물을 그린 『비전명산회도肥前名産繪圖』에도 당

---

11 富岡行昌, 「唐津城下の唐人町」, 『佐賀縣大百科事典』(佐賀縣大百科事典編輯委員會, 1983),
　　p.589.
12 尹達世, 앞의 책, pp.165~166.
13 服部英雄, 「前近代日本のチャイナタウン, コリアンタウン」, 『바다와 인문학의 만남, 동
　　북아세아, 동아시아일본학회 연합국제학술대회프로시딩』(동북아세아문화학회, 2008), p.7.

진자마가 등장할 뿐만 아니라 조선에서 건너간 향 제조에 대해서도 자세히 그리고 있다. 이 향 제조법은 고니시 유키나가小西行長(1558~1600)의 아버지인 고니시 류사小西隆佐(?~1592)가 조선에서 습득하여 일본으로 가지고 간 것이라고 한다.[14]

이런 가능성은 얼마든지 있다. 왜냐하면 그 또한 조선과 중국과의 교역을 통하여 부를 축적한 호상이었으며, 특히 조선에서는 고려인삼과 벌꿀 등을 수입하고 있었다.[15] 그러므로 누구보다도 조선에 관한 사정을 정확하게 파악하고 있었을 것으로 추정되기 때문이다. 아무튼 가라쓰의 당인정에는 조선에서 포로로 잡혀간 삼베 및 향 등을 만드는 특수 기술자 집단이 살고 있었던 것이다. 그들은 임란 이후에도 돌아가지 않고 그곳에 남아 있었다.

## 3. 사가 시의 조선포로

특히 사가 현의 중심지인 사가 시에도 조선포로들이 많았다. 이곳에 대한 관심은 일찍부터 있었다. 그 대표적인 예가 1930년대 이 지역의 도자기 연구가로 이름을 떨친 나카시마 히로키中島浩氣의 연구이다. 그의 대표적인 저서로는 『비전도자사고肥前陶磁史考』를 들 수 있다. 이 책은 아직도 사가의 도자기 역사연구에서는 기본도서로 통할 만큼 중요한 위치를 차지하는데, 그 내용 가운데 사가 시의 당인정唐人町이라는 지명에 관해 간략히 설명하고 있는 부분에서 도공이 아닌 조선인 포로들에 대

---

14 尹達世, 앞의 책, p.166.
15 李進熙, 「小西行長」, 『文祿, 慶長の役』(學硏, 1993), p.138.

사가의 조선인 마을 당인정

해 언급하고 있는 것이 있다. 그 내용을 잠시 소개하면 다음과 같다.

당인정唐人町, 정한 때에 우리 나베시마군을 따라온 한인들이 있었다. 사가 성 아래에 온 자들이 180명이나 되며, 이때 많은 한인들은 일본군을 위해 길 안내를 하거나, 혹은 식량을 보급하거나, 또는 여러 가지 편의를 제공한 자들인데, 그렇다고 해서 모두 자진하여 온 자들은 아니었다. 대부분은 우리 군사들에게 위협을 받거나 어쩔 수 없이 따라온 자들일 것이다. 사가에 귀화한 한인들 가운데는 의도에 조예가 깊은 임일덕林—德, 임영구林榮久의 부자가 있었고, 그의 자손은 하스이케 번蓮池藩의 무사가 되어 다케시마竹島라 했다. 그리고 의약에 정통한 구야마 도세이九山道淸가 있었는데, 그는 후에 쇼자에몬庄左衛門이라는 이름으로 바꾸고, 성 아래에서 한베 사라사半兵衛更紗를 만들었다. 그중에는 나오시게가 진성晋城으로부터 데리고 온 소년이 훗날 능서가가 된 홍호연洪浩然도 있었다. 그 밖에도 행리공行李工, 이공飴工, 직공織工도 있었다.[16]

이상의 내용을 보듯이 사가에는 임진과 정유의 왜란 때 포로가 된 조선인들 가운데는 도공뿐만 아니라 당시 첨단기술을 가진 자들도 많았다는 것을 알 수 있다. 가령 의술에는 임일덕과 임영구의 부자, 의약에는 구야마 도세이, 서예가로는 홍호연이 있었으며, 그 밖에도 여행용구, 엿, 직물 등의 기술자들도 있었던 것이다.

그러나 유감스럽게도 나카시마는 임일덕과 임영구, 구야마 도세이, 홍호연이 어떤 성격의 사람인지 구체적으로 밝히지 않고 있다. 다만 임씨 부자와 구야마 도세이는 의학에 밝으며, 홍호연은 진성 출신으로 능서가(서예가)였다고 짧게 언급하고 있을 뿐이다. 이에 우리는 이들이 어떤 인물인지 좀 더 구체적으로 살펴볼 필요성을 느끼지 않을 수 없다. 특히 홍호연에 관한 자료가 최근에 그들의 자손에 의해 나고야 성 박물관에 기증이 이루어짐에 따라 그에 관해서는 좀 더 많은 사실들을 알 수 있게 되었다. 홍호연에 대해서는 제3장에서 본격적으로 다루기로 하고, 그 밖의 인물들에 대해 살펴보기로 하자.

---

16 中島浩氣, 『肥前陶磁史考』〈復刻版〉(青潮社, 1985).

## 3.1. 임일덕과 임영구 부자

그럼 나카시마가 첫 번째로 언급한 임일덕과 임영구 일족부터 알아
보기로 하자. 그들의 시조인 임일덕에 대해서는 1847년(弘化4) 2월에
그들의 자손인 하야시 리베林利兵衛昌彭가 편찬한 『임가계도林家系圖』에 비
교적 자세하게 나와 있다. 그것에 의하면 임일덕의 이름이 일덕제一德齊
로 표기가 되어 있는데, 원래의 그의 성씨는 진씨秦氏이며, 이름은 백伯
이며, 자字가 문열文烈이라고 했다. 그는 박학하며, 의술에 통달한 사람
으로 노모 처자와 함께 일본으로 갔으며, 1607년(慶長12) 8월에 사망한
것으로 되어 있다.[17]

여기에서 보듯이 임일덕은 어떤 연유로 언제 어디에서 포로가 되어
일본으로 건너갔는지 알 수 없지만 그의 본명은 진백이며, 그가 일본으
로 갈 때 그는 이미 결혼하여 자식을 낳고, 노모를 모시고 살아가고 있
었던 한 가정의 가장이었으며, 또 직업은 한의사였음을 알 수 있다. 그
로 인해 나베시마군이 그가 가지고 있던 의술의 활용을 높이 평가하여
그를 가족들과 함께 일본으로 데리고 갔을 것으로 추정할 수 있다. 그
에게는 아들 영구가 있었다. 그의 조선 이름은 알 수 없으나 일본 이름
은 하야시 리베사다마사林利兵衛貞正였다. 그는 사가의 영주 나오시게鍋島
直茂가 죽자 불교에 귀의하여 출가했고, 그곳에서 얻은 이름이 '영구'였
다.[18]

임영구도 그의 아버지 뒤를 이어 한의사를 했던 것 같다. 그의 의술

---

17 大園弘, 「鍋島更紗雜記 —九山道淸と同時代の人々」, 『鍋島更紗·段通展: 日本の更紗, 世
　界の更紗·段通をたずねて』(佐賀縣立博物館, 1977), p.105.
18 大園弘, 앞의 책, p.105.

이 인정받았는지 나오시게와 가쓰시게勝茂의 부자로부터 총애를 받았다고 전해진다. 임영구는 1629년(寬永 6) 5월에 사망하였으며, 그의 법명은 일산종무一山宗無이며, 그의 묘는 사가 시 용태사龍泰寺에 있는 것으로 전해진다.[19]

임영구의 가족에 대한 정보는 야마모토 쓰네토모山本常朝가 쓴 『엽은葉隱』이 많이 제공해준다. 그것에 의하면 임영구는 영주의 주치의로서 활약을 했던 것 같다. 그에 대한 일화가 다음과 같이 전해진다. 즉, 나오시게가 귀에 혹이 생겼을 때 누군가가 거미줄로 묶어서 당기면 낫는다는 말을 듣고 그렇게 하였더니 낫기는 커녕 점점 커지고, 또 상처부위가 썩기 시작했다. 그러자 그는 고민이 되어 "나는 오늘날까지 남을 위해 무엇이든 했다. 사람들이 말하는 것을 잘못 듣고 나도 모르게 과실을 범하고 말았다. 썩어서 죽는다는 것은 자손들에게 수치를 주는 일이다. 이 상처가 더 심하게 되기 전에 죽고 싶다."라며 식음을 전폐하고 뒷전에 물러나 사람들을 만나려고 하지 않았다.

그리하여 아들인 가쓰시게가 염려하여 "부모가 죽느냐 사느냐에 기로에 서 있는데, 약이라도 지어 올리지 못했다는 것은 자식으로서 면목이 서지 않는다. 그러므로 반드시 약을 올리도록 하라."라고 가신들에게 거듭 부탁했다. 이때 약을 올리는 역할을 맡았던 사람이 임영구이다. 그는 약에다가 약간의 죽을 섞어 넣어 올렸다. 그러자 나오시게는 버럭 화를 내며 "그대는 내가 아끼는 자로 율의자律義者라고 생각하여 의사의 역할을 맡겼거늘, 이런 짓을 하다니, 이 약은 쌀을 넣은 것인지 아닌지, 거짓 없이 솔직히 말하라."라고 다그치는 것이었다. 그러자 임영구는 울

---

19 栗原耕吾, 「葉隱にみる朝鮮人. 林榮久父子のこと」, 『葉隱研究』 48(葉隱研究會, 2002), p.41.

면서 "수일 식사도 하지 않아 체력이 떨어지신 것이 아닌가하고 염려되어 약에다 조금 쌀을 넣어 달여서 올린 것입니다. 체력이 회복되면 병도 나을 것이라 생각하여 쌀을 넣은 것입니다."라고 말했다는 것이다.[20]

여기에서 보듯이 임영구는 단식을 하고자 하는 나오시게의 뜻에 반하여 약과 함께 곡기를 먹으려다 혼나는 내용이 주를 이루고 있지만, 이를 통하여 우리는 그가 얼마나 나오시게에게 두터운 신임을 받고 있었던 의사였던가를 알 수 있다. 향토사가 오노미야 무쓰지小宮睦之에 의하면 그의 봉록은 220석이나 되었다고 하니,[21] 그야말로 그에 대한 신임이 대단히 두터웠던 것 같다. 그리고 『엽은』은 그의 아들들에 대해서도 기록하고 있는데 먼저 그의 장남인 염동鹽童에 대해 다음과 같이 기술되어 있다.

염동의 원래 이름은 임정지林正之였고, 염동은 그의 아명이었다. 그의 양부 이시이 누이도노스케石井縫殿助가 상부로부터 명을 받아 이시이 요자에몬이라는 사내를 심문했다. 그래서 그의 부하인 히코에몬과 함께 그를 찾아갔다. 그때 요자에몬은 술을 권하고 싶다며, 부엌 쪽으로 가자 누이도노스케가 도망치는 것으로 생각해 뒤쫓아 가서 그를 포박하려고 실랑이를 벌였다. 그 바람에 화로가 뒤집어져 캄캄한 상황이 되었다. 그때 마음이 다급해진 히코에몬이 허리에서 칼을 뽑아 뒤엉켜 있는 두 사람을 향해 다가갔고 위에 있는 주인을 요자에몬으로 잘못 인식해, 그만 그의 허리를 찌르고 말았다. 그러자 누이도노스케는 "네가 찌른 사람은 바로 나다. 내가 누이도노스케란 말이다."라고 소리치자 히코에몬

---

20 山本常朝, 『葉隱』上, 松永義弘 譯(教育社, 1983), pp.245~246.
21 小宮陸之, 「洪浩然と佐賀縣」, 『佐賀縣立名護屋城博物館硏究紀要』2(佐賀縣立名護屋城博物館, 1996), p.77.

은 깜짝 놀라 그 길로 도망치다가 끝내 자해를 하고 말았다. 누이도노스케는 부하에게 허리에 상처를 입었음에도 불구하고 격투를 벌여 끝내 요자에몬의 목을 베고 자신도 죽어 버린다.

이를 들은 영주는 누이도노스케의 아들인 염동 즉, 이시이 야시치자에몬에게 누이도노스케의 가독권을 승계하도록 했다. 그때 염동의 나이 13살이었다. 이처럼 어린 나이임에도 불구하고 그가 취한 자세는 그야말로 감동적이다. 이에 대해 『엽은』은 다음과 같이 서술했다.

염동은 "말씀은 고맙지만 가독의 승계는 거절하옵니다. 저는 양자이며, 그 뒤에 구라보오시倉法師가 태어났습니다. 양부 누이도노스케도 내심으로는 구라보오시가 가독을 잇게 하고 싶을 것입니다. 이처럼 실자도 있기 때문에 구라보오시에게 가독을 내려주십시오. 저는 무급의 자로서 봉사하기를 간절히 바라옵니다."라고 하는 것이었다. 이에 영주인 가쓰시게는 "어린 녀석이면서도 참으로 신묘한 말을 하는구나. 그의 말에도 일리가 있다. 그러면 구라보오시에게는 600석, 염동에게는 100석을 주도록 하여라."라고 지시를 내렸다. 그러자 염동은 다시 "거듭 거듭 감사하게 생각합니다. 누이도노스케에 과실이 없음에도 불구하고 가독이 깎여지는 일은 매우 유감스러운 일입니다. 저는 다만 무급으로 봉공하고자 합니다."라고 하는 것이었다. 그리하여 가쓰시게는 구라보오시에게 누이도노스케의 가독을 계승시켰고, 염동에게는 가계 가운데 보탬이 될 수 있도록 하라는 명에 따라 70석이 부여되었다고 한다.[22]

---

22 山本常朝, 『葉隱』 下, 松永義弘 譯(教育社, 1983), pp.62~63.

여기에서 보듯이 그는 임영구의 장남이면서도 일찍부터 이시이 집안에 양자로 있었다. 보통 일본에서는 양자를 아들이 없고 딸만 있었을 때 대를 잇게 하기 위하여 자신의 딸과 결혼시킨 사위를 양자로 받아들인다는 점을 감안할 때 그의 양자는 너무나도 빠르게 진행되었다. 이는 어쩌면 이시이가 그의 범상치 않음에 감탄하여 하루 빨리 자신의 양자로 삼았을 가능성도 없지 않다. 이를 뒷받침이라도 하듯이 그는 양부가 사고로 죽고 그의 가독권을 계승시키려는 영주에게 논리적인 근거를 내세워 용감하게 거절하는 소년으로 성장하고 있었다. 그렇게 함으로써 죽은 양부와 살아 있는 양제(의붓 동생)와의 의리를 지켰던 것이다.

그는 또 성장하여 어른이 되었을 때 이시이 야시치자에몬이라는 이름을 사용했다. 『엽은』은 그 후의 활동에도 관심이 많아 그에 대해서 서술하고 있는데, 그 대표적인 것이 다음과 같이 전쟁에서 무훈의 성과를 올린 기록이다. 그 내용을 소개하면 다음과 같다.

가쓰시게가 아리마에 도착하였을 때 야시치자에몬은 특별한 역할이 없었기 때문에 다쿠 미사쿠多久美作에게 가로家老의 보좌를 맡겨라 하였다. 27일 하라 성原城을 공격할 때 많은 사람들이 모여 있었기 때문에 나카노 헤우에몬中野兵右衛門을 향해 상사의 명령이므로 빨리 후퇴하라고 전했다. 그러나 야시치자에몬과 이시이 덴에몬石井傳右衛門은 "사가키바라榊原殿의 부자父子가 성으로 들어가려는 모양이다. 그때 우리들이 제일 빨리 들어가고자 기다리고 있다"고 하며 후퇴하지 않았다. 그리고는 오후 4시경에 성 안으로 들어갔다. 그 후 제일 먼저 들어간 사람을 조사할 때 논쟁이 있었다. 이에 나베시마 모토시게鍋島元茂는 가쓰시게勝茂에게 "가장 먼저 들어간 자는 막부로 불러 조사하면 알겠지만 그때 훌륭하게 자신의 의사를 말할 수 있는 자는 야시치자에몬밖에 없을 것이다. 한치도 소홀함이 없어야 할 것입니다. 그렇게 하여야 비로소 나와 부하들이 납득할 것입니다. 야시치자에몬으로 결정하시길 바랍니다."라고 말했다. 그러자 가쓰시게는 "이러한 일에 대한 논쟁은 자주 있는 일이다. 나에게 좋은 생각이 있다. 내가 검분하여 결정할 터이니, 다른 증거는 필요가 없다. 진홍색의 태양이 그려진 흑라사黑羅紗의 진바오리陣羽織[23]를 입은 자가 제일 먼저 들어간 자이다."라고 하였다. 그때 야시치자에몬은 "하필이면 이때에 나는 움직일 수가 없다. 그러므로 누가 사람을 보내어 그 뜻을 알아오게 해 달라."라고 했다. 그리하여 이 사실을 안 야시치자에몬의 진에서 곧 "이 하오리羽織이다." 하였다. 그리하여 야시치자에몬과 덴에몬이 제일 먼저 들어간 자로 인정되었다.[24]

여기에서 보듯이 그는 이시이 집안의 양자로 들어가 그의 일족 이시이 덴에몬과 함께 전쟁에 출전하여 상대의 성을 함락할 때 제일 먼저 그 성 안으로 침입해 들어가 맹렬히 싸운 무사였다. 그 결과 그는 군공을 인정받아 사가 번으로부터 250석을 받는 무사가 되었다. 이처럼 임영구의 일족은 비록 조선인이었지만 사가 번에서 귀감이 될 만한 무사가 되었던 것이다. 그는 1660년(万治 3)에 사망한 것으로 알려져 있다.[25]

한편 『엽은』에 의하면 임영구의 차남인 하야시 교자에몬은 영주인 나베시마 다다나오鍋島忠直(1613~1635)가 1635년(寛永12) 1월 28일에

---

23 원래는 하오리羽織 일종의 옷이다. 하오리란 정장한 후 추위 또는 예의의 목적으로 입는 겉옷을 말한다. 진바오리란 그러한 옷을 무사들이 진중에서 입었기 때문에 진바오리란 명칭이 붙여졌다. 진바오리는 소매가 없고, 길이 짧아 마치 조끼와 같은 형태를 취한다. 특히 무장은 화려한 색깔의 것을 입고 권위를 자랑하며, 진두 지휘를 하기도 했다.
24 山本常朝, 『葉隠』中, 松永義弘 譯(敎育社, 1983), pp.158~159.
25 栗原耕吾, 앞의 논문, p.41.

죽자 그 뒤를 따라 할복 순사를 한 사람으로 기록되어 있다. 그에 관련된 내용을 소개하면 다음과 같다.

다다나오忠直에 순사한 하야시 교자에몬은 타다나오가 살아 있을 때 그 측근에 사람이 없어서 다다나오로부터 총애를 받은 자이다. 다다나오를 측근에서 섬기기 위해 에도江戸로 가려고 준비하고 있었을 때 다다나오의 서거 소식이 있었다. 교자에몬은 하루도 봉공하지 않았지만, 수백 명의 가신 중에서 영주의 총애를 받았다는 것은 과분할 정도의 영광이라 하며, 야마시로(忠直의 아우)가 말렸지만, 이를 받아들이지 않고 할복했다. 교자에몬을 총애하신 이유는 가쓰시게勝茂로부터 "누구라도 좋으니 데리고 있고 싶은 부하가 있으면 한번 추천해 보라."라는 말을 듣고, 다다나오는 "하야시 교자에몬이라는 자가 작년 사자로 와서 얼굴을 알게 되었습니다. 그 밖에는 잘 아는 자가 없습니다."라고 하였기 때문에 교자에몬은 다다나오의 측근에서 보필하도록 명받았던 것이다. 일설에 임영구(교자에몬의 부친)가 죽었을 때 교자에몬에게 "나는 가쓰시게를 위해 순사할 생각이었지만 먼저 죽는 것이 대단히 유감이다."라고 했다. 이 말을 들은 교자에몬은 "그 일은 염려마십시오. 나의 명예를 걸고 나의 목숨은 주군과 함께 하겠습니다."라고 대답하였다. 그러자 영구는 기뻐하며 죽었다. 교자에몬은 자신이 병약하여 단명할 것으로 예상하고 있었는데, 다다나오가 죽었기 때문에 바로 이때라고 생각하고 순사한 것이다.[26]

여기에서 보듯이 그의 아버지 임영구는 아들에게 남겼던 말처럼 자

26 山本常朝, 앞의 책, pp.306~307.

신을 거두어 준 가쓰시게가 죽으면 그를 따라 죽으려고 했었던 모양이다. 그렇지만 이를 원하는 대로 하지 못하였고, 그의 아들 교자에몬에게 주군의 죽음에 순사하도록 부탁하였다. 이를 새겨들은 교자에몬이 자신의 주군인 다다나오가 죽었을 때 주위의 만류에도 불구하고 할복하여 목숨을 끊었다. 그때가 1635년(寬永12) 4월 9일이었다. 그의 묘는 부친과 같이 사가 시의 용태사에 있으며, 법명은 효안수충孝安殊忠이었다.

『엽은』의 진수는 무사의 삶과 죽음을 깊게 추구하고 있다는 데 있다. 이러한 관점에서 보았을 때『엽은』이 주목한 것은 비록 조선인이지만 임영구의 부자가 취한 자세는 충과 의리에서 나온 것이며, 이것은 바로 사가의 무사들에게도 귀감이 될 만한 것으로 높게 평가한 결과일 것이다.

『엽은』은 삼남 후지다케 겐우에몬藤竹源右衛門에 대해서도 기록을 남기고 있는데, 그에 대해서는 고시로小城의 나베시마 가鍋島家를 섬기는 무사가 되었다고 간략하게 언급하고 있다. 이상에서 보듯이 임일덕의 아들 임영구는 사가에서 한의사로서 활동하면서 아들 3명을 모두 무사로서 길렀으며, 이들 모두 사가 번에서 모범이 되는 훌륭한 무사로서 성장하고 있음을 알 수 있다.

## 3.2. 나염기술을 개발한 이구산

사가 시의 경원사에는 조선인 무덤들이 있다. 그중 대표적인 인물이 이종환李宗歡과 구야마 도세이九山道淸이다. 전자의 이종환은 임란 이전에 일본으로 들어간 사람이고, 그에 대해서는 다른 책[27]에서 소개한 바

---

27 노성환, 『임란포로, 일본의 신이 되다』(민속원, 2014), pp.113~135.

가 있기 때문에 여기서는 임란포로에 맞추어 임란을 계기로 일본으로 건너가게 된 후자인 구야마 도세이에 국한하여 살펴보기로 하자.

구야마 도세이는 우리에게 거의 알려지지 않은 인물이었다. 임란 400주년을 맞이하였던 1992년에 역사학자 홍종필에 의해 그해 6월에 동아일보에 임란을 기획한 글에서 그에 대해 잠시 소개되어 우리에게 알려진 적이 있다. 그것에 의하면 그는 의사로서 명약개발과 비단기술을 개발하여 사가의 산업발전에 공헌한 인물이라 했다.[28] 그 후 그의 존재는 한동안 우리의 기억 속에서 사라졌다.

그러다가 2003년 일문학자 최관이 임진왜란과 관련된 연구저서에서 구야마 도세이는 제약기술과 견사 제조법을 전해준 인물로 잠깐 언급[29]하였지만 오늘에 이르기까지 그에 대한 구체적인 연구는 없었다. 홍종필과 최관의 글을 통해 그의 기본적인 신변 상황은 어느 정도 파악할 수 있지만 그가 사가에서 어떤 일을 하며 어떤 삶을 살았는지 좀 더 알고 싶은 우리들에게는 정보가 턱없이 부족하다.

최근 사가 현립 박물관에서 그의 집안의 가계를 적은 「강두가계도江頭家系圖」가 발견되었다. 그것에 의하면 1598년(慶長 3) 우리나라를 침략한 사가의 영주 나베시마 나오시게가 13명 가량의 조선인을 데리고 일본으로 돌아갔는데, 그중의 한 명이 구야마 도세이였다. 그때 나이가 33세이었으며, 그는 자신과 같이 납치당한 사람들과 함께 당인정唐人町에 살며, 의술을 배우고 '환산선丸散仙'이라는 환약을 제조하여, 그것에 대한 제조와 판매의 특허를 얻었다. 그리고 이름을 구야마 쇼자에몬九山

28 홍종필, 「임란 400년 한민족혼 일본서 숨쉰다 (19) 경동제약기술─의업의 두 명인」, 『동아일보』(1992년 6월 19일 자).
29 최관, 『일본과 임진왜란』(고려대학교 출판부, 2003), p.31.

경원사의 구야마 도세이의 묘

庄左衛門이라고 했다.[30] 그리고 그는 오가와 후지사에몬小川藤佐衛門의 딸과 결혼하여 그 사이에서 아들 시치로자에몬七郎左衛門을 두었다. 그리고 그는 1647년(正保4) 9월 23일 80세의 나이로 세상을 떠났다.

데라사키 무네토시寺崎宗俊에 의하면 그의 본명이 이구산李九山이며, 정유재란 때 나베시마군에게 포로가 되어 33세의 나이로 일본으로 갔으며, 조선에서의 직업은 도공 또는 한의사였던 것으로 알려져 있다.[31] 사가의 향토사학자인 오조노 히로시大園弘는 그의 후손들이 1875년(明治8)에 기응환寄応丸, 고약膏藥, 신효환神效丸, 지황환地黃丸 등 한약의 제품을 판매할 수 있도록 제품에 대한 검사를 요구하고 있는 것으로 보아

30 阿部桂司, 「更紗と李九山」, 『季刊 三千里』17(三千里社, 1979), p.199.
31 寺崎宗俊, 『肥前名護屋城の人人』(佐賀新聞社, 1993), p.222.

어쩌면 오늘날까지도 그의 후손들은 그가 전한 비법의 한약제조의 기술을 전수하고 있을지도 모른다고 추정하기도 하였다.[32]

이구산은 일본에 한방의 의학만 전한 것이 아니었다. 염직의 기술도 개발하여 일본인들에게 전수하고 있다. 염직은 대개 식물성의 재료를 이용한 염료염직染料染織과 광물성의 재료를 이용한 안료염직顔料染織으로 나누어진다. 한의사였던 그가 염직에 관심을 가지게 된 것은 한방의 재료가 되는 약초와 염료의 재료가 되는 식물이 때로는 같은 것들이 많이 있었기 때문이었다. 그가 본격적으로 염직의 기술개발에 박차를 가하여 완성한 것이 일본에서도 유명한 '나베시마 사라사鍋島更紗'라는 화려한 문양의 염직이다. 사가 현립 박물관佐賀縣立博物館에서 보관하고 있는 『사라사비전서更紗秘傳書』에는 "원래 이것은 지금으로부터 300여 년 전 히데요시가 조선을 정벌할 때 히젠肥前의 영주 나오시게에게 포로가 된 고려인 구야마 도세이(이구산)가 가지고 온 것"이라고 설명되어 있다고 한다.[33]

이렇게 그가 개발한 사라사는 도세이 사라사道淸更紗 또는 고려 사라사高麗更紗라 불렸으며,[34] 그 후에는 한베 사라사半兵衛更紗라고도 불리웠다. 그 이유는 후술하겠지만 4대에 이르러 남자아이가 결혼도 하기 전에 죽는 바람에 홀로 된 딸이 에구치 집안으로 시집가게 됨에 따라 그들의 기술이 모두 에구치 집안으로 전해졌고, 이들이 사라사를 한베라는 이름을 사용했기 때문이었다.[35]

'사라사'라고 하는 것은 목면천에다 화려한 문양을 인쇄한 것이다. 그

32 大園弘, 앞의 논문, p.103.
33 尹達世, 앞의 책, p.177.
34 鈴田滋人, 「鍋島更紗. 口傳の謎」, 『葉隱硏究』 48(葉隱硏究會, 2002), p.31.
35 尹達世, 앞의 책, p.177.

러므로 이것은 인쇄기술의 발전 없이는 이루어질 수 없는 고급의 기술이다. "사라사"는 너무나 정교한 기술을 요하는 것이었기 때문에 1개월에 두 필 정도밖에 제작할 수 없었다고 한다. 그러므로 대부분의 '나베시마 사라사'는 영주 또는 귀족들에게 주로 애용되었고 일반적인 시장에서 판매되는 상품이 아니었다. 그러므로 당시의 '나베시마 사라사'라는 염직의 천은 박물관 이외의 다른 곳에서는 좀처럼 찾아보기 어렵다. 이처럼 이구산은 조선에서 보아온 조선의 활자 인쇄술을 기초로 기술을 개발하였음을 짐작할 수가 있다.

이구산이 개발한 나베시마 사라사는 메이지기明治期(1868~1911)에 접어들어 번의 정치제도가 폐지됨과 동시에 쇠퇴의 길을 걸어, 결국 대가 끊어지고 말았지만, 1960년대부터 염직공예가 스즈다 데이지鈴田照次에 의해 복원되었다.[36]

이구산은 또 광물에 대한 지식도 풍부했다. 그는 자신이 개발한 염직의 문양을 도자기에도 그려 넣고 싶어 했다. 이 기술도 그에 의해 개발되었다. 이로 말미암아 생겨난 것이 사가의 특유한 양식의 '이로나베시마 사라사문色鍋島更紗文'이라 불리는 도자기이다.

이같이 사가의 산업기술 발달에 크게 기여한 조선인 구야마 도세이의 집안이 2대 시치로자에몬에 이르면서 그들은 성씨를 자신의 어머니의 성인 '오가와小川'로 바꾸었다. 그리고 시치로자에몬은 일본인 여성과 결혼하여 두 명의 아들을 두었으나, 장남에 대해서는 가계도에 이름도 적혀 있지 않은 것으로 보아 아마도 그는 일찍 죽었던 것으로 보인다. 그리하여 차남인 도쿠우에몬德右衛門이 가계를 계승하고, 에구치 기치우

36 尹達世, 앞의 책, p.178.

에몬江口吉右衛門의 여동생을 아내로 맞아들인다. 그 사이에서 2남 1녀가 태어나나, 장남 지베次兵衛와 차남 히사자에몬久左衛門이 결혼도 하기 전에 사망하는 바람에 막내딸만 남게 된다. 그녀가 외삼촌 에구치 기치우에몬의 아들 고우에몬五右衛門과 결혼함에 따라 구야마 도세이의 남계혈통은 끝을 맺게 된다.[37]

이와 같이 오가와 집안의 가계는 끝이 났지만 도쿠우에몬의 딸이 외가인 에구치 집안으로 시집가면서 구야마 도세이가 조선에서 가지고 간 약사여래존상과 그의 집안에서 전해져 내려가는 제약비법과 사라사 염직기술의 비법을 모두 남편인 고우에몬에게 전하였다고 한다. 이로 말미암아 구야마 도세이가 개발한 여러 가지 비법은 외손 에구치 집안에 전해지게 된 것이다. 그러다가 에구치 집안의 9대 손인 헤에몬兵右衛門이 자신의 처의 성인 '에토江頭'로 바꾸어 분가를 하여 나갔다.

오조노에 의하면 구야마의 후손이 현재 도쿄에 살고 있으며, 그의 이름은 에토 다미오江頭民雄라 했다. 에토 다미오는 자신의 집안에서는 구야마 도세이가 개발한 신효환을 근대까지 제조하여 판매하였으며, 조선에서 가지고 온 약사여래존상도 지금까지 자신의 집에서 정중하게 모시고 있다고 한다.[38] 이와 같이 이구산에서 시작된 구야마 성씨는 시조 구야마 도세이가 죽고 나서 집안의 성씨가 오가와로 바뀌어 내려오다가 남자의 대가 끊어지자 외손들에게 그의 비법이 전해졌고, 외손들은 에구치를 거쳐 에토로 변하면서도 그의 외조부가 전해준 비법과 유물을 근래까지 소중하게 간직하고 있었던 것이다.

---

37 佐賀縣立博物館編,「九山家. 江口家. 江頭家 家系圖」,『鍋島更紗・段通展: 日本の更紗, 世界の更紗・段通をたずねて』(佐賀縣立博物館, 1977), p.116.
38 大園弘, 앞의 논문, p.103.

### 3.3. 정진淨珍과 마키 쥬자에몬槇忠左衛門

이석문李石門의 『부상록扶桑錄』에 의하면 조선포로들의 태반이 노복이라고 했을 만큼 그들의 신분은 낮았다. 임영구, 이구산과 같이 어느 정도 사회적 신분이 보장된 사람은 극히 드물었다. 조선인 포로들 가운데는 전쟁터에서 무사에게 붙잡혀 일본으로 연행되어 그들의 부하가 되는 자들도 있었다. 이들 가운데 자신의 주인인 영주가 죽어서 순사하게 되면 그들도 주인을 따라 죽는 자들도 있었다. 즉, 순사자의 순사자가 나오는 것이다. 1657년 3월 24일 사가 번의 영주 나베시마 가쓰시게鍋島勝茂가 죽었을 때도 그와 같은 일이 벌어졌다. 그들 가운데는 정진淨珍을 비롯한 3명의 조선인이 있었다. 정진은 나베시마의 가신인 오노 요시베大野吉兵衛를 섬겼던 것 같다. 오노가 주군을 따라 할복자결하는 순사를 하자, 그는 아내와 함께 자결했다. 그리고 그때 다자에몬太左衛門이라는 일본식 이름을 가진 또 한 명의 조선인도 아내와 같이 자결했다.[39] 이들은 신분이 그렇게 높은 편이 아니었던 탓에 그들에 관한 상세한 기록이 남아 있지 않아 그들이 일본에서 어떠한 생활을 하였으며, 또 그들의 후손이 훗날 어떻게 되었는지 자세히 알 길이 없다.

한편 사가에는 어린나이로 포로가 되어 사가에서 살았던 조선 소년의 이야기가 있다. 『엽은葉隱』에 의하면 그는 일본인에 의해 코가 잘릴 위험에 처해 있었을 때 야마모토 시게즈미山本重澄(1590~1669)[40]가 이를

---

39 服部英雄, 앞의 논문, p.6. 그러나 다자에몬의 아내는 일본인인지 조선인인지 정확하지 않다.

40 에도 시대 전기 사가 번의 무사. 본래의 성씨는 나카노中野. 통칭은 신우에몬神右衛門. 『엽은葉隱』을 지은 山本常朝의 부친. 正保4年에 초대 명산대관皿山代官이 되어 아리타 도자기의 생산에 의한 산림벌채를 막기 위해 도공의 인원정리, 증세, 관유림 등의 정책을 펴기도 했다.

보고 가엽게 여겨 자신의 아들 센마쓰마루千松丸와 같은 또래라고 하며 그를 귀국 시에 사가로 데리고 갔다. 그 후 그를 마키 쥬자에몬槙忠左衛門 이라는 이름을 붙이고, 아시가루足輕라는 하급 군졸로서 이용했다.

원래 사가 번에는 아시가루가 없었다. 사가 번이 아시가루라는 하급 무사제도를 설치하는 것은 임란과 정유의 왜란 때의 일이다. 그들이 히 데요시가 일으킨 조선 전쟁에 참가해 있었을 때 다른 지역의 영주들에 게는 아시가루들이 있었고, 이들의 활약이 만만치 않다는 사실을 알고 전쟁에 함께 참가한 차남 이하의 자식들을 아시가루로 삼은 것이 사가 번의 아시가루 제도의 출발이었다.[41] 즉, 아시가루란 계급 상으로는 높 지도 않으면서도 결코 무시할 수 없는 하사관급의 무사였던 것이다.

마키 쥬자엔몬도 결혼하여 나가우에몬長右衛門이라는 아들이 있었는 데, 그는 사가 번의 직참直參이 되었다. 하사관급에서 장교급인 사무라 이가 된 것이다. 그러자 그의 이름도 히데시마 나가우에몬秀島長右衛門이 라 고쳤다. 그리고 그에게는 히데시마 고우에몬秀島五右衛門이라는 아들 이 있었다.[42]

이처럼 사가 현에 있는 조선포로들 가운데는 나이 어린 소년포로들 도 있었다. 여기에 대해 나카자토 노리모토中里紀元는 이들을 자식(친지) 들에게 선물용으로 가져갔다고 해석했다.[43] 만일 이것이 사실이라면 그 들은 같이 놀아주는 노리개이자 몸종이었던 것이다. 그러나 비록 그들 의 출발이 그렇다고 하지만, 이들은 능력을 인정받아 처음에는 신우에 몬의 사병인 아시가루가 되었고, 또 노력하여 번의 정식 사무라이가 되

---

41 山本常朝, 앞의 책, p.197.
42 山本常朝, 앞의 책, p.161.
43 中里紀元, 「肥前の朝鮮陶工」, 『佐賀の歴史と民俗』(福岡博先生古稀記念誌, 2002), p.233.

어 자식들에게 그 직을 물려줄 수가 있었다. 즉, 노예 출신으로서 일본의 관료가 된 것이었다. 당시 일본에서는 노력에 따라 출세의 길이 열려 있었던 것이다.

## 4. 하스노이케와 오기의 조선포로

사가의 나베시마 가문에서 분가한 번이 있었다. 그것은 다름 아닌 하스노이케 번蓮池藩과 오기 번小城藩이다. 전자는 지금 사가 시 하스노이케 정蓮池町이라고 되어 있지만, 과거에는 엄연히 독립된 하나의 번이었다. 초대 번주는 나베시마 가쓰시게鍋島勝茂의 3남 나베시마 나오즈미鍋島直澄(=直純: 1642~1665)였다. 이에 비해 오기 번은 사가 시의 북쪽으로 인접하고 있는 지역으로 현재 오기 시小城市이다. 오기 시는 인구 4만 5천여 명의 중소 도시이다. 이곳의 초대 성주는 나베시마 가쓰시게의 서자 나베시마 모토시게鍋島元茂(1602~1654)였다. 이 두 지역에도 조선인 포로 이야기가 전해지고 있는데, 그 대표적인 예가 하스노이케에 정죽오鄭竹塢, 그리고 오기에는 조선의 왕족이라고 일컬어지는 후루가와古川 집안의 이야기이다.

### 4.1. 정죽오와 그의 후손들

정죽오는 영주인 나오즈미의 주치의였다. 그는 나베시마 나오시게鍋島直茂가 임란 때 포로로 잡아서 사가로 데리고 간 사람이었다. 그의 후손 집에 모셔져있는 그의 위패에 「조선영주태수전진사朝鮮榮州太守前進士」

라고 적혀 있는 것으로 보아 그는 영주 출신이며, 피납 당시 진사과를 통과한 양반이었을 것으로 추정된다. 사가에 있어서 그는 한의사이면서도 시서와 문장에 능숙한 한학자이기도 했다. 17세기 말에서 18세기 초 미도 번水戸藩의 「대일본사」 편수에 참여한 모리 쇼켄森尚謙의 부친 공암空庵이 사가에 있을 때 정죽오에게서 시서와 문예를 배운 것으로 알려져 있다.[44]

그는 1625년(寬永2)부터 그 이듬해에 걸쳐 하야시 라잔林羅山(1583~1657)[45]과 8회나 시 창화唱和를 하였다. 그것이 소성과도문고小城鍋島文庫의 『임라산시집林羅山詩集』(47권)에 (1) 「화조선죽오시운관영2년和朝鮮竹塢詩韻寬永2年」, (2) 「죽오시용전운竹塢詩用前韻」, (3) 「화죽오회귤시운和竹塢懷橘詩韻」, (4) 「재화죽오시운再和竹塢詩韻」, (5) 「화죽오세단작관영3년和竹塢歲旦作寬永3年」, (6) 「우별화又別和」, (7) 「첩화죽오시운6수疊和竹塢詩韻6首」, (8) 「화죽오피기和竹塢被寄」이라는 이름으로 수록되어 있다.

그중 (7)은 하야시 라잔과 정죽오가 에도에서 만났다는 내용을 담고 있다. 그 내용을 간략히 소개하면 "조선 출신인 정죽오와 시를 수편 서로 주고받았지만, 아직 만난 적이 없다. 기이모리紀伊守 즉, 오기의 나베

---

44 松田甲, 『日鮮史話』 1〈復刻本〉(原書房, 1976), p.31.
45 에도 전기의 주자학파의 유학자. 교토 출신. 하야시 가문의 시조. 라잔羅山은 호, 위諱는 노부카쓰信勝. 자는 자신子信. 통칭은 마타사부로又三郎. 출가한 후 호는 도춘道春으로 알려져 있다. 일찍이 교토의 건인사建仁寺에서 불교를 배웠으나, 승적(출가)에 들어가는 것을 거부했다. 그러면서도 건인사 대통암大統庵의 古澗慈稽 및 건인사 십여원十如院의 英甫永雄(雄長老)에게 학문적인 사사를 받았다. 집으로 돌아온 이후에는 오로지 유학서적만을 읽었으며, 특히 남송의 주희(주자)에 심취해 있었다. 그러다가 1604년 조선인 포로 강항으로부터 주자학을 전수받은 후지와라 세이카藤原惺窩를 만나, 정신적 학문적으로 크게 영향을 받게 된다. 세이카는 라잔의 총명함에 탄복하여 1605년(慶長10)에 그를 천거하여 도쿠가와 이에야스德川家康를 만나게 했다. 그로 인해 라잔은 23세 약관의 나이로 이에야스의 정치적 참모가 되었다. 그 후 1624년(寬永1) 3대 쇼군 도쿠가와 이에미쓰德川家光의 시강侍講이 되었고, 게다가 막부정치에 깊게 관여했으며, 특히 외교에도 관여하여 조선통신사의 접대를 맡기도 했다.

시마 번鍋島藩의 번주 나베시마 모토시게鍋島元茂가 에도江戶에 있었을 때 모처에서 처음으로 해후를 했다. 언어는 충분히 소통이 되지 않았기 때문에 붓으로 주거니 받거니 하려고 하였지만 여의치 않아 하지 못하고 돌아갔다. 그 뒤에 만난 기쁨을 적은 절구絶句를 보내왔기에 화답하기 위해 이름은 들어 두었지만 겨우 만날 수 있었다. 일본과 조선은 언어가 다르지만 서로 주고받는 문장은 같다."[46]라는 내용을 적어서 보냈다는 것이다. 이처럼 당대 일본의 최고 유학자였던 하야시 라잔과도 시문을 주고받을 정도로 그의 학문적 소양은 일본에서 인정받고 있었다.

죽오는 번주의 가신으로서 의업을 행하면서도 우레시노嬉野 요시다吉田에서 도업을 지도하여, 우레시노 요시다 도자기嬉野吉田燒를 창시했다. 『후지쓰가시마 의사회사藤津鹿島醫師會史』에 의하면 타 지역과는 달리 우레시노 차가 중국의 영향인 부전차釜煎茶인 것은 죽오의 지도가 있었기 때문이라고 설명하고 있다. 즉, 제다법도 죽오로부터 전달되었다는 것이다.

그러나 우레시노의 제다에 관해서 1440년(永享1)에 명나라의 홍영민紅令民이 중국에서 차를 만드는 솥南京釜을 가지고 가서 부전차를 만드는 법을 전하였다고 하고, 또 에도 시대에 우레시노 차의 시조茶祖라 불리는 요시무라 신베吉村新平衛가 차나무의 재배와 제다에 전력을 기울인 결과 오늘의 우레시노 차가 생겨났다고도 하는 설 등이 있어 여기에 얼마나 정죽오가 관여했는지 정확히 알 수 없다.

정죽오는 하치노이케 번의 성주로부터 신임을 얻었는지 그는 사후

46 원문은 다음과 같다. 「和竹塢被寄, 朝鮮鄭竹塢與遞詩篇者數矣, 只聞其名未知其面, 一日在鍋島紀州太守之席初得邂逅, 言語雖少通精意未全達, 欲以筆代舌, 未果而歸, 他日竹塢寄絶句一首, 言其欣逢之意, 可以感賞, 因次韻而誦之 姓名詩句共風聞, 春樹相逢暮雲到 日本朝鮮雖異語 西韃東寄自同文」

성주의 보리사菩提寺인 종안사宗眼寺에 묻혔으며, 그의 계명은 「이성원오임도고등대거사신의理性院烏林道高膠大居士神儀」로 되어 있다. 정죽오의 아들 유헌幽軒도 하치노이케번의 의사로서 활약하다 1695년(元錄8) 9월 8일에 사망했고, 그의 묘는 부친의 묘가 있는 종안사에 있다.

그 이후 정죽오의 자손들은 대대로 의사로서 하치노이케에 정착했다. 3대 유제幽齊는 주거를 요시다에서 현재 시오다 정鹽田町 광계사光桂寺 부근으로 이사했다. 4대 유헌幽軒은 명성이 높아 제자들도 거느리고 있었고, 1741년(寬保1) 11월 17일에 사망했다. 5대 유석幽碩은 1769년(明和8) 7월 1일에 사망하였으며, 6대 현복玄僕은 1767년(明和4)에 대기근과 역병이 유행하였을 때 구휼 활동에 전력을 다했다. 그는 1804년(文化1) 5월 14일에 사망했다. 그리고 7대 유헌幽軒은 1857년(安政4) 3월 8일에 사망했다. 8대 유석幽碩은 『연지번일지蓮池藩日誌』에 의하면 1870년(명치3) 번정藩政 개혁 시 「一扶持米高二拾八石壹斗五升五合六勺, 改正現米拾三石二斗三升 鄭幽碩」이라고 되어 있는 것으로 보아 그도 하치노이케 번의 번의로서 메이지기까지 활약하였음을 알 수 있다.[47] 그리고 이들의 성씨는 일본식으로 바꾸지 않고, 고국의 성씨인 정鄭이라는 것을 계속 사용하였음도 알 수 있다. 이들의 무덤은 현재 광계사에 있다.

47 靑木歲幸, 「近世佐賀藩醫学の先進性」, 『佐賀學 佐賀の歷史, 文化, 環境』(佐賀大学 佐賀学創成プロゼクト, 2011), pp.106~108.

## 4.2. 오기小城의 조선 왕손 후루가와 가문

한편 오기의 후루가와는 1817년 오기 번의 사무라이 후루가와 겐우에몬古川源右衛門이 번에 제출한 자신의 가계보(유서서)에 의하면 "조선국왕의 자손 후루가와 헤이우에몬古川平右衛門"으로 되어 있으며, 삼한국왕三韓國王의 막내아들로서 7살 때 임란으로 조선에 출병한 나베시마 모토시게가 이끄는 왜군들에 의해 유모와 함께 포로가 되어 일본에 왔다고 되어 있다. 그 후 그는 에도江戶의 나에기산苗木山 번 저택에서 꽃밭을 가꾸는 직책을 맡아서 근무했다. 그리고 봉록으로 반미飯米 100표俵가 보장되었지만, 이에 4분의 1이면 족하다고 하며 거절하였다고 한다. 그리고 3대 번주 모토다케元武의 대에 이르러 오기로 내려와 대대로 가신으로서 역할을 하였다고 기술되어 있다.[48]

여기서 말하는 내용은 전부 사실은 아닐 것이다. 조선의 왕자가 왜군들에 의해 포로가 된 것은 사실이다. 이들은 임해군과 순화군이다. 이들을 잡은 자는 가토 기요마사로 훗날 철수하기 전에 부산 지역에서 석방하였기 때문에 일본에 간 조선국의 왕자는 없다. 아마도 그가 왕손이라면 조선국왕의 성씨와 같은 전주 이씨 출신 양반일 가능성이 높다. 그렇지 않으면 자신의 가계를 윤색시키기 위한 조치일 수도 있다. 아무튼 오기 번의 무사 가운데 조선의 왕손이라 일컬어지는 후루가와 가문이 있었던 것만은 틀림없는 사실이다.

---

48 青木歳幸, 「朝鮮国王子孫古川家由緒書」, 『海外交流と小城の洋学』(佐賀大学地域学歴史文化研究センター, 2007), p.20.

## 5. 맺음말

　지금까지 임란 때 포로로 잡혀가 사가에 정착한 조선인들을 살펴보았다. 가라쓰의 고덕사에 보관되어 있었던 조선국예조통유사朝鮮國禮曹通諭事에서 보듯이 조선정부는 이 지역에 남아 있는 조선인들을 쇄환하기 위해 노력을 기울였던 것 같다. 그 효과가 어느 정도였는지 알 수는 없지만, 돌아가지 않고 이 지역에 남았던 사람들이 너무나 많았다. 이들은 사가를 중심으로 한 가라쓰 그리고 하스노이케와 오기 지역을 중심으로 살고 있었다. 이들에게는 다음과 같은 몇 가지 특징이 있었다.

　첫째 특수기술을 가진 사람이 많다는 사실이다. 목면과 향을 만드는 사람, 그리고 행리공, 이공, 직공 등 다양한 기술을 가진 사람들이 있었다. 그리고 나염기술을 개발한 이구산도 빼놓을 수 없을 것이다. 이들의 기술이 사가의 지역산업에 크게 이바지하였음은 두 말할 나위가 없다.

　둘째는 지식인 계층 가운데 의사로서 활약한 사람들이 있었다는 점이다. 임영구, 이구산, 정죽오 등이다. 특히 임영구와 정죽오는 영주의 주치의를 할 정도로 지역에서 명망이 있었다. 그리고 이들의 자손들은 사무라이 대우를 받았고, 또 대를 이어서 의사로서 명맥을 유지하기도 했다.

　셋째는 사무라이 대우를 받는 자들도 있었다. 이 중에서 오기의 후루가와는 어느 정도 지위를 누렸지만, 그 밖의 마키 쥬자에몬, 정진, 그리고 다자에몬 등은 하급 무사계급에 속하는 사람들이었다. 이들이 사무라이가 될 수 있었던 것은 조선에서도 출신이 상류층이든가, 아니면 잡혀 온 병사 혹은 무사의 집안에서 양육되어 무사가 될 기회를 잡은 자들이었다. 이처럼 조선인에게도 무사가 될 수 있는 길이 열려 있었다.

넷째는 무사계급 가운데 할복순사하는 조선인들이 나오고 있다는 점이다. 임영구의 후손 교자에몬, 그리고 정진과 다자에몬의 예가 바로 그것들이다. 이들은 모두 자신이 모시고 있던 주군이 죽었을 때 일본인과 같이 순사했다. 이것은 그들이 일본문화에 빨리 적응한 결과라고 볼 수 있으나, 다른 한편으로는 후손들이 일본인과 동등한 대우를 받게 하기 위한 극단의 조치였을 가능성도 배제할 수 없다.

임란을 흔히 도자기전쟁, 서적전쟁, 활자전쟁, 포로전쟁이라고 일컫는 것은 그만큼 전쟁을 통해 많은 한국의 문화가 일본으로 전래되었기 때문이다. 이를 빗대어 일본의 저명한 저술가 도쿠토미 소호德富蘇峰(1863~1957)는 그의 저서 『근세일본국민사近世日本國民史』에서 도요토미 히데요시가 일으킨 조선 침략전쟁은 "일본의 사치스러운 해외유학이었다."라고 까지 표현한 적이 있다. 이는 일본의 조선 침략이 일본의 문화와 사상의 발전에 획기적인 계기가 되었음을 의미하는 것이다. 이러한 것이 사가 현이라고 예외일 수는 없었다. 사가의 조선인들은 의술, 의약, 서예 및 생활용품의 제작기술 등 많은 부분에서 눈부신 활약과 공적을 남긴 사람들이다. 이를 두고 도쿠토미 소호 식으로 표현하자면 일본은 조선에서 사치스러운 유학을 하는 것으로 만족하지 못하고, 그들의 스승마저 강제로 납치하여 자신의 땅에서 학업을 계속한 것이라고 말할 수 있을 것이다.

土乱捕虜男

제3장

사가의
조선인 사무라이
홍호연

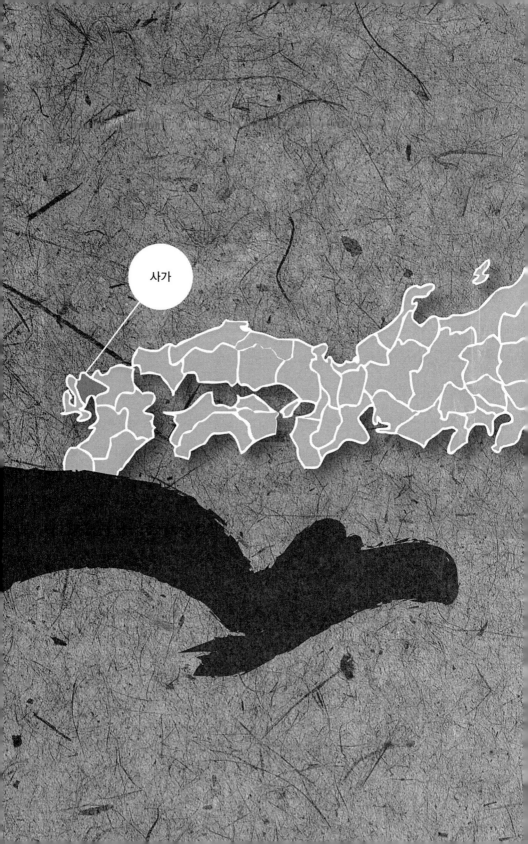

# 1. 머리말

일본의 사가 시佐賀市 기타가와소에 정北川副町 기하라木原의 한 주택가에 아미타 사阿彌陀寺라는 조그만한 절이 있다. 그곳의 경내에는 홍호연이라는 조선인의 이름이 새겨진 무덤이 있다. 도대체 그는 어떤 사람이기에 이 절의 공동묘지에 묻혀 있는 것일까?

지금까지 여기에 대해 본격적인 연구가 이루어진 적이 없다. 그렇다고 해서 전혀 관심이 없었던 것은 아니다. 비교적 그에 대해서는 일찍부터 관심은 있었다. 그 예로 국문학자 김태준은 77년에 홍호연이 조선포로 출신 유학자라는 점을 지적하면서, 그의 생애에 대해 간략히 소개한 적이 있다.[1] 그것을 계기로 그는 간간히 우리들에게 소개되곤 했다. 가령 일문학자 최관은 홍호연이 12세 때 나베시마 나오시게鍋島直茂에게

아미타사의 홍호연 묘

붙잡혀가 뒤이어 번주가 된 나베시마 가쓰시게鍋島勝茂의 친구가 되었으며, 사가 번의 대유학자로 존경을 받았던 인물이라고 했고,[2] 또 역사학자 민덕기도 최관과 비슷하게 소개한 다음 교토 오산京都五山에 수학하고 사가 번의 무사층에 편입되어 학자가 된 사람으로 주군이 사망하자 76세의 고령의 나이임에도 불구하고 참을 '인' 자를 자식에게 가훈으로 남긴 채 할복자결한 인물로 소개하고 있다.[3]

이들의 연구에서 나타난 홍호연은 너무나 간략하게 소개되어 있어서 그에 대한 기본적인 인적사항은 알 수 있으나 그가 일본에서는 어떤 인생관을 가지고 어떤 삶을 살았는지, 그에 대한 구체적인 부분에 대해서는 알 수 없는 아쉬움이 있다.

최근 홍호연의 자손인 고 요시로洪悅郎가 나고야 성 박물관名護屋城博物館에 고이 간직해오던 홍호연 일족의 유품들을 모두 기증한 일이 있다. 이로 말미암아 그의 유품들이 정리되어 일반인들에게 공개함으로써 우

1 김태준, 「일본 신유학의 발흥과 이퇴계의 영향」, 『임진란과 조선문화의 동점』(한국연구원, 1977), pp254~256.
2 최관, 『일본과 임진왜란』(고려대학교 출판부, 2003), p.36.
3 민덕기, 「임진왜란기 납치된 조선인의 일본잔류 배경과 그들의 정체성 인식」, 『한국사연구』 140(한국사연구회, 2008), p52.

리는 홍호연이라는 인물에 대해 종전과는 달리 보다 상세히 알 수 있게 되었다. 그가 남긴 자료를 통해 그의 삶과 후예들에 대해 살펴보기로 하자.

## 2. 조선에서의 홍호연

그의 생애를 알아 볼 수 있는 기본적인 자료는 국내외적으로 대략 다음과 같은 사료가 있다. 국내의 자료로는 남양 홍씨의 족보와 그의 장형 성해의 문집인『오촌신생실기梧村先生實記』가 있다. 그리고 일본 측 자료로는 첫째,『직무공보直茂公譜』로, 나베시마 나오시게의 치적을 시대 순으로 정리한 일종의 연보와 같은 사료인데, 이것의「권 8」에 홍호연에 관한 기사가 잠시 언급되어 있다. 둘째는『홍호연전洪浩然傳』이다. 이는 홍호연의 6대손인 야스쓰네安常와 사돈관계를 맺었던 고가 세이리 古賀精里가 1783년에 홍호연의 일대기를 간략하게 쓴 것이다. 그리고 셋째는『홍계도洪系圖』이다. 이것은 홍호연의 9대손 고 야스자네洪安襲가 『직무공보』와『홍호연전』을 참고로 하여 작성한 것이다.

이들 자료를 종합하여 보면 홍호연이 어디 출신이며, 어떤 상황에서 체포가 되었으며, 또 그의 가족에 대해서는 어느 정도 파악할 수 있다. 먼저『오촌선생실기』에 관한 기록부터 검토하여 보기로 하자.

그는 산청군 오부면 중촌리 남양 홍씨의 집성촌에서 태어났다. 본관은 남양이며, 본명은 운해인 그는 4형제 중의 3남이었다고 한다. 그의 형들의 이름은 성해成海, 천해天海, 동생은 진해進海였다. 이들은 왜군이 마을로 쳐들어오자 호연의 가족들이 처해졌던 급박한 상황에 대해 비교적 소상하게 적고 있다.

왜군들이 마을로 쳐들어와 약탈과 살상을 벌이자 가족들은 피신했다. 장형 성해는 막내 진해를 업고, 부모를 부축하며, 두 동생들에게는 "내 힘이 너희들까지 미치지 못하니 너희들은 빨리 나를 따라 오너라"라고 이르고 마을의 뒷산 우산 동굴로 피신했다. 지금도 그들이 숨었다고 하는 동굴이 있으며, 마을 사람들은 이를 홍굴洪窟이라 부르고 있다.

이곳에 피신했던 성해는 두 동생이 따라오는 줄 알고 뒤를 돌아보았으나 그들의 모습이 보이지 않았다. 그리하여 왔던 길을 되돌아 가보니 바위에 운해가 「천해와 운해가 죽어서 작별하고 살아서 헤어지다天海雲海闊死別生離」라는 한시를 적은 것을 발견하고, 천해가 죽고 운해가 납치당하였다는 것을 알았다.

홍호연이 납치되는 상황에 대해 『직무공보』는 다음과 같이 묘사하고 있다.

> 이번 진주성을 함락시키고 돌아갈 때 나오시게 공의 손에 12, 13세로 보이는, 어느 관인의 아들이 체포되어 왔다. 공이 불쌍하게 생각하여 그를 데리고 있다가 귀국할 때 함께 데리고 왔다. 그는 글씨가 능숙했다. 홍씨의 관인이었기에 호연이라고도 했다. 공은 깊은 친절함을 더해 사가 성 아래에 그를 두고 항상 자신의 곁에 불렀다.

여기에서 보듯이 『직무공보』는 그가 체포당하였을 때의 상황은 생략되어 있으며, 그가 조선관인의 아들이라는 점만 명시해 놓고 있다. 그러나 이와 같이 간략한 기록 가운데 매우 중요한 요소를 암시해주는 것이 두 개나 있는데, 그것은 다름 아닌 그가 체포된 시기와 이름에 관한 것이다. 그의 체포 시기가 진주성이 함락된 이후이며, 또 그의 성씨가 홍씨라는 사실은 분명하나, 이름은 호연이라고도 하고, 운해라고도 한다는 표현에서 보듯이 호연이라는 이름이 본명이 아니며, 훗날 일본에서 지어진 이름이라는 것을 알 수 있다. 더군다나 그를 홍씨의 관인이었기에 호연이라고도 했다고 기록하고 있기 때문에 이것은 더욱 확실해진다. 한편 『홍호연전』과 『홍계도』에는 그에 대해 다음과 같이 서술되어 있다.

### 2.1 홍호연전

나오시게가 군대를 빼어, 영시를 떠나, 적진으로 진격하였을 때 조선의 백성들은 모두 도망쳐 흩어졌다. 어느 날 산 중에서 개가 시끄럽게 짖는 소리가 들렸기 때문에 사람을 보내어 알아보게 하였더니 한 명의 소년이 큰 붓을 어깨에 걸치고, 동굴 속에 숨어 있었던 것을 개들이 이상히 여기고 짖었던 것이었다. 그리하여 그 소년을 데리고 돌아왔다. 나오시게는 이를 기이하게 생각하여 나카노 자에몬中野左衛門에게 그 아이를 맡겼고, 그 후 본국으로 보냈다. 그 소년이 호연이다.

### 2.2 홍(가)계도

나오시게가 조선으로 진군을 하였을 때 적막한 지역이며, 첩첩산중에서 개들이 짖는 소리를 들었기 때문에 사람을 보내어 알아보게 하였더니, 한 명의 동자가 큰 붓을 짊어지고 몸을 동굴에 숨기고 있었다. 개들은 이를 낯설게 여기고 짖어댔던 것이다. 그리하여 그 소년을 데리고 왔다. 이것이 호연이다. 이때 나이가 12세였다. 나오시게는 매우 드문 일이라 생각하여 나카노 신우에몬中野神右門에게 맡겼으며, 그 후 본국으로 보냈다.

어깨에 붓을 짊어진 홍호연

여기에서 보듯이 『홍호연전』과 『홍계도』에는 『직무공보』와는 달리 홍효연이 체포 상황에 대해 묘사되어 있다. 그것들에 의하면 당시 그는 동굴에 혼자 숨어 있었고, 개들이 짖어대는 바람에 일본군에 들켜 포로가 되었으며, 큰 붓을 어깨에 짊어진 12세 가량의 기이한 소년의 모습이었다는 것이다. 여기서 그의 형인 천해에 대한 서술은 보이지 않는다. 이미 그는 왜군에 의해 죽임을 당하였던 것이다.

그런데 『홍호연전』과 『홍계도』의 내용은 이상에서 보듯이 거의 대동소이하다. 그런데 여기서 유념할 사항은 그를 보고 짖었던 개가 한 마리가 아닌 것 같다는 점이다. 『홍계도』에서는 개에 대해 군견群犬이라 표현해 놓고 있다. 즉, 개가 한 마리가 아니라 여러 마리라는 뜻이다. 그 개들이 낯선 홍호연을 보고 짖어댔던 것이다.

이 기록이 사실이라면 그 속에는 매우 복잡한 의미가 숨겨져 있다. 왜냐하면 당시 상황으로 보았을 때 개를 여러 마리 키우는 집은 없었을 것이다. 일반 가정에서는 한 마리가 보통이며, 많아도 두 마리 정도이기 때문이다. 그러한 개들이 홍호연의 모습을 보고 짖어댔다는 것은 이미 그 동굴에는 그가 들어가기 전부터 개들이 있었다는 것을 의미하는 것이며, 그것은 또 그 개들을 데리고 있는 주인 및 가족들이 있었다는 것을 의미하는 일이기도 하다. 다시 말하여 그 개들은 주인과 함께 동굴 속으로 피난했었던 것이다. 조선 시대에 있어서 개는 번견 또는 엽견이기도 하지만, 경우에 따라서는 식용견이기도 했다. 그러므로 그들은 비상식량으로 쓸 계획으로 피난가면서도 개들을 데리고 갔던 것이다. 이들이 숨어 있었던 곳에 소년 홍호연이 붓을 들고 나타났고, 이를 본 개들은 낯선 인물에 대한 경계로 짖어댔던 것이다.

그렇다면 동굴 속에서 혼자 발견되었다는 『홍호연전』과 『홍계도』의 표현은 사실이 아니다. 그 속에는 엄청난 비밀이 숨겨져 있다. 즉, 그 동굴 속에는 여러 가족들이 있었던 것이다. 어쩌면 그들은 남편들을 전장으로 보낸 아낙네이거나 아니면 남편들과 같이 있었을지도 모른다. 여하튼 홍호연만 데리고 왔다는 표현 속에는 말로 표현할 수 없는 그들의 비참한 최후가 있었던 것으로 짐작이 가고도 남는다. 사가 번 측의 기록인 『직무공보』에는 여기에 대한 상황을 아예 언급조차 하지 않고 있다. 어쩌면 언급자체를 피하고 숨기고 싶었는지 모른다. 그러나 그들이 동술 속에서 벌인 잔인한 살육의 사건을 홍씨 집안 측의 기록인 『홍계도』에서는 지우지 못하고 여러 마리 개들의 소리를 통해서 그 흔적(단서)을 희미하게나마 남기고 있는 것으로 보인다.

그가 포로가 되어 맡겨진 사람에 대해 이상의 두 문헌에는 약간의 차이가 보인다. 즉, 『홍호연전』에는 나카노자에몬中野左衛門으로 되어 있고, 『홍계도』에서는 나카노신우에몬中野神右衛門으로 되어 있기 때문이다. 이러한 차이에도 불구하고 나카노자에몬과 나카노신우에몬은 동일 인물이다. 다만 그 표기만 다를 뿐이다. 그런데 이 인물은 사가 현에서 매우 유명한 인물이다.

그는 1555년(弘治)년에 태어났으며, 처음에는 다케오武雄의 영주 고토 다카아키後藤貴明를 섬겼으나 20대 초기에는 나베시마 나오시게의 가신이 되었고, 임신왜란과 징유재린 때에는 나오시게와 함께 조선으로 출전을 했다. 그 후 1614년(慶長19)에는 이만리대관서목일통심견역伊万里代官西目一通り心遣い役이라는 긴 이름의 직책을 맡았다. 그는 시모분下分 지구에 관사를 세우고 이마리伊万里郷, 아리타有田郷, 야마시로山代郷를 포함한 니시메의 3지역을 다스리다가 1620년(元和6) 7월 18일에 66세의 나이로 세상을 떠났다.

그의 아들은 초대 사라야마皿山 대관인 야마모토 시게즈미山本神右衛門重澄이다. 이 사람은 아리타에 조선도공과 관계가 없는 일본도공을 모두 아리타 바깥으로 추방한 인물이다. 그의 이러한 정책으로 말미암아 아리타는 조선도공들을 중심으로 도자기를 생산하는 마을로 새롭게 태어나게 되었다. 이처럼 그의 집안은 조선(인)과는 매우 밀접한 관련을 가지고 있었다. 그리고 그는 앞에서 언급한 무사도의 교본이라 불리는 『엽은葉隱』의 구술자로서 유명한 야마모토 죠초山本神右衛門常朝의 조부이기도 하다. 이러한 사람에게 맡겨졌다는 것은 나오시게가 홍호연에 대한 평가가 남달랐음을 알 수 있다. 그에 따라 홍호연은 당연히 나카노 신우에몬에게 사상적 교육을 받았을 것이다. 따라서 홍호연은 조선인이면서도 누구보다도 일본 무사도 정신으로 무장된 인물이었을 것으로 추정된다.

이상의 자료에서 보듯이 홍호연의 고향은 진주의 인근지역인 산청(산음)이었음을 알 수 있다. 이러한 증거는 다른 자료에서도 발견된다. 즉, 그의 친우였던 구마모토 본묘사의 승려 일요日遙(=여대남)가 그의 아버지에게 낸 서한에서 "이 나라에서는 마음을 통하는 친구가 없습니다. 다만 거창의 이희윤李希尹, 진주의 정적鄭逖, 밀양의 변사순卞斯循, 산음의 홍운해洪雲海, 부안의 김여영金汝英, 광양의 이장李莊 등 대여섯 명이 있어 아침저녁으로 고국의 사정이나 자신의 일에 대해 이야기하고들 합니다."[4]라는 내용이 바로 그것이다. 즉, 여기에는 홍운해(홍호연)가 산음 사람으로 표시되어 있는 것이다. 그러므로 그의 고향은 진주가 아니라 산청임을 알 수 있다. 그리고 조선인들끼리는 자신의 이름을 일본 이름인 호연이 아니라 조선명(본명) 운해를 사용하고 있다는 점도 유의할 필요가 있다.

그리고 그가 태어난 해도 명확하지 않다. 일본군에 잡힐 때 나이가 『홍호연전』과 『홍계도』에는 12세라고 하였지만, 『직무공보』에는 12, 13세로 보인다고 하고 있기 때문이다. 그럼에도 불구하고 홍계도에는 이에 대해 "生年天正十壬午年"이라고 명시해 놓고 있다. 즉, 그가 태어난 것이 천정天正 10년 즉, 1582년이라는 것이다. 아마도 이것은 훗날 후손들이 나베시마가 산중에서 그를 납치하였을 때가 1593년이고, 그 때 홍호연의 나이가 12세였다는 것, 또 그가 죽었을 때 나이가 76세라는 사실 등을 참작하여 역산한 결과로 보인다. 아무튼 그의 나이는 12세 또는 13세 때 포로가 된 사람이었다. 즉, 성인이 아닌 소년포로였던 것이다.

한편 홍호연의 가계와 가족의 상황에 대해서는 고가 세이리가 쓴 『홍호연전』에 비교적 자세히 나와 있다. 그 내용을 그대로 소개하면 다음과 같다.

홍호연은 원래 조선 전라도 진주성 안에 사는 관인의 자식(晋州城中士

4 內藤雋輔, 『文祿慶長役における被虜人の硏究』(東京大出版部, 1976), p.305.

人子也)으로 아버지의 이름은 전해지지 않는다. 집에 전해져 내려가는 문서에 "선조는 기씨箕氏에서 나왔다. 주周의 무왕武王이 기씨를 조선국왕으로 봉하였는데, 그 자손 가운데 수천 년을 지나 모쿠소 성주木曾城主가 되는 자가 있고, 그때 처음으로 홍씨 성을 사용했다. 호연은 그의 자손이다."라고 되어 있다. 지금 생각하여 보면 모쿠소木曾의 음은 조선의 목사牧司와 닮아 있다. 그 탓에 착오가 생긴 것으로 생각된다. 목사장군에 관한 것은 이미 보았듯이 목사라는 것은 조선의 관명인 것 같다. 그것을 성과 이름으로 했다. 그러나 진주성주 목사장군의 이름은 서원례徐元禮이지 홍씨는 아니다. 앞서 말한 바와 집에서 전해지는 문서는 후세에 전해지던 것을 모아서 적은 것 같다. 그 때문에 기씨의 자손이라고 말하고 있으나, 대충 추측하여 쓴 것으로 추정된다. 그러므로 여기서는 나오시게의 연보에 기재된 본문을 인용하여 사실을 감히 적어 둔다.

어머니는 이씨이다. 집에 호연이가 쓴 나무아미타불의 명호가 있다. 그 옆에 「자부홍씨비모이씨慈父洪氏悲母李氏, 매한씨동매사위妹韓氏同妹四位」를 나란히 적혀져 있다. 호연은 언제나 그것을 향해 절을 했다고 한다. 매한씨妹韓氏라고 하는 것은 어떤 의미인지 모르겠다. 전 남편의 자식이라는 사람도 있으나 그렇다고는 생각할 수 없다. 히데요시가 조선의 역(임란) 때 제장들에게 명하여 진주성을 공격하여 쳐부수고, 성의 대장인 목사 서원례는 전사했다. 진주는 조선 제일의 요새이며, 나라의 보물을 보관하고 있었기 때문에 서원례는 2만 명의 병사를 가지고 싸웠으나, 드디어 함락되었다. 이러한 일로 말미암아 모쿠소木曾가 잘못되었다고 생각하지 않을 수 없다.

이상에서 보듯이 홍호연은 자신의 가계를 고조선을 세운 기씨와 연결시킴으로써 조선에서 가장 오래된 지배자의 혈통을 잇는 것으로 윤색하였던 것 같다. 그리고 그의 선조들 가운데 목사가 되는 자가 홍씨 성을 사용했고, 아버지는 조선의 관인이라 하여 얼핏 보아 마치 그는 진주목사의 아들이라는 착각을 불러일으킬 수 있는 요소가 내포되어 있다. 이러한 사실을 고가 세이리는 당시 진주성의 목사는 서원례라는 사실을 들면서 그것은 사실이 아니라고 매우 객관적으로 서술하고 있다.

　이러한 것에서 알 수 있듯이 고가 세이리는 당시 진주목사를 서예원을 서원례로 잘못표기를 하고는 있지만, 비교적 2차 진주성전투에 대해 비교적 소상하게 알고 있었다. 서예원은 1593년에 진주목사가 되어 제2차 진주성 전투에서 전사한 것으로 되어 있기 때문이다. 그러므로 고가는 홍호연을 진주목사의 아들은 아니고, 다만 관인의 아들이라 했던 것이다. 또『홍계도』에도 관인의 아들로 되어 있다. 그러므로 그의 해석과 같이 홍호연을 조선 관리의 아들로 보는 것은 어느 정도 설득력을 지닌다고 할 수 있다. 한편 오노미야 리쿠시小宮陸之는 원문 '진주성중사인자야晋州城中士人子也'를 '진주성중晋州城中'으로 끊지 않고 '진주성중사晋州城中士'로 끊음으로써 홍호연의 아버지는 양반이 아니라 중인이었다고 해석했다.[5] 그러나 그의 혈연을 기씨와도 연결시키고, 또 목사와도 관련이 있는 직책과도 연결시키려는 의도에서 본다면『홍호연전』에 적힌 그의 아버지 신분은 중인이 아니라 양반으로 보는 것이 타당하다고 본다. 즉, 그것을 진주성 중인으로 보지 않고 진주성 안의 사인士人으로 보는 것이 문맥상 거스름이 없는 것이다.

　그런데 이 문맥을 사실 그대로 받아들이기 어려운 부분이 있다. 그것

5　小宮陸之,「洪浩然と佐賀縣」,『佐賀縣立名護屋城博物館硏究紀要』2(佐賀縣立名護屋城博物館, 1996), p.28.

은 다름 아닌 그의 아버지 이름을 모른다는 것이다. 홍호연이 납치당하였을 때의 나이가 앞에서도 인급한 비와 같이 12, 13세 때인 것만은 틀림없다. 그 나이쯤이면 자신의 아버지 이름을 몰랐다는 것은 말이 되지 않는다. 더군다나 그의 부친이 관직에 있었다면 관직명까지도 기억하는 것이 자연스러운 일이다. 더군다나 그는 큰 붓을 어깨에 짊어지고 다닐 만큼 어릴 때부터 머리가 명석한 소년이었다. 이러한 인물임에도 불구하고 그의 아버지 이름은 물론 부친의 관직명을 몰랐다는 것은 있을 수 없다. 아마도 여기에서도 우리에게 알리고 싶지 않은 비밀이 숨겨져 있을 것으로 생각된다. 어쩌면 그의 아버지는 위의 기록처럼 조선의 관리가 아니었을지도 모르는 것이다.

또 『홍호연전』은 항상 오른쪽에는 '나무아미타불'이라는 불호와 '자부홍씨비모이씨慈父洪氏悲母李氏, 매한씨동매사위妹韓氏同妹四位'라는 13자를 쓰고 매일 절하며 빌었다고 했다. 이를 바탕으로 본다면 그에게는 홍씨 성을 가진 아버지와 이씨 성을 가진 어머니 사이에 태어났으며, 또 그의 가족에게는 매한씨동매妹韓氏同妹라는 한씨 성을 가진 두 명의 여자가 있었다. 이 두 명의 여성은 누구인지 분명치 않다. 성씨가 다르면서도 여형제를 의미하는 '妹(매)'라고 표현한 것을 보면 이들은 이복누이일 수도 있고, 또 그의 집안에 시집온 형수일 가능성도 없지 않다. 만약 전자의 것이 사실이라면 그의 어머니는 자식을 데리고 한 번 더 시집간 사람이 되며, 또 그것이 아니라 후자의 것이 맞는다면 그녀는 장형인 성해와 둘째 형인 천해의 아내일 가능성이 높다. 전자의 경우라면 일가족이 전쟁을 겪으면서 모두 죽었다는 것이 되고, 후자의 것이라면 양부모와 형수들은 죽었지만, 두 명의 형들은 살아 있다는 뜻이 된다. 이처럼 그는 산청 출신으로 진주성의 관리로 있는 양반 홍씨 가문의 아들로서

1593년 진주성 전투가 끝난 직후 12, 13세의 어린 나이로 일본군에 납치되어 일본으로 건너가게 된 소년포로이었던 것이다.


## 3. 일본에서의 홍호연

이러한 상황에서 일본 사가로 건너간 홍호연은 어떤 삶을 살았을까? 그는 조선에서 배운 서예와 학문을 발휘하여 일본인들을 놀라게 하였던 것 같다. 『홍호연전』은 "호연은 훗날 능서로 유명해져 구가의 병풍이나 장지문에는 반드시 그의 글씨手跡가 있다. 이 비상시기에 붓을 휘두르고 있었기 때문이다. 어릴 때부터 능서였다고 생각된다."라고 서술하고 있기 때문이다. 여기에서 보듯이 그는 서예가로서 이름을 날렸다.

그가 남긴 작품은 여기저기 남아 있는데, 대개 이를 구분하면 다음과 같다. 먼저 신사의 도리이鳥居의 명문으로는 요도히메 신사與止日女神社, 치구리하치만궁千栗八幡宮, 히코산 신사英彦山神社, 수덕원修德院 등이 있고, 둘째 사찰의 현판으로는 교토의 정법사頂法寺가 있으며, 당송 문인들의 시로는 백낙천白樂天(772~846)의 「장한가長恨歌」, 황정견黃庭堅(1045~1105)의 「차운석칠삼육언칠수次韻石七三六言七首」 중 6수, 이백李白(701~763)의 「연도가정자宴陶家亭子」, 「고숙한姑熟漢」, 「춘일유라부담春日遊羅敷潭」, 「숙정참경산지宿鄭參卿山池」, 「과최팔장수정過崔八丈水亭」, 「종군행從軍行」, 「무산침장巫山枕障」, 「백호도白胡桃」, 왕만王灣의 「차북고산하次北固山下」, 주하周賀의 「춘희우인지산사春喜友人至山舍」, 「추야숙준구秋夜宿准口」, 잠삼岑參(715~770)의 「파남주중즉사巴南舟中卽事」, 「숙관서객사기동산엄허이산인宿關西客舍寄東山嚴許二山人」, 포용鮑溶의 「증양연사贈楊鍊師」, 허휘許揮의 「만

박칠리탄晚泊七里灘」, 영삼零參의 「남정송정시어환동태南亭送鄭侍御還東台」, 유종원柳宗元(773~819)의 「깅설江雪」, 왕안석王安石(1021~1086)의 「야직夜直」 등의 한시들이 있다. 그리고 초서체에는 두목杜牧(803~852)의 「산행山行」, 장계張繼(8세기)의 「풍교야박楓橋夜泊」, 위아魏野(960~1019)의 「심은자불우尋隱者不遇」, 소연蘇軟(1036~1101)의 「한음당漢陰堂」이라는 시들이 쓰여졌다. 그리고 근근勤謹, 공경恭敬, 편주의불망扁舟意不忘 등 교훈성을 지닌 글씨들도 많이 남아 있다. 그런데 이들의 글씨 중 초서체를 제외하고는 완숙기에 접어든 대부분의 그의 글씨는 하나의 특징을 가지고 있다. 즉, 시작과 끝나는 시점에 힘이 들어가 마치 혹과 같은 형상을 하고 있는 것이다. 이러한 필치로 인해 그에게는 "혹부리 호연"이라는 별명이 붙여졌다.[6]

그리고 그는 성인이 되어 다쿠多久의 영주 다쿠 야스토시多久安順(1563~1641)의 가신인 에소에 이우에몬江副伊右衛門의 딸과 결혼했다. 그의 나이 37세가 되던 해인 1618년(元和4)에 나오시게가 죽자, 그는 나오시게의 아들인 가쓰시게勝茂를 섬기게 된다. 그리고 38세가 되던 1619년(元和 5)에는 그의 부인이 죽었다. 그 후 그는 다시 다쿠의 가신 쓰쓰미신스케堤新助의 딸을 맞이하여 후처로 삼았고, 그 사이에서 야스자네安實가 태어났다. 그리고 구마모토의 일요 서한에서 보았듯이 타 지역의 조선포로 출신 지식인들과도 교분이 있었다. 그들은 비록 거주지가 서로 멀리 떨어져 있었지만 잦은 서신 왕래 등을 통해 서로 마음을 통하고 있었던 것이다.

가쓰시게가 사가의 영주가 되자 중년의 나이가 접어든 홍호연에게

6 小宮睦之, 앞의 논문, p.76.

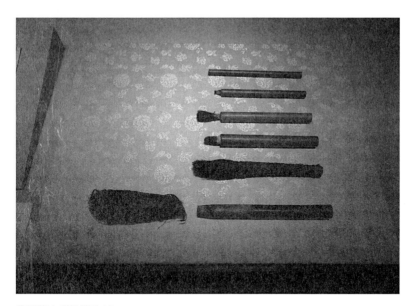

홍호연이 사용하던 붓

외지로 나가 학문을 공부할 기회가 찾아온다. 그에 대해『홍호연전』은 다음과 같이 서술하고 있다.

　　가쓰시게泰盛院는 나라에 있었을 때 호연을 불쌍히 여겨 소중히 길렀고, 성장한 후에는 학문을 위해서 교토의 오산으로 보냈다. 그때 후지쓰군藤津郡 내의 100석을 그에게 내렸고, 또 학문료로서 5명의 부지扶持를 배령했다. …〈중략〉… 수년 뒤에 귀국하여 태성원을 가까이서 섬겼다.

　여기에서 보듯이 그의 교토 유학은 매우 늦게 이루어졌다. 교토 오산이란 불교학과 한문학으로 유명한 남선사南禪寺, 천용사天龍寺, 건인사建仁寺, 동복사東福寺, 만수사萬壽寺라는 5개의 불교 사찰을 말한다. 그런데 그가 유학한 곳은 이 중 어느 곳인지 정확하지 않다. 아마도 그는 승려가 아니기 때문에 이곳 중 어느 한 사찰에서 한문학 또는 시예를 배웠을 가능성이 높다. 위의 내용에서 보듯이 그는 유학을 마치고 사가로 돌아가 다시 가쓰시게의 가신으로서 역할을 맡았다. 그러면서 고향을 잊지 못하였는지 그의 주군인 가쓰시게에게 어느 날 "髫年漂白海之東, 莊越吟邊歲幾窮, 蒼海弘恩無所表, 寧趨名節訴微衷"라는 한시를 지어 바쳤다. 그가 이 시를 지었다는 시기에 대해서도 두 가지 견해가 있다. 하나는 나오시게에게 바쳤다는 것이고, 다른 하나는 교토 유학을 마치고 사가로 돌아와 가쓰시게에게 바쳤다는 것이다. 전자는 『직무공보』에 의한 기록이고 후자는 고가 세이리의 『홍호연전』에 의한 것이다. 여기서는 일단 후자의 것을 따르기로 했다.

이 시에 대해 고가 세이리는 매우 상세하게 해설을 하고 있는데, 이를 바탕으로 해석하면 대략 다음과 같다. 즉, "어릴 때 있을 곳을 잃어버리고 헤매다가 일본으로 와서 살면서, 중국의 장사와 같이 타국(초)에 있으면서 고향(월)의 노래를 읊조리며 몇 년이나 세월을 보내고 있네, 푸른 바다와 같은 넓은 은혜가 커서 이루 말로 표현할 수 없지만 지금 고향으로 돌아가고 싶은 마음 또한 말하기 어렵다."라는 의미이다. 이처럼 그는 사가에서 나오시게의 보호를 받아 살면서도 고향을 잊지 못했다. 『직무공보』에서는 이 시를 바친 홍호연은 나오시게에게 총애를 받은 것에 대해 감사하며 눈물을 흘렸다고 했다.

홍호연은 일본에 살면서도 자신이 조선인이라는 사실을 잊지 않은 것 같다. 그 예로 그의 나이 52세 때 쓴 「홍호연이려파자전洪浩然伊呂波字全」이 남아 있는데, 권말에 "관영십계유모춘길일寬永十癸酉暮春吉日"이라고 쓴 다음 조선서생 홍호연이라고 적혀 있었기 때문이다. 여기에서 보듯이 그는 일본(사가)의 녹을 받아 무사로서 살면서도 그의 마음은 언제나 조선의 선비였기를 바랐다.

어느덧 나이가 들고 노인이 되자 홍호연의 고향에 대한 그리움은 더욱 커져 갔다. 그리하여 어느 날 그는 주군 가쓰시게에게 귀국 허락을 신청했다. 그에 대한 기록이 『홍호연전』은 다음과 같이 묘사되어 있다.

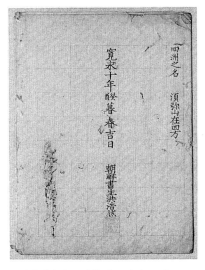

조선서생이라고 밝힌 홍호연의 글씨

저는 이국의 사람이지만 차별도 받지 않고 측근에서 모실 수 있었으며, 수년간 은혜를 입어 고맙기 그지없습니다. 그러나 이제는 나이가 들고 좀처럼 제가 도움이 되는 일도 없게 되었습니다. 그러므로 자리에서 물러나 조선으로 돌아가려고 합니다. 가쓰시게 공이 저를 가엽게 여기신다면 아무쪼록 허락하여 주소서라고 했다. 그리고는 호연은 일어나와 조선을 향해 출발했다. 가쓰시게 공은 섭섭한 마음이 너무나 커서 국경의 모든 번소番所에다 영을 내려 호연이 통과하면 붙들어 두라고 했다. 호연은 가라쓰의 부근에서 이 명을 듣고 다시 돌아가 가쓰시게의 앞에 갔다. 그러자 가쓰시게로부터 귀국을 포기하라는 말이 있었다. 호연은 "지금까지 큰 은혜를 입었는데, 지금 또한 여기에 머물라 하심은 실로 고맙고 송구하기 이를 데가 없습니다. 정 그러시다면 지금 받고 있는 봉록은 늙은 몸에게는 너무나 과분한 것이어서 지금부터는 50 가마(俵)씩 받고, 자손

홍호연이 쓴 병풍글씨

에게 상속시키는 것을 허락하여 주신다면 봉공을 하겠습니다."라고 말했다. 그러자 가쓰시게는 이를 허가하도록 명을 내렸다. 호연은 조선인으로 적미를 싫어했기 때문에 백미만을 원했다고 전해진다. 이러한 것으로도 호연이 얼마나 정직하였는가를 알 수 있기에 이같은 이야기를 여기에 적어 둔다.

여기에서 보듯이 홍호연은 70세가 되었을 때 지금까지 억제해왔던 귀국의 염원을 가쓰시게에게 간청하였던 것이다. 그때 그는 "신은 원래 해외의 포로, 잘못되어 군으로부터 총애를 받기를 수년, 이제 나이가 들어 활처럼 허리가 휘어졌는데, 원컨대 해골을 고향 산에 묻게 해주소서"라는 시를 지어 바쳤다고 한다.[7] 이로 말미암아 그의 간절한 염원에

7  寺崎宗俊, 『肥前名護屋城の人人』(佐賀新聞社, 1993), pp.208~209.

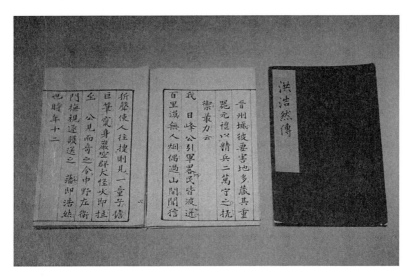

홍호연전

마음이 동하였는지 가쓰시게도 이를 허락했다. 그리하여 그는 준비하여 귀국길에 올라 가라쓰에 도착하였으나 가쓰시게의 만류에 다시 사가에 주저앉게 되었다. 그의 꿈은 다시 좌절당하고 만 것이다.

그러나 이 부분에 대해 적힌 내용 그대로 믿을 수 없다. 왜냐하면 그는 어린 나이로 포로가 되었으며, 이미 일본에서의 삶이 조선에서 보다 훨씬 더 길뿐만 아니라 그때 이미 그의 나이 70세였기 때문에 부모는 당연히 사망하였을 것이며, 형제자매들도 생사여부가 파악되지 않은 상태였기 때문이다. 그리고 그의 귀국은 가족과 함께가 아닌 단독 귀국이라는 형식을 취하고 있었다. 그러므로 그의 귀국은 지금까지 같이 살았던 처자식들과의 이별을 의미하는 것이기 때문에 그의 귀국 시도를 단순히 고향(가족)에 대한 그리움으로 해석할 수 없다.

거기에는 또 하나의 숨겨진 이유가 있을 가능성이 높다. 그 증거로 그가 가쓰시게로부터 귀국 만류가 있자 저항하는 자세가 아니라 그것을 받아들여 즉시 사가로 돌아왔으며, 자신의 봉록 삭감과 함께 아들에게 자신의 무사 신분을 세습해달라는 요청을 하고 있는 것이다. 즉, 자신의 희생을 담보로 자식(자손)의 장래를 보장 받고 싶었던 것이다. 이러한 그의 요구는 받아들여진다. 그의 아들은 그의 직을 승계하여 무사가 되었다. 이로써 그의 집안은 대대로 사가의 무사로서 역할을 할 수 있게 된 것이다.

이와 같이 그는 과거제로 인재를 뽑는 우리와는 달리 세습되어져 가는 일본의 신분사회에 대해 잘 알고 있었다. 그는 자신의 능력과 노력에 의해 자손들이 무사로서 정착하기를 바랐으나, 그것이 제대로 받아들여지지 않자, 고령이라는 몸에도 불구하고 단독 귀국이라는 항의시위를 벌였을 가능성이 적지 않은 것이다.

한편 그의 죽음은 매우 일본적이다. 왜냐하면 순사할복의 형태를 띠고 있기 때문이다. 그의 죽음은 주군인 가쓰시게로 인해 발생되는데 그의 나이 76세가 되던 1657년 어느 날 가쓰시게의 부고를 접하게 되었다. 그 때 가쓰시게는 에도(현재의 도쿄)에서 그해 3월 24일에 사망하였다. 이러한 부고를 접하자마자 그는 순사할 것을 결심하고, 그해 4월 8일에 아미타 사에서 할복으로 목숨을 끊었다.[8]

그런데 그의 할복순사에도 여러 가지 의문이 있다. 왜냐하면 에도에서 사가까지 가쓰시게의 부고가 전달되는 데까지 보통 15일은 걸린다는 것을 감안한다면 그의 할복은 빨라도 너무 빠르다. 부고를 받자마자 바로 결행한 것이기 되기 때문이다. 더군다나 일반적으로 순사할복은

8 김달수, 『일본열도에 흐르는 한국혼』(동아일보사, 1993), p.376.

장례식이나 49재가 끝나는 날中陰明け에 결행하는 것이 보통이다.[9] 이러한 점 등을 고려해 볼 때 그의 할복자결은 매우 이례적인 것이 아닐 수 없다.

이같은 그의 죽음에 대해 두 가지 측면에서 해석할 수 있다. 한 가지는 이러한 그의 행동을 순수하게 보고, 그가 처음으로 맡겨진 나카노 신우에몬에게서 사상적 영향을 받아 철저한 일본 무사도 정신을 가지고 있었던 인물이었기에 가능했다는 것이다.

또 다른 한 가지는 포로 출신 관료로서 어느 누구보다도 충성을 보여주어야 하는 처지에 있었던 상황에서 벌어진 행위로도 볼 수 있다. 이 행동으로 그의 후손들은 순사한 무사의 후예로서 특혜를 입을 수 있었다. 즉, 그의 죽음을 계산된 죽음으로 보는 해석이다. 이로써 불안한 무사의 신분이 더욱 공고히 다져지는 계기가 되기 때문이다.

실제로 홍호연이 귀국을 단념한 후에 늘어난 봉록 절미 15석은 순사한 이후 그의 자손에게 그대로 상속되었다. 그리고 그의 5대손인 마스카타政方가 범죄에 연루되어 무사직을 박탈당하였지만, 6대손인 야스쓰네安常가 무사로 복귀할 때 가장 크게 작용한 것이 그가 할복 순사한 홍호연의 후손이라는 점이었다. 이처럼 그의 할복이 자신의 사후 후손들을 위해서 이루어진 것이라면 포로 출신 관료로서 이국에서 살아야 했던 불안한 사회적 신분을 극복하기 위해 결행한 것으로 볼 수 있다.

이러한 조선인 출신인 그의 할복은 사가 번에서도 이용할 가치가 매우 높았다. 그 예로 『승무공보勝茂公譜』에서 그의 할복은 다지리 젠자에몬田尻善左衛門보다 더욱 훌륭하다고 기록하고 있다. 즉, 나오시게의 아내

---

9 服部英雄, 「前近代日本のチャイナタウン. コリアンタウン」, 『동북아시아문화학회 국제학술대회 프로시딩』(2008년 11월 29일), p.6.

홍호연의 참을 인

인 양태원陽泰院이 죽자 순사를 한 지 쿠고筑後 출신인 다지리도 훌륭하지만 홍호연의 할복이 그 가치가 더 높다는 것이다.[10] 사가에서 보았을 때 이들은 모두 외부에서 영입된 사람이었다. 이들의 죽음은 주군에 대한 충성을 강조하며 내부의 결속을 다지는 데 매우 효과적으로 이용할 수 있었던 것이다.

그러한 영향이 있었는지 가쓰시게의 죽음에 할복 순사한 무사들이 32명이나 나왔다. 『승무연보勝茂年譜』에 의하면 이들의 이름이 열기되어 있는데, 홍호연의 이름은 18번째로 올려져 있다. 그런데 그때 호연의 이름은 고 요베이洪与兵衛로 기록되어 있다. 여기서 보듯이 그는 호연이라는 이름말고도 요베이与兵衛라는 일본 이름도 사용한 것 같다. 『직무공보』에는 홍호연의 순사할복 사건을 두고 "비루불건悲淚不乾, 체추불감啼愁不堪하여 순사를 이루었다."라고 기술하고 있다.[11] 즉, 그는 자신의 주군인 가쓰시게의 죽음에 대해 너무나 슬퍼 눈물이 마르지 않았고 비통해 하다가, 이를 견디지 못해 자결하였다는 것이다.

그때의 일화가 담긴 유물이 그 유명한 참을 '인' 자의 족자이다. 이는 참을 인자를 중앙에 크게 쓴 다음 그 밑에다 '참는 것은 마음의 보배요,

10 小宮陸之, 앞의 논문, p.31.
11 寺崎宗俊, 앞의 책, p.210.

참지 못하면 몸의 불행이 된다.'는 의미가 깃든 '인즉심지보忍則心之寶, 불인신지앙不忍身之殃'이라는 구절이 적혀 있는 것을 말한다.

이것을 쓴 것에 대하여 두 가지 이야기가 전해지는데, 하나는 홍호연이 임종에 임할 때 후처와 적자인 로쿠베 야스자네六郎兵衛安實에게 써서 주었다는 것이고, 또 하나는 홍호연이 순사를 결행하기 위해 아미타 사로 가려고 하였을 때 식구들이 그의 가마를 막고 종이와 붓을 내어 유언을 써줄 것을 요구하자 홍호연이 즉시 이를 써 주었다는 것이다.[12] 아무튼 약간의 표현과 시점에서 차이를 보이지만 그 글씨는 그가 임종을 눈앞에 둔 시점에서 쓴 것이기에 자신의 인생관이 가장 많이 반영되었다고 할 수 있을 것이다.

홍호연이 할복 자살을 하기 위해 아미타 사를 택한 이유에 대해서는 명확하지 않으나 그 절의 창건이 영주인 나베시마와 관계가 깊고, 또 그가 살았던 집이 가미이마쥬쿠 정上今宿町에서 얼마 떨어져 있지 않은 곳에 위치해 있으며, 앞에서도 언급하였듯이 홍호연이 항상 오른쪽에는 '나무아미타불'이라는 불호를 외우면서 부모와 형수의 명복을 빌 정도로 정토교적인 신앙관을 가지고 있었기 때문으로 추정된다.[13] 이처럼 아미타 사와 홍호연과의 관계는 매우 긴밀하였던 것으로 추정되고도 남음이 있다. 그러한 이유에서 그는 이곳을 할복의 장소로서 결정하였을 것이다. 그가 죽고 나서 5년 뒤인 1662년(寬文 2)에 그의 부인도 세상을 떠났다.[14]

특히 그의 인생관을 엿볼 수 있는 작품으로는 참을 '인' 자 그리고

---

12 三好不二雄, 「佐賀の儒者 洪浩然」, 『葉隱研究』 48(葉隱研究會, 2002), p.21.
13 홍종필, 「임란 400년 한민족혼 일본서 숨쉰다 (8) 유학‧서예 큰 기둥 홍호연」, 『동아일보』 (1992년 5월 1일 자).
14 三好不二雄, 앞의 논문, p.23.

'편주의불망扁舟意不忘'을 꼽을 수 있을 것 같다. '편주의불망'은 작은 배를 타고 온 의미(때)를 결코 잊지 않는다는 의미의 말이다. 참을 인자와 편주의 의미는 고향을 잃고 나무배를 타고 이국땅으로 끌려온 포로관료로서 살아야 하는 그의 처세훈이자 인생철학이 고스란히 담겨져 있는 상징물임은 두말할 나위가 없을 것이다.

홍호연이 죽고 나서도 그의 인기는 쉽게 사그라 들지 않았던 것 같다. 그리하여 그의 초상화가 1783년에 사가 번의 어용화가인 가키하라 덴조柿原典徵에 의해 그려지는데, 그의 모습이 매우 해학적으로 묘사되어 있다. 즉, 아랫도리 바지가랑이는 정강이까지 걷어 올린 대머리 노인의 모습을 하고 어깨에는 커다란 붓을 들고 웃고 서 있는 것이다. 이렇게 묘사한 홍호연의 초상화가 지금까지 대대로 홍씨 집안에서 내려오고 있었다. 이 그림은 또 19세기의 문헌『우중雨中의 가伽』에도 수록되었다. 이 책은 사가 번의 무술, 예능에 뛰어난 사람들을 쓰쓰미 슈레이堤主禮라는 자가 편찬한 것이다. 그러므로 이 책에 홍호연의 그림만 있는 것이 아니다. 이것에 의하면 홍호연 이외에도 시하키자에몬志波喜左衛門과 야부우치 쇼치藪內祥智의 그림도 수록되어 있다. 그런데 이들 그림에 그려진 모습은 매우 독특한 성격을 지니고 있다. 홍호연은 커다란 붓을 어깨에 메고 있고, 시하는 샤미센이라는 악기를 들고 있고, 야부우치는 다완과 가루차를 뜰 때 사용하는 대나무 숟가락 챠샤쿠茶杓를 들고 있다.[15]

이와 같이 각기 들고 지고 있는 것이 다른 것에서 알 수 있듯이 홍호연은 서예가, 시하는 샤미센의 연주가, 야부우치는 다인이었다. 즉, 그들의 주군인 가쓰시게의 사후 세계에서 그들은 자신의 특기인 글씨와

15 小宮睦之, 앞의 논문, pp.80~81.

음악 그리고 차로써 충성을 다하고자 하였던 것을 그림으로 나타낸 것
이다. 이것은 역으로 말한다면 당시 사가에 있어서 각기 그 분야의 제1
인자를 지칭하는 것이기도 했다. 이처럼 후세에 이르러서도 그는 사가
를 대표하는 서예가였음을 알 수 있다.

## 4. 홍호연의 후예들

현재 아미타 사에는 홍호연을 비롯한
그의 가족들 무덤이 있다. 그의 묘비에
는 「운해호연거사雲海浩然居士」라고 적혀
있다. 그의 자손으로는 그의 뒤를 이은
2대 야스자네安實－3대 야스토시安利－4
대 스케자네祐實－5대 마스카타政方－6
대 야스쓰네安常－7대 야스타네安胤－8
대 야스치카安親－9대 야스사네安襲－10
대 쓰네타로恒太郎－11대 준이치純－－

홍호연의 위패

12대 요시로悅郎 등으로 이어져 오고 있다.

그중 2대 야스자네는 번으로부터 녹을 100석 받고 호연의 신분을 세
습했고, 3대 야스토시는 실제로는 야스자네의 아들이 아니다. 그는 원
래 야마구치 쇼자에몬山口正左衛門의 아들로 야스자네의 사위양자로 들어
와 대를 이었는데, 야스자네에게는 아들이 없었기 때문이다. 그리고 4
대 스케자네는 1693년에 태어나 1711년에는 외소소성外小小姓, 1723년에
는 어차힐御次詰이라는 직책을 수행하나 1720년 29세의 젊은 나이로 요

절하고 만다.[16]

그의 뒤를 이은 5대 마스카타는 1718년에 태어나 2세가 되던 해 부친 스케자네가 죽었는데 나이가 어려 부친의 뒤를 이어 무사직을 할 수 없었던 탓인지 당분간 사가 번에 고용되지 않는다. 그러다가 6대의 영주 나베시마 무네노리鍋島宗敎의 어측御側과 향촌대관鄕村代官 등을 역임하나, 어떤 사건에 연루되어 투옥되는 일을 겪으면서 무사직을 잃고 낭인으로 세월을 보내다 1763년(寶曆13)에 세상을 떠나고 만다.

그러나 6대 야스쓰네에 이르러 무너져 가던 홍씨 집안은 다시 부흥의 길을 걷게 된다. 그의 부친 마스카타가 투옥되어 있던 1762년에 21세였던 6대 야스쓰네는 홍호연의 후손이라는 명분으로 10명의 부지扶持를 받고 무사직을 상속을 했다. 그 후 장방藏方, 선방船方, 진방津方, 러시아선 왕래에 관한 일 등을 맡아서 하는 등 번의 요직을 두루 거쳐 1808년 야스쓰네의 나이 67세가 되던 해 착좌着座로 승진하였으며, 그와 동시에 오메쯔케역大目附役과 오토시요리역御年寄役에 명을 받는다.[17] 그야말로 나베시마 번에 있어서 최고직의 정치적 브레인을 맡은 셈이다.

이러한 그가 고가 세이리의 여동생과 결혼하였으나 자식이 생겨나지 않았다. 그리하여 고가 세이리의 차남 야스타네(또는 晉城)를 양자로 삼고, 그를 자신의 조카딸인 치에千惠와 결혼시켜 대를 잇게 했다.[18] 다시 말하여 처남을 양자, 조카를 양녀로 맞아들인 셈이다. 이로 말미암아 홍씨 가문은 두 번에 걸쳐 홍씨의 핏줄이 아닌 다른 사람에 의해 가계가 계승되어지고 있음을 알 수 있다. 그리고 야스쓰네는 자신의 시조인 홍

---

16 浦川和也,「洪浩然と洪家の系譜 -洪浩然. 洪家史料の目錄と解題-」,『硏究紀要』14(佐賀縣立名護屋城博物館, 2008), p.19.
17 浦川和也, 앞의 글, p.19.
18 寺崎宗俊, 앞의 책, p.211.

호연을 나베시마 번 영주들의 원찰인 고전사高傳寺에 '정금일량이보正金一兩貳步'를 보내어 영원히 공양을 하는 영대공양永代供養을 부탁하고 있다.

홍씨 집안으로 양자로 들어간 7대 야스타네는 사가에서 유명한 유가 삼봉劉家三鳳[19]으로 일컫는 3명 중의 한 사람으로 쇼헤이자카 학문소昌平坂學問所[20]의 교수를 역임할 정도로 학문적 평가가 높은 사람이었다.[21] 이러한 야스타네가 비록 홍씨와는 혈연적인 관계에 있는 인물이 아니었지만, 홍호연을 무척 숭상했던 것 같다. 그리하여 홍호연을 그리워하는 시도 남기고, 또 홍호연이 쓴 참을 '인' 자의 족자를 서사하여 가훈으로 남기고 있을 뿐만 아니라『진성유고晉城遺稿』를 저술하여 남기기도 했다.[22] 그리고 그의 다른 이름을 홍호연의 고향인 진주를 일컫는 진성이라고까지 하고 있는 것이다. 이러한 그는 번에서도 '오토시요리역'이라는 중요한 직책을 맡고, 또 봉록도 200석이나 받는 무사로서 출세를 했다.

그의 아버지 고가 세이리도 조선과 관련이 깊다. 가령 고가는 1811년

---

19  고가씨들은 자신의 선조가 중국 한의 고조 유방이라고 믿었다. 그리하여 그들을 일명 유가라 하였고, 특히 고가 세이리의 3명의 아들 즉, 장남 고가 고쿠도古賀穀堂, 차남 홍진성洪晉城, 3남 고가 도오안古賀侗庵은 모두 학문적으로 뛰어났기 때문에 이들을 유가삼봉이라 일컫는다.

20  1790년(寬政2), 간다유시마神田湯島에 설립된 에도 막부江戸幕府 직할의 교학기관, 정식명 칭은 '학문소學問所'이며, '창평황昌平黌'이라고도 칭하였다. 원래는 1630년(寬永7) 도쿠가와 이에야스德川家康로부터 하사된 우에노오시오카上野忍岡 부지에서 하야시 라잔林羅山이 경영한 유학의 사숙私塾을 기원으로 한다. 라잔은 이곳에 공자묘孔子廟를 설치하고 제사를 행하며, 이를 유지관리 및 운영은 그들의 후예들인 하야시 가문의 당주当主=大学頭가 계승했다. 그 후 1690년(元禄3) 쇼군 도쿠가와 쓰나요시德川綱吉가 간다유시마에 공자묘를 이축할 것을 명하고, 이때 강당講堂과 학료學寮가 정비되었고, 또 그곳을 공자의 고향인 '창평향昌平郷'의 이름을 따서 '쇼헤이자카昌平坂'라 명명했다. 이를테면 우리의 성균관에 해당되는 교육 기관이다.

21  小宮睦之, 앞의 논문, p.74.

22  하우봉, 「임란직후 조선문화가 일본에 끼친 영향」, 『임진왜란과 한일관계』(경인문화사, 2005), p.485.

(순조11)에 파견된 마지막 조선통신사(정사 김이교)를 대마도에서 응대하기도 했으며, 그는 처음부터 정사의 서기 김선신金善臣에게 당시 자신의 여동생이 홍호연의 후손과 결혼하였음을 밝혔고 자신이 쓴『홍호연전』을 보여주면서 홍호연에 관한 이야기를 했다고 한다.[23] 그가『홍호연전』을 집필할 당시 유학에 심취해 있었다. 그러므로 앞에서 언급하였듯이 자신의 여동생을 홍씨 가문과 인연을 맺고, 또 후사가 없자 차남 야스타네를 다시 그 집의 양자로 보내어 대를 잇게 하였던 것이다. 이러한 행위는 홍호연을 마음 속으로 존경하지 않았다면 불가능한 일이었다.

7대의 야스타네에게는 아들 두 명이 있었다. 그러나 장남 가요시로加吉郎가 3살의 나이로 요절하는 바람에 차남인 야스치카가 8대의 당주가 되었다. 『홍계보洪系譜』에 의하면 야스치카는 1804년에 태어난 것으로 되어 있다. 그는 족경조두足輕組頭, 대관代官, 군방부역郡方附役, 장방부역藏方附役, 나가사키 에도 쓰메長崎, 江戶詰 등의 직책을 수행하였으나 병약한 탓인지 1848년 47세의 나이로 죽고 만다.[24]

9대 야스사네는 어릴 때 어차옥비차랑양어유상수御茶屋備次郎樣御遊相手의 직에 명받았고, 성인식을 치른 후에는 번교 홍도관弘道館의 역을 맡는 것과 함께 히고유학肥後遊學, 에도유학江戶遊學 등을 맡았다. 그는 학문적인 소양뿐만 아니라 무예에도 뛰어났는지 마술, 창술, 발도술, 궁술 등 두루 면허를 취득하여 1857년에는 일봉사日峰社의 제전 때는 말을 타고 달리면서 활을 쏘는 유적마사流嫡馬射를 맡기도 했다. 그 후 나가사키의

23 辛基秀, 「古賀精里と洪浩然」, 上田正昭・辛基秀・仲尾宏 編, 『朝鮮通信使とその時代』(明石書店, 2001), pp.297~298.
24 浦川和也, 앞의 글, p.22.

경비, 1864년 제 1차 조슈長州 정벌, 1866년 제 2차 조슈 정벌에도 참가하고 있으며, 1868년 이후에는 오사카, 교토의 쓰메詰에서 메쓰케目附 등을 맡아서 수행했다. 그리고 1874년 사가의 반란 때에는 우국당憂國黨의 일원으로 참여하였으며, 그 후 지역의 호장, 촌의회 의원, 의장 등을 역임하고 1888년 1월 9일에 암으로 사망했다.[25]

10대손 쓰네타로恒太郞는 기독교를 믿었고, 또 그 자신이 목사이기도 했다. 그런 연유 때문인지 그 이후에 가족들의 무덤은 불교사찰인 아미타 사에서 사라지게 된다.[26] 안습 이후 홍씨 집안은 두 세 갈래로 나뉘어졌으며, 지금까지도 자손들이 각 방면에서 활약하고 있다.


## 5. 맺음말

이상에서 살펴보았듯이 조선포로 홍호연은 산청 출신으로 임진왜란 때 진주성 전투 이후 12, 3세의 어린 나이로 일본군에 납치되어 일본 사가에 가서 살다가 생을 마친 인물이다. 그는 포로로서는 보기 드물게 일본에서 출세하여 무사계급으로 살았고, 또 그의 능력을 인정받아 사가 번의 도움으로 교토 유학을 경험하기도 했다. 이와 같이 그는 사가에서 최고의 학문을 자랑하는 엘리트였다. 그리고 그의 고향은 산청이며, 본관은 남양이고, 4형제 중 3남이다.

우리에게는 그가 유학자라 알려져 있지만, 실제로 그의 생애를 고찰하면 그러한 것보다 서예가의 이미지가 강하다. 그리고 고가 세이리가

---

25 浦川和也, 앞의 글, pp.22-23.
26 金聲翰, 『日本のなかの朝鮮紀行』(三省堂, 1986), p.136.

쓴 『홍호연전』에도 표현해 놓았듯이 사가에 있어서 구가의 병풍이나 장지문에는 반드시 그의 글씨가 있다고 할 정도로 그는 글씨로 인기를 끌었다. 그리고 그의 글씨는 처음 시작과 꺾어지는 부분 그리고 마치는 부분에 힘이 들어가 있다. 그러므로 마치 혹과 같은 독특한 모양의 글씨에서 그의 힘이 느껴진다. 이로 말미암아 그의 별명은 혹부리 호연이었다. 이러한 별명에 걸맞게 많은 작품을 남겼다.

그가 남긴 글씨 가운데 그의 인생철학이 엿볼 수 있는 글씨가 있다. 그것은 다름 아닌 "편주의불망"과 최후에 남긴 참을 "인" 자의 글씨이다. 그 글에는 이국땅에서 포로로 살면서 한시도 자신을 조선인이라는 사실을 잊지 않고 기회가 되면 고향으로 돌아가고자 했던 그가 자신의 뜻을 이루지 못하고, 두 차례나 일본인 여성과 결혼하여 자식들을 낳게 되어 일본에서 살아야 했고, 또 주군이 죽자 그의 자손들의 안녕과 일본 무사도의 윤리철학에 따라 순사하지 않으면 안 되었던 인생관이 그대로 반영되어 있다고 해도 과언이 아닐 것이다.

그의 후손들은 그가 남긴 공적에 따라 대대로 무사직을 승계하여 사가의 명문집안으로서 자리 잡았다. 그들 또한 그의 시조가 남긴 교훈과 성씨를 오늘날까지 그대로 간직하면서 일본사회에서 한국계 일본인으로서 살아왔다. 그로 말미암아 생겨난 차별이 있었음에도 불구하고 그들 시조의 유훈을 지켜낸 것이다. 그리고 최근에는 그들이 고이 간직해 왔던 홍호연 관련 유품들을 사회(박물관)에 기증하여 우리가 몰랐던 사실을 더욱 많이 알게끔 해주었다. 이를 통해 밝혀진 사가의 서예가 홍호연의 인생은 지식인 조선포로 출신의 관료들이 일본에서 어떤 인생관을 가지고 살아야 했는지를 우리들에게 선명하게 보여 주었다.

# 제4장

## 나가사키 지역의 임란포로

## 1. 머리말

나가사키 현長崎縣은 일본 열도의 서북쪽에 위치해 있으며, 어느 지역
보다 많은 섬을 가지고 있다. 그러한 지형적 특성 때문에 일찍부터 이
곳은 중국과 함께 서양의 문물을 전해주는 창구 역할을 했었다. 이러
한 개방성 때문에 그곳의 최대 중심지인 나가사키에는 중국 사람들이
모여들어 삶의 터전을 마련함으로써 자연스럽게 차이나타운이 생겨났
고, 그에 따라 중국 불교인 황벽종黃檗宗의 사원들도 즐비하게 들어서게
되었다. 우리가 짬뽕이라고 하는 중국 음식도 바로 이곳에서 개발된
음식이다.

그 반면 서양문화도 일찍 들어왔다. 네덜란드 상관이 설치되고, 이를
통하여 서양의 자연과학과 의학기술이 전해져 서양 의학교醫学校가 일본

에서 처음으로 개설된 것도 바로 이곳이다. 그리고 우리에게 너무나 잘 알려진 푸치니의 나비부인의 배경이 되었던 곳도 나가사키이다. 그뿐만 아니라 카스테라와 덴푸라라는 튀김요리 그리고 고추와 담배가 이곳을 통하여 우리들에게 전해졌을 만큼 나가사키는 국제적으로 열린 도시였다. 이러한 역사적인 특성으로 말미암아 일본인들에게는 이국적인 정취가 베어 있는 역사와 낭만의 도시로서 인상이 짙다.

그러나 한국인에게도 그럴까? 특히 임진왜란에 대해서 잘 알고 있는 한국인들에게는 나가사키는 긍정적인 면보다 부정적인 이미지가 강하다. 왜냐하면 임란 때 잡혀간 많은 조선인 포로들이 해외로 팔려나가는 거대한 노예시장이 바로 나가사키였기 때문이다. 임란과 정유의 왜란을 계기로 당시 나가사키에는 조선인 포로들이 넘쳐 나고 있었다.

그러한 사정은 유독 나가사키 시뿐만 아니라 나가사키 현 전체를 놓고 보아도 크게 달라질 것이 없었다. 이곳 영주들도 임란 때 히데요시의 명을 받아 군사를 이끌고 조선으로 출병했다. 가령 히라도平戶의 영주 마쓰우라 시게노부松浦鎭信(1549~1614)는 3천여 명, 미나미시마바라南島原 지역의 영주인 아리마 하루노부有馬晴信는 2천여 명, 오무라大村의 영주인 오무라 요시아키大村喜前는 1천여 명, 우쿠지마宇久島의 영주인 고토 스미하루五島純玄는 7백여 명의 군사를 이끌고 조선을 침략한 것이다. 그리고 그들이 조선에서 철수할 때 모두 수많은 포로들을 잡아갔음은 두말할 나위가 없다.

1597년 나가사키에 들렀던 이탈리아 상인 프란체스코 카루렛티가 수많은 조선인 포로들이 이곳에 있는 것을 보고 놀라 "모든 계층을 막론하고 엄청난 수의 남녀노소가 일본으로 연행되어 싼값의 노예로 팔리고 있다."라고 표현하였다. 이러한 기록에서 보듯이 일본은 정유재란뿐만 아니라 임진왜란 때 이미 많은 숫자의 포로들을 마구 잡아갔던 것이다.

지금까지 이러한 포로들에 대한 연구가 활발한 편은 아니다. 더군다나 나가사키 현의 임란포로에 대한 관심은 더욱 적어 거의 이루어지지 않고 있다 하더라도 과언이 아니다. 그렇다고 해서 전혀 없는 것은 아니다. 가령 김옥희는 임란 때 일본으로 피랍된 조선 여성들의 순교와 신앙생활을 고찰하는 가운데 나가사키에서 고문을 당하는 여성 천주교도에 대해 소개하고 있으며,[1] 민덕기는 나가사키의 히라도에 살았던 조선인 15명의 생활상태를,[2] 그리고 김문길은 그의 저서를 통해 조선도공의 일부를 소개하고 있다.[3]

이러한 일련의 연구에서는 나가사키 현의 임란포로가 극히 부분적으로 소개가 될 뿐, 종합적으로 이루어지고 있지는 않다. 그러므로 우리는 그 범위를 확대하여 종합적으로 검토할 필요가 있다고 생각한다. 그렇게 함으로써 나가사키의 임란포로에 대해 전체적인 윤곽이 드러날 것이기 때문이다.


## 2. 나가사키의 조선포로

### 2.1. 해외로 팔려가는 조선포로

조선포로들 가운데 나가사키에서 해외로 팔려나가는 사람들도 많았

1 김옥희, 「임란 때 피납된 조선 여성들의 일본에서의 순교와 신앙생활」, 『사학연구』 36(한국사학회, 1983).
2 민덕기, 「임진왜란에 납치된 조선인의 일본생활」, 『호서사학』 36(호서사학회, 2003).
3 김문길, 『임진왜란은 문화전쟁이다』(혜안, 1995).

다. 이들에 대해 당시 일본에서 선교 활동을 벌였던 선교사의 기록에도 종종 보인다. 가령 미카엘 미에타이미엔이 쓴 『기리시난 내넝大名』에 의하면 "전시의 조선인 포로들을 포르투갈인이 유럽, 인도, 및 중국에서 가지고 온 철포, 비단, 담배, 기타 물건과 교환한 것이 발단이었다."라고 했다. 즉, 납치된 조선인들은 주로 포르투갈 노예상인들을 통하여 물건과 교환되어 팔려갔음을 나타내는 내용이다. 스타이첸Steichen은 "이 무렵 노예의 매매가 크게 발전하게 된 이유는 다수의 조선인 포로가 일본에 보내진 일이다. 히데요시太閤의 금제에는 이들에 관해 언급되어 있지 않다. 그래서 여러 대명大名들은 아무런 거리낌 없이 노예 사냥에 노력했다. 더욱이 심한 일은 어떤 자들은 남녀를 막론하고 조선인을 일본으로 끌고 가기 위한 목적에서 조선으로 도항하기 위해 노력했다. 그리하여 그들 조선인을 나가사키나 히라도로 연행하여 포르투갈 상인의 조총이나 비단과 교역코자 했다."라고 했다.[4] 또 파제스Pages는 그의 저서 『일본절지단종문사』에서 "나가사키 부근의 일본인은 조선인을 사들여 포르투갈인에게 전매하기 위해 각지를 찾아다녔다. 뿐만 아니라 일본인이 정복한 조선점령지에서 조선주민을 약탈하기 위해 조선에 건너가 다수의 조선인을 학살했다."라고 기록하고 있다.[5] 이처럼 일본은 조선의 남녀를 가리지 않고 마구 잡아가서 포르투갈의 노예상인들에게 조총과 비단을 받고 팔아넘겼던 것이다.

우라가와 와사부로浦川和三郎에 의하면 임란 이후 일본 국내뿐만 아니라 마카오, 마닐라, 인도, 라오스, 베트남, 캄보디아 등지에도 조선인 포

---

4 이원순, 「임진·정유왜란 시의 조선인 포로·노예 문제」, 『변태섭 박사 화갑기념 사학논총』 (삼영사, 1985), 641쪽에서 재인용.
5 이원순, 앞의 논문, 641쪽에서 재인용

로들이 범람했다고 한다.[6]

오세영의 소설 『베니스의 개성상인』의 안토니오 꼬레아는 바로 나가사키에서 팔려간 노예였다. 그를 일본인에게 돈을 주고 산 사람은 앞서 말한 프란체스코 카루렛티다. 카루렛티는 이탈리아 플로렌스 출신으로 1594년부터 1606년까지 13년간 세계 일주를 하고 있었는데, 우선 서인도제도에서 남아프리카에 상륙하였고, 태평양을 횡단하여 필리핀에 도착했다. 1597년 5월 루손 섬으로 다니는 일본상선 Somme에 편승하여 같은 해 6월 나가사키에 도착하여 머물다가 다음 해 3월에 마카오를 향해 출발했다. 그리고 1599년 12월에 인도 고아로 갔으며, 그곳에서 이탈리아로 귀국했다. 그러므로 그의 발자취는 거의 지구 한바퀴를 돈 셈이다.

이러한 그가 1년 남짓 나가사키에 체류하면서 일본을 관찰하고, 조선에서 끌려온 처참한 노예들의 사정을 알게 되었다. 그중에는 어린아이들도 적지 않았다. 더욱 그를 놀라게 했던 것은 그들이 너무나도 싼값에 팔려 나간다는 사실이다. 가령 그들은 남녀노소가 가릴 것 없이 모두 한 사람에 2속束 3문文의 값으로 팔리고 있었다. 여기에 대해 그는 다음과 같이 기술했다.

나도 12스쿠드 정도의 돈으로 5명을 샀다. 그리고 그들에게 세례를 주고 고아까지 데리고 가서 여기에서 해방을 시켜 주었다. 그러나 한 사람만은 플로렌스에 데리고 갔으며, 그는 지금 로마에 사는데, 이름을 안토니오 꼬레아라는 이름으로 통하고 있다.[7]

6 浦川和三郞, 『朝鮮殉敎史』(全國書房, 1944).
7 山口正之, 「朝鮮役に於ける捕虜人の行方 −朝鮮被虜賣買の一例−」, 『靑丘學叢』 8(靑丘學

이처럼 그도 조선인 5명을 12스쿠드로 구입하여 그들에게 세례를 주었으며 인도 고아까지 데리고 가서 4명을 놓아주었던 것이다. 그는 일본으로 가기 전에 아프리카 서해안에서도 노예를 구입했는데, 그곳 고아에서는 1인당 50스쿠드 또는 60스쿠드 정도였으며, 비싼 경우에는 100스쿠드까지도 했다고 진술하고 있다. 이러한 사정으로 비추어보면 나가사키의 조선인 노예들이 얼마나 싼 값으로 팔려나갔는지를 알 수 있다. 특히 1930년대의 조선 천주교사에 대해 깊은 관심을 가지고 연구했던 일본인 야마구치 마사지山口正之는 1스쿠드를 당시 일본 돈으로 환산하면 약 2원 정도가 된다고 추정했다.[8] 즉, 카루렛티는 5원 남짓으로 그들을 샀던 것이다.

인도 고아에서 풀어 준 조선인 노예 4명 중에 3명의 행방은 그 이후 어떻게 되었는지 알 수 없다. 그런데 다행스러운 것은 그중 한 명이 뚜렷하게 자신의 발자취를 역사상에 남긴다. 그 사람이 다름 아닌 조완벽이었다. 그는 진주 양반 출신이다. 그가 고아에서 풀려난 다음 확실치 않지만 어떤 사정에 의해 또 어떤 경로를 통하여 그가 조선으로 온 것이 아니라 일본으로 간 것만은 확실하다. 그 이후 그는 교토의 상인 스미노쿠라 료이角倉了以(1554~1614)에 고용되어 주인을 따라 무역선을 타고 세 차례나 베트남을 다녀온 경험이 있으며, 1607년 조선의 쇄환사 여우길을 따라 귀환한 인물이었다.[9] 그는 자신의 저서로 『남양견문록南洋見聞錄』을 남겼으며, 또 그의 이국 체험이 정사신, 이수광, 안정복 등 당시 지식인들에게 『조완벽전』으로 기록될 만큼 큰 관심을 끌었다.[10]

　　會, 1932), p.143.

8　山口正之, 앞의 논문, p.143.

9　김태준, 「정유년 포로 조완벽과 기리시탄」, 『임진란과 조선문화의 동점』(한국연구원, 1977), p.291.

그리고 그가 끝까지 자신의 고향 플로렌스까지 데리고 간 안토니오 꼬레아는 그 후 1979년 한국일보 김성우 기자가 로마에서 끈질기게 전화부를 단서로 그의 자손을 찾기 위한 노력 끝에 드디어 그들을 찾아서 취재하여 보도한 적이 있다.[11] 그것에 의하면 안토니오 꼬레아의 후손들은 이탈리아 동남부 지역에 위치한 알비라는 산촌 마을에 있었다. 그곳에는 전체 인구 1,348명 중 꼬레아라는 성을 가진 사람이 무릇 185명이나 이른다고 한다. 그리고 그 인근 지역인 카탄챠로라는 도시에는 60명 이상이 살고, 또 타베루나, 마치사노, 체르바, 세리나 등 남부 지역의 10여 곳에도 꼬레아라는 성씨를 가진 사람들이 산발적으로 존재하며, 로마에도 20여 명이 산다고 했다. 그들의 장손이라 할 수 있는 카스쿠아루레 씨는 당시 38세로 올리브 농장을 경영하고 있으며, 이들의 일부는 1904년에는 약 20여 명이 미국으로 이민을 갔고, 또 1950년부터 다시 40여 명이 미국, 캐나다, 남미 등 여러 곳으로 이민을 가서 그들의 씨족들이 전 세계로 퍼져 살게 되었다고 상세하게 보도했다.

1983년 11월 영국 런던 크리스티 미술품 경매장에서 17세기 바로크의 거장 페테르 루벤스(1577~1640)가 그린 「한복 입은 남자」라는 작품이 당시 경매사상 최고 값인 32만 4,000파운드에 팔린 것이었다. 그 그림의 주인공이 '안토니오 꼬레아'이며, 루벤스가 로마에 체재했던 것이 1606~1608년 사이인데 이때 안토니오 꼬레아를 만나 그림을 그렸을 것으로 추정되어 더욱더 세인들의 관심을 집중시켰다.

그 이후 우리 측의 노력으로 그의 후손들과 한국의 교류가 활발하게

---

10 권혁래, 「조완벽전의 텍스트와 문학적 의미 연구」, 『어문학』 100(한국어문학회, 2008), pp. 206~208.
11 『한국일보』(1979년 10월 7일 자).

이루어졌다. 가령 1992년에 MBC에서 임란 400주년을 맞아 "대추적 안토니오 꼬레아의 뿌리"라는 다큐멘터리를 제작하였고, 그때 그의 후손으로 추정되는 데레사 꼬레아가 10월 30일경 한국을 방문하여 다큐의 레포트를 맡았으며, 이에 이어서 11월 3일에는 문화부의 초청으로 이탈리아의 한국문화협회장을 맡은 안토니오 꼬레아가 방한하기도 했던 것이다.[12] 이로 말미암아 우리에게 유럽으로 팔려간 안토니오 꼬레아가 알려지기 시작하다가, 그 이듬해인 1993년에 소설가 오세영이 『베니스의 개성상인』(장원)이라는 제목으로 작품을 발표함에 따라 우리들에게 더욱더 널리 알려지게 되었던 것이다.

## 2.2. 히라도 정平戶町의 조선인

나가사키 현의 현청 소재지인 나가사키 시長崎市에는 조선인들이 많이 살았다. 여기에 대해 상세히 분석한 바 있는 나카무라 다다시中村質에 의하면 그곳에는 고라이 기조高麗喜藏, 박 히코베朴彦兵衛라는 조선인이 있었으며, 또 중국어 통역자 가운데 1775년까지 5대째 중국어 통역의 일을 하고 있는 미우라씨三浦氏는 그의 시조가 원래 조선인으로 성씨는 문씨文氏였다고 하며, 이들은 모두 임진, 정유 왜란의 포로인일 가능성이 높다고 추정한 바 있다. 이처럼 고국으로 돌아오지 못하고 나가사키에 남은 포로들도 많았다.[13]

이러한 사람들에 대해 뚜렷한 기록을 남기고 있는 것은 히라도 정平戶

---

12 『조선일보』(1992년 11월 4일 자).
13 中村質, 「壬辰丁酉倭亂の被擄人の軌跡 −長崎在住者の場合 −」, 『한국사론』22(국사편찬위원회, 1992), p.186.

町에 살았던 조선인들이었다. 그들의 대부분은 종교 탄압에 못이겨 강제로 천주교도에서 불교도가 된 사람들이었다. 이들에 관한 기록이 1634년에 작성된 『횡뢰포정인수개지장橫瀨浦町人數改之帳』과 1642년 연말에 작성된 『평호정인별생소규平戶町人別生所糺』이다. 나카무라에 의하면 당시 히라도 정은 주택이 49호, 인구가 223명이었고, 그중 조선인 가구가 13호, 24명이 살고 있었으며, 그중 자기 집을 소유하고 있었던 사람은 3호가 있었으며, 나머지는 집 또는 방을 빌려 살고 있었다 한다.[14] 이 기록들이 임란 이후 반세기 정도 지난 기록이기 때문에 당시 피랍된 조선인들이 일본사회에 어떻게 생활하였는지 잘 반영되어 있을 것으로 사려된다.

그렇다면 이곳에 어떤 조선인들이 살았을까? 그중 『평호정인별생소규』에 나오는 조선인은 모두 14건이다. 이를 간략히 살펴보면 다음과 같이 몇 가지 형태로 정리할 수 있다. 첫째 순수 조선인들로만 구성된 가정이다. 그 실예를 들면 다음과 같다.

(1) 가와사키야 스케에몬川崎屋助右衛門 가족: 60세, 〈自家〉

연령 60세, 고려 출생. 1595년 비젠備前 오카야마岡山를 거쳐 1614년(慶長19) 나가사키 우에 정上町에 이주 천주교도가 되었으나, 다케나카 우네메竹中采女(재임기간: 1629~1632) 시대에 소토우라 정外浦町에서 천주교를 버리고 불교의 일향종의 신도가 됨. 사찰은 대광사大光寺이다.

부인 53세, 고려 출생. 1599년(慶長4) 히고肥後 야쓰시로八代를 거쳐 1601년에 나가사키에 거주하다 마카오天川로 팔려갔다가 천주교도가 됨, 1616년

14 中村質, 『近世對外交涉史論』(吉川弘文館, 2000), p.5.

(元和2)에 다케나가 우나메 시대에 소토우라 정에서 천주교를 버리고 불교도가 되었다. 사찰은 대광사大光寺이다.

위의 두 부부는 모두 고려 출신으로 마을의 조사를 받은 청인請人을 세우고, 청장請狀은 구미組에 두었다. 슬하에 나가사키 출신 타쓰라는 19세 된 아이와 이노스케猪助라는 16세가 된 자녀 2명 있다. 이들도 모두 대광사 소속이다.

(2) 이시모토 진자에몬石本甚左衛門: 28세, 〈借家〉

나가사키 출신. 어릴 때 천주교도가 되었으나 다케나가 시대 때 에도 정江戶町에서 개종하여 선종 춘덕사春德寺의 신도가 되었다. 부모 모두 고려 출신. 이들은 어릴 때 오무라大村에 살면서 천주교도가 되었고, 30년 이전에 다케나가 시대 때 부모와 함께 개종하여 춘덕사의 신도가 되었다. 부친은 관영 10년에 에도 정에서 사망, 모친은 존명하여 시마바라島原에 살고 있다. 자식으로는 센이라는 4살 난 딸이 있다. 그녀도 선종 춘덕사에 속해 있다.

이상에서 보듯이 (1)의 가와사키야는 오카야마에서 나가사키로 이주한 것으로 보아 그는 본시 나가사키의 포로가 아니라 당시 오카야마의 영주인 우키다 히데이에宇喜多秀家(1572~1655)의 포로였고, 부인은 야쓰시로 지역을 지배한 고니시 유키나가小西行長(1558~1600)의 포로였을 것으로 추정된다. 특히 부인이 마카오로 팔려갔다는 것은 노예와 다름없는 신분이었음을 의미한다. 그녀는 그곳에서 5년간 생활을 하다가 일본으로 돌아온 것이었다. 그리고 이들은 자신들의 집에서 2명의 자식을 두고 생활하고 있었다. 이들은 일본인이 아니기 때문에 마을로부터 조

사를 받은 후 신원보증인의 역할을 하는 청인이 필요했고, 그에 대한
서류인 청장은 구미가 보관했다. 여기서 구미組란 5인이 1조 단위로 되
어 있기 때문에, 이는 5인이 감시체제하에 둔다는 것을 의미한다. 이것
은 비단 이들에게만 국한된 것이 아니라 외국출신에게 일괄적으로 적용
되는 조치였다. 일본 출신 2세가 되면 그러한 통제는 적용되지 않았다.

(2)의 이시모토는 부모가 모두 조선 출신인 재일의 2세이다. 그들이
오무라에 거주하면서 천주교도가 된 것으로 본다면 임란 때 조선에 출
병한 오무라 요시아키大村嘉前의 포로였을 것으로 추정된다. 요시아키는
훗날 불교도로 개종하지만, 원래는 그의 부친 오무라 스미타다大村純忠
와 같이 천주교도였다. 그의 세례명은 돈 산초였다. 이들에게는 3세인
센이 태어나 있었다. 이들처럼 조선인들만의 가정을 이룩하기는 쉬운
일이 아니다. 오히려 일본인과 결혼하는 경우가 더욱더 많았다. 그 실
예를 들면 다음과 같다.

(1) 와타나베 진스케仁介(58세)의 아내: 〈借家〉, 68세
고려 출신. 1592년 이전에 나가사키 이마 정今町에 살면서 곧 천주교도
가 되었으나, 미즈노가와치모리水野河內守(1626~1628 재임)의 시대 때 천
주교를 버리는 것을 거부하다가 입산고문을 통해 시마바라에서 개종하여
선종禪宗 홍태사洪泰寺의 신도가 되었다. 남편 진스케도 천주교를 버리는
것을 거부하다가 입산고문을 통해 개종하여 불교신자가 되었다. 아내가
고려출신인 관계로 마을로부터 조사받은 연후에 청인을 세웠고, 그에 관
련된 청장을 받아 구미에 보관했다.

(2) 이시모토 진고자에몬石本新兵衛의 아내: 〈借家〉, 62세

고려 출신, 1587년 7살 때 히라도平戸에 살았으며, 정토종 신자가 되었으나, 1636년(寛永13)에 남편과 함께 나가사키 가바시마 정椛島町에 살면서 정토종 대음사大音寺의 신도가 되었다. 고려출신인 관계로 마을의 조사를 받은 연후에 청인을 세우고 청장을 구미에 보관했다.


(3) 사토 기치우에몬佐藤吉右衛門의 아내: 〈借家〉 60세

어릴 때 나가사키 시마바라 정島原町에서 천주교도가 되었으나 다케나가 우네메 시대 때 천주교를 버리고 선종 홍태사의 신도가 되었다. 청인을 세웠고, 청장은 구미에 두었다. 자식으로는 32세의 나나쿠라七藏가 있다. 그도 나가사키 출신으로 어릴 때부터 천주교도였으나, 부모를 따라 천주교를 버리고 선종 홍태사에 소속되었다.


(4) 마고우에몬孫右衛門尉의 아내: 〈中門番〉, 60세

고려 출신. 18세 때 나가사키에 살다가 천주교도 되었으나, 다케나가 시대에 배교를 하고, 일향종—向宗 광영사光永寺의 신도가 되었다. 슬하에는 4살 된 지로次郎가 있으며, 그도 원래 광영사에 속해 있었다.


이상에서 보듯이 (1)의 와타나베의 아내는 68세이고, 51년 전에 나가사키에 가서 살았다면 그녀는 임진년에 포로가 된 셈이다. 그녀는 이곳 출신 와타나베와 결혼하였으며, 처음에는 남편과 함께 천주교를 버리고 불교로 개종하는 데 저항을 했다. 그로 인해 이들은 입산고문을 당하였다. 입산고문은 온천지로 유명한 운젠으로 데리고 가서 뜨거운 온천물로 고문을 가하는 것을 말하는데, 흔히 일본에서는 이를 '산

에 들어간다'는 은어로 표현했다. 나가사키 시에서 발간한 『막부시대의 나가사키幕府時代の長崎』에 의하면 "등을 갈라 열탕을 붓고, 그래도 개종하지 않으면 열탕 못에 던져 난살爛殺한다. 당시 사람들은 이를 산에 들어간다고 말했다. 한 번 산에 들어가면 살아서 돌아오는 사람은 거의 없다."라고 한다. 이처럼 혹독한 고문에 이기지 못하고 불교도로 개종하였던 것이다.

(2)의 이시모토의 아내는 1642년이 62세였고, 7살 때 히라도에 살았다는 것은 임란과 관계없이 그 이전인 1587년경 마쓰우라松浦 해적들에게 납치당한 것으로 보인다. 이들은 천주교도가 되었다는 것으로 기술이 없는 것으로 보아 원래 이들은 불교도였던 것 같다.

(3)의 사토의 아내는 일본군에 납치된 전형적인 전쟁고아 노예였던 것으로 보인다. 그녀도 외롭게 생활을 하다가 일본인 사토와 혼인을 하였다. 나카무라에 따르면 그녀의 남편은 이사하야諫早 출신으로 1606년(31세)에 홀로 나가사키로 이주한 사람이며, 그의 부친은 임진년에 나베시마군에 소속되어 조선 출병하였다가 전사하였다고 한다.[15] 전쟁의 피해를 입은 한일의 서민 남녀가 짝을 이룬 것이다. 이들의 슬하에는 나나쿠라라는 아들이 있었다.

(4)의 마고우에몬의 아내는 조사 당시 60세로 18세 때부터 나가사키에 살았다는 것은 1600년경 정유재란 때 납치당한 셈이다. 그녀의 남편이 중문번中門番이었다. 중문번이란 마을 입구에 문이 있고, 그 문이 아침에 열리고, 저녁에 닫혔는데, 이를 지키는 수문장 역할을 하는 사람이었다. 이들에게도 지로라는 아들이 있었다.

---

15 中村質, 앞의 책, p.8.

한편 일본인의 하인으로서 살아가는 조선인들도 있었다. 그 실예를 들면 다음과 같다.

(1) 오사카야 야우에몬大坂屋彌右衛門의 하녀: 95세, 〈집주인 自家〉
고려 출신. 1598년(경장3) 지쿠고筑後에 살다가 1621년 나가사키 혼코젠 정本興善町에 이주하여 살면서 천주교도가 되었으나 다케나가 시대에 그곳에서 개종하여 정토종 대음사의 신도가 되었다. 이 노파도 고려출신이므로 마을의 조사를 받은 연후에 청인을 세우고 받은 청장을 구미에 보관했다.

(2) 마쓰오카 히사우에몬松岡久右衛門尉의 하녀: 58세, 〈집주인 自家〉
고려 출신. 11세 때 모기무라茂木村에 살았다. 1615년 나가사키 오무라 정大村町에 이주하여 살면서 천주교도가 되었으나 다케나가 시대 때 그곳에서 개종을 하여 법화종法花宗 본연사本蓮寺의 신도가 되었다. 고려인이기 때문에 마을로부터 조사를 받은 연후에 청인을 세우고, 청장은 구미에 보관했다.

(3) 사토 기치우에몬佐藤吉右衛門의 하녀 가메: 〈집주인 借家〉, 58세
고려 출신. 50년 이전 나가사키에 거주. 천주교도가 되었으나 다케나가 시대에 지금 가지야 정鍛冶屋町에서 개종하여 선종 홍태사에 속했다.

(4) 오사카야 야우에몬大坂屋彌右衛門尉(58세)의 하녀 마쓰: 30세
나가사키 출생. 어릴 때 천주교도가 되었으나, 다케나가 시대 때 인지 정에서 개종하여 일향종 대광사大光寺의 신자가 되다. 부모 모두 고려인,

이들은 어릴 때 히젠肥前에 살다가 경장 6년에 나가사키 고도 정五島町에 이주하여 살면서 천주교도가 되었으나, 미즈노의 시대 때 같은 마을에서 개종하여 일향종 대광사의 신자가 되었으며, 이들 모두 야오야 정八百屋町 에 살고 있다.

이상에서 보듯이 하인으로 있는 경우는 대부분이 여자이다. 이러한 점은 당시 일본사회에서 여성들이 경제적인 자립할 수 있는 일자리가 그다지 많지 않았을 가능성이 있다. (1)의 오사카야의 하인 조선인 노파 는 조사 당시 95세이다. 1598년에 지쿠고에서 살았다는 것으로 보아 납 치는 정유재란 때이고, 그 때 나이가 이미 50대가 되어 있었다. 이것은 매우 드문 예이다. 일본군이 노소 상관없이 잡아간 것을 알 수 있다. (2)는 11세 때 조사 당시 58세이므로 임진년에 납치된 자이고, (3)은 50 년 전에 나가사키에 왔다고 하는 것은 피랍 당시 그녀의 나이는 9세의 어린 소녀였다. 그녀의 주인 사토는 1603년 샴(현재 태국)에 도항하여 조난을 당해 사망하였다 한다. 그렇다면 그녀는 살림이 넉넉지 못하여 남의 집을 빌려 사는 여주인과 함께 둘이서 살아가는 처지였다. (4)의 마쓰는 부모 모두 조선인으로 출생은 나가사키로 되어 있는 것으로 보 아 재일 2세이다. 조사 당시 부모는 다른 곳에 생존해 있는 것으로 보아 이 경우는 인신매매가 아닌 생활고로 하인이 되었음을 알 수 있다.

그리고 조선인 포로들의 2세들도 있었다. 이들은 대개 조선인과 일본 인 사이에 태어난 사람들이 대부분이다. 그만큼 조선포로들은 일본인과 결혼을 많이 했다. 그중에서도 조선인 아버지와 일본인 어머니를 둔 경 우보다 조선인 어머니와 일본인 아버지인 경우가 압도적으로 많다. 이 는 여성들이 남성보다 일본인과 결혼하는 것이 많다는 것을 단적으로 보여 준다고 할 수 있다. 그럼 먼저 이들의 경우를 실예를 들어 살펴보기로 하자.

(1) 와타나베 쥬자에몬渡辺+左衛門(33세)의 아내: 26세 〈借家〉

나가사키 출신. 어렸을 때 천주교도가 되었으나, 다케나카 시대 때 시타 정下町에서 개종하여 선종 홍태사의 신도가 되었다. 부친 이사하야諫무 출신. 경장 12년(1607)에 나가사키 쓰키 정築町에 살면서 천주교도가 되었으나 같은 시대 같은 곳에서 개종하여 같은 종 같은 절의 신도가 되었다. 현재 같은 곳에서 생존중이다. 그녀의 모친은 고려 출신. 어렸을 때 나가사키 시마바라 정에 살면서 천주교도가 되었으나 같은 시대 같은 곳에서 개종하여 같은 종파 같은 절의 신도가 되었다.

(2) 이요야 지마쓰ぃょ屋千松(10세)의 하녀 마키: 25세

나가사키 출신. 어렸을 때 천주교도가 되었으나, 다케나가 시대 때 하마 정濱町에서 개종하여 선종 홍태사의 신도가 되었다. 부친은 히라도 출신으로 천주교도가 되었으나 관영寬永 원년(1624)에 나가사키의 가고 정籠町에서 살았다. 다케나가 시대에 하마 정에서 개종하여 일향종 대광사의 신도가 되었다. 모친은 고려 출신. 53년 이전에 나가사키 무카이 후나쓰向舟津에 살다가 천주교도가 되었으나 다케나카 시대에 같은 곳에서 개종하여 일향종 대광사의 신도가 되었다. 지금도 생존한다. 따라서 양친 모두 현재 시시쿠이 정石灰町에 거주하고 있다.

(3) 이케모토 소지로池本小四郞 가족: 14세, 〈自家〉,

모친과 함께 나가사키 출신. 원래 선종 홍태사의 신자. 모친 이전부터

천주교도였으나, 다케나카 시대 때 개종하였다. 10년 전에 같은 곳에서 병사했다. 부친은 고려출신. 어렸을 때 나가사키 히라도 정에서 살면서 천주교도가 되던 해에 마카오로 추방되었다가 1597년(慶長2)에 나가사키로 돌아와 다케나카 시대 때 같은 곳에서 개종하여 같은 종파 같은 절의 신도가 되었다. 그가 마카오로 추방된 것은 1636년(寬永13)인데, 서양인의 아이를 양육하였기 때문이다.

소지로의 외조모는 75세이다. 그녀의 부모는 모두 히라도 출신이다. 35년 전 이전에 부모와 함께 나가사키에서 살다가 천주교도가 되었으나 다케나카 시대 때 히라도에서 개종하여 선종 홍태사의 신도가 된다. 소지로의 세이하치淸八(9세), 세이고로淸五郎(12세) 모두 이상과 같다.

(1)과 (2)는 조선인 어머니와 일본인 아버지 사이에서 태어난 2세들이다. (1)의 어머니는 고려인이며, 부친은 이사하야 출신의 일본인이다. 그녀는 일본인 쥬자에몬과 결혼하여 3살된 쥬베이+兵衛와 두 살의 곤베이權平라는 아들이 있다. (2)도 (1)과 마찬가지로 조선인 여성을 어머니로 둔 25세의 여인으로 주인이 자기보다 나이가 어린 10세의 지마쓰로 되어 있다. 양친 모두 생존한 것으로 보아 이 경우도 생활고로 인해 하녀가 된 것으로 추정된다.

이상의 사례들을 통하여 임란 이후 일본 나가사키에 정착한 조선인들을 통하여 다음과 같은 몇 가지 특징들을 살펴볼 수 있다. 첫째는 이들을 조선인이라고 하지 않고 고려인이라고 하고 있으며, 둘째, 이들 가운데 어린 소녀 및 노파를 포함한 비전투요원이 대량으로 포함되어 있었다는 점이며, 셋째, 이들은 거의 일본 이름을 사용하고 있으며, 넷째는 극히 일부를 제외하고는 대부분이 천주교도가 되었으며, 다섯째

많은 여성들이 일본인과 혼인을 하였으며, 여섯째는 성공한 사람은 자신의 집을 가진 자들도 있으며, 일곱째는 하녀 또는 남의 집을 빌려 사는 사람들이 많은 것으로 보아 이때까지만 하더라도 생활이 넉넉지 못한 사람이 많았다는 사실이다. 여덟째는 이들 가운데 모진 고문으로 인하여 천주교도에서 불교도로 바뀐 사람들도 있으며, 아홉째는 1세인 경우에만 마을로부터 조사를 받고 청인이라는 신원보증인이 필요하며, 5인조에 의해 관리되었다는 점이다. 아마도 2세인 경우는 일본인으로 간주된 것 같다.

## 3. 히라도平戶의 조선포로

### 3.1. 다쿠시마의 고려비

히라도에는 임란과 관련된 유적이 많다. 앞에서 말한 것처럼 이곳의 영주인 마쓰우라 시게노부松浦鎭信(1549~1614)가 히데요시의 명을 받아 군사를 이끌고 조선으로 출병했기 때문이다. 그들이 배를 타고 출발할 때 식수를 확보했던 곳이 히라도의 북쪽 아쓰치오시마的山大島였다. 그리하여 이곳에는 아직도 그 때 사용하던 우물이 있는데, 이를 사람들은 조선우물朝鮮井戶이라 한다.

바로 이 섬의 남측에 또 하나의 작은 섬이 하나 있는데, 그 섬이 바로 다쿠시마度島이다. 이곳에도 임란과 관련이 유적이라고 할 수 있는 고려비高麗碑라는 비석이 우뚝 서 있다. 다쿠시마 자체가 육지에서 떨어져 있는 섬이고, 또 유명한 관광지도 아니기 때문에 이 비석이 이 섬에 있다는 사실은 우리들뿐만 아니라 일본인들도 극히 일부만 알았다. 지역민들에 의하면 이 비석은 임란 때 포로로 잡혀간 조선인들의 영혼을 위로하기 위해 1994년 5월 18일에 다테이시 마사하루立石正春가 지역민들과 협력하여 세운 것이라 한다. 그리고 그 비석의 돌은 한국에서 직접 구입하였다고 한다. 이처럼 이 비석의 건립은 지금으로부터 얼마 되지 않은 현대에 벌어진 일이었다.

이러한 그들의 일련의 행위는 이해될 듯하면서도 이해할 수 없는 부분이 있다. 즉, 임란도 끝난 지 400여 년 지난 오늘날 그들이 무엇 때문에 새삼스럽게 조선인 포로들을 위해 위령비를 세웠느냐 하는 것이다. 여기에는 이유가 있었다. 이곳에는 많은 조선인들이 끌려와 살다가 죽었는데, 사람들이 이곳에만 지나가면 불행한 일들이 자주 일어났다고 한다. 이러한 것을 두려워한 그들이 의견을 모아서 이러한 결과물을 낳았다는 것이다.

이러한 사실은 이곳에 살았던 조선포로들의 생활이 현대 일본인들조차도 공포로 느낄 만큼 참혹한 것이었음을 두말할 나위가 없다. 그야말로 최악의 조건에서 희생당한 삶이었을 것이다. 자신들로 인해 발생한 역사적인 사실이라는 사실을 잘 알고 있었던 일본인들이 자신들에게 일어나는 불행의 원인을 그때 이곳에 살다가 죽은 조선인들의 저주라고 해석하였던 것이다. 그들의 심리 속에는 과학적 합리성보다 과거 역사에 대한 죄책감이 녹아 있었던 것이다. 바로 그러한 것을 나타나게 한 것이 바로 다쿠시마의 고려비였던 것이다.

## 3.2. 히라도의 보리아씨

히라도平戸의 영주가 사는 히라도에는 특히 조선포로들이 많이 살았다. 이곳의 영주를 지낸 바 있는 마쓰우라 세이잔松浦靜山(1760~1841)이 쓴 『갑자야화甲子夜話』에 의하면 그들을 한곳에 살게 하였는데, 그곳을 고려정高麗町이라고 했으며, 특히 이들은 번의 주방요리를 담당케 하였는데, 그 후손들이 점차 그 일들을 기피하는 바람에 지금은 신분이 낮은 사람들이 대신하고 있다고 했다.[16]

이러한 조선인 포로들을 히라도에 대거 납치하여 간 마쓰우라 시게노부는 성과 사원 등을 불태우는 등 당시 유럽의 절대군주가 무색할 정도의 폭군이었다.[17] 이같은 폭군에게 조선 출신의 애첩이 있었다. 히라도 사람들은 그녀를 보리아씨라 했다. 그녀 역시 시게노부에 의해 포로가 된 사람이었다.[18]

그녀의 고향도 정확하지 않다. 일본 측 기록에 의하면 마쓰우라가 전라도를 공격하여 사람들을 살육할 때 보리밭에 숨어 있는 예쁜 소녀를 발견하고 연행하여, 마쓰우라의 신변에서 시중들게 하다가 애첩이 되었다고 했다. 그녀를 보리아씨로 불렸던 것도 바로 이러한 사정 때문이었다. 또 어떤 이는 그녀의 고향이 서울이며, 조선 14대 소경왕昭敬王(선조의 시호諡號)의 딸인 곽청희廓淸姬라고 하며,[19] 왕의 몽진행렬에서 낙오된 것 같다고 해석하기도 한다.[20] 그러나 통신사로 일본을 다녀온 강홍

---

16 松浦靜山, 『甲子夜話』, 中村幸彦·中村三敏 校訂(平凡社東洋文庫, 1980), p.204.
17 長崎縣高等學校教育研究會社會科部會, 『長崎縣の歷史散步』(山川出版社, 1974), p.190.
18 長崎縣高等學校教育研究會社會科部會, 앞의 책, p.190.
19 長崎縣高等學校教育研究會社會科部會, 앞의 책, p.190.
20 金達壽, 「日本のなかの朝鮮文化 —肥前 肥後(長崎縣, 佐賀縣, 熊本縣)—」, 『月刊. 韓國文化』 3(1988).

히라도의 보리아씨 무덤

중의 기록인 『동사록東槎錄』에는 그녀의 고향이 경남 창원이라고 했다.[21] 이처럼 기록마다 그녀의 고향에 대해서도 다양하게 서술하고 있어서 현재로서는 어느 곳이라고 단정하기가 매우 힘들다.

그녀가 포로가 되었을 때 당시 나이와 이름에 대해서도 정확하지 않다. 일본 측 기록에는 그녀의 이름이 가쿠세이廓淸라고 기록되어 있을 뿐이다. 가쿠세이에 대해서 일본인들은 귀여운 아씨라는 의미의 일반적인 호칭이라고 해석하는 사람도 있지만,[22] 실제로는 그렇지 않다. 그것은 각시라는 한국어가 일본어로 잘못 발음된 것이다. 그 단적인 예로 일본군이 전장에서 사용했다고 하는 군정용어를 360개 정도 모은 「고려사지사高麗詞の事」에 의하면 미녀를 데리고 오라는 말인 "고분가쿠세

21 강홍중, 「동사록」, 『고전국역총서 해행총재』 3(민족문화추진회, 1989), p.187.
22 寺崎宗俊, 『肥前名護屋城の人々』(佐賀新聞社, 1993), p.28.

이포도라오라コブンカクセイポトラオラ"라는 말이 적혀 있다.[23] 이 글을 찬찬히 읽으면 곱은 각시 퍼득(빨리) 나오라는 것을 일본어로 그대로 옮겨 놓은 것임을 금방 알 수 있다. 여기에서 보듯이 가쿠세이는 다름 아닌 젊은 여성을 나타내는 각시를 가리키는 말이었던 것이다. 그녀의 이름인 가쿠세이廓淸는 바로 이 각시라는 말에서 생겨난 것이었다.

그녀는 마쓰우라와 함께 조선의 각지에 돌아다니다가 임신을 하였으며, 마쓰우라가 귀국길에 올라 대마도를 거쳐 일기도壹岐島에 다다랐을 때 사내아이를 출산했다. 그녀는 자신의 곁에 아이를 두고 키울 것이라며 간절히 애원을 했지만, 전쟁에는 마음이 없고 여색을 밝히기기만 하였다는 지탄을 받을까봐 그 뜻이 받아들여지지 않았다. 그리하여 하는 수 없이 그 아이를 마쓰우라 가松浦家의 문양이 새겨진 강보에 싸고, 또 단도를 그 속에 넣어 버릴 수밖에 없었다. 그때가 1598년의 봄이었다.[24]

그 이후 그녀의 몸은 영주의 측실로서 부족함이 없이 편안하게 살았지만, 일기도에 버리고 온 자식 때문에 마음속에는 항상 불안과 슬픔을 가지고 있었다. 그러는 동안 2명의 아들을 낳는다. 그 아들이 장성하자 마쓰우라는 그들에게 네시고根獅子 지역을 하사하고 중신으로서 등용했다. 그리하여 그 아들 중 한 명이 니시구치西口 마쓰우라 가문의 시조가 되는데, 그가 바로 마쓰우라 구란도노부마사松浦藏人信正이다.

그녀에게 있어서 차남 노부마사는 아버지의 은덕을 입어 히라도에서 출세의 가도를 달려 마음을 놓을 수 있었으나 그녀가 배에서 낳아 일기도에서 버린 장남은 항상 신경이 쓰였다. 그러면서 살아 있다면 꼭 한

23 藤木久志, 『雜兵たちの戰場 −中世の傭兵と奴隷狩り−』(朝日新聞社, 1995), p.63.
24 寺崎宗俊, 앞의 책, p.29.

번 만나고 싶고, 또 자신의 품 속에 꼭 안아보고 싶다는 소원을 간직한 채 살고 있었는데, 어느 날 우연히 주방에서 일하는 일기도의 와다라渡良 출신 남자에게 의외의 소식을 듣게 된다. "잊을 수가 없습니다. 그 아이 가 버려진 곳은 저의 밭이었습니다. 그때 마침 그곳을 지나가던 승려가 아이를 발견하고 포대기에 새겨진 가문과 단도를 보고 예사로운 아이가 아니라는 사실을 알고, 그 아이를 안고 돌아가 젖이 나오는 아낙네를 찾아다니며 젖을 먹이며 열심히 길러서 이치사부로(市三郞, 혹은 甚三 郞)라는 이름을 가지고 있으며, 어느덧 10살이 되어 있습니다."라고 말 하는 것이었다.

그녀는 이 말을 듣고 남편에게 와다라의 전통춤을 보러간다고 거짓 말을 하고 일기도로 달려가 아들과 재회를 하였다. 그 이후 그녀는 남 편에게 간절히 애원하여 이치사부로를 아우의 영지에서 살도록 허가를 받는다. 그러나 이치사부로는 새로운 환경에 적응하기가 힘들었는지 일 기도에 돌아가 자유롭게 살기를 원했다. 하는 수 없이 보리아씨는 일기 도에 돌아가려는 자식을 놓아줄 수밖에 없었다. 그 이후 이치사부로는 포경사업에 손을 대었고, 그 공적으로 인하여 무사 신분으로 대우받았 으며, 이름을 도이 하치로에몬土肥八郞右衛門이라고 바꾸었으니, 그가 바 로 잇키壱岐 도이가土肥家의 시조인 것이다.

그녀의 차남인 노부마사松浦信正는 네고시根獅子, 고시獅子, 나마쓰키生月 등에 3천 석의 영지를 받은 히라도 번의 가로가 된 인물이다. 그러한 그가 어머니 고향인 조선에 대해 특별한 감정을 가지고 있었던 것 같다. 그 예로 1624년 10월 23일 강홍중 일행이 일기도에 머물고 있었을 때 일부러 그는 통신사 일행들을 만나기 위해 일기도로 갔다. 그리고는 면 회를 요청한 것이었다. 그 부분에 대해 강홍중은 다음과 같이 서술했다.

일기도주의 친족 히다카 도라스케日高虎助 및 그 숙부 마쓰우라 구란도 松浦藏人가 뵙기를 청하면서 대마도 사람을 시켜 먼저 통하기에, 잠시 들어올 것을 허락하니, 그 사람들이 무릎걸음으로 기어들어와 감히 우러러 보지 못하고 배례만 행하고 물러갔다. 부관이 술과 고기, 건어, 후추 등을 보내왔으니, 이른바 별하정別下程이었는데, 사양하여 물리쳤다. 구란도는 곧 우리나라 창원 여자의 소생이다. 형제가 모두 처녀로서 임진왜란 때 사로잡혀서 다 일기도주의 아내가 되었는데 지금까지 생존해 있으며, 그 남편인 도주는 지금 도주의 할아버지로 이미 작고하였다 한다.[25]

비록 강홍중이 그에 대해서 이렇게 짧게 서술하고 있지만 사실 이 속에는 많은 사실이 내포되어 있다. 일기도주가 노부마사의 조카라는 사실은 그의 형인 이치사부로의 아들이 도주가 되어 있었을 가능성이 높으며, 또 노부마사의 일행이 선물을 바치고 무릎걸음으로 통신사일 행들을 만나고 눈길을 서로 마주치지 않았다는 것은 어머니의 나라 사람들에게 그들이 할 수 있는 최고의 예의를 갖추어 접견했다는 것을 의미한다. 1624년 당시는 마쓰우라 시게노부는 이미 작고하고 없지만, 보리아씨는 생존해 있었다는 사실을 이상의 기록을 통하여 알 수 있는 것이다.

보리아씨는 훗날 기요타케 부인清岳夫人이라는 이름이 붙여졌고, 오헤야자카部屋坂에서 살았다. 그곳은 현재 마쓰우라 역사자료관松浦歷史資料館의 오른 쪽에 있는 언덕으로 마쓰우라가松浦家의 측실들이 살던 곳이다. 이러한 이름을 가지고 있었지만 히라도 사람들은 아직도 보리아씨

25 강홍중, 앞의 책, p.187.

라고 부른다. 그녀의 법명 또한 청맥묘방清麦妙芳이다. 여기에도 보리가 들어 있다. 그만큼 그녀의 애칭이 일반인들에게 더욱 친숙해졌던 것 같다.[26]

보리아씨는 훗날 조선이 보이는 곳에 살고 싶다고 했다. 그리하여 오헤야자카에서 아들의 영지인 네시고의 해안으로 거처를 옮겼다. 그리고 조선에서 가지고 온 관음상을 모셨다. 그리고 그녀는 1629년 네시고에서 죽었다. 그녀의 묘라는 곳이 히라도에는 두 군데나 있다. 한 곳은 그녀가 사망한 네시고에 있으며,[27] 또 다른 한 곳은 그의 남편 마쓰우라 시게노부가 1607년(慶長12)에 건립하고, 또 그가 묻힌 곳인 최교사最敎寺의 오쿠노인奧の院에 있다. 이곳에는 그녀의 영정도 함께 모시고 있다. 이상에서 보았듯이 나가사키의 히라도에는 보리아씨와 같은 비운의 삶을 살다가 간 여인도 있었다.

## 4. 오무라大村의 조선병사

한편 조선인 포로들 가운데 조선으로 출병한 무사들에게 잡혀 그들의 부하가 되는 자들도 많았다. 그에 대한 기록이 오무라 번의 『신찬사계록新撰士系錄』에 다소 나타나 있는데, 그 내용들을 소개하면 다음과 같다.

---

26 深渴久, 『長崎女人傳』上(西日本新聞社, 1980), p.33.
27 그녀의 묘지 표지판에는 그녀를 "히데요시의 조선정벌 때 鎭信公이 적지 조선에서 돌아다니던 도중에 보리가 무성한 밭에서 한 명의 궁녀를 발견했다. 그녀는 대단히 마음씨가 좋고 미인이었기 때문에 개선할 때 히라도로 데리고 왔다."라고 설명하고 있다. 즉, 지역민들은 그녀를 궁녀로 인식하고 있음을 알 수 있다.

(1) 오구라 진베小倉甚兵衛

1592년(文祿1)에 요시아키 공이 조선에 건너가서 공을 세울 때 조선병사 2명을 생포하여 돌아와 부하로 삼았다.

(2) 시부에 마사노리渋江公則

1592년(文祿1) 요시아키 공을 부하로 따라가 조선으로 건너가 돌아올 때 조선인 2명을 생포하여 돌아왔다.

(3) 다사키 기이田崎紀伊

다사키 기이는 가와타나무라川棚村에 사는데, 요시아키 공을 부하로 조선진에 따라가서, 그곳 노파 1명을 생포하여 데리고 돌아왔다.

(4) 다사키 시로베田崎四郎兵衛

전하여 말하기를 그의 원조는 고려인이라고 한다. 그러나 원조부터 시로베이까지는 분명하지 않다.

(5) 사토 사다노리佐藤貞德(權左衛門)

1592년(文祿1) 요시아키 공을 따라 조선으로 가서 부산성을 공격하여 조선병사들을 죽이고 목을 얻었다. 공이 돌아올 때 사다노리貞德도 大村何右衛門 純宣君(요시아키의 舍弟)에 속하여 그곳에 머물렀다. 그러다가 요시아키 공이 다시 조선으로 건너가 성을 공략할 때 조선인 3명을 생포하여 귀국할 때 데리고 와서 그들을 부하로 삼았다.[28]

여기에서 보듯이 이들 포로들은 1592년(文祿1)에 집중적으로 나타난다. 즉, 일본 측의 포로 사냥은 전쟁이 발발하자마자 무차별적으로 사람

---

28 大村市史料館所藏, 『新撰士系錄』. 여기에서 제시된 자료는 佐賀縣立九州陶磁文化館에 보관되어 있는 『朝鮮の役における大村喜前の行動と波佐見燒陶工に関する資料』(2001. 3. 31.)에 필사한 자료를 근거로 인용한 것임을 밝혀둔다.

들을 잡아갔던 것이다. 그중에는 (3)의 다사키 기이田崎紀伊처럼 노파까지 잡아가는 경우도 있었지만, 이를 제외하면 모두 조선병사들을 생포하여 자신들의 부하로 삼고 있다. 그리고 이들 가운데는 (4)다사키 시로베처럼 그들 자신이 조선인으로서 어느 정도 비중 있는 무사로서 출세하는 사람도 있었다.

이처럼 포로가 된 조선병사들이 무사의 부하가 되어 사병에 가까운

할복자결한 수산의 묘(본경사)

하급 무사가 되는 사람도 있는가 하면, 그중에서 능력을 발휘하여 인정받는 무사로서 출세하는 사람들도 있었던 것이다. 비중 있는 번의 무사로서 출세한다고 하더라도 그의 삶이 정신적으로 안락한 것만은 아니었다. 자신을 거두어 준 주군이 죽으면 그도 같이 따라 죽어야 하는 성의를 보여야 했기 때문이다. 이러한 예가 오무라의 조선포로에게도 예외 없이 일어났다.

조선포로들을 많이 납치해 간 요시아키가 1616년 8월 8일 48세의 나이로 사망하였을 때 그 뒤를 따라 할복 순사한 조선인으로 수산秀山이 있었던 것이다.[29] 그에 대한 기록이 없기 때문에 그가 조선의 어디 출신이며, 직업이 무엇이었는지 명확하지 않다. 그러나 요시아키가 죽자 따라 죽었다는 것은 그가 오무라 번에서는 상당한 수준의 무사로서 대우

---

29 波佐見市史編纂委員會, 『波佐見史』 上(波佐見町教育委員會, 1976), p.211.

받았음을 알 수 있다. 그런 만큼 그에 상응하여 그는 조선에는 매우 보기 드문 자살의 형태인 할복으로 죽음을 택하였던 것이다. 그의 죽음은 순사가 인정되어 묘지는 오무라 영주의 원찰普提寺인 본경사本經寺의 경내에 안치되었으며, 같은 시기에 순사한 또 한 명의 일본인 사무라이 니시타로자에몬西太郎左工門의 묘와 마주하며 요시아키의 묘를 양쪽에서 지키는 위치에 자리 잡게 된 것이다. 이처럼 일본무사가 된 조선포로들은 누구보다도 일본적인 삶을 살아야 하는 처지에 있었던 것임에 틀림없다.

이처럼 나가사키 현에는 다쿠시마의 조선포로들처럼 끌려간 곳에서 혹독한 삶을 살아야 했던 사람도 있는가 하면, 영주의 측실이 되어 신분적으로는 보장되었지만, 자식을 버리고 살아야하는 아픈 기억을 간직한 불운의 여성도 있었다. 그리고 조선병사 출신 포로들은 무사의 부하가 되거나, 혹은 능력을 인정받아 정식 무사로서 출세하는 사람도 있었으며, 또 나가사키에 있었던 유럽 상인에게 팔려나가는 사람들도 부지기수로 많았다. 이처럼 나가사키 현은 조선포로들에게는 뼈아픈 고통을 안겨준 땅이었다.


## 5. 맺음말

지금까지 살펴보았듯이 나가사키는 일본인들에게는 역사와 낭만이 깃든 지역일지 몰라도 임란의 조선포로들에게는 결코 그러한 땅은 아니었다. 그들에게는 일본인들이 자신들의 불행의 원인을 임란포로 조선인들의 저주라고 해석될 만큼 냉혹한 고통을 준 땅이었다. 보리아씨처럼 자식을 버려야 했고, 조선병사 출신 포로들은 적의 부하가 되는 수난을 겪어야 했으며, 또 그중에는 능력을 인정받아 무사로서 출세를 하더라도 오무라의 수산처럼 주군이 죽으면 그 뒤를 따라 순사하여야 하는 삶을 겪어야 했다. 그리고 그들 중에는 안토니오 꼬레아와 같이 유럽 상인들에게 팔려 일본에서 다시 해외로 노예시장으로 내몰리는 사람들도 있었다.

나가사키 현에 임란과 임란포로들이 남긴 조선우물과 고려비, 고려다리, 고려정이라는 유물과 지명이 오늘까지 남아 있거나 또 그 이름을 달리하여 오늘에 이르는 것들이 많다. 그러한 이름 속에는 조선포로들에게는 고통, 이별, 굴욕, 순사, 노예, 개종이라는 단어로 점철되는 혹독한 시련의 역사가 베여져 있는 것이다. 이러한 의미에 있어서 나가사키 현은 한국인들에게 단순히 스쳐지나갈 수 있는 곳이 아니다. 바로 그곳은 고국이 지켜주지 못한 애환을 모두 짊어지고 살아간 임란 포로들이 있었던 뼈아픈 역사의 현장이었던 것이다.

제5장

# 나가사키 지역의
# 조선인 천주교도

## 1. 머리말

일본열도 서쪽 끝자락에 있는 나가사키 현長崎縣은 지리적 여건 때문에 일찍부터 서양문화와 접촉할 기회를 가질 수가 있었다. 에도江戶 시대의 일본은 외국과의 접촉을 금하는 쇄국정책을 실시하면서도 나가사키를 통하여 유럽의 제국들과 통교를 하고 있었다. 이처럼 일본에 있어서 나가사키는 유럽 문화와 만나는 창구였다. 이러한 곳이었기에 어느 곳보다 일찍이 서양의 종교인 천주교가 들어 와 있었다. 그리하여 곳곳에 천주교 신자와 교회가 늘어나 현청 소재지인 나가사키 시는 일명 작은 로마라고 불리기도 했다.

그러나 천주교의 교세가 승승장구 뻗어간 것만은 아니었다. 도요토미 히데요시의 금교령이 내려졌을 때만 하더라도 단속이 그다지 심하지 않았지만, 그가 죽고 도쿠가와 정권이 들어서면서 대대적으로 단속이 이루어지고 혹독한 탄압이 가해졌기 때문이다. 일본의 고문기술이 이 시기에 가장 많이 발달했다고 할 만큼 참혹한 고문이 가해졌고, 이에 따라 수많은 순교자가 나왔다.

이러한 일본의 기독교 탄압 시에 임진과 정유의 왜란 때 잡혀간 조선 인 천주교도들의 희생은 없었을까? 만약 있다면 그들은 누구인가? 여기 에 대해 우리의 학계에서도 조금씩 관심을 가지고 연구가 진행되고 있 다. 가령 김태준[1]은 조선포로들 가운데 규슈 남부 지역에 끌려간 사람 들은 천주교도가 되었으며, 이들 가운데는 빈센시오, 안토니오, 율리아 오타와 같은 순교자들도 나왔다고 소개하고 했다. 그에 비해 김옥희[2]는 기독교 탄압 시 조선 여성의 순교자를 중심으로 소개했고, 또 박철[3]과 박양자[4]는 서양 선교사들의 기록에 남아 있는 조선인 순교자들을 적지 않게 발굴하여 소개하고 있다.

이에 힘입어 최근 국내외에서 규슈 지역의 조선인 천주교도들을 집 중 조명해 보는 작업이 조금씩 진행되고 있다. 그 예로 박화진이 규슈 지역을 국한하여 천주교가 전래되고 전개되는 과정을 살피면서 천주교 도가 된 조선인에 대해 약간 소개한 바가 있고, 특히 민덕기[5]와 일본인 연구자 나카무라 다다시中村質,[6] 오이시 마나부大石學[7]는 나가사키의 히

---

1 김태준, 「임진란의 이미지와 한일관계」, 『임진란과 조선문화의 동점』(한국연구원, 1977), pp.43~44.
2 김옥희, 「임란 때 피납된 조선 여성들의 일본에서의 순교와 신앙생활」, 『사학연구』 36(한 국사학회, 1983).
3 박철, 「16세기 한국 천주교회사 사료연구」, 『외대사학』 7(한국외국어대학교 역사문화연 구소, 1997).
4 박양자, 『일본 키리시탄 순교사와 조선인』(도서출판 순교의 맥, 2008)
5 민덕기, 「임진왜란에 납치된 조선인의 일본생활」, 『호서사학』 36(호서사학회, 2003).
6 中村質, 「壬辰丁酉倭亂の被擄人の軌跡 －長崎在住者の場合－」, 『한국사론』 22(국사편찬

라도에 사는 천주교에서 불교로 개종한 조선인에 관심을 가지고 그들의 생활실태를 분석하기도 했다.

이러한 일련의 연구를 통하여 규슈에도 많은 조선인 천주교도들이 있었을 뿐만 아니라 특히 나가사키의 히라도에는 불교로 개종한 조선인 천주교도들에 대한 구체적인 생활 양상을 살펴볼 수 있는 좋은 기회가 된 것은 사실이다. 그러나 이들의 연구는 지역적으로 제한하여 한군데만 집착한다거나, 아니면 범위를 너무 확대시켜 많은 조선인 천주교도들이 다루어지지 않은 한계점도 드러냈다. 그리고 일본이 펼친 천주교 탄압정책에 그들이 어떻게 대처하였는지에 대한 관심 역시 부족했다. 이러한 점을 보완하여 본 장에서는 범위를 나가사키 현으로 국한하여 최대한 조선인 천주교도를 파악하고, 그들이 어떻게 천주교도가 되었으며, 또 혹독한 종교탄압에 맞서 어떠한 삶을 선택하였는지 그 상황에 대해 구체적인 사례를 통하여 살펴보고자 하는 데 그 목적이 있다.

## 2. 천주교도가 되는 조선포로

나가사키로 잡혀 온 조선인들 가운데는 천주교도들이 많았다. 그들은 본래 천주교도들이 아니라 일본에서 감화를 받아 천주교도들이 된 사람들이었다. 그 이유는 앞에서도 말한 바와 같이 나가사키에는 서양에서 파견된 선교사들이 많이 거주하고 있었기 때문이었다. 예수회 선교사들의 기록에 따르면 1594년 3월 10일부터 10월까지 나가사키를 중

위원회, 1992).
7 大石學, 「近世日本における朝鮮人」, 『日本歷史』 9(日本歷史學會, 2005).

심으로 한 도키쓰時津, 고가固賀, 고쿠라小倉 등 세 전도소에서 신자가 되기를 결심한 사람의 수가 12,365명이었는데, 이들 대부분이 조선인이었다고 한다.[8]

특히 1596년 일본에 간 선교사 세루케이라(1552~1614) 주교는 조선에서 잡혀 온 많은 사람들이 나가사키에서 노예로 매매되고 있다는 사실에 충격을 받고, 종교와 인도적인 차원에서 당시 일본 각지에 주재하고 있던 선교사들을 소집하여, 이에 대한 대책을 강구하기 위해 1598년 7월 4일에 나가사키에서 회의를 가졌다.[9]

그때 기록에 의하면 노예상인들은 주로 포르투갈인이며, 그들은 임란 때 일본군이 조선의 남부 지방에 주둔하고 있었을 때 조선인 포로들을 노예로 팔기 위하여 노예선박을 파견하여 직접 구입하여 판매함으로써 막대한 이익을 얻고 있다는 것이 지적되었다. 당시 일본으로 보내진 포로 가운데는 비전투원인 어린이와 부녀자가 많았다. 그들은 포르투갈 상인들이 싣고 온 소총과 백사白絲=絹와 바꾸어졌으며, 이들은 가까이는 홍콩, 마카오, 멀리로는 인도 방면으로 팔려갔다.[10]

선교사 회의에서 결의가 된 내용은 인신매매에 종사한 포르투갈 상인에 대하여는 선교사에게 주어진 권한에서 최고의 형벌이라 할 수 있는 파문에 처하는 동시에 노예 한 사람의 매매에 대하여 10쿠루자아드의 벌금을 징수한다는 것이었다.[11]

이같이 선교사들은 노예매매를 억제 금지하는 동시에 그들을 구하기 위해 비용을 마련하여 구제하기도 했다. 그리고 천주교도의 영주들에게

---

8 김태준, 앞의 책, p.43.
9 김옥희, 앞의 논문, p.118.
10 김옥희, 앞의 논문, p.118.
11 김옥희, 앞의 논문, p.119.

이들에 대한 선처를 호소를 했다. 그 노력의 한 단면을 슈타이센이 쓴 『기리시단 다이묘기切支丹大名記』에 다음과 같이 서술되어 있다.

> 포르투갈 상인에 비하여 종순從順한 영주(大名)들은 만장일치로 선교사들의 결정에 따라 조선인 포로까지 해방시켰다. 그 때문에 조선인 포로들은 이때부터 일본인과 동등한 권리를 가질 수 있게 되었다. 야소회사耶蘇會士는 이러한 가없은 사람들을 동정하여 일본어를 쓰고 읽는 것을 가르쳤다. 그리고 그들을 위해 다수의 종교서적을 조선어로 번역했다. 이는 만일 원한다면 기독교를 연구할 수 있도록 하기 위함이었다. 개종한 사람들의 수로서 판단힌다면 조선인의 포로가 매우 많다고 생각된다. 2천여 명이 참되게 천주를 믿었다.[12]

여기에서 보듯이 천주교 선교사들은 조선인 포로들을 석방시키기 위해 이미 천주교도가 된 일본의 영주들에게도 호소하여 그들을 구제하고 있다. 그뿐만 아니라 그들은 기금을 모아 조선인 포로와 고아 및 노예들을 되사기에 힘썼으며 그 수는 능히 2천 명이 넘었다고 한다.[13]

이러한 천주교의 배려로 이들 대부분은 천주교도가 되었다. 그들이 신부로부터 세례를 받는 이야기는 당시 선교사들의 기록에서 자주 등장한다. 예를 들면 루이스 데 구스만은 당시 상황을 다음과 같이 기술했다.

> 신부들의 계산에 의하면 1594년 3월부터 10월까지 나가사키 항구와

---

12 中野等, 『文祿.慶長の役』(吉川弘文館, 2008), pp.296~297에서 재인용
13 이원순, 「임진·정유왜란 시의 조선인 포로·노예 문제」, 『변태섭 박사 화갑기념 사학논총』 (1985), p.651.

토키쓰, 콩가, 꼰꾸라로 불리는 세 곳의 수도원에서 12,365명이 고백성사를 보았으며, 900명이 세례를 받았는데, 그들 대부분이 조선인들이었다. 이들은 오무라 대명인 돈 산초가 보낸 사람들이다.[14]

여기에서 보듯이 오무라 지역에서도 조선인 포로들이 많았으며, 그들 중 세례를 받고 천주교도가 되는 사람들이 많았음을 알 수 있다. 특히 Charlevoix의 기록에 의하면 오무라의 조선인들은 선교사들의 노력으로 거의 영세를 받았다 하며, 그 수가 무릇 일본인 천주교도 1,180명보다 훨씬 많았다고 한다.[15]

이러한 기사가 예수회의 『일본 개요 부록편』에도 보이는데, 그것에 의하면 "히데요시의 조선침공으로 인하여 규슈에는 많은 조선인 포로가 뒤끓게 되었다. 1593년 나가사키에서 300여 명의 조선인 남녀 노예들이 세례를 받았다."라고 기록하고 있는 것이다. 이처럼 규슈에 흩어져 선교사들의 영향을 받는 지역이면 어디서나 천주교도가 되는 조선인들이 많았던 것이다.

이같이 서양 선교사들은 조선인 포로들의 노예해방운동을 벌였던 것이다. 일단 해방이 되면 일본인과 크게 다를 바가 없었다. 선교사들에 의해 구제받은 조선포로들은 일단 꼬레지오라는 교육기관에 수용하여 교육을 시켰다. 이들은 조선포로들에게 일본어를 가르치고, 또 이들을 위해서 다수의 종교서적을 조선어로 번역하기도 했다. 루이스 데 구스만에 의하면 "신부들이 중국 글자와 똑같은 그들의 글자를 읽고 쓸 줄

---

14 박철, 「16세기 한국 천주교회사 사료연구」, 『외대사학』 7(한국외국어대학교 역사문화연구소, 1997), p.416에서 재인용.
15 이원순, 『조선 시대사론집』(느티나무, 1993), p.31.

아는 몇 명의 소년들을 뽑아서 신앙교육을 받게 한 다음 그들의 언어로 번역하도록 했다."[16]라고 한 것처럼 번역작업에는 조선 소년들이 이용되었다.

이러한 노력의 결과 천주교도가 되는 조선인들은 점점 늘어났다. 당시 선교사 루이 프로에스가 야소회 총장 아카비봐에게 보낸 1595년 발행된 야소회연보에는 "여기 나가사키에 사는 조선인 노예들은 남녀노소 3백 명이 넘고 있습니다. 그중 많은 이에게 금년에 교리를 가르쳤는데, 그들의 대부분은 2년 전에 영세했으며, 거의 전부가 금년에 고백성사를 받았습니다. 우리는 경험에 의해서 조선 백성들은 우리 거룩한 덕신을 받아들일 준비가 잘 되어 있음을 명백히 알 수 있습니다. 그들의 심성은 매우 다정하며, 기쁘게 세례를 받았습니다. 그리고 천주교인들을 만나는 것에 큰 위안을 받고 있습니다. 그들 중 대다수는 일본어를 곧 배워서, 거의 아무도 통역의 중개로 고해성사를 볼 필요가 없습니다."[17]라는 내용이 적혀 있다. 이로 보아 1595년 나가사키의 꼬레지오에서 수용한 인원만 해도 3백여 명이 넘었고, 또 그들에게 신앙을 가르치는 데 게을리하지 않았음을 알 수 있다.

그뿐만이 아니다. 1596년 12월 13일 자 나가사키 발신의 루이스 프로이스 연보에 다음과 같은 일화가 소개되어 있다.

성 금요일 밤에 교회의 입구에서 문을 두드리는 소리가 들렸다. 무슨 일인가 하고 문을 열어 보았더니 대단히 겸허하게 무릎을 꿇고 있는 사람들이 이렇게 말하였다. "신부님 우리 조선인들만이 여기에 와 있습니다.

---

16 박철, 앞의 논문, p.417.
17 박철, 앞의 논문, pp.418~419.

우리들은 어제 성 목요일 의식에 참가할 수 없었기에 하느님의 자비와 우리들의 죄 사함을 빌기 위하여 여기에 왔습니다." 그들은 이렇게 말하고 피가 나올 정도로 보속으로 편태의 고행을 했다는 것입니다. 이 말을 들은 사람들은 모두 눈물을 억제할 수가 없을 정도였다.[18]

이러한 기록에서 보듯이 나가사키 지역에 거주하는 조선인들 가운데는 천주교의 감화를 입어 스스로 입교하는 경우가 많았다. 그리고 당시 선교사이자 동양학자였던 레온 파제스(1814~1886)가 1869년경에 쓴 『일본 기리시단 종문사日本切支丹宗門史』에도 나가사키 지역 가운데 서쪽으로 약간 떨어진 섬 고토五島에 사는 바오로와 안나의 부부, 그리고 우르스라라는 세례명을 가진 조선인들이 등장한다.[19]

바오로와 안나는 많은 지역사람들을 천주교도로 개종시켰고, 우르스라는 결혼하여 살면서 돈독한 신앙심과 양심적인 생활로 선교사들을 놀라게 하였다 한다. 그녀는 1606년 사망한 것으로 알려져 있다.[20] 이처럼 조선인 천주교도들은 나가사키 현 전역에 걸쳐 퍼져 있었다고 해도 과언이 아니다. 김옥희는 이같이 선교사들에 의해 수용되고 보호받아 천주교도가 된 조선인들은 대략 2천여 명이 된다고 추정하기도 했다.[21]

이들 가운데는 일본에 정착하여 살기도 하고, 또 어떤 이들은 고국으로 돌아간 사람들도 있었던 모양이다. 그 상황을 앞에서 본 『일본 기리시단 종문사』에 의하면 "어떤 조선인 천주교도들은 동포를 개발하기 위하여 양국에 공통된 언어 즉, 중국어의 공교요리公敎要理를 향리로 가지

18 박양자, 앞의 책, p.81.
19 박양자, 앞의 책, p.82.
20 浦川和三郎, 『朝鮮殉敎史』(全國書房, 1944), p.20.
21 김옥희, 앞의 논문, p.120.

고 갔다."라고 하고 있기 때문이다.[22]

고려교高麗橋

조선인 천주교도들이 살았던 지역을 당시 사람들은 고려정高麗町이라 했다. 현재는 이러한 이름은 없어졌지만, 그들의 흔적을 찾아볼 수 있는 것으로 나가사키의 고려교高麗橋라는 석교가 아직도 남아 있다. 나가사키 시내를 관통하여 흐르는 나카시마가와中島川라는 강에는 석교가 16개나 놓여져 있는데, 고려교는 통칭 제2교라 불리고 있다. 이 다리의 남측 일대가 오늘날에는 가지야 정鍛冶屋町으로 불리는데, 바로 이곳이 과거에는 고려정이었다.

이러한 곳에 조선인들은 1610년경에 천주교 교회를 짓고 있다. 그것에 관한 기록이 서양 선교사의 기록에도 보인다. 가령 프란치스코(?~1626) 신부의 저서인 『나가사키의 교회』에 의하면 "조선인 대부분은 천주교도가 되었고, 1610년에 그들은 가난하였지만 자신들의 손으로 조그마한 교회를 건립하여 1619년까지 그 교회가 있었다."라고 했다. 즉, 이 교회가 1610년 나가사키 거주 조선인들에 의해 세워졌으며, 그것이 1619년까지 9년가량 존재했었다고 간략하게 소개했다. 이에 비해 예수회 선교사의 『연례서간』에는 보다 상세히 다음과 같이 기술되어 있다.

---

22 中野等, 앞의 책, p.297에서 재인용.

성 로렌조 교회가 있었던 곳

　이 도시에는 조선인 천주교 신자들이 많아 그들은 대단한 열의를 갖고 자신들의 교회를 세워 친교를 가질 것을 결정했다. 그들은 작은 돈을 모아 제법 좋은 땅을 샀고, 현재로서는 비용이 부족하여 작은 성당만 세워 순교자 성 로렌조에게 바쳤다. 그들을 비롯하여 일본인들은 엄숙함 속에 미사를 올렸고, 하루 종일 신앙심 깊은 조선인 신자들은 영혼구제를 위한 단합에 의해 훌륭히 세워진 성당에는 신자들이 끊이지 않았다. 그들은 가난에 개의치 않고 오히려 주님에게 바치는 봉헌과 그들이 모시는 성인과 영혼의 지복을 위해 그들의 힘을 능가하는 성스러운 사업을 시도하고 있다.[23]

23 박양자, 앞의 책, pp.88~89.

여기에서 보듯이 그들의 신분이 포로 출신이었고, 또 경제적인 여건이 그다지 좋지 못하였다. 박양자에 의하면 이들은 콩나물 가게, 고구마 등을 파는 야채 가게, 그리고 약간의 금전적인 여유가 있는 사람들은 전당포 등을 운영하는 사람들이 많았고 한다.[24]

이들은 모금 운동을 벌여 십시일반 협력하여 좋은 위치의 땅을 구입하여 그곳에다 조촐한 교회를 세우고, 그 이름을 성 로렌조 교회라 했다. 그리고 일본인 신도들도 협조적이어서 엄숙한 분위기에서 미사를 올릴 수 있었으며, 또 그곳은 조선인들에 의해 매일 끊이지 않고 붐비고 있었다. 포로의 삶에 지친 조선인들에게는 삶의 안식처와 같은 곳이었던 것이다.

이 교회에 대해 재일 사학자 윤달세는 한국의 천주교사에 있어서 국내외를 통틀어 한국인에 의해 세워진 최초의 교회라고 평가하기도 했다.[25] 이처럼 이 교회의 건립은 한국의 천주교사에 있어서도 매우 중요한 위치를 차지한다고 할 수 있다. 이러한 성 로렌조 교회는 앞에서 본 프란치스코의 기록과는 달리 1620년까지 존속하였다.[26] 나가사키 부교奉行 하세가와 곤로쿠長谷川權六가 1614년경 전국적으로 실시된 막부의 금교령에 따라 나가사키의 중심가에 있는 교회를 모조리 없앴고 1620년 새해가 되어 그나마 변두리에 남아 있던 미세리꼬르디아 교회, 성 미겔 교회, 모든 성인의 교회, 성 글라라 교회, 이냐시오 교회, 아구스티노 교회, 그리고 조선인 교회인 성 로렌조 교회를 파괴하라는 명령을

24 朴洋子, 「日本でキリシタンになって殉教した朝鮮人」, 『第22回　福岡大會, プログラム研究論文集』(全国かくれキリシタン研究會, 2010), p.4.
25 尹達世, 『四百年の長い道』(リーブル出版, 2003), pp.139~140.
26 민덕기, 「임진왜란기 납치된 조선인의 일본잔류 배경과 그들의 정체성 인식」, 『한국사연구』 140(한국사연구회, 2008), p.47.

내리고 있기 때문이다.[27] 이처럼 조선인 교회 성 로렌조 교회는 바로 이때 파괴되어 없어졌나고 보이야 할 것이다.


## 3. 조선인 천주교도의 박해

당시 나가사키는 4만여 인구의 대부분이 천주교 신자였다고 해도 과언이 아닐 정도로 일본 천주교 신앙의 중심지였다. 포르투갈계의 예수회, 스페인계의 프란시스코, 도미니크, 아구스티노계의 교회들이 들어와 있었으며, 교회의 수도 11개가 될 정도로 천주교가 번창했다.[28] 이러한 사회적 환경이 있었기에 여기에 거주한 조선인들은 자연스럽게 천주교도가 되었다.

그러나 1613년 에도江戶 막부에 의해 천주교 금교령이 내려졌다. 그리고 그 이듬해부터 그들에 대해 철저히 박해가 이루어졌다. 처음에는 배교하고 불교로 바꾸기를 강요했다. 즉, 개종을 강요한 것이었다. 이것을 거부하면 관직과 선박을 통한 운송업을 못하게 했다. 그리고 천주교 신자들을 색출하기 위해 후미에踏繪[29]를 밟게 하고, 또 현상금을 걸어 적발하여 가재몰수, 추방, 고문과 처형으로 척결되었다.

이러한 탄압이 포로로 잡혀간 조선인들에게도 예외는 아니었다. 이러한 배경으로 그들의 교회가 파괴되었고, 그곳에는 일본 고유 종교인

---

27 박양자, 앞의 책, p.90.
28 中村質, 「壬辰丁酉倭亂の被擄人の軌跡 －長崎在住者の場合 －」, 『한국사론』 22(국사편찬위원회, 1992), pp.167~168.
29 에도 막부가 당시 금지하고 있었던 기독교(천주교)의 신자를 색출하기 위해서 사용한 그림. 당초에는 예수 혹은 성모 마리아가 그려져 있는 것을 이용하였으나, 금방 파손되기 때문에 판화, 목제와 금속에 새겨진 것을 이용했다.

신도의 신사가 들어섰다. 박양자에 따르면 나가사키의 조선인이 세운 성 로렌조 교회도 파괴되어 그 자리에 이세궁伊勢宮이 들어섰다고 했다.[30] 이처럼 일본 당국은 조선인 천주교도들에게도 예외 없이 일본인과 똑같이 혹독한 박해를 가했다. 이러한 박해에서 벗어나려면 3가지 방법밖에 없었다. 그것은 다름 아닌 그들의 요구에 따라 불교로 개종하거나, 고문에서 이겨내어 관헌들이 포기하거나 아니면 국외로 추방당하며, 또 불교도로 위장하여 신앙을 지키는 일이었다. 여기에 해당되는 구체적인 사례들을 찾아보면 다음과 같다.

### 3.1. 불교도로 강제 개종

일본 신자 대부분이 불교로 개종하였듯이 조선인 천주교도들도 강압에 못이겨 불교로 개종했다. 그러한 구체적인 나가사키의 사료로서는 1642년 연말에 조사한 『평호정인별생소찰長崎平戸町人別生所札』이 있다. 이것은 1642년에 나가사키 전 주민에 대해 출생지, 천주교의 입신과 기교의 사정을 조사를 실시하였는데, 그중 히라도 정平戸町의 주민을 대상으로 한 것이다. 나가사키에서도 히라도 정은 조선인들이 많이 살았던 것 같다. 그것에 의하면 당시 총 49호(자기집 24, 세집 25호)에 인구가 223명이었다면, 그중 조선인은 13호로 인구는 24명(1세 9명, 2세 12명, 3세 3명)으로 전체의 호수로는 27%, 인구로는 11%나 차지하고 있었다. 그리고 13호의 중 3호는 자신의 집이고, 남의 집을 빌리거나 세 들어 사는 경우가 7집이며, 기타 나머지 사람들은 주거지도 안정되지 못한

---

30 박양자, 앞의 책, p.91.

채 불안한 생활을 했다고 한다.[31]

이들을 세부적으로 들여다보면 순수 조선인으로 구성된 가족, 일본 남자와 결혼한 조선 여성, 일본인의 하녀로 살아가는 여성, 독거노인이 있었으며, 재일 2세로는 일본인 아버지와 조선인 어머니 사이에서 태어난 혼혈인, 그 혼혈인과 결혼한 조선 여성 등이 있었다. 그중 대표적인 사례를 몇 가지 들어보면 다음과 같다.

가와사키야 스케에몬川崎屋助右衛門이라는 조선인 가족이 있다. 그는 60세, 그의 아내는 당시 53세였고, 그들에게는 다쓰와 이노스케라는 2명의 자식이 있었다. 남편 스케몬은 13살 때 우키다 히데이에宇喜多秀家군에게 연행되어 오카야마로 갔다가 나가사키로 팔려가서 그곳에서 천주교도가 된 사람이었다. 그의 아내도 9살 때 포로가 되어 구마모토의 야쓰시로八代를 거쳐 나가사키로 갔다가 다시 그곳에서 마카오(天川)로 팔려갔다가 세례를 받고 천주교도가 되었고, 5년 후에 나가사키로 돌아와서 조선인 스케몬을 만나 부부가 되었으나 박해로 말미암아 둘 다 일향종一向宗 대광사大光寺의 문도로 강제 개종되어야 했다.[32]

또 한토 세이안返土淸庵이라는 조선인이 있었다. 그는 어릴 때 나가사키로 끌려와 천주교도가 되었으며, 그 후 마카오로 팔려갔다가 1597년에 나가사키 히라도 정으로 와서 거주하였는데, 1630년경 당국의 박해를 받아 개종하여 홍태사洪泰寺의 신도가 되었다.[33] 그의 부인은 1633년에 사망했다.

그리고 일본인 진스케仁介와 결혼한 조선 여성이 있었다. 당시 그녀는

---

31 中村質, 앞의 논문, pp.169~170.
32 大石學, 앞의 논문, p.75.
33 朴洋子, 앞의 논문, p.4.

"68세, 출신지 고려인, 51년 전(1592)에 나가사키의 이마 정今町에 와서 곧 천주교도가 되었고, 이마 정에서 미즈노 가와치水野河內의 치세(1626~1628) 때 천주교를 버리지 않아 입산의 고통을 받았고, 시마바라에서 남편과 천주교를 버리고 선종인 홍태사의 신도가 되었다. 그리고 남편 진스케도 입산의 고통을 받아 천주교를 버렸고, 부인도 조선인이어서 마을에서 검토한 후 청인을 세우게 한 다음 5인조에서 받아들였다."라고 되어 있다.[34]

이 부부에 관한 기록은 당시 매우 중요한 상황들을 담고 있다. 즉, 이들 부부는 모두 입산의 고통을 받은 것으로 되어 있다. 이때 입산이란 시마바라의 운젠雲仙岳에 끌려가 펄펄 끓는 온천물로 고문을 당하는 것을 말한다. 이 고통을 부부가 모두 겪었다는 것은 이들이 천주교 탄압에 얼마나 적극적인 반항을 하였는가를 알 수 있다. 이러한 부부에게는 마을의 5인조에 소속되기 위해서는 청인請人이라는 보증인이 필요했다. 청인제도는 종교 개종에 반발이 심했던 인물과 조선인 1세에게 적용되었던 제도이다.

이같이 조선인 천주교도들은 일본이 내린 금교령에 따라 개종을 하거나, 아니면 저항하다 고문을 당한 다음 어쩔 수 없이 불교로 개종하였던 것이다. 그리고 개종한다 하더라도 5인조로 묶어져 서로서로 감시하는 체제하에 놓여져야 하기 때문에 자신의 신앙을 지키기란 현실상 불가능했다.

---

34 中村質, 앞의 논문, p.171.

## 3.2. 고문을 견뎌낸 조선인

그러한 가운데 일본 관헌들도 포기할 만큼 모진 고문에서 견뎌낸 사람들도 있었다. 이 경우는 대부분 여성들이었다. 여기에 속하는 대표적인 인물로는 이사벨라와 막센시아를 들 수 있다.

이사벨라는 『일본 기리시단切支丹 종문사』에도 등장한다. 이것에 의하면 그녀는 언제부터인가 천주교도가 되어 남편과 함께 신앙생활을 하였으나 1629년 분고豊後의 다케나가 시게노부竹中重信가 나가사키의 부교奉行로 임명되어 천주교도에 대한 박해를 가할 때 그의 남편은 배교를 하였으나, 그녀는 갖은 고문을 당하면서 끝까지 신앙을 지켜낸 여인이었다. 그녀에게 행한 고문은 야마아가리山上라는 것인데, 펄펄 끓는 운젠雲仙岳의 온천물을 몸에 퍼붓는 것이었다. 이렇게 하면서 불교로 개종하기를 강요했다. 그때 당국은 무릇 6,004명의 천주교도를 체포하여 운젠으로 끌고 가서 고문을 했다고 전해진다. 그러자 대부분의 사람들은 고통에 못이겨 개종하였는데, 유독 조선 여인 이사벨라만 13일 동안 계속된 고문에도 굴하지 않고 개종하지 않았다는 것이다.[35]

그녀를 고문하던 사람들은 우선 남편이 신앙을 버렸다는 이유로 그녀를 유도하였다. 자고로 아내란 남편의 뜻을 따라야 하는 것이고, 남편이 이미 기독교를 버린 이상 아내도 이를 따르는 것이 마땅한 도리라고 설득하였던 것이다. 그러나 그녀는 나는 오직 천주가 명하신 바를 따르면 족하다고 하며 굴복하지 않았다. 또 일본인들이 일본법을 따르라고 하며 고문을 가해도 그녀는 고집을 꺾지 않자, 이에 화가 난 관헌들은

---

35 吉田小五郎譯, 『日本切支丹宗門史』 下(岩波書店, 1938), pp.135~137.

그녀의 목에다 커다란 돌덩어리를 매달고 재갈을 입에 물리고 머리 위에 돌을 얹은 다음 만일 돌이 떨어지면 변심한 표시라고 우겼다. 이에 그녀는 "아니요. 당신네들이 머리에 얹어놓은 돌이 떨어지지 않게 할 능력은 내게 없습니다. 내가 떨어뜨린다 해도 내가 배교했다고 할 수가 없습니다." 하고 강변했다. 그 후에도 온갖 고문을 가해 보았지만 그녀의 신앙은 흔들리지 않았다. 그러자 그녀의 손을 억지로 끌어다가 〈신앙포기서〉에 이름을 쓰게 하고는 귀가 조치를 시켰다 한다.[36]

그녀에게 고문이 가해졌을 때 여러 가지 이적이 보였다고 한다. 가령 펄펄 끓는 운젠 온천에 데리고 갔을 때 갑자기 날이 어두워지고 고인물이 끓기 시작하더니 사방으로 밀리까지 튀어 겁에 질린 관헌들이 그녀만 남겨둔 채로 도망갔다고 하며, 또 그때 3살쯤 보이는 사내 아이가 걸어 나오는 것을 보았다고 한다. 그리고 목에 매달아 놓은 돌도 무게가 느껴지지 않았으며, 이사벨라가 기도하는 가운데 서너 살 된 어린아이의 모습으로 찾아온 하느님의 심방도 여러 번 받았다고 한다.[37] 이처럼 그녀의 순교는 전설적인 요소까지 덧붙여져 전승 되어 기록으로 남겨졌던 것이다.

이사벨라의 고문도 유명하거니와 막센시아라는 또 한 명의 조선 여인에 대한 박해도 유명하다. 막센시아도 이사벨라처럼 어린 나이에 붙잡힌 시마바라島原의 번주 아리마 나오즈미有馬直純(1586~1641)의 시녀였다.

나오즈미는 원래 미겔이라는 세례명을 가지고 있는 천주교도인이었다. 그의 첫 번째 부인은 고니시 유키나가小西行長의 질녀로서 그녀 또한 마루타라는 세례명을 가지고 있는 천주교도이었다. 그러나 천주교 박해

---

36 김옥희, 앞의 논문, pp.128~130.
37 김옥희, 앞의 논문, pp.128~129.

가 시작될 무렵 부인과 이혼하고 도쿠가와 이에야스의 양녀이자 구와나 번桑名藩의 번주 혼나 다다마사本多忠政의 딸인 구니히메国姫와 재혼했다. 이때 나오즈미는 26세, 구니히메는 18세였다. 그는 막부의 명에 따라 천주교도들을 박해했다. 1613년 4월 25일 그의 부친과 천주교도 후처와 의 사이에 태어난 8살 프란시스코와 6살 마티아스라는 세례명을 가진 이복동생들을 죽이고 있다.

이러한 그였기 때문에 자신의 영내에 사는 천주교도들에 대한 박해 는 혹독하게 가해졌다. 이때 모진 고문을 당했던 천주교도들 가운데에 조선 여인 막센시아가 있었던 것이다. 그때 가해진 박해 가운데 특히 그녀의 일화가 유명하다. 예를 들면 구니히메가 천주교의 로자리오를 빼앗고 불교의 염주를 주자 그녀는 그것을 불교 승려의 면전에 던졌다 고 하며, 그녀를 탑의 지하 기둥에 묶고 감금하여 음식을 주지 않자, 8일 동안은 아무 것도 먹지 못하다가 9일째 되던 날부터는 소량의 빗물 을 받아 마시며 연명했다고 한다.[38] 그때 그녀에게도 종교적인 이적이 일어났다. 즉, 어느 날 밤 꿈인지 생시인지 지체 높은 귀부인들이 감옥 에 찾아와 음식을 차려주기에 먹고 기운을 차렸으며, 이는 하늘에서 내 려 준 것이었다는 전승이 바로 그것이다.[39] 그 후 그녀는 12일간 먹을 것도 마실 것도 없이 감옥 바닥에 누워 있었지만 전혀 갈증도 배고픔도 느끼지 않았다 한다.

이러한 그녀에게 아무리 고문을 가하고 학대해도 굴하지 않자, 일본 인들도 포기하고 그녀를 석방하여 다른 사람에게 넘기고 말았다. 새로 운 주인집에 들어간 그녀는 속세를 끊는다는 표시로 머리를 깎고서 남

38 박양자, 앞의 책, p.120.
39 김옥희, 앞의 논문, p.131.

루한 의복을 걸치고 신앙을 지키며, 다른 사람들을 교화하는 데 게을리 하지 않았다 한다.[40] 이처럼 많은 조선인들은 선교사들의 감화를 받아 천주교도가 되었으며, 그중 일본의 천주교에 대한 박해정책에 따라 강제로 불교도가 되는 사람이 있는가 하면 이사벨라와 막센시아와 같이 갖은 고문과 박해를 당하면서도 자신의 종교를 지켜내는 사람들도 있었다.

## 3.3. 국외의 추방

앞에서 본 나가사키 히라도의 「인별장」에는 이케모토 소지로池本小四郎라는 조선인의 이야기도 나온다. 즉, 그는 한토 세이안返土淸庵의 아들이다. 나가사키의 히라도 정에서 태어나 어머니 영향으로 천주교도가 되나, 그 후 마카오에 노예로 팔려갔다가 우여곡절 끝에 다시 일본으로 돌아왔지만, 천주교도의 금지령에 의해 강제로 개종되어 홍태사의 신도가 된다. 그러나 그는 또 유럽인의 아이를 남몰래 키우다가 당국에 들켜 마카오로 다시 추방되는 파란만장한 생애를 보낸 사람이었다.[41]

그리고 해외로 추방된 또 한 명의 조선인으로는 아네스라는 조선 여인을 들 수 있다. 그녀는 임란 때 포로가 되어 노예로서 마카오로 팔려 갔던 것 같다. 그곳에서 그녀는 천주교도가 되었으며, 당시 북인도 함대 사령관이었던 요안 오리베이라 베르호의 부인이 되었다. 그녀는 일본에서의 천주교 포교 활동에도 적극 가담하여 나가사키에 있는 자신의 집을 이용하여 몇 번이나 생명의 위험을 무릅쓰고 도미니크회 선교사들을

---

40 김옥희, 앞의 논문, p.131.
41 藤木久志, 『天下統一と朝鮮侵略』(講談社, 2005), p.440.

보호하는 등, 그들을 박해자의 손에서 여러 번 구출해내기도 했다.

특히 히라야마 죠친平山陳 사건[42]으로 프로레스 신부가 1622년 8월 19일에 나가사키의 니시사카에서 화형에 처해지자 그녀는 신부의 유체를 처형장에서 가지고 와서 자기 집 정원에 안장하였다. 1623년에 접어들어 당국으로부터 단속이 심해지고 그녀의 집에 대해서도 가택수사가 진행되자 그녀는 시신을 도미니크회 바스케스Vasques, P 신부를 비롯한 몇 명의 천주교도들과 함께 몰래 산중 동굴로 옮기다가 발각되어 당국으로부터 그녀의 딸 마리와와 함께 마카오로 추방당하였다.[43] 그녀가 다른 사람들과 같이 처형당하지 않고 마카오로 추방당하였던 것은 그의 남편 직업에서 보듯이 일본에 사는 외국인 취급을 받았을 가능성도 적지 않다.

이처럼 일본 당국의 박해가 심해지면 조선인 천주교도들은 히라도정에 사는 조선인들처럼 불교로 개종하거나, 이사벨라와 막센시아와 같이 고문을 이겨내거나, 아니면 이케모토와 아네스의 모녀와 같이 마카

---

42 1620년(元和6) 히라야마 죠친이라는 인물이 자신이 선장으로 있는 주인선朱印船에 2명의 천주교 선교사(스니가, 프로레스)를 태우고 마닐라를 출발하여 일본을 향해 돌아오던 도중 대만 근해에서 영국과 네덜란드의 해군에게 나포되어 히라도에 입항하고는 주인선의 화물(생사와 사탕)을 탈취했다. 본래 주인선의 화물을 탈취는 금지되어 있었으나, 영국과 네덜란드 측은 '일본입국을 금지되어 있는 선교사를 승선시켰다'는 이유를 들어 자신들의 행위에 대한 정당성을 주장했다. 이에 히라야마는 그들의 처사를 '해적 행위'라고 하며 長崎奉行에 소송을 제기하여 조사가 이루어졌다. 사실 그 배에 타고 있던 선교사 2명은 자신들은 상인이라고 신분을 속이고 버텼으나, 영국과 네덜란드의 상관장이 그들을 알고 있는 사람들을 증인으로 내세웠으며, 이에 2년에 걸친 가혹한 고문 등을 통해 2명의 선교사들도 어쩔 수 없이 자백했다. 그에 따라 1622년 8월 19일 나가사키에서 히라야마를 포함한 2명의 선교사가 화형당하였고, 선원 12명이 참수당하였다. 이로 인하여 막부의 천주교도에 대한 불신이 높아져 다음 달에 나가사키에서 활동하던 선교사와 신도 등 교회관계자 55명이 일제히 처형당하였으며, 각 지역의 영주들도 막부의 명을 받아 천주교도에 대한 박해를 가했고, 1623년 막부는 포르투갈인의 일본 거주 금지, 주인선의 마닐라 도항금지 등을 차례로 공포했다. 이같이 이 사건은 에도 막부의 대외정책에 결정적인 영향을 끼쳤다.

43 박양자, 앞의 책, p.178.

오 등지로 국외로 추방되는 것이었다.

## 3.4. 불교로 위장하는 은둔 천주교도

에도 막부는 천주교도들에 대한 박해와 더불어 그 씨앗을 아주 잘라 버리기 위해 모든 백성들로 하여금 의무적으로 어느 절에 소속되게 했다. 이를 데라우케 제도寺請制度라 한다. 불교신자임을 절에서 확인받아야 하는 것이었다. 이러한 상황에서 천주교도들이 자신의 종교를 지키기란 현실상 매우 어려웠다. 그리하여 현실과 타협하여 은밀한 곳에 모여 살면서 절을 짓고, 불상을 모시는 등 겉으로는 불교도인 척하면서, 실제로는 천주교를 지키는 일이 자주 일어났다. 이들을 일본에서는 가구레 기리시탄 즉, 은둔 천주교도라고 불렀다. 이들이 살았던 마을이 나가사키 현에는 지금도 여기저기서 발견된다.

이들 가운데 물론 조선인들도 있었을 것이다. 그에 대한 기록은 보이지 않지만 그럴 가능성은 히라도의 네고시에 있는 고무기小麥 관음상을 살펴본다면 어느 정도 짐작이 가능하다. 원래 네고시根獅子는 은둔 천주교도 마을이었다. 그곳에 고무기 관음상이 모셔져 있는 곳은 조관사照觀寺라는 절이다. 조관사는 보리아씨의 아들 마쓰우라 노부마사松浦信正가 모친을 위해 세운 절이다. 은둔 천주교들은 무슨 일이 있을 때 마다 이 절에 모여 행사를 치렀다.[44] 이들이 그토록 소중하게 모셨던 고무기 관음상은 조선의 여인 보리아씨가 간직하고 있던 불상이었다. 보리아씨는 임란 때 히라도의 영주 마쓰우라에게 포로가 되어 그의 측실이 되어

---

44 박양자, 앞의 논문, pp.16~17.

만년에 이곳에서 살다가 최후를 맞이했다. 은둔 천주교도들이 다름 아닌 그녀의 물상을 숭심으로 자신들의 신앙을 시겼다는 섯은 모리아씨가 은둔 천주교도였을 개연성을 배제할 수 없는 것이다. 이처럼 일본인과 더불어 불교도로 위장하여 은둔 천주교도가 된 조선인들도 얼마든지 있었을 것이다.


## 4. 순교하는 조선인

이상에서 보았듯이 조선인 천주교도들은 탄압에서 살아남기 위해서 불교로 개종하고, 국외로 추방당하고, 또 모진 고문을 견뎌내어야 했다. 그렇게 해서 살아남은 사람들도 많았지만 기꺼이 종교를 위해 목숨을 바치는 순교의 길을 택하는 사람들도 많았다. 이러한 순교자들을 배출한 지역은 단연 나가사키가 가장 많았고, 또 오무라와 시마바라에서도 많이 나왔다. 다시 말하여 이곳들은 배교하지 않는 천주교도들에게 처형이라는 극단적인 방법이 자행되었던 곳이라는 뜻이기도 하다. 이들 지역에서 순교한 조선인들의 사례에 대해서 살펴보기로 하자.

### 4.1. 나가사키의 조선인 순교자

재일 사학자 강재언은 레온 파제스의 『일본 기리시단切支丹 종문사』에 기록된 조선인 순교자의 글을 인용[45]하는 가운데 나가사키에서 순교

---

45 姜在彦, 『玄界灘に架けた 歷史』(朝日新聞社, 1993), pp.100~102.

한 조선인들의 사례를 간추려 보면 다음과 같다.

(1) 1622년 안토니오: 나가사키의 성산聖山 부근에서 9월10일 25명이 분살焚殺당했으나 그중에서 로자리오 회원인 안토니오는 조선인이었다. 당일 그의 처 마리아, 그의 자식 요하네(12세), 베드로(3세)도 참수 당했다.

(2) 안드레야 구로베九郞兵衛: 선원水主, 잠복 선교사를 안내, 1622년 나가사키에서 순교, 47세.[46]

(3) 1626년 빈센시오 가운: 나가사키에서 신부 관구장管区長, 데. 토루레스 신부, 조라 신부들과 함께 화형 당했다. 그는 서울 출신으로 이르만助祭으로서 활약하고, 한때 북경으로 건너가 조선본국의 포교를 계획하였으나 1618년에 일본으로 소환되어 조선인 및 일본인 천주교도의 지도자 중 한 사람으로서 포교를 했다.

(4) 1627년 가이오 제몬: 성 도미니코회의 제3회원으로 나가사키에서 화형당했다.

(5) 1627년 스파르도 바스: 성 프란시스코회의 제3회원으로 두 명의 신부와 함께 화형당했다.

(6) 1633년 요하네와 그의 처: 나가사키에서 화형당했다.

(7) 1643년 토마스: 그는 캄보디아에서 루비노신부들과 함께 일본으로 잠입하여 나가사키에서 아나쯔루시형穴弔刑을 받았다.

여기에서 보듯이 그의 저서에는 안토니오, 빈센시오 가운, 스파르도

---

46 レオン パジェス・吉田小五郎 譯, 『日本切支丹宗門史』中(岩波書店, 1938), pp.250~272. 강재언은 안드레야를 빠뜨리고 있어서 본서와 대조를 통하여 그를 여기에 첨부하였다.

바스, 요하네의 부부, 토마스라는 세례명을 가진 조선인들이 순교하고 있는 내용을 간략하게 서술하고 있다. 그 내용들이 너무나 간략하여 그들이 어떤 사람이며, 어떤 상황에서 체포되어 순교하였는지에 대해 제대로 알 수가 없다. 그런데 근년에 서양 선교사들이 남긴 기록이 발견됨에 따라서 그들의 실체에 대해서 좀 더 자세히 알 수 있게 되었다. 이를 바탕으로 이들의 사정을 알아보면 다음과 같다.

(1)의 안토니오는 결혼을 하여 12살과 3살이 된 자녀 2명이 있었다. 그의 이름을 하마노마치 안토니오라고 하는 것은 아마도 그가 하마 정浜町이라는 곳에서 살았기 때문으로 보인다. 그는 사회복지 활동을 하던 신자단체 '미세리코르디에'(자비의 형제회) 회원으로 활약했고, 예수회뿐만 아니라 당시 도미니크회 선교사들의 숙주이기도 했다. 1621년 6월 27일 일본 최초로 신부가 된 세바스챤 기무라가 안토니오의 집에 잠복하여 사목을 하던 중에 여자 노예가 포상금을 노리고 밀고하는 바람에 기무라 신부와 함께 안토니오 일가족이 당국에 체포당하고 말았다.

밀고한 여자는 다름 아닌 안토니오와 같이 임란 때 끌려온 조선인으로 노예로 고생하는 모습을 보고 가엽게 여긴 안토니오가 구입하여 자유롭게 살게 해주었던 사람이었다. 그러한 그녀가 고발하였던 것이다. 이 고발로 안토니오의 재산은 모두 몰수되었다. 그때 그의 재산 목록에서 그녀를 빼 주고 친척에게 그녀를 해방시켜줄 것을 당부하기도 했다. 만약 그녀가 그의 재산 목록에 들어 있으면 그녀는 노예의 신분에서 벗어나지 못하고 혹독한 고생을 해야 하는 것을 잘 알고 있었기 때문이다. 친척과 지인들에게 그녀가 희망하는 곳에 자유롭게 가서 살게 하고, 그녀가 숙주의 노예였다는 것을 절대로 발설하지 말 것을 당부했고, 또 그것이 실제로 지켜졌다고 한다.[47] 이처럼 그는 끝까지 자신을 밀고한 원수를 사랑으로 대하였던 것이다. 드디어 그는 1622년 9월 10일 나가사키의 니시자카西坂에서 수도회의 신부, 수사, 숙주들과 함께 부인과 아들들이 지켜보는 가운데 화형을 당했다. 그 날 그의 가족들도 같은 장소에서 처형당했다.[48] 이들은 1867년 복자福者로 인정되었다.

(2)의 안드레야는 1622년에 작성된 「루이스 야키치彌吉와 수부 4명의 체포와 순교 보고서」에 의하면 그는 히라야마 죠친平山常陳의 배가 히라도에 나포되어 있었을 때 도미니크회는 전도사인 루이스 야키치를 책임자로 하고 천주교도 4명 수부를 히라도에 파견하였는데, 이들 4명 가운데 1명이 조선인 안드레야 구로베九郎兵衛였다. 일행은 프로레스 신부를 구출하여 도망치다가 도중에 관헌들에게 체포되어 참수형에 처해졌다. 신부와 야키치는 불고문으로 처형되었고, 안드레야는 그의 동료 3명과 함께 1622년 10월 2일 니시자카에서 참수된 후[49] 2일간 형장에 두어 사람들에게 보이게 했고, 나중에는 토막 내어 불에 태워 재로 만든 후 바다에 버려졌다.[50]

(3)의 빈센시오 가운는 빈센트 가운加運이라고도 하는데, 그에 대한 사료는 다른 사람들에 비해 비교적 풍부하다. 그중 하나는 뻬드로 모레흔 신부가 1627년 3월 31일 자 마카오에서 쓴 서간문이고, 또 하나는 서울대 동아문화연구소에서 펴낸 『임진왜란사 국외자료』 등에 그에 대한 것이 자세하게 서술되어 있다. 그것들을 종합하여 살펴보면 다음과

47 ルイズデメデイナ、ホアン. ガルシア(Juan G. luiz-de-Medina), 『遥かなる高麗』(近藤出版, 1988), p.114.
48 박양자, 앞의 책, pp.182~183. 서울대의 『임진란사 국외자료』에는 "아내 마리아, 12살된 아들 요한, 3살난 베드로가 눈앞에 목이 잘리는 모습을 목격한 다음 화형당했다."라고 기술되어 있다. 박철의 앞의 논문 p429에서 재인용.
49 박양자, 앞의 논문. p.11.
50 박양자, 앞의 책, pp.175~177.

같다.

즉, 모레흔 신부의 서간문에 의하면 빈센트는 조선군 3천을 지휘하는 권장군의 아들로 서울이 함락될 때 어린 나이로 시키志岐의 성주 히비야 헤이몬日比屋平衛門(세례명 빈센트)에게 포로가 되었다. 가운이라는 그의 이름은 그의 성씨 권에서 유래되었고, 빈센트는 히비야의 세례명에서 유래되었다. 가족들은 조선국왕과 더불어 피난을 갔는데, 그가 일본군을 보면서 자신에게 예정된 주님의 영광에 대해 많은 충동을 느껴 적들에게 갔다고 서술되어 있다. 다시 말하여 납치가 아니라 신의 가호가 있어 자진하여 일본군 막사로 들어갔다는 식으로 과장되게 표현되어 있는 것이다.[51]

히비야는 그를 자신의 성인 시키로 데리고 가 모레흔 신부에게 교회의 숙소에 머물며 천주교 교리를 가르쳐달라고 부탁했다. 1592년 말에 아마쿠사天草에서 모레흔 신부에게 세례를 받고 신학공부를 하기 시작하면서 조선인과 일본인을 위한 전도를 담당했다. 그리고 모레흔은 그를 조선의 전도를 맡기려고 북경으로 파견하기도 했다. 그러나 당시 중국의 사정이 명에서 청으로 넘어가는 시기이어서 조선과의 통로도 차단되어 있어서 조선으로 진입도 어려웠다. 그러자 빈센트는 약 7년간의 중국 생활을 접고 다시 일본으로 건너갔다. 그 이후에는 마카오로 파견되었다가 1620년에 다시 일본으로 들어가 천주교를 위해 활동하다가 시마바라에서 체포된 것이었다.[52]

그의 고문과 처형에 대해서는 『임진란사 국외자료』에 다음과 같이 매우 상세히 서술되어 있다. 즉, "몬도라는 포악한 관리가 빈센시오가

51 박철, 앞의 논문, p.425.
52 박철, 앞의 논문, p.426.

중국말이 능숙하다는 것을 듣고 자신의 수하에 두고자 온갖 감언이설과 유혹으로 회유하려고 하였지만, 빈센시오는 "나는 어려서부터 천주교도로 살아온 몸이다. 생명은 내놓을 수 있지만 신앙만은 내놓지 못하겠다."라고 하자 몬도는 당장 노기를 띠고 혹심한 추위 속에서 그의 옷을 벗겨 관사의 뜰에 세운 다음 악당들을 시켜 쇠 집게 같은 형구로 살을 쥐어뜯고 손톱과 발톱을 뒤로 제쳐 고통을 주면서 배교하라고 강요했다. 그래도 듣지 않자 몬도는 스스로 쇠 집게를 들고서 그의 팔이며 심지어는 콧등과 콧구멍까지 사정없이 비틀어 찢었다. 그래도 굴하지 않자 마음대로 다른 고문을 가하기 시작했다.[53] 차디찬 물이 담긴 큰 그릇을 가져다 입언저리 얼굴에다 올려놓고서 그것을 손에 대지 않고 얼굴에서 가슴으로, 가슴에서 배위까지 옮기라고 하였고, 그 짓을 몇 차례나 시켰다. 그러자 그는 지칠대로 지쳤다. 그래도 입에서는 '주여 내 영혼을 주님 손에 맡기나이다.' 하는 기도를 성삼위聖三位께 바치고 있었다. 그러다가 엄청난 피를 토하고서 의식을 잃고 말았다. 바들바들 떠는 손 이외에 전신이 마비되어 있었다. 그래도 그들은 알몸으로 나무에 묶어서 두 시간이나 혹한에 세워두었다."라고 했다.[54] 그 후에도 14일간 계속 고문을 당하였다 한다. 그는 약 1년간 감옥 생활을 했다. 그때 예수회 관구장 파체코 신부에 의해 예수회 수사로 받아졌었다. 이러한 그가 드디어 1626년 6월 20일에 밥치스타 조라 신부, 토르레스 신부, 파체코 신부 그리고 일본인 수사 5명의 수사와 함께 나가사키의 니시자카 언덕에서[55] 자신이 묶인 기둥을 부여안고 '예수 마리아'를 부르며 불에 타

53 박철, 앞의 논문, p.427.
54 박철, 앞의 논문, pp.427~428.
55 박양자, 앞의 책, pp.194~195.

죽었다.[56]

(4)의 가이오 제몬은 가이오 아카시 지에몬明石次右衛門이다. 그는 조선의 어느 섬에 출생한 것으로 알려져 있으며, 1619년 이후 나가사키에 잠복전도하고 있는 도미니크회의 발다살 토르레스 신부의 숙주였고 로자리오 회원인 동시에 도미니코회의 제3회원이었다. 1626년 사순절 제3주일에 토르레스 신부가 가이오 집에서 나와 시마바라에서 미사를 봉헌하려고 하였을 때 고발에 의해 일본인 전도사 미카엘 도죠와 함께 체포되었다. 1627년 8월 17일 그는 부인 마르타와 키요타 막달레나, 그리고 프란시스카 4명과 함께 니시자카에서 화형당했다.[57]

(5)의 스파르도 바스의 다른 이름은 가스바르 바스, 또는 쓰지 쇼보에 가스팔 바스라고도 한다. 그는 임란포로로 마카오의 포르투갈인에게 노예로 팔려가 그곳에서 생활하다가 그 후 다시 일본으로 돌아가 나가사키 출신의 마리와와 결혼하여 아들 기에몬 루카를 낳고 살았다. 그리고 그는 프란치스코회 일본 관구장인 프란치스코 산타 마리아의 숙주이며 프란치스코회의 제3회원이었다. 수도자들을 보호하기 위해 한적한 해안에 있는 집을 구입하여 선교사들의 숙주가 되어 봉사했다. 그러나 1627년 5월 그의 집에서 그의 부인 마리아, 산타 마리아 관구장과 발토로메오라우엘 수사 그리고 일본인 전도사 안토니오와 함께 체포되었다. 그해 이들 가족들은 8월 16일에 함께 체포된 이들과 함께 나가자키 니시자카에서 화형당했다. 어린 아들 루카에게는 참수형이 내려졌다.[58]

---

56 박철, 앞의 논문 p.428
57 박양자, 앞의 책, pp.204~205. 부인 마리아는 처형당하지 않았다는 설도 있다. 이 율리에타 수녀(예수성심시녀회)에 의하면 부인은 얼굴에 불을 대는 고문을 하여 엄청난 화상을 입히고 감금하고 사형시키지는 않았다고 한다(가톨릭신문, 2010년 8월 1일 자).
58 최근 이건숙 수녀는 바스의 부인 마리아가 조선인 출신임에도 일본인으로 기록되어 있고, 기에몬 루카가 나가사키 출신으로 기록되어 있어서 지금까지 이들이 일본인으로 간주되

이들 가족들은 1867년에 시복되었다.[59]

(6)의 요하네는 요한네 요베이與兵衛를 일컫는데, 그는 전도사로 활동하다가 체포되어 1633년 8월 15일 4명의 수도자와 함께 형틀에 거꾸로 매달려 구덩이에 머리를 묻고는 머리와 관자놀이에 작은 구멍을 내어 피가 한 방울씩 흐리게 하여 죽이는 방법으로 처형당했다. 다시 말하여 서서히 죽이는 방법이었던 것이다. 그렇게 매달린 그들은 3일 정도가 지나서 1633년 8월 17일에 세상을 떠나고 말았다.[60]

(7)의 토마스는 일본에서 캄보디아로 추방된 전력을 가지고 있는 사람이었다. 캄보디아에서 예수회 루비노 신부, 프란치스코 마르케스 신부, 스페인의 모랄레스 신부, 네덜란드의 메틴스키 신부, 나폴리의 카뻬세 신부와 만나 일본의 전도를 위해 그들과 함께 1642년 8월 11일에 일본 사쓰마 해안에 상륙했다. 이들을 소위 〈루비노 제1단〉이라 일컫는다. 그러나 이내 발각되어 나가사키로 연행되었다. 이때 통역자가 엔도 슈사쿠遠藤周作(1923~1996)[61]의 소설 「침묵」의 주인공 훼레이라였다고 한다. 그들은 7개월 가량 물과 불의 고문을 번갈아 가며 받았다. 물

고 있었으나, 이들이 조선인인 만큼 한국출신 순교자로서 넣어야 한다고 주장한 바가 있다. 이것이 인정된다면 일본 205위 순교 복자 가운데 조선인 출신은 기존 13명에서 15명으로 늘어난다(『평화신문』(2009년 12월 13일 자).

59 박양자, 앞의 책, pp.205~206.
60 박양자, 앞의 책, p.198.
61 일본의 소설가. 수필과 문예평론, 희곡도 썼다. 도쿄 스가모 출신. 유년 시대를 만주에서 보냈다. 귀국 후 12세 때 백모의 영향으로 카톨릭 세례를 받았다. 1941년 조치대학上智大學 예과 입학, 재학중 동인잡지 「상지上智」 제1호에 평론 「形而上的神、宗教的神」을 발표했다. 1942년 중퇴. 그 후 게이오의숙대학慶應義塾大學 문학부 불문과를 졸업 후 1950년에 프랑스 유학. 귀국 후 평론가로 활동하나 1955년 발표한 소설 「하얀 사람白い人」으로 아쿠다가와상芥川賞을 수상, 소설가로서 각광을 받았다. 주로 기독교를 주제로 작품을 집필하였으며, 대표작으로는 『바다와 독약海と毒薬』, 『침묵沈黙』, 『사무라이侍』, 『깊은 강深い河』 등이 있다. 특히 「침묵」이라는 작품을 통해 그의 작품이 유럽으로 알려져 한 때 노벨 문학상의 후보자로도 거론되기도 했다.

고문은 입으로 물을 가득 마시게 한 다음 형리들이 배를 발로 밟으면 입으로 코로 핏물이 나오는 고문이다. 그리고 불고문은 벌겋게 달군 인두로 몸을 지지는 것이다. 이러한 고문을 하루에도 몇 차례나 되풀이하는 것이다.[62]

1643년 3월 17일 그들에게 거꾸로 매달아 땅바닥에 판 구덩이에 머리를 넣는 아나쓰루시라는 처형이 내려졌다. 처형이 집행되던 날 그들의 목은 반쯤만 잘리고 얼굴에는 빨간 칠을 하며 입에는 철판이 붙여졌다. 그리고는 밧줄로 거꾸로 매달아 오물이 잔뜩 집어 넣어져 있는 구덩이 속으로 머리를 쳐박아 과다 출혈로 사망케 했다. 이들의 유체는 토막으로 잘려졌으며, 유골은 모두 태워져 바다로 버려졌다.[63]

한편 레온 파제스의 기록에서도 나오지 않는 순교자도 있었다. 그 대표적인 인물이 가요와 다케야 고스메 그리고 안드레아이다.

그중 가요Gayo에 관한 기록은 당시 일본에서 전도하고 있었던 모레흔, 그렘 신부가 보낸 서한문에 비교적 많이 나타난다. 모레흔 신부의 서한문에 의하면 다음과 같이 기록되어 있다.

그는 1571년 고려(조선)에서 태어나, 어릴 때 그의 부모는 그를 불가에 출가시켰다. 부모의 의지에 따라 도를 깨치기 위해 절에서 은둔생활을 했다. 임란이 발발하던 1592년 어느 날 꿈에 한 노인이 나타나 "앞으로 너는 위험한 바다를 건너, 그곳에서 뜻을 이루게 되리라."라는 말을 들었다. 그해 마침 왜군이 침입하여 포로가 되어 교토로 끌려가 어느 집에 노예가 되었다. 그의 주인은 권력층이자 천주교도였다. 주인은 그를 따뜻하게 대

62 박양자, 앞의 책, pp.210~211.
63 박양자, 앞의 책, pp.224~225.

해 주었고, 노예의 신분에서도 풀어 주며, 그의 원대로 법화종의 승려가 되게 해 주었다. 불승이 된 그는 열심히 수련에 임하였으나 결코 영적 평화를 얻을 수가 없어 중병을 얻었다. 그리하여 주인과 신분이 높은 천주교도와 상의하여, 모레혼 신부로부터 세례를 받았다. 그는 항상 예수회의 동숙으로서 봉사하기를 희망하자, 장로는 그의 뛰어난 소질을 보고 받아들였다. 긴키近畿 지방의 예수회에도 포로로 잡혀 온 많은 조선인에 대한 선교가 필요로 했기 때문에 그의 존재는 매우 다행스러운 일이었다. 그는 또 일본어를 배운 후 오사카, 사카이 등지에서 일본인을 위한 전도사로서 모레혼 신부를 도우며 활동을 했다. 마지막에는 가나자와金澤에서 다카야마 우곤高山右近과 더불어 가나자와 교회에서 활동했다.[64]

여기에서 보듯이 그는 처음에는 부모의 권유에 따라 불교승려가 되었으나, 임란으로 말미암아 왜군에 피랍되어 교토에서 노예로 살면서 천주교도인 주인과의 인연으로 천주교도가 되어 모레혼 신부를 도와 긴키지역의 조선인과 일본인을 대상으로 전도하였으며, 마지막에는 다카야마 우곤과 더불어 가나자와에서 활동한 인물이다.

다카야마 우곤은 천주교도 무장(영주)이었다. 그는 1614년 막부에 의해 천주교도들에 대한 박해가 가해질 때 필리핀 마닐라로 추방될 때 조선인 가요도 그를 따라 마닐라로 갔다. 우곤이 귀국하지 못하고 마닐라에서 생애를 마감하자 가요는 나가사키로 들어와 조선인 천주교도 집에 머물면서 전도 생활을 시작하다가 당국에 체포되어 고문을 당하다가 석방이 되었으나 1623년 11월 15일 수도자들을 자신의 집에 투숙시켰

64 박양자, 앞의 논문, p.12에서 재인용.

다는 이유로 재차 당국에 의해 체포되었다.[65]

그램 신부의 서한에 의하면 그는 나가사키 감옥에 수감되어 있는 바스케스 신부를 만나러 가다가 체포되어 일본인 숙주 고이치小市와 더불어 1년 이상 감옥에서 단식과 기도로 버티며 고행의 나날을 보내다가 처형당했다. 처형 당시 그는 십자가 앞에서 무릎을 꿇고 입맞춤을 하고는 당국이 가하는 불고문을 당하면서도 예수와 마리아 이름을 부르면서 땅에 절명하여 땅 바닥에 쓰러졌다 한다. 당시 그의 나이는 50세였으며, 고이치는 41세였다고 한다.[66] 가요는 최초의 조선인 예수회 수사로 알려져 있다. 그 후 복자로 인정되었다.

한편 다케야 고스메는 11살 때 포로가 되어 일본으로 간 포로였다. 그에 대해 윤달세는 어느 영주를 섬기는 무사가 되었고, 또 그의 능력을 인정받아 가로家老까지 출세한 사람으로 소개한 적이 있다.[67] 그러나 이는 잘못 이해한 것으로 생각된다. 그가 사무라이 신분이었다면 주군의 이름과 지역이 나와야 하고, 또 그 지역 사족의 명부에 이름이 올려져야 한다. 더군다나 가로라 하면 가신의 직급에서도 최고의 지위이기 때문에 그에 대한 기록이 남아 있어야 함에도 불구하고 그러한 것이 전혀 보이지 않는 것이다. 그러므로 그는 사무라이로서 출세한 것이 아니라 상인의 부하로서 출세한 것으로 보는 것이 타당할 것 같다. 그러한 의미에서 그는 구루메의 어떤 부호의 집에서 오랫동안 충실히 봉사하였기 때문에 그 주인으로부터 신임을 얻어 자유를 얻었고, 또 나가사키에 있는 다수의 집과 재산을 관리하는 책임을 맡아 경제적으로 어려움 없이

---

65 박철, 앞의 논문, p.422.
66 박양자, 앞의 논문, p.13에서 재인용
67 尹達世, 앞의 책, p.141.

살 수 있었다고 보인다.[68]

이때 그는 세례를 받고 천주교도가 되었으며, 이름도 다케야 나가베 竹屋長兵衛에서 다케야 고스메로 바꾸었다. 그리고 도미니코회의 신심회 인 누메로 로자리오 회원과 선교사들의 숙주가 되어 잠복사목을 도우고 있었다. 그러므로 신부들이 이동 시에 스스로 동행하여 집집마다 미사 와 성사를 받도록 권고하였다. 1618년 8월 도미니크회의 산토 도미니코 신부와 훼레루 오르스치 신부가 나가사키에 잠복하여 일본어를 배운 집 도 고스메 집이었다. 기독교 금지령이 내려진 상태였기 때문에 주의를 기울여 행동하였지만 1618년 12월 13일 관원들이 그의 집을 덮쳐 그를 체포하여 나가사키 감옥에 수감시켰다. 그리고 1619년 11월 18일 니시 자카에서 화형당했다.[69] 화형이 선고되자 "나같은 죄인에게 하느님께서 이렇게 큰 은총을 주십니까?" 하며 눈물을 흘리며 감사를 드렸다고 한 다. 그의 부인 아네스는 감옥에 남겨 졌고, 아들 프란시스코도 지인이 양자로 삼아 히라도로 데리고 갔으나, 3년 후인 1622년에 순교자의 아 들이라는 사실이 밝혀지자 고스메가 처형당한 같은 장소에서 모친 아네 스와 함께 처형당했다. 그때 그의 나이 불과 12살이었다.[70]

1630년 9월 28일에도 일본당국은 대대적으로 천주교도들을 처형했 다. 이들 가운데는 조선인 루이스 하치로八郎가 있었다. 그는 당시 66세 로 베드로 요에몬, 키지로이라는 일본인과 함께 10개월 가량 감옥에 갇 혀 고문을 당하였으며, 순교하기 직전 그는 이들과 함께 아우구스티노 회의 예수 프란치스코Jeus, F 신부로부터 아우구스티누스회의 수사로 임

---

68 박양자, 앞의 책, pp.166~167.
69 박양자, 앞의 책, pp.166~167.
70 尹達世, 앞의 책 p.141.

명되었다. 그때 받았던 세례명은 루이스 데 세인트 미겔 하치로Ruis de Saint Migel 八郎였다.[71] 이들은 69여 명의 신자들과 함께 "이 사람들은 쇼군의 명을 듣지 않고 천주교의 신앙과 가르침을 버리지 않았기 때문에 사형에 처한다."라는 글귀가 적힌 띠를 어깨에 걸고 처형당했다.[72]

그리고 고시모 꼬레아라는 조선인도 있었다. 그는 나가사키에서 체포되어 일본에서도 가장 지독한 감옥에서 3년가량 수감되어 있다가 1619년 11월 28일에 다른 3명의 신도들과 함께 화형에 처해졌다. 그런데 그가 고통을 받는 몸이 너무나 평온하고 즐거워 보여, 중국인 신도한 명이 크게 감명을 받고 불 속으로 뛰어들려고 했다고 전해진다.[73] 그로부터 3년 후인 1622년 9월 2일에는 그의 아내 아네스도 목이 잘려 순교하였다.[74]

또 시네몬佐藤新右衛門 토마라는 조선인도 있었다고 전해진다. 그는 키가 커서 큰 토마라 불렀다. 글씨를 몰라 전도사가 되지 못했으나 프란치스코 제3회원으로 활약하며 열심히 살았다. 그의 신심은 나가사키 교우들에게 널리 알려져 있었다. 박해자 사쿠에몬이 그를 호출하였으나, 토마는 살아오지 못할 것을 알고 출두하지 않았다. 두 번째 호출에서 그는 모든 재산을 몰수당한 채 투옥되었다. 토마는 수개월 동안 감옥에 있었으며 마침내 순교한 것으로 알려져 있다. 이상에서 보았듯이 나가사키의 니시자카는 천주교도들의 처형장이었다. 그곳에서 수많은 조선인들이 서양 선교사 및 일본인들과 함께 순교하였던 것이다.

---

71 朴洋子, 앞의 논문, p.14.
72 박양자, 앞의 책, p.197.
73 박철, 앞의 논문, pp.428~429.
74 박철, 앞의 논문, p.429.

## 4.2. 오무라의 조선인 순교자

오무라에서도 천주교 박해가 이루어졌었는데, 특히 1619년 7월 19일은 조선인 아리조 베드로와 쇼사쿠 토마스가 순교한 날이었다. 그들에 대해 『일본 기리시단 종문사』에서는 "1619년 베드로. 아리조: 원래 영주의 회계 담당자이자 로자리오 회원이었다. 에도 성 프란시스코의 대뉴회帶紐会의 회두会頭·소사召使 토마스·코사쿠와 함께 자택에서 학살당했다. 28세."라고 간략하게 서술하고 있다. 박양자는 이들에 대해서도 자세히 기록하고 있었다.

즉, 아리조는 조선인으로 오무라 영주로부터 총애를 받아 가신으로 살면서 천주교도가 되었으며, 그는 동시에 로자리오 회원이고, 프란치스코회의 성대뉴聖帶紐의 조강組講의 신심단체의 회장직을 맡기도 했다. 그러한 그가 어느 날 신부와 수도자들이 스즈다 감옥에 있는 것을 알고 같은 동포이자 천주교 신자인 소작인에게 자신의 밭에서 수확한 참외를 갖다 달라고 부탁했다. 이를 받아 전달하러간 소작인은 그만 감시인들에게 들켜서 체포당하고, 심문하는 과정에서 아리조와 소작인이 천주교도라는 사실이 밝혀졌고, 이에 대해 배교를 강요당였지만 전혀 동요하지 않자 7월 19일 금요일에 일본 측은 이들을 참수하고 말았다. 이들의 처자식들도 그들과 함께 순교하기를 원하였으나 이루어지지 않았고, 그들은 노예의 신분으로 다른 사람에게 맡겨졌다.[75]

그리고 오무라에서 나가사키로 가는 도중에 호코바루放虎原라는 곳이 있는데, 이곳에는 순교 100주년을 기념하여 순교복자 205위의 현양비

---

75 박양자, 앞의 책, pp.157~159.

가 세워져 있는데, 1997년 10월 19일에 시모노세키下關에 사는 재일교포 조건치趙健治와 오무라 순교자현양회가 그 밑에 "조선 출신 13위 순교복자 그 순교정신을 길이 찬미합니다."라는 문구가 들어 있는 조그마한 비석을 세웠다. 이처럼 오무라에도 조선인 순교자가 있었던 것이다.

### 4.3. 시마바라의 조선인 순교자

시마바라 반도島原半島에 천주교가 전해진 것은 1563년경이었다. 이곳을 다스리던 영주 아리마 요시나오가 동생인 오무라 다다스미에게 부탁하여 선교사 루이스 아르메이다 수사를 구치노쓰口之津에 초대하여 교회를 세웠고, 무려 한 달여 만에 250명이나 세례를 받게 했다. 그리하여 구치노쓰는 1564년에 이미 천주교도의 마을로 유명해졌으며, 1568년에는 1200명의 주민 대부분이 천주교도로 개종했다. 그리고 1566년에는 시마바라 지역의 천주교도는 1300명이나 증가했다. 그리고 1576년에는 영주 아리마 요시나오도 세례를 받자 신자들은 2개월 만에 8천 명이 되었고, 또 6개월이 지나자 2만여 명으로 급격히 늘어났다. 그리고 1576년 12월 아리마 요시나오가 죽고 그의 뒤를 이은 아리마 하루노부도 세례를 받고 천주교도가 되었고, 천주교를 보호하여 이 지역의 교세는 날로 번창해 갔다.[76] 그러나 이러한 곳에 에도 시대가 접어들면 기독교 탄압이 행해지는데, 이때 구치노쓰와 아리마 등지에서 조선인들로부터도 순교자가 발생했다. 그 구체적인 예를 들어보면 다음과 같다.

---

76 박화진, 「일본 그리스챤 시대의 규슈지역에 대한 고찰」, 『역사와 경계』 54(경남사학회, 2005), p.211.

### 4.3.1. 구치노쓰의 미카엘과 베드로

구치노쓰는 시마바라 반도의 남쪽에 위치한 항구 도시이다. 앞에서도 언급하였듯이 시마바라 반도에서는 최초로 천주교가 전래된 곳이었다. 1579년에는 발리냐노 신부가 이곳에 와서 제1차 선교사회의 회의를 개최할 정도로 구치노쓰는 천주교와 일찍부터 밀접한 인연을 맺고 있었지만 에도 막부의 금지령으로 천주교도들에 대한 박해가 가해졌고, 그에 따라 순교자들도 나왔다.

이 순교자들 가운데 고라이高麗 미카엘과 베드로가 있었다. 그에 대해 앞에서 든『일본 기리시단 종문사』에 "1614년 미카엘: 전쟁 중에 포로가 되어 나가사키에서 세례를 받았다. 또 포로가 된 그의 여자 형제를 돈으로 구하기 위해 수년간 봉공했다. 그는 시마바라 반도의 구치노쓰에서 체포되어 다리를 억누르는 고문을 받았고, 정강이가 잘리어 죽었다. 그의 유해는 갈기갈기 잘려졌다. 1614년 베드로: 그는 13세부터 30세까지 노예의 신분이었다. 구치노쓰에서 거주하였고 참수 당했다. 당시 43세."라고 적혀 있다.[77] 즉, 이들은 노예의 신분으로 일본 구치노쓰에 살면서 천주교도가 되어 천주교 박해 때 당국의 모진 고문을 당해 순교한 사람들이었다. 그들의 생활과 순교에 대해 베드로 모레혼 신부의「일본에서 일어난 박해의 보고」와 카를로스 스파뇰라 신부가 1615년 3월 18일에 나가사키에서 총장신부에게 발송한 서간문에서 자세히 서술되어 있다. 이러한 문헌을 중심으로 그에 대해 살펴보면 다음과 같다.

먼저 미카엘의 경우 그는 임진왜란 때 포로가 되어 일본으로 건너가 세례를 받고 천주교도가 되었다. 그리고 정유재란 때 일본군의 잡병으

---

77 姜在彦, 앞의 책, pp.100~102.

로 조선으로 들어갔지만 다시 일본으로 돌아갔다. 그 이유는 일본에 여동생이 포로로 잡혀 와 노예생활을 하고 있었기 때문에 그녀를 구출하기 위해서였다.[78] 그는 후에 구치노쓰에서 결혼했고, 신앙심이 얼마나 깊었는지 때때로 성모와 천사 그리고 신비스런 환영을 보았다고 비밀스럽게 부인에게 말하기도 했다. 그는 자신이 사는 곳에 신부가 없었기 때문에 새벽에 산길을 걸어 가즈사加津佐에 가서 미사에 참여하고 기도했다. 그리고 가난한 자에게 베풀고 싶을 때는 일해서 얻은 것이나, 금, 토요일에 항상 단식하여 그것을 모아 시사했고, 또 나환자를 집에 데리고 와서 돌봐주며 "당신들은 나의 형제이며, 당신들의 병 때문에 나는 당신들을 공경합니다."라고 말하기도 했다. 그리고 어느 날 그는 자신의 순교를 예상한 듯이 아내와 장모 그리고 누이에게 "성스러운 부인이 꿈에 나타나 얼마 후에 박해가 있을 테니 준비하라. 너는 다른 사람과 함께 죽을 것이라고 했다."라고 전하기도 했다. 그의 꿈과 같이 정말 천주교도들을 탄압하기 위한 관리들을 태운 배가 그곳에 오자 그는 "벌써 기쁨이 왔구나. 주님과 함께 부활의 축하를 하게 될 것이다. 이 배들은 우리의 행복을 위하여 하느님께서 보내신 것입니다. 타고 온 병졸들을 두려워해서는 안 됩니다. 더군다나 그들을 증오해서도 안 됩니다. 물론 깊은 애정을 가지고 우리들의 집으로 기쁘게 맞이해야만 합니다."라고 말했다고 전해진다.[79]

이러한 미카엘에게 내린 것은 학춤이라는 고문이었다. 파제스는 "다리를 억누르는 고문을 받았고, 정강이는 잘리어 죽었고, 그의 유해는 갈기갈기 잘려졌다."라고 간략하게 서술하였지만 여기에 조금 부연설

78 박철, 앞의 논문, p.423.
79 박양자, 앞의 책, pp.149~151.

명하자면 다음과 같다. 즉, 학춤이란 철봉과 같은 교수대에 손과 양발을 뒤로 젖혀 한곳에 모이고 하고는 밧줄로 묶어 매달고 뒤로 휘어진 등에 무거운 돌을 얹어 묶어서 여러 번 빙빙 돌리는 것이다. 마치 그 모습이 학이 춤추는 것과 같다고 해서 생겨난 말이다. 그러면 눈알이 튀어나오고 코에서는 피가 나온다. 이때 코와 귀를 자르고 손가락 발가락도 전부 자르고 벌겋게 달군 인두로 이마에 십자가 낙인을 살이 타도록 누른다.

이러한 고통을 견뎌내면서 미카엘은 "나는 조선인이다. 하느님의 사랑과 봉사를 위하여 이 고문을 받는다. 저 이교의 나라(조선)에서 나를 데리고 온 하느님께 감사를 드린다."라는 말을 했다고 한다. 이러한 그를 일본 관원은 그의 발목을 칼로 절단하여 옥봉사玉峯寺 위 계단 밑으로 밀어버렸다. 그러자 그는 10미터나 되는 계단 밑으로 굴러 떨어졌다. 거기서 그는 무릎을 꿇었다. 그러자 다시 관원은 그 무릎을 단칼에 끊어버렸다. 그러자 그는 너무 많이 피를 흘려 그 자리에서 죽고 말았다.[80]

그가 죽고 나서 이상한 일이 벌어졌다. 순교하기 이전에 그는 파종시기가 훨씬 지났음에도 불구하고 뿌린 밀이 추운 겨울날씨를 이기고 그 이전에 뿌린 다른 밀보다 더 크게 자라더니, 이삭을 내고 꽃을 피웠던 것이다. 그러자 사람들은 이를 신기하게 여기고 너도 나도 가릴 것 없이 그것들을 베어서 가져가 자신의 밭에 심었다. 더욱 신기한 것은 이렇게 베어가도 다시 그것에서 이삭이 나와서 자라는 것이었다. 이를 두고 천주교도들은 순교자의 씨앗은 아무리 베어가도 그 자리에서 새로운

80 박양자, 앞의 책, pp.148-149.

이삭이 나오는 것과도 같다고 생각하고 큰 용기를 얻었다고 한다.[81]

한편 베드로는 임진년 전쟁 당시 13세의 나이로 포로가 되었고, 일본으로 끌려가 17년간 노예생활을 하였다. 그 후 구치노쓰로 거주지를 옮기고 그곳에서 결혼했다. 그리고 천주교에 대한 박해가 심해지자 그도 순교하려는 의지를 보였다.[82] 나가사키 부교의 명령에 의해 마을에서 천주교도의 명단을 작성할 때 마을에서는 베드로가 가난하여 집을 가지고 있지 않았기 때문에 이장격인 사효에가 그를 명단에 올리지 않았다. 그러자 그는 이를 안타깝게 생각하고 "이렇게 원하고 있던 행복을 빼앗지 말아 주세요." 하며 자신도 명단에 넣어줄 것을 간곡히 부탁했다. 그러자 사효에는 그가 살고 있는 집주인이 순교할 생각이 없다는 것을 알고 집주인 대신에 베드로의 이름을 기재했다. 베드로의 일본 이름은 진쿠로甚九郞였다. 그는 이름이 기재되자 "행복이 오는 것이 확실하다." 하며 다른 욕심을 모두 버리고 주 3회 단식을 하고, 2번 편태의 고행을 하며 순교 준비를 하고 있었다. 순교하던 전날 밤 친구와 기도를 올린 다음 "성모님이 나를 찾아와 용기를 주셨다. 그래서 나는 순교자가 되는 것이 확실하다고 생각한다."라고 말했다. 과연 다음날 스스로 포졸들 사이에 나가 기뻐하면서 원하던 순교의 월계관을 받았다.[83] 그는 고문 중에 예수의 이름을 불렀다. 그러자 그것을 못하도록 돌로 입을 찍고 칼로 여기저기 찌르면서 배교하라고 호통쳤지만 "그런 일은 할 수 없습니다."라고 단호하게 말하며 더욱더 예수의 이름을 열심히 불렀다. 드디어 그는 참수당하고 말았다.[84]

81 박양자, 앞의 책, pp.151.
82 박철, 앞의 논문, p.424.
83 박양자, 앞의 책, p.152에서 재인용.
84 박양자, 앞의 책, p.152에서 재인용.

이들의 이야기는 훗날 그들의 고국인 조선에서는 별로 알려지지 않았지만 스페인에서는 상당히 유명했던 모양이다. 17세기 스페인의 극작가 로페 데 베가의 작품 〈일본왕국에서 신앙의 승리〉에 1614년 미겔 데 코레아와 페드로 데 코레아라는 이름을 가진 2명의 조선인이 구치노 쓰에서 순교했다고 기록하고 있기 때문이다.[85]

### 4.3.2. 아리마의 바오로와 안나

파제스는 또 아리마의 조선인 바오로와 그의 부인 안나에 대해서도 서술하고 있다. 1632년 비엘라 신부는 배를 타고 사쓰마로 가려고 하다가 길을 바꾸어 아리마 해안에 상륙했다. 그러나 아무도 그를 받아주지 않아서 묵을 숙소도 구하지 못했다. 그때 조선인 천주교도 바오로가 나서서 그를 맞이하였고, 산중 안전한 곳으로 안내했다. 그곳에는 천주교도들이 20여 명 숨어 있었다. 비엘라 신부는 그곳에서 미사를 보며 8일가량 시간을 보냈다. 그 후 바오로는 체포되어 구루메久留米로 연행되어 갔으며,[86] 그 후 어떻게 되었는지 모른다. 아마도 그는 그곳에서 순교했을 것이다.

파제스는 그가 체포되어 가기 전에 부인과 나눈 대화를 기록하고 있다. 그가 부인에게 "우리들은 어떻게 될지도 모르고, 언제 만날 수 있을지도 모른다. 아무튼 이교도들은 우리들에게 신앙을 버리게 하기 위하여 여러 가지 수단을 쓴다는 것을 알아두는 것이 좋겠다. 만약 내가 배교하였다고 말이 나오면 그것은 거짓말이기 때문에 믿어서는 안 된다."라고 했다. 그러자 부인 안나는 "저는 당신을 사랑하는 것만으로 천주

---

85 박철, 앞의 논문, p.423.
86 박양자, 앞의 책, pp.210~211.

교도라고 믿고 계십니까? 제가 당신 때문에 천주교도가 된 것이 아닙니다. 저에게 용기와 힘을 주신 하느님을 사랑하기 때문에 천주교도가 된 것입니다. 당신이 배교하지 않는다는 것을 굳게 믿고 있습니다. 만약 누군가가 당신과 집 식구들이 배교하였다고 말해 오더라도 그것이 정말이든지 거짓말이든지, 나의 몸이 토막이 나더라도 나는 배교하지 않습니다."라고 대답했다. 그리고 안나는 신부에게 "신부님, 당신은 하느님을 위해서 고통을 받는 것이 큰 행복이라고 말씀하셨습니다. 저는 이 행복을 받고 있습니다. 저는 일체 준비가 되어 있습니다. 많은 고통을 받아도 천주의 가르침으로 저의 영육간의 순결을 잃어버리지 않는다는 것을 믿어주세요."라고 말했다. 이에 비엘라 신부와 거기에 있던 사람들이 모두 이 조선인 부인의 말에 감탄하였으며, "주님이 다른 부인에게 '오라. 여인아 너의 믿음이 장하다.'라고 하신 말씀이 이 부인에게도 하신 말씀이었다."라고 파제스는 기록하고 있다.[87]

이처럼 일본은 천주교에 대해 혹독한 박해를 가했다. 이러한 역사의 한 가운데 용감하게 순교하여 자신의 신앙을 지키는 조선인들이 있었던 것이다. 어떤 선교사는 조선인들의 순교를 보고 "지상에서 자유를 빼앗긴 까닭은 하늘나라의 자유를 얻기 위함이었다."라고 평하기도 했다.[88] 그만큼 현실에 펼쳐진 자신의 불행을 종교에 의지하려는 경향이 강렬했다고 할 수 있다.

이와 같이 조선인은 임란과 정유재란을 통하여 포로가 되어 나가사키에서 거주하면서 서양 선교사들의 인간적인 포교에 의해 천주교도가 되었고, 일본 당국의 박해가 있자, 스스로 불교로 개종하거나 해외로

---

87 박양자, 앞의 책, pp.210-211.
88 서울대 동아문화연구소 편, 『임진왜란사 국외사료』(1972), p.94.

추방당하였으며, 그렇지 않으면 모진 고문과 함께 강제로 불교로 개종당하거나 불교도로 위장하여 신앙을 지키거나 목숨을 버리는 순교의 길을 서슴치 않고 택하였던 것이다.


## 5. 맺음말

지금까지 나가사키 현을 중심으로 임란 때 잡혀간 수많은 조선인들이 어떻게 천주교도가 되었으며, 또 혹독한 종교박해에 어떻게 대처하였는지에 대해 살펴보았다. 그들은 당시 일본에 들어와 있던 서양 선교사를 통해 감화를 입어 천주교도가 되었다. 많은 조선인 포로들이 천주교도가 된 것은 당시 신부들의 노력이 있었다. 이들은 천주교도의 영주들에게 선처를 부탁했고, 또 모금하여 그 돈으로 노예를 해방시켰으며, 노예상인에 대해 천주교의 최고형인 파문을 내리기로 결정하는 등 활발히 조선인의 노예들을 위해 노력하였기 때문일 것으로 보인다. 그 결과 많은 조선인 포로들이 이들을 신뢰하게 되고, 그들의 노력은 노예와 다름없었던 조선인들에게 있어서 더할 나위 없는 희망의 손길이었을 것이다. 이러한 만남은 그들에게 사회적 생활은 물론 정신적 안정을 가져다 주어 자연스럽게 천주교 신앙을 받아들였을 것으로 추정된다.

이들의 신앙심이 대단해 날로 신자의 수가 늘어났고, 또 그들의 힘으로 한국인이 세운 최초의 교회를 나가사키에서 세우기도 했다. 그러나 이들의 신앙생활이 순탄한 것만은 아니었다. 에도 시대에 접어들어 도쿠가와 막부에서 금교령이 내려지고, 이를 위반할 시에는 처절한 형벌이 가해졌다. 당시 일본에 있었던 서양인의 선교사들이 남긴 기록에는 그들의 자취가 많이 남아 있다. 일본 당국에 의한 천주교 탄압에 조선인 천주교도들은 대략 5가지 유형의 행동을 보였다. 하나는 그들의 강요에 따라 불교도로 개종하는 것이며, 둘은 해외로 추방당하는 것이며, 셋은 고문을 견뎌내고 당국이 포기하게 만드는 것이며, 넷은 불교도로 위장하여 신앙을 지키는 일이며, 다섯은 순교하는 것이다. 이처럼 일본인이 겪는 모든 수난을 조선인들도 똑같이 경험을 했다. 이 중에서 은둔 천주교도가 된 조선인의 사례가 좀처럼 발굴되지 않고 있다. 앞으로 일본의 국내외 자료를 통해 조선인 천주교도들에 더 많은 사례들을 모을 필요가 있다. 그러한 작업을 통해 고국에 돌아오지 못하고 일본에 남은 조선인 천주교도들의 상황에 대해 더욱더 세밀히 파악할 수 있기 때문이다.

지난 8월 10일 나가사키시 나카 정中町 천주교 성당에서 최초로 조선인에 의해 세워진 성 로렌조 교회 건립 400주년을 맞이하여 한일 교회 관계자들이 모여 대규모의 미사를 벌인 적이 있다. 그때 미사를 집전했던 나가사키 대사교구의 다카미 산메이高見三明 대사교는 "당시 신자의 열렬한 신앙을 칭송하고 양국의 어두운 과거를 새롭게 인식하고 앞으로 보다 좋은 관계로 발전하는 계기로 삼자."라고 역설했다. 이처럼 양국의 관계자들이 일본에서 천주교도가 된 임란포로에 대해 뜨거운 관심을 가질 때 숨겨졌던 그들의 모습을 더욱 더 생생하게 그려낼 수 있을 것이다.

제6장

구마모토 지역의
임란포로

구마모토

## 1. 머리말

임진왜란과 정유재란 때 조선으로 출병한 일본 장수들 가운데 가장 대표적인 인물은 고니시 유키나가小西行長와 가토 기요마사加藤清正이다. 일본군의 조직 중 제1군의 총수가 고니시였고, 제2군의 총수가 가토였다. 공교롭게도 이들의 영지는 모두 구마모토 현에 있었다. 전자는 현재 우토시宇土市를 중심으로 남부 지역을 통치했고, 후자는 현재 구마모토시熊本市를 중심으로 북부 지역을 통치했다. 사실상 구마모토 현은 이들이 양분하여 통치하였다고 해도 과언이 아니다.

이처럼 이들은 바로 이웃한 지역을 통치하면서도 성격은 매우 대조적이며, 또 서로 사이도 좋지 않았던 것으로 평가되고 있다. 가령 고니시는 돈 아고스티이노Don Agostinho라는 세례명을 가지고 있을 정도로 독실한 천주교도였던 반면 가토는 독실한 일본불교인 일련종日蓮宗 신자였다. 그리고 소선과의 선생을 빌이면서 취했던 대도도 서로 달랐다. 전자는 전쟁을 멈추어 서로 화평하려는 온건파 인물이었으나 후자는 강경파로 끝까지 싸우려는 주전파로 널리 알려져 있다.

이러한 인물들이 통치했던 곳이 바로 구마모토 현이기 때문에 이곳에는 당시 포로로 잡혀간 조선인들이 많이 살았을 것으로 추정된다. 그뿐만 아니라 조선포로들이 남긴 흔적 그리고 임란, 정유왜란과 관련된 유적 및 유물들이 많이 있을 것이다. 그럼에도 불구하고 지금까지 여기에 대한 종합적이고 본격적인 연구가 이루어지지 않고 있다.

그러나 다행스럽게도 최근 들어 여기에 대한 관심이 조금씩 높아져 우리들에게 소개되고 있다. 그 대표적인 예로 본묘사의 일요스님을 들 수 있을 것이다. 70년, 80년대에 소설가 김성한,[1] 언론인 김승한[2] 등에 의해 일요스님이 우리사회에 소개가 되었고, 2003년에 다시 그를 집중 취재하여 「역사 발굴! 어느 임란 포로의 비밀편지」라는 제목으로 전국적으로 방영을 했다. 이로 말미암아 구마모토의 임란포로인 일요스님은 우리들에게 널리 알려졌다.

필자도 지난 92년 어느 지방 일간지로부터 임란관련 취재와 연재의 글을 의뢰받아 구마모토의 임란포로에 관한 조사를 벌여 일간지와 저서를 통해 일반인들에게 소개한 적이 있다.[3] 물론 그때 승려 일요에 대해 소개하였지만, 구마모토에는 일요뿐만 아니라 수많은 포로와 임란과 관련된 유적과 유물들이 있다는 사실을 새삼 깨닫게 되었다. 그 당시 현

---

1 金聲翰, 「余大男」, 『日本のなかの朝鮮紀行』(三省堂, 1986), pp.25~45.
2 김승한, 「가등청정의 볼모 일요상인의 서한」, 『일본에 심은 한국』 1(중앙일보 동양방송, 1979), pp.166~197.
3 노성환, 『일본 속의 한국』(울산대 출판부, 1997), pp.64~68.

지조사는 너무나 짧은 기간에 이루어진 것이어서 그때 소개한 글은 지금 생각하면 거의 기본적인 자료열거에 불과했다. 그 후 지속된 관심 속에서 새롭게 일본 측의 자료들이 소개됨에 따라 다시 한 번 이를 심도있게 종합적으로 검토할 필요가 있다고 느껴 이 글을 출발했다.

이 책의 주된 관심은 연행되어 간 조선포로에 있다. 본 장에서는 먼저 어떤 사람들이 이곳에서 살았으며, 또 그들이 남긴 흔적으로는 어떠한 것들이 있는지를 파악함과 동시에 임란과 관련된 유적과 유물도 있다면 어떠한 것들이 있는지 구체적으로 살펴보고자 한다.


## 2. 구마모토의 조선포로

### 2.1. 조선인 의사 이경택의 가계

구마모토에는 조선인 의사 이경택李慶宅이 있었다. 기록에 의하면 그는 조선국산화벽진장군朝鮮國山華碧珍將軍 이총원李聰元의 후손으로 되어 있다. 이는 아마도 신라 말 고려 초의 호족인 이총언李悤言(858~938)을 일컫는 것 같다. 『한국민족문화대백과』에 따르면 그는 벽진군碧珍郡(지금의 경상북도 성주) 출신으로 세계世系는 알 수 없다. 신라 말기 도적이 도처에서 일어나 노략질이 심하였던 시기에 그는 벽진군의 치안에 힘써 백성을 편안하게 하였다. 왕건이 고려를 건국한 뒤에 그에게 사람을 보내어 마음을 같이하고 힘을 합하여 화란禍亂을 평정할 것을 호소하자 매우 기뻐하며 아들 영永을 보내어 군사를 거느리고 왕건을 도와 후백제와의 전쟁에 참여하도록 하였다. 왕건은 그것을 고맙게 여겨 대광大匡

사도귀思道貴의 딸을 영의 아내로 삼아주며 그를 벽진군장군에 임명하고 이웃고을의 정호丁戸 229호를 더 내려주었다. 또 충주·원주·광주廣州· 죽주竹州·제주堤州의 창고 곡식 2,200석과 소금 1,785석을 주는 등 은사恩賜를 후하게 하였다.

왕건은 또 서신을 보내어 "자손에 이르기까지 고마운 마음을 변하지 않겠다."라는 굳은 맹세까지 하였다. 그는 감격하여 군사를 훈련시키고 양식을 저축하여 고립된 성을 지키며, 신라와 후백제 간의 전쟁지역 내에서 고려를 위하여 동남쪽의 큰 힘이 되어 후삼국통일에 기여한 인물로 설명되어 있다. 이것은 이총원과 이총언이 일본어 발음상 동일한 것에서 생겨나는 착오인 것 같다. 이처럼 그는 이총언의 후손으로 본관이 벽진이었다.

그의 조부 이연종李連宗은 경상도 인동현仁同縣의 태수였고, 그의 부친은 이종환李宗閑인데, 임진왜란 때 난죠 모토키요南條元淸(?~1614)에게 포로가 되어 부젠豊前에 연행되어 있었는데, 그때 그 지역의 영주였던 호소카와 다다토시細川忠利의 눈에 띠어 그의 아들 경택이 8살 때 다카모토高本라는 성씨를 하사 받았다고 한다.[4] 다카모토라 한 것은 고려의 '고'와 일본의 '본'을 따서 지은 것이라고 한다. 당대 유명한 의사로서 100석의 봉록을 받았고, 다다토시가 구마모토로 옮겨갈 때 그도 따라가 성의 부근에 살았고, 그의 나이 23세 때 시마바라島原 전투에 참전하여 총에 맞아 부상을 입었고, 전쟁이 끝나고서 200석으로 증액이 됨과 동시에 측의側醫로 명을 받았다. 그의 명성은 전국적으로 유명해져 1641년(관영18)에는 막부의 쇼군인 도쿠가와 이에미쓰德川家光에게도 불려간 적이

---

4 武藤嚴男外 2人編纂, 『肥後文獻叢書 別卷』1(歷史圖書社, 1971), p.222.

있다. 이러한 그가 살았던 곳을 지금도 그 부근을 그의 이름을 따서 경택의 언덕慶宅坂이라고 한다.[5] 그는 1665년(寬文5)에 병으로 사망했다.

그 후 아들 행택幸宅(훗날 경택으로 개명)이 11세의 나이로 가계를 계승했고, 1691년(元祿4)에는 봉록을 100석을 증가시켰다. 그러나 그에게는 아들이 없어 문제門弟인 교토 사람 가토 시곤베加藤司權兵衛의 아들을 현상玄常이라 하고 가계를 계승하게 하여 봉록 200석을 그대로 유지하게 되었고, 또 번으로부터 외양의사外樣醫師로서 명을 받았다.[6]

현상에게는 아들 현석玄碩이 있었으나 그 또한 자식이 없어 번의인 하라다 소콘原田宗昆의 6남을 양자로 삼아 가계를 계승하게 하니 그가 바로 다키모토 시메이高本紫溟였다. 그는 대대로 가업으로 내려오는 의업을 버리고 유학으로 바꾸어 번의 학교인 시습관時習館의 훈도로 들어갔다가 훗날 그곳의 3대 교수가 되었다. 시습관은 규슈의 번학의 효시로서 구마모토의 문교의 중심이었다. 시습관의 2대 교수는 퇴계의 성리학을 존숭했던 야부 고잔藪孤山(1735~1802)이었다.[7]

시메이는 당시 구마모토의 석학으로 일반적으로 "이 선생"으로 불리며 추앙을 받았다. 그의 일본 이름은 다카모토 시메이였지만, 본명은 순順, 자는 자우子友, 아명은 전팔傳八, 훗날 경순慶順 또는 경장慶藏이라고도 하였으며, 만년에는 경장慶藏이라고도 했다. 그는 또 이퇴계의 성리학을 존숭하여 스스로 자신의 퇴계와 같은 외자의 이름인 이순李順을 즐겨 사용했다고 전해진다. 그러므로 그를 통하여 조선의 성리학이 구마모토 번의 교육에 적지 않은 영향을 끼쳤을 것으로 추정된다.

---

5 內藤儁輔, 앞의 책, p.726.
6 松田甲, 『日鮮史話』1(原書房, 1976), pp.106~107.
7 하우봉, 「임란직후 조선문화가 일본에 끼친 영향」, 한일관계사연구논집 편찬위원회 편, 『임진왜란과 한일관계』(경인문화사, 2005), p.486.

한편 그는 생애의 후반기에는 국학에도 뜻을 두어 이세伊勢의 모토오리 노리나가本居宣長(1730~1801)를 방문하고 사제지간이 맹약을 맺기도 하였다.[8] 이와 같이 그는 유학자이자 국학자였으며, 히고肥後의 근왕사상勤王思想에 중요한 역할을 한 것으로 알려져 있다. 그의 명성은 사가에 사는 홍호연과 인척관계에 있었던 고가 세이리古賀精里도 그에 대해서 소상히 알고 있었다. 고가가 마지막 조선통신사의 접대역을 맡아 대마도에서 조선인과 만났을 때 다카모토 시메이에 대해서 소개하고 있다. 그는 조선의 이름이 이순이며, 고려와 일본의 글자를 하나씩 따서 자신의 성씨를 삼고 있다는 사실도 파악하고 있었다.[9] 이처럼 그는 구마모토의 내부에서만 유명한 것이 아니라 전국적으로 지명도가 높은 사상가로 변신해 있었던 것이다.

## 2.2. 제지기술자 도경과 경춘

구마모토에는 뛰어난 첨단 기술을 가진 조선인들도 많았다. 그 대표적인 인물로 제지기술자 도경道慶과 경춘慶春을 들 수 있다. 이들은 형제이다. 그들에게는 도근道勤이라는 또 한 명의 동생이 있었는데, 그는 제지뿐만 아니라 토목기술자이기도 했다. 그는 기요마사를 수행하여 용수로를 파던 중 큰 바위가 떨어져 익사한 것으로 알려져 있다. 그가 사망한 가와라타니川原谷의 저수지 이름이 그의 이름을 따서 도근못道勤淵이라 불리고 있다. 그의 묘비는 가와라타니에 있다.

이들 삼형제 중 도경과 경춘은 뛰어난 제지 기술을 가지고 있었다.

8 하우봉, 앞의 논문, p.486.
9 上田正昭·辛基秀·仲尾宏, 『朝鮮通信使とその時代』(明石書店, 2001), p.298.

그들이 정유재란 때 포로가 되어 구마모토로 건너가 처음으로 살았던 곳은 구마모토시의 북쪽인 기요미즈淸水 가메이 정龜井町(현재 熊本市八景水谷)이었다. 구마모토 번에서도 이들을 우대하여 온카미스키야쿠御紙漉役라는 직책을 부여하고, 쌀로 급여를 지불하여 생활에 어려움이 없도록 했다.

그러나 이렇게 시작한 그들의 작업은 순탄치 않았다. 그곳은 물도 나쁘고 닥나무 사정도 좋지 않아 도경은 1615년에 다마나 군玉名郡 고노하무라木葉村(현재 玉東町)의 가마다타니浦田谷로, 경춘은 4년 후인 1619년에 5명의 직공들을 데리고 가모토 군鹿本郡 히로미무라廣見村의 가와라타니로 이주하여 제지업을 했다.

도경의 종이를 세인들은 도경의 거주지 이름을 따서 가마다 종이浦田紙라 했다. 도경의 자손은 기요다淸田, 기요나리淸成 등이 일본식 성씨로 바꾸어 종이 만드는 일에 종사하였으나, 세월이 흐르는 동안 가업은 끊어졌고, 지난 92년까지만 하더라도 가마다타니에는 도경의 13대손인 기모토木本라는 노파가 살고 있었다.

현재 그곳에는 1미터 정도의 도경의 묘비가 서 있다. 그 묘비에는 「임예도경거사영위林譽道慶居士靈位」이라고 새겨져 있고, 오른쪽에는 「목본도경첩비木本道慶妾碑」라고 새겨진 부인의 묘비가 서 있다. 이로 보아 도경은 그의 조선 성씨가 "임林"이며, 그 성씨의 나무 목木을 살려 일본 이름을 만들고 있음을 알 수 있다.[10] 기모토 씨에 의하면 자신의 집에는 오동나무 상자 속에 보관해 온 선조들의 기록이 있었으나 몇 년 전 정념사正念寺 스님이 감정해 준다고 해서 맡겼더니 절이 불타는 바람에 없

10 임연철, 「제지기술을 전한 도경-경춘형제」, 『동아일보』(1992년 6월 24일 자).

어졌다고 한다.

그에 비해 아우인 경춘의 자손들은 마쓰야마松山라는 일본 성으로 바꾸고, 오랫동안 자손들이 가업을 계승하였다. 이 기술을 일본인들에게도 전했다. 그리하여 한동안 다마나 군玉名郡의 여러 곳에서는 부업으로 종이를 만드는 일이 성행하였다고 한다. 그들은 종이의 원료로 닥나무 껍질을 사용하였는데, 이를 모두 "조선 닥나무"라 했으며, 이 닥나무가 구마모토에서는 가장 좋은 품질의 재료이어서 타 지역으로도 수출되었다고 한다.[11]

야마가시山鹿市의 오미야 신사大宮神社에서는 매년 8월 15일부터 17일에 걸쳐 '야마가 등롱제山鹿燈籠祭'가 열린다.[12] 이 행사의 주요 부분은 민요 「요헤호부시よへほ節」의 멜로디에 따라 유카다(여름옷)를 입은 여성들이 금, 은의 종이만으로 만든 금등롱金灯籠을 머리에 이고 시내에서 퍼레이드를 벌이는 것이다. 이 행사는 원래 오미야 신사에 바치는 것에서 유래된 것인데, 구마모토시의 후지사키하치만궁藤崎八旛宮의 추계예대제秋季例大祭, 야쓰시로시八代市의 야쓰시로 신사八代神社의 묘견제妙見祭와 더불어 구마모토를 대표하는 축제이다. 여기에서 보듯이 야마가 등롱제에는 고도의 기술로 만들어진 종이가 없이는 불가능하다. 이때 제공되었던 것이 경춘계의 기술로 만들어진 가와라타니의 종이였다. 그러

---

11 森田誠一, 앞의 논문, p.277.

12 이 제의의 기원에는 대략 두 가지 설이 있다. 하나는 일본 고대천황인 景行이 규슈를 순행할 때 현재 야마가시에서 안개가 자욱하게 피어올라 그만 길을 잃고 말았다. 그때 지역민들이 횃불을 들고 천황의 일행을 오미야 신사까지 무사히 안내해 주었다고 하여, 이를 기념하여 횃불이 등롱으로 바뀌어 신사에 봉납하는 행사로 발전하였다는 것이다. 또 다른 하나는 무로마치室町 중기 때 야마가의 온천이 고갈되었을 때 금강선사金剛乗寺의 有明법사가 기도하여 온천물이 다시 솟아났다. 그 후 有明이 죽자, 마을사람들은 그를 추선하기 위하여 등롱을 바쳤던 것이 그 유래라는 것이다. 이처럼 이 축제의 기원은 명확하지 않다.

경춘 공원

나 가와라타니의 제지업이 쇠퇴해지자 오늘날에는 후쿠오카 현의 야메
八女에서 만든 종이를 사용하고 있다. 이처럼 경춘의 제지업도 단절되어
버리고 말았다.

현재 경춘의 자손들은 가와라타니를 떠나 현재 야마가 시에 살고 있
다고 한다. 그러나 가와라타니에는 여전히 경춘이 살았던 집터가 있고,
거기에는 예전에 닥나무를 두드렸던 돌도 남아 있다. 특히 이 돌은 마
을사람들이 마치 제지의 신인 것처럼 소중하게 다루고 있다고 한다. 또
그곳에는 경춘의 묘가 있고, 경춘을 기다리는 비慶春待가 있다. 이곳에서
매년 12월 7일에 마을사람들이 모여서 경춘에 대한 제사의례를 치른다
고 한다.[13]

---

13 阿部桂司, 「手漉和紙と朝鮮」, 『季刊 三千里』 24(三千里社, 1980), p.172.

여기에 대해 다음과 같은 전설이 내려져 온다. 즉, "당시 농민들은 아주 비참한 생활을 하며 지정된 것 이외에는 농작물을 심을 수도 없어서 돈을 벌기 위해서는 땔감을 만들어 팔든지 노동력을 팔 수 밖에 없었다. 다행히 기요마사가 종이 만들기를 장려한 후 돈을 벌수가 있었다. 그러나 제지작업도 쉽지 않았다. 추운 겨울 날씨에 강물에 들어가 원료인 닥을 밟아서 씻고 그것을 바위 위에 놓고 나무막대기로 두들겨서 펴야했다. 그래도 일정한 수입이 있어서 농민들에게는 큰 도움이 되었다. 지금도 제지기술을 가르쳐준 경춘의 은혜를 잊지 않고 가와타니 사람들은 매년 경춘제를 지내고 있다. 그리고 경춘을 기다리는 비도 이곳 마을 사람들이 경춘의 이주를 환영하기 위해 마을입구에서 기다렸다는 데서 유래하여 세워진 것이다."라고 한다.[14] 이처럼 가와라타니 사람들은 자신들에게 가르쳐준 제지기술에 대한 고마움을 잊지 못하고 있는 것이다.[15]

현재 경춘의 묘비는 1미터 50센티 정도의 크기인데, 그것에는 '관영 10년 고려국지주寬永十年 高麗國之住' 등의 글씨가 보이고, 묘비의 왼쪽에는 '어지옥御紙屋'이라는 글씨가 있다고 한다. 이로 보아 그는 1633년에 사망하였으며, 번의 영주에게 필요한 제지를 공급한 전문 기술자였음을 알 수 있다.

전하는 바에 의하면 기요마사는 이들 형제를 우대하여 땅도 주고, 칼을 찰 수 있는 무사 대우를 하여 연초에는 구마모토 성에 가서 세배도 할 수 있도록 특혜를 베풀기도 했다고 한다. 이 때문에 『촌지村誌』에는

---

14 임연철, 앞의 글.
15 현재 鹿北町에서는 慶春待에 산재해 있던 경춘과 관련이 있는 묘비나 기념비를 한곳으로 옮겨 '경춘공원'이라 하고 정비해 놓고 있다.

경춘의 자손 집에 기요마사로부터 받은 창과 탈能面이 있었다고 한다.[16]

## 2.3. 조선의 와공과 상감 기술자

가토 기요마사는 1601년 구마모토 성을 조성했다. 이 성을 만드는 데는 막대한 숫자의 기와를 필요로 했다. 그때 활약했던 조선 와공이 후쿠다福田였다. 그의 본명은 지금까지 알려져 있지 않고, 다만 후쿠다 고우에몬福田五右衛門이라는 일본 이름만 전해지고 있다. 그는 오늘날 구마모토시의 교외인 '오야마도시마小山戸島'라는 곳에 정착하여 살았다고 한다.[17]

향토사학자 야노 요네오矢野四年生에 의하면 적어도 1930년대까지만 하더라도 그 곳에는 기와를 굽는 집이 몇 집이 있었다고 한다. 그러나 현재는 조선인의 후예 '후쿠다'라는 성을 가진 집은 없으며, 간혹 인근에 있는 묘지에 후쿠다라고 적혀 있는 비석이 발견된다 했다.[18] 그 밖에 가미마시키 군上益城郡 이이노무라飯野村 쓰치야마土山에서도 조선와공들이 있었으며, 그들 자손들이 다이쇼 시대大正時代에 이르기까지 기와를 굽는 일을 가업으로 하고 있었다고 한다.[19]

지금도 기와 가운데 조센가와라朝鮮瓦 또는 조센노키朝鮮軒라는 기와가 있다. 그것은 다름 아닌 추녀 끝에서 내려진 삼각형을 띠고 있는 기와로 그 안에 문양이 새겨져 있는 것이 특징이다. 이러한 기와가 구마모토 성 그리고 우토 성宇土城의 천수각에서 찾아볼 수 있다. 이처럼

---

16 임연철, 앞의 글.
17 尹達世, 『四百年の長い道』(リーブル出版, 2003), p.123.
18 矢野四年生, 앞의 책, p.188.
19 熊本市, 『熊本市史』5(熊本市, 1932), p.372.

구마모토에는 조선와공들이 만들어 낸 특수기와가 지금도 전해지고 있다.

한편 구마모토에는 히고상감肥後象嵌이라 하여 상감이 유명하다. 이 상감에 대해 기술사 연구가인 아베 게이지阿部桂司에 의하면 히고상감에는 하야시林派, 히라다파平田派, 시스이파志水派, 니시가키파西垣派라는 4개의 파가 있는데, 하야시파의 시조는 하야시 마타시치林又七, 히라다파의 시조는 히라다 히코잔平田彦三, 시스이파의 시조는 시스이 진베志水仁兵衛, 니시가키파의 시조는 니시가키 간사부로西垣勘三郎인데, 진베이는 히코잔의 조카이고, 간사부로는 히코잔의 제자로 알려져 있다.[20]

여기에서 보듯이 히고상감에는 히라다파의 세력이 주종을 이루고 있음을 알 수 있다. 그런데 히라다파의 시조인 히코잔은 가지마 스스무加島進에 의하면 교토에 있는 히라다 도진平田道仁에게 칠보상감기술을 배웠다 하며,[21] 그의 스승인 히라다 도진은 1844년의 기록인 구리하라 시노부栗原信夫의 『심공보략鐔工譜略』에 의하면 경장연간慶長年間(1596~1615) 조선인으로부터 칠보기술을 배웠다고 되어 있다. 이에 대해 가지마와 도진은 임진과 정유왜란 때 조선에서 그 기술을 배웠다고 하지만, 사실은 그의 이름이 도진이라고 하는 것은 도진唐人과 발음이 같은 것으로 보아 외국인 즉, 그 자신이 조선인일 가능성이 높다고 보았다.[22]

그렇다면 히고상감의 원류는 조선에 있는 것이 된다. 하야시파의 시조인 마타시치도 조선인일 가능성이 있다. 그 이유로 그의 이름이 가라쓰의 조선도공의 한 그룹인 나카사토파中里派의 시조가 그와 같은 이름

20 阿部桂司, 「七寶と肥後象嵌」, 『季刊 三千里』 21(三千里社, 1980), p.90.
21 加島進, 『刀裝具』, 阿部桂司, 앞의 글, pp.90~91에서 재인용.
22 阿部桂司, 앞의 글, p.92에서 재인용.

이기 때문이다. 즉, 그의 이름인 마타시치는 조선의 서민적인 이름인 또칠이又七였던 것이다. 일본의 역사에서 칠보가 제작되는 것은 모모야 마 시대桃山時代부터 돌연히 시작된다고 한다. 이는 히데요시가 일으킨 전쟁으로 말미암아 일본으로 건너간 조선인 기술자 없이는 불가능하였 을 것이다. 구마모토의 명품인 히고상감은 이러한 역사적 흐름에서 생 겨난 것이었다. 오늘날에도 울산징蔚山町이 있는 신 정新町에는 상감을 제작하는 몇몇 공방이 있다고 한다.

## 2.4. 일본의 잡병으로서 조선포로

조선인 포로들 가운데 매우 특이한 경우가 있었다. 그것은 임란 때 포로가 되어 일본에 가서 왜군의 잡병이 된 사람들이 많았다. 이들은 말을 타는 장교급의 무사가 아니라, 그들 지휘 하에 있는 병졸 혹은 주 인을 도와 말을 끌고, 창을 드는 하인, 그리고 마을에서 차출된 물건을 나르는 사람들을 말한다.[23] 포로가 되어 일본 무사의 노예가 된 조선인 들이 정유재란으로 말미암아 조선을 침략하였을 때 그들을 도와 다시 조선으로 오게 된 것이었다. 이러한 사실이 『조선왕조실록』과 정희득의 『월봉해상록』 등에서 확인이 되는데, 구마모토와 관련지어서 그에 해당 되는 예를 들면 전자의 선조 30년 10월 정축조에 나오는 김응려金應礪의 진술이다. 그는 그해(1597) 10월 일본군 진영을 빠져나와 조선 측에 투 항하여 다음과 같이 진술하고 있는 것이다.

---

23 藤木久志, 『雜兵たちの戰場』(朝日新聞社, 1995), p.5.

임진년 5월에 용산에서 사로잡혀 왜적을 따라 개성에 가서 간자間者 군대에 소속되어 경상도 서생포로 내려갔다가 그해 7월에 일본으로 건너가서 그 군대의 비장의 통인通引이 되어 안전의 사환 노릇을 했다…(중략)…금년(1597) 8월 군사를 동원할 때에도 간자를 따라 진천에 그의 분부를 받아 우리나라의 사로잡힌 사람들을 거느리고 오다가 뒤에 떨어지게 되어 도망하였다…(중략)…우리나라에서 사로잡혀간 사람 중 장정은 군변이 되어 이번에 나왔는데, 조선으로 다시 돌아온 사람 중 3분의 1은 도망치려 하지만 우리나라에서 죽일까 두려워하여 그러지 못하니 만약 죽이지 않는다는 명령만 있으면 모두 도망 나올 것이다.[24]

여기에서 보듯이 김응려는 서생포에 주둔하고 있던 가토 기요마사의 포로가 되어 구마모토로 끌려가서 일본의 잡병이 되어 정유재란 때 왜군으로 조선으로 돌아와 싸우다가 도망쳐 온 자였다. 그의 진술에서 보듯이 그와 같이 일본의 잡병이 된 자들이 많이 있었다. 그들은 고향으로 와서 투항하고 싶어도 조선 측이 배반자로 몰아 죽일지도 모른다는 공포에서 투항도 못하고 다시 돌아간 사람들이 한두 명이 아니었다. 이처럼 일본 측이 포로로 잡아간 사람들 가운데는 전쟁으로 인해 미약해진 군사력을 보충하기 위한 인력들도 있었던 것이다. 이렇게 잡혀간 조선 출신 일본군들은 그야말로 자기의 고국에 돌아와 동포들과 싸워야 하는 비극적인 삶을 살아야 하는 잡병이었다. 이러한 사람들이 구마모토에는 많이 있었다.

24 『선조실록』 93(선조 30년 10월 경축 조).

## 2.5. 천주교도가 된 조선인

히고肥後는 천주교 신자인 고니시 유키나가小西行長의 영지였다. 그곳으로 잡혀간 조선인들 가운데는 기독교도가 되는 사람들이 많았다. 그 대표적인 사람이 가운 빈센트와 오다 쥬리아였다. 가운 빈센트는 서울 출신으로 부친은 3천여 명 병사들을 이끄는 장수였다. 그의 나이 13세 때 고니시가 이끄는 제1군에 의해 포로가 되어 고니시의 가신인 히비야 료카日比屋了荷에게 맡겨진다. 그 후 그는 아마쿠사의 시키志岐에 보내졌다. 그곳은 료카가 행장으로부터 위임받아 통치하던 곳이었기 때문이었다. 그는 그곳에서 베드로 모레혼 신부로부터 세례를 받고 천주교도가 된다. 그의 세례명이 료카와 같은 빈센트인 것으로 보아 두 사람의 관계를 어느 정도 짐작할 수 있다.[25]

그와 같은 시기에 가요라는 조선인도 그곳에서 모레혼 신부에게 세례를 받았다. 가요는 세미나리오에서 양육되었으며, 조선인의 전도사 양성을 목표하는 일본 예수회에서 중국어와 일본어를 익혔고, 1612년에는 북경을 통하여 조선으로 들어가려고 하였으나 사정이 여의치 않아 1619년 마카오를 통하여 일본으로 귀국하여 나가사키, 아리마有馬 지역에서 포교활동을 하다가 1625년 일본관헌들에 의해 체포되어 그 이듬해 나가사키에서 처형당했다. 그 후 1867년 빈세트와 가요는 로마교황청으로부터 복자福者로 인정받았다.[26]

오다 쥬리아는 1596년 어린 나이로 왜군의 포로가 되어 고니시의 아내인 쥬스타의 시종으로 있다가 그해 히고의 우토宇土에서 모레혼 신부

---

25 島津亮二, 『小西行長』(八木書店, 2010), pp.201~203.
26 島津亮二, 앞의 책, pp.201~203.

로부터 세례를 받아 천주교도가 되었다. 모레흔이 1596년 12월 3일 예수회 총장 앞으로 낸 서한에 "내가 처음으로 우토에 도착하여 1주일이 되었습니다. 이 지역사람들의 두터운 신앙과 영혼의 구제에 대한 희망을 보고 크게 감명을 받았습니다…(중략)…나는 처음으로 60명의 사람들에게 세례를 주었습니다. 그중에는 고려에서 와서 아구스치노(고니시)를 섬기고 있는 신분이 높은 사람도 있습니다."라는 구절이 있다.[27] 여기서 말하는 고려에서 와서 고니시를 섬기는 고귀한 신분의 사람은 오다 쥬리아일 가능성이 높다.

고니시의 사후 그녀는 도쿠가와 이에야스德川家康의 측실의 시종이 되어 1608년 순푸駿府에 체재하다 이에야스의 미움을 사서 오시마大島, 니이지마新島, 고즈시마神津島 등으로 유배생활을 하다 1615년경 사면되어 본토로 다시 돌아왔고, 1617년에는 나가사키로 이주하여 신앙생활을 유지하다가 1621년경부터는 오사카에 머물렀던 것은 확인할 수 있으나 그 이후 행방은 알 수 없다.[28]

그리고 1608년 2월 25일 죠안 로드리게스 지란 신부가 예수회 총장에게 낸 서한에 다음과 같은 아마쿠사에 사는 조선 여인에 대해 서술한 것이 있다. 그 내용을 소개하면 다음과 같다.

신앙심이 깊은 천주교도가 고려인 소녀를 사용하고 있었으나, 그녀의 성격이 쉽게 화를 내고, 고집이 세어 주인 부부에 대해 순수하게 대답하는 것조차 할 수 없었습니다. 이 소녀는 주인이 천주교도가 되어 생활태

27 ルイズデメデイナ、ホアン. ガルシア(Juan G. luiz-de-Medina), 『遥かなる高麗』(近藤出版, 1988), p.184.
28 島津亮二, 앞의 책, pp.201~203.

도가 현저하게 변한 것을 보고 마음이 움직여, 자신도 천주교도가 되고 싶다고 주인에게 말하였습니다. 그녀의 고집 센 성격을 고치기 어렵다는 것을 안 주인은 "네 성격이 고약하므로 천주교도가 될 자격이 없다. 그러나 성격을 고친다면 베드레에게 부탁하마"라고 대답했다. 그리고 그녀의 희망을 시험해 보기로 하고, 마음이 바뀌었다는 증거가 보일 때까지 기다렸습니다. 때가 경과하고 드디어 주인은 그녀의 희망이 진심에서 나온 것이며 개심한 것을 알았기 때문에 세례를 받도록 하였습니다. 한번 세례를 받자 신의 은총이 그녀의 마음에 침투하였기 때문에 온순한 양과 같이 매우 인내심이 강하고 또 신심이 깊어졌습니다. 그리하여 사순절과 그 밖의 교회가 정한 단식 및 수많은 신심수련을 수행하였을 뿐만 아니라 스스로 의무를 지어 매일 아침 신심의 기도를 올리러 교회에 가는 것과 그녀의 일을 하는 사람들이 있는 곳에 물을 지고 날랐습니다. 그리고 그녀는 가난한 노예이면서도 할 수 있는 한 자신의 호의를 표시하고 얼마든지 공덕을 얻고 싶다고 말했습니다. 결국 천주교도가 된 그녀는 그 이전과는 크게 다르게 변하여 퉁명스럽게 대답하거나 거친 말씨를 사용하는 것을 그만두었으며, 모든 사람들의 모범이 되었기 때문에 성스러운 세례의 은혜가 그녀에게 준 커다란 효과에 사람들은 모두 감탄하였습니다.[29]

　여기서 보듯이 이상의 기록은 임란 때 포로로 잡혀간 조선인들은 일본인 가정에서 노예로 사는 사람들이 많았음을 보여 준다. 그중 위의 조선 소녀와 같이 천주교도의 주인을 만나 감화를 받아 자신도 천주교

29 ルイズデメデイナ、ホアン．ガルシア(Juan G. luiz-de-Medina), 앞의 책, pp.205~206.

도가 되는 경우도 있었다.

레온 파제스의 『일본절지단종문사日本切支丹宗門史』에서도 천주교도가 된 조선인 포로를 발견할 수 있다. 그것에 의하면 당시 60세인 조선인 바오로는 "1월 12일 시키에서 60세의 조선인 바오로가 바다에 던져졌다."라고 간략하게 서술되어 있지만,[30] 1631년 8월 20일 크리스토반 페레라 S.J가 예수회 총장 앞으로 낸 서한에는 그에 대한 정보가 비교적 자세히 적혀 있다. 그 내용을 소개하면 다음과 같다.

1629년 11월 29일 조금 전에 바오로라는 고려인 천주교도가 순교했습니다. 이 훌륭한 천주교도는 시키志岐에 살았으며, 박해에도 불구하고 신앙을 지키기 위해 몸을 숨겼습니다. 1629년 12월 말까지 어떤 때는 산속에서, 어떤 때에는 아들의 집에서 숨어 살았습니다. 그가 아들 집에 있었을 때 마을 촌장이 이 집에 와서 보고 그가 숨어 있다는 사실을 알고, 그는 신을 모르는 이교도이기 때문에 이를 관가奉行에 보고하였습니다. 부교奉行는 수명의 부하를 보내어 바오로를 체포하고, 종교를 버리도록 명하였습니다. 관리들은 충고와 협박을 번갈아 가며 그를 공격했으나 그의 마음이 전혀 변하지 않는 것을 보고 그의 발에 족쇄를 채워 촌장의 마굿간에 가두었습니다. 그곳에 갇힌 10일간 그는 너무나 가혹하게 다루어졌고, 또 종교를 버리도록 설득과 강요가 계속되었습니다. 그러나 이들의 행위가 가혹하면 할수록 바오로는 점점 강하고 용감해졌습니다. 그 때문에 부교는 시마전志摩殿으로부터 그를 바다 밑으로 던져 버리라는 명을 받았습니다. 이를 들은 바오로는 전혀 동요하지 않고, 오히려 이 행운을

---

30 박양자, 『일본 키리시탄 순교사와 조선인』(도서출판 순교의 맥, 2008), p.210.

기쁘하며, 이러한 커다란 행복의 묘지를 만들어 준 촌장에게 각별히 감사의 말을 전했습니다. 1630년 1월 12일 새벽, 그는 작은 배로 바다로 옮겨졌고, 기도를 마치자 바다로 던져졌습니다. 즉, 목에 수 개의 돌이 묶어져 있었고, 예수와 마리아의 이름을 부르면서 바다로 던져졌던 것입니다.[31]

여기에서 보듯이 그는 일찍이 포로가 되어 시키에서 살면서 천주교도가 된 사람이었다. 종교의 박해를 피해 산속 또는 아들의 집 등지에서 숨어 살다가 발견되어 촌장격인 쇼야庄屋 집의 축사에 가두어지고 10일 동안 고문을 당하며 배교를 강요당하였지만 의지를 굽히지 않아 수장의 형벌이 내려져 바다에 버려졌다. 이처럼 구마모토에는 고니시 유키나가의 영향으로 천주교도가 된 조선인들도 많았음을 알 수 있다.

## 2.6. 울산정蔚山町과 조센야시키朝鮮屋敷

구마모토 시 내에 우리의 울산과 같은 지명이 있다. 그것은 다름 아닌 울산정蔚山町이다. 일본에서는 울산의 울蔚이라는 한자는 거의 사용하지 않는다. 그러므로 이 지명은 한국의 울산과 관련된 지명이라는 사실을 누구나 쉽게 추정할 수 있다.

여기에 대해 대개 두 가지 설이 있는 것 같다. 하나는 기요마사가 조선의 울산에서 고전을 면치 못한 것을 잊지 않기 위해서 붙인 이름이라는 것이고, 또 하나는 기요마사가 울산에서 철수할 때 울산 사람들을

31 ルイズデメデイナ、ホアン. ガルシア(Juan G. luiz-de-Medina), 앞의 책, pp.323~324.

구마모토 울산정의 전차역

대거 데리고 가서 그곳에 살게 했다는 것이다. 전자는 모리다 세이치森田誠一,[32] 가와무라 아키라川村晃,[33] 최관[34] 등이 그렇게 추정을 했고, 후자는 향토사가들이 이를 추정하고 있는 실정이다. 가령 구마모토의 향토사가인 스즈키 다카시는 그러한 견해를 가지고 있었고, 울산에서도 그렇게 생각하는 사람들이 많다. 그 증거로 구마모토에는 니시오西生라는 성씨를 가지고 있는 사람이 있는데, 이는 울산 서생에서 건너간 사람들의 후예라는 이야기를 지금도 울산의 향토사가들에게는 종종 듣는 말이기 때문이다. 만일 후자의 말이 맞는다면 이곳에는 울산에서 끌려간 조

32  森田誠一, 앞의 논문, p.280.
33  川村晃, 『熊本城』(成美堂出版, 1987), p.103.
34  최관, 『일본과 임진왜란』(고려대출판부, 2003), p.123.

선인 포로들이 집단을 이루며 살았던 지역이다.

구마모토의 울산이라는 지명은 1965년까지 사용되다가 그 후로는 새로운 동네라는 의미인 '신 정新町'이라는 이름으로 바뀌었다. 현재 이곳에서 유일하게 울산의 흔적을 찾아 볼 수 있는 것은 전차의 정류장과 버스정류장을 표시한 지명의 간판뿐이다. 또 구마모토 성 아래에 당인정唐人町이라는 마을에는 주로 조선인 수공업자들이 많이 살았다고 전해진다.[35]

한편 구마모토 시에서 서북쪽에 다마나 군玉名郡이 있다. 기요마사는 이곳 나베무라鍋村와 하라아카무라腹赤村 사이에 있는 바다에다 간척사업을 벌였고, 이 공사가 끝나자 그곳에다 조선인들을 집단거주하게 했다. 그리하여 일본인들은 그곳을 조센야시키朝鮮屋敷라 했다고 한다. 구전에 의하면 그때 기요마사는 매일 말을 타고 직접 공사감독을 하였으며, 그 곁에는 항상 조선인 몇 명이 있었다고 한다. 물론 이 공사에 많은 조선포로들이 동원되었음은 두말할 나위가 없을 것이다.

그리고 구마모토 시의 남쪽에 위치한 히토요시 시人吉市는 임란 당시 사가라 요리후사相良頼房가 통치했던 지역이다. 요리후사는 임진과 정유왜란 때 군사를 이끌고 가토 기요마사가 지휘하는 제2군에 소속되어 조선을 침략했다. 그들의 활동이 눈에 띠었는지 도요토미 히데요시로부터 감사장感狀을 받았다. 그러므로 이들이 조선에서 철수할 때 조선인들을 연행하여 본국으로 데리고 갔을 것이다. 그러한 흔적이 현재까지 지명으로 남아 있는데, 그것이 바로 당인정唐人町이라는 곳이다. 이곳은 지역의 기록인 『웅풍토기熊風土記』에 의하면 "조선진朝鮮陣에서 데리고 온

35 森田誠一, 『熊本縣の歷史』(山川出版社, 1988), p.174.

조선인들을 살게 함으로써 생겨난 것."이라고 기록하고 있다.[36] 즉, 이 곳은 임란과 정유왜란 때 사가라 요리후사 군대에게 납치된 조선인들이 살게 됨에 따라 생겨난 마을이었던 것이다. 지금은 나노카 정七日町이라 는 이름으로 바뀌어 그 자취조차 찾아보기 힘들지만, 기록을 통하여 희 미하게 그 흔적이 확인되고 있다.


## 3. 구마모토에 연행된 조선의 기술과 유물

전쟁은 인명피해를 심대하게 입히기도 하지만, 다른 한편으로는 문 화적인 교류가 격심하게 이루어지는 긍정적인 부분도 있다. 임진과 정 유의 왜란은 조선에서 벌어졌던 전쟁이었던 만큼 일본문화가 우리에게 전래되는 것보다 조선의 것이 일본에 전해지는 경우가 더 많았다. 구마 모토에는 조선인 포로들만 간 것이 아니다. 그들이 가지고 있는 지식정 보는 물론 조선의 물건들도 조선포로들과 함께 바다를 건너간 것이 많 다. 그러한 것들을 크게 나누어 기술과 물건으로 다음과 같이 정리할 수 있다. 대개 전자는 조선포로 또는 일본인들이 조선에서 직접 체험한 것을 바탕으로 전해지는 것이 많고, 후자는 일본군들이 직접 가져간 것 들이 대부분이다.

36 服部英雄, 「前近代日本のチャイナタウン, コリアンタウン」, 『바다와 인문학의 만남, 동 북아세아, 동아시아일본학회 연합 국제학술대회 프로시딩』(동북아세아문화학회, 2008), p.7.

## 3.1. 조선포로들이 전수한 기술

먼저 기술 부분부터 살펴보기로 하자. 가장 대표적인 것이 구마모토 성의 축조기술일 것이다. 이 성을 축조할 때 조선에서 얻은 지식과 교훈이 가장 많이 활용된 것으로 알려져 있다. 그에 대해 역사 소설가 가이온지 조고로海音寺潮五郎는 다음과 같이 매우 자세히 설명하고 있다. 즉, "기요마사가 울산에서 서생포성(임진왜란)과 울산성(정유재란)을 쌓는데, 그 때 정교한 조선인들의 축성기술을 보고 크게 감명을 받았다 한다.[37] 당시 일본의 축성은 거대한 돌을 사용 하는 것이었다. 바위와 같은 돌을 사용하면 일단 성은 위용이 있어 보이고 또 견고한 것도 사실이다. 그러나 그러한 거대한 돌이 그렇게 많은 것도 아니고, 또 있다 하더라도 운반하는 데는 많은 인력과 경비가 소요된다. 그러므로 일본식의 축성방식이 반드시 좋다고만 볼 수 없는 것이다. 그러나 조선의 경우는 달랐다. 돌을 쌓을 때 흙을 그 틈 사이마다 메꾸어 넣어가면서 쌓는 방법이기 때문에 그렇게 큰 돌도 필요하지 않았으며 또한 견고함도 이만저만이 아니었다. 그리고 성벽을 수직형이 아닌 반달과 같은 곡선형으로도 만들 수 있기 때문에 적이 벽을 기어오르는 것도 무척 힘이 든다. 그러므로 전쟁을 치르는 성벽으로서는 조선의 것이 가장 이상적인 것으로 생각되었을 것이다. 그리하여 기요마사 자신도 관심을 가지고 열심히 조선의 축성방법을 배웠지만 그의 부하들에게도 명령을 내려 조선의 기술을 배우게 하였으며, 또 많은 축성 기술자들을 연행하여 만든 것이 바로 구마모토 성이라는 것이다.

---

37 海音寺潮五郎, 앞의 책, pp.318~319.

구마모토성                    구마모토의 명물 조선엿

　그뿐만 아니다. 조선에서 얻어진 교훈도 구마모토 성을 지을 때 그대로 활용되었다. 기요마사는 특히 울산전투에서 고전을 면치 못했다. 그때 뼈저리게 경험한 식량과 식수 고갈의 경험을 살려 구마모토 성을 쌓을 때 성벽과 방바닥에 까는 다다미의 속에는 등겨 대신에 말린 박고지와 토란 줄기를 넣어 만들게 하였으며, 그리고 성 안에 120여 개의 우물을 파도록 하였다. 그 우물들 중에는 지상에서 수면이 있는 곳까지 36미터 또는 21미터나 되는 깊은 것도 몇 개나 있었다. 오늘날처럼 장비와 기술이 발달하지 못했던 당시로서는 우물을 파는 것만 하더라도 대공사였음을 짐작하고도 남음이 있다. 그뿐만 아니었다. 향토사학자 가와무라 아키라川村晃의 말을 빌리면 만일의 경우를 대비하여 열매를 식량으로 사용하기 위하여 기요마사는 성 안에 은행나무를 대량으로 심게 하였다고 한다.[38] 현재는 은행나무보다 녹나무가 많지만 당시에는 구마모토 성이 은행나무성이라고 불렸을 만큼 그 수는 엄청난 것이었다 한다. 이와 같이 기요마사로 하여금 비상시를 대비하여 성을 축조하게 하였던 것은 바로 한국이 남긴 교훈을 빼놓고는 생각할 수 없는 것이다.

38 川村晃, 앞의 책, p.100.

그리고 조선의 축성기술은 다마나 군의 기쿠치가와菊地川라는 강의 치수사업과 앞에서 본 조센야시키의 경우처럼 간척사업에도 응용되었다. 이처럼 구마모토의 축성, 간척, 치수 등 토목건설에는 일본인들이 조선에서 경험한 것 그리고 기요마사의 측근에서 토목공사에 종사했던 조선인 기술자들이 있었다. 이들을 통하여 구마모토에 조선의 토목기술이 전수되었던 것이다.

그뿐만 아니다. 구마모토의 농기구와 음식문화에도 조선포로들이 기여하는 바가 컸다. 그 예로 농기구로는 조센스키朝鮮鍬라는 것이 있는데, 이는 작물과 작물 사이에 있는 흙을 얕게 파고 잡초를 쉽게 제거하는데 매우 효과적인 도구이다. 이는 이름에서 보듯이 조선인들이 만들어사용한 것에서 유래되었음을 쉽게 짐작할 수 있다.[39]

그리고 음식문화로는 조선에서 전래된 야쓰시로 시의 '요쿠이닌토오苡忍糖'라는 과자를 들 수 있다.[40] 이것은 쌀강정과 비슷하게 생겼는데, 쌀 대신 율무로 만든다. 소화기昭和期 이전까지 야쓰시로에 히시야菱屋라는 과자점에서 제조하여 판매하였다고 한다. 그러나 지금은 폐업을 하였으며, 그것을 제조하는 방법을 기재한 문서는 인척이 보존하고 있다고 한다.[41] 그리고 구마모토에는 조센보朝鮮棒라는 기다란 막대기와 같이 생긴 과자가 있었다. 이것 또한 조선인들이 만들어 팔던 것이었다. 또 히고肥後의 아카자케赤酒라고 불리는 술이 있다. 특히 아카자케는 이름처럼 술이 적갈색을 띠고 있기 때문에 그러한 이름이 붙여졌는데, 맛은 달착지근한 청주와도 같다. 그리고 제조할 때 재를 사용하기 때문에

39 阿部桂司, 앞의 글, p.88.
40 森田誠一, 앞의 논문, pp.280~281.
41 森田誠一, 앞의 논문, pp.280~281.

회지주灰持酒라고도 한다. 그런데 이 술은 기요마사가 조선에서 그 제조법을 배워 만든 것이라는 전승이 있다.[42] 이러한 아카자케와 거의 비슷한 술이 시마네 현 이즈모出雲에도 있다. 그런데 이곳에서도 조선에서 표류한 사람들이 만드는 방법을 전해 주었다는 전승이 있다. 이러한 술이 지금까지 한국에서 발견되지 않아 이들의 전승을 그대로 믿을 수 없지만, 일본의 특이한 양조기술에 조선인들의 힘이 컸을 가능성마저 배제하기 힘들다. 이처럼 조선의 기술이 구마모토에 뿌리를 내린 것들이 적지 않다.

## 3.2. 조선에서 직접 가져간 물건

한편 구마모토에는 조선인 포로들과 함께 바다를 건넌 조선의 물건도 많았다. 그 실례를 들어보면 첫째 조선의 성문이다. 구마모토 시에는 고라이몬 도오리高麗門通라는 지명이 있다. 그 이름은 고려문이 있었던 곳이라는 의미이다. 『조래집祖徠集』(8권)에 의하면 이 문은 기요마사가 조선의 성을 함락시키고, 그 성문을 가져와 경관하기 위하여 세운 것이라 했고, 『묵제문집黙齊文集』의 「조염초藻鹽草」(52)에서도 "옛날 도요토미씨가 삼한을 정벌할 때 가토씨와 고니시씨가 선봉에 섰는데, 특히 가토씨가 공이 뛰어났다. 그리고 그는 돌아올 때 함락된 조선의 성문을 가지고 왔으며, 그것을 구마모토 성의 서쪽에 세워 많은 사람들에게 보이도록 하였다는 기록이 있다.[43] 이처럼 이 문장들을 보면 고려문

---

42 荒木精之, 앞의 책, p.171. 적주의 원료도 요쿠이닌토오와 같이 율무였으며, 잿물을 이용하여 소주로 만들었다고 한다. 당시 구마모토에서는 청주를 만들지 않았기 때문에 이 술을 인기는 대단히 높았으나, 오늘날에는 청주와 소주에 밀려 소멸되었다고 전해진다.
43 昔豊臣氏之伐三韓也, 肥之先鋒加藤氏, 小西氏爲先鋒, 加藤氏有殊功, 及其還師也, 取其門

가토 신사의 조선 돌다리

은 기요마사가 조선의 성문을 뜯어서 가져가 자신들의 성문으로 사용한 것에서 생겨난 이름임을 알 수 있다. 현재에는 그 문은 남아 있지 않고 그 초석만 남아 있다.

둘째는 조선에서 가져간 두 개의 돌이다. 하나는 수전사水前寺의 성취원成趣園이라는 정원 내부에 있는 이즈미 신사出水神社에서 수반水盤으로 이용하고 있는 것으로, 이것은 본래 서울의 성문의 초석이었던 것을 기요마사군이 가져간 것으로 알려져 있다. 또 다른 하나는 기요마사가 신으로 모셔지고 있는 가토 신사加藤神社의 정원 한쪽에 놓여져 있는 돌다리이다.[44] 그러나 이것은 어디에서 가져간 것인지는 확실하지 않다.

材而還, 以作城西郭門以爲京觀

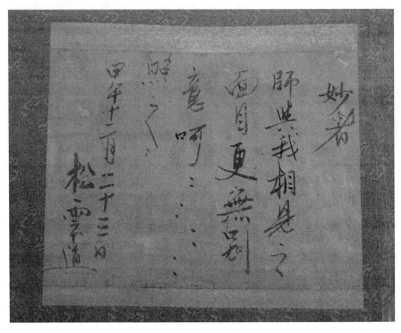

본묘사의 사명대사 글

　셋째는 조선의 글씨와 명나라 지도이다. 이것 모두 본묘사에 보관되어 있는데, 글씨의 경우 하나는 임해군의 글씨이고, 둘은 임해군과 순화군이 함께 서명한 심정서이다. 이 심정서는 기요마사가 회령에서 조선의 왕자 임해군과 순화군을 포로로 잡아 서울까지 압송하였을 무렵 도요토미의 명에 따라 석방하였는데, 그때 두 왕자가 당시 심정을 문장으로 토로한 것이다. 그리고 셋은 사명 대사와 이순신 장군의 친필인데 족자로 보관되어 있다. 그중 사명 대사의 것은 두 개가 있는데, 하나는 1594년 일본 측과 화평교섭에서 기요마사의 종군승으로서 전쟁에 참여

44 최관, 앞의 책, p.190.

했던 본묘사의 승려 일진에게 보내는 글로서, 같은 불법을 믿는 승려로서 타지에서 만나더라도 서로 심중에 있는 말을 나누고 싶다는 내용으로 양자가 서로 다른 입장을 초월한 심적 교류를 가지고 있었음을 알게 해주는 자료이다.[45] 그리고 또 하나는 "묘자는 스승을 만나게 되면 헤어지기가 가장 어렵다."라는 내용의 글씨이다. 역사학자 김문길은 이 족자를 기요사마가 강원도 강릉의 유점사 혹은 경남 밀양의 표충사에서 가져갔을 것으로 추정했다.[46]

그리고 명나라 지도는 아키오카 다케지로秋岡武次郎에 의하면 1402년 조선에서 제작된 혼일강리역대국도지도混一疆理歷代國都之圖와 거의 동일한 것으로 보아 일본인에 의해 만들어진 것이 아니라, 조선에서 만들어진 것으로 보았다.[47] 이처럼 본묘사에는 조선에서 가져간 지도도 보관되어 있다.

넷째는 한국의 가면이다. 야쓰시로八代市의 시립박물관에 '조선고면'이라는 한국 가면이 보관되어 있다. 관계자의 말을 빌리면 이것은 기타마쓰에北松江라는 마을의 어느 농가에서 발견되었는데, 이 집의 선조가 임란 때 고니시가 이끄는 왜군의 일원으로 조선으로 갔을 때 가지고 갔다고 전해진다. 이것을 뒷받침하듯이 에도 중기의 문헌인『비후국지肥後國誌』의 다카다테나가高田手永 마쓰에무라松江村의 항목에 "(이 집의) 선조는 문록文祿(=임란) 조선정벌 때에 출병하여 무사히 돌아왔다. 그때 조선에서 가지고 온 커다란 면 하나를 전래한다."라는 기사가 있다.[48] 아마도 여기서 말하는 커다란 면은 바로 이 가면을 말하는 것으로

---

45 加藤清正と本妙寺の至寶展實行委員會,『加藤清正と本妙寺の至寶展 圖錄』(本妙寺, 2010), p.62.
46 김문길,『임진왜란은 문화전쟁이다』(혜안, 1995), p.180.
47 秋岡武次郎,『日本地圖史』(河出書房, 1955), pp.80~81.

보인다. 이러한 것을 바탕으로 일본 연구자인 나카니시 마미코中西眞美子도 모양과 표정을 면밀히 고찰한 다음 이 가면은 조선에서 전래되었다는 설을 굳이 부정할 필요가 없으며, 그 전래 시기를 16세기 말이라고 해석했다.[49]

특히 이 가면은 안동 하회탈 중 하나인 별채의 가면과 아주 흡사하다는 주장이 제기되어 주목을 끌었으나, 07년 10월 국내조사단의 현지 고증작업 결과 그것은 하회탈의 가장 큰 특징이라 할 수 있는 턱이 분리되어 있지 않고, 그 크기도 안동의 것보다 훨씬 크며, 또 고니시 부대가 안동의 하회마을을 통과하지 않은 것 등을 들어 하회탈이 아니라 조선의 신당에 보관되어 있던 가면일 가능성이 높다는 결론을 내놓았다.

다섯째 조선의 기와이다. 야쓰시로의 무기지마 성麦島城은 고니시 유키나가의 영지에 속해 있었다. 근래 이 성에 대한 본격적인 발굴 작업이 이루어져 많은 유물들이 출토되었는데, 그중에서 우리의 눈길을 끄는 것으로 조선의 기와 2개가 발견되었다. 하나는 '융경2년 중추조隆慶二年 仲秋造'라는 글씨가 새겨진 명적수와銘滴水瓦이다. 융강 2년이란 명나라의 연호로 서기 1568년이다. 더구나 그와 같은 것이 부산의 동래읍성에서 출토되는 것으로 보아 조선에서 가져간 것으로 보인다.

또 하나는 '卍 令會 化主 酉年六月日 萬曆十二年 供養主'라는 글씨가 새겨진 명적수와銘滴水瓦인데, 이것에 새겨진 만력 12년도 명나라 연호로 서기 1584년을 말한다. 이것 또한 고니시가 조선에 출병하여 귀국할 때 조선에서 가져가 자신들의 성을 축조할 때 기와로 사용하였던 것이

48 八代市立博物館未來の森みユージアム, 『小西行長 −2007年度秋季特別展覽會 −八代の歷史と文化−』(八代市立博物館, 2007), p.9에서 재인용.
49 中西眞美子, 「八代傳來の朝鮮古面について」, 『小西行長 −2007年度秋季特別展覽會 −八代の歷史と文化−』(八代市立博物館, 2007), pp.129~130.

다.[50] 이와 같이 구마모토에는 임진과 정유왜란 때 일본군이 조선에서 직접 가져간 물건들이 도처에 산재해 있음을 알 수 있다.


## 4. 맺음말

이상에서 보았듯이 구마모토에는 임진과 정유의 왜란으로 말미암아 바다를 건넌 조선인들이 많았다. 그 대표적인 인물로는 지식계층으로는 한의사인 이경택을 들 수 있고, 기술자로서는 제지공으로는 도경과 경춘의 형제가 있고, 와공으로는 후쿠다라는 성씨를 가진 조선인들이 있었다. 그리고 조선의 기술을 가진 상감기술자들도 있었다. 그 밖에도 비록 이름을 남기지는 않았지만 일본의 잡병이 된 사람도 있었다.

조선포로들은 대개 집단을 이루며 살았던 것 같다. 그 흔적이 구마모토 시에는 울산정, 다마나 군에는 조센야시키, 그리고 히토요시 시에는 당인정이라는 이름으로 남아 있다. 또 조선 침략을 통해 얻어진 토목기술과 물건들도 도처에 많이 산재해 있다. 기요마사는 조선에서 얻은 경험을 살려 구마모토 성을 짓고, 간척과 치수사업을 벌였다. 이때 많은 조선기술자와 조선인들이 동원되었다. 그리고 물건으로는 조선포로들이 만들어 낸 조센스키라는 농기구를 비롯해 요쿠이닌토오, 조센보라는 과자와 아카사케라는 술이 있다. 조선에서 직접 가져간 것으로는 조선의 성문과 초석, 정원의 장식으로 이용하는 돌다리가 있으며, 임해군과 순화군의 글씨와 심정서, 사명 대사와 이순신의 친필 등이 있고, 안동

---

50 八代市立博物館未來の森みユージアム, 앞의 책, p.63.

하회탈의 하나인 별채의 가면이 있다. 이처럼 구마모토는 임진과 정유왜란 때 연행된 포로들의 흔적이 어느 곳보다 많이 남아 있다. 이러한 의미에서 구마모토는 임란연구에 있어서 빼놓을 수 없는 중요한 보고임에 틀림없다.

오늘날 구마모토는 한국과의 관계에 있어서 어두운 과거를 청산하고 밝은 미래를 열기 위하여 울산시와 교류를 적극적으로 하고 있다. 울산에는 가토 기요마사가 세운 왜성이 있고, 구마모토에는 울산정이라는 울산마을이 있다. 이러한 두 도시가 교류를 확대하고 우정을 다져나간다면 새로운 한일관계에 좋은 본보기가 될 것임에 틀림없다.

壬亂捕虜男

제7장
구마모토 본묘사의
고려상인 여대남

## 1. 머리말

구마모토에 끌려간 포로에 관한 연구는 아직도 미진한 편이다. 그러한 가운데 우리에게 비교적 많이 알려진 조선포로가 한 명 있다. 그 이름은 여대남이다. 이 인물은 학계에서도 보다 문학계 또는 언론계에서 일찍이 주목을 받았다. 그 대표적인 예로 소설가 김성한에 의해 소개된 바가 있으며,[1] 그리고 언론에서는 김승한이 기행문 형식으로 여대남에 대해 소개를 한 후[2]로 동아일보가 임란 400주년을 기획하여 "한민족 혼 일본서 숨 쉰다"라는 제목으로 학자들이 일본현장을 답사하여 조사한

---

1 金聲翰, 「余大男」, 『日本のなかの朝鮮紀行』(三省堂, 1986), pp.25~45.
2 김승한, 「가등청정의 볼모 일요상인의 서한」, 『일본에 심은 한국』1(중앙일보 동양방송, 1979), pp.166~197.

기요마사의 위패를 안치한 본묘사의 정지묘

것을 연재한 적이 있는데, 그때 재일사학자 신기수가 여대남(일요)을 소개했다.[3] 그것이 92년 6월 3일의 일이다. 그 후 2003년 2월 15일에 〈KBS1〉가 역사 스페셜 이라는 프로그램을 통하여 다시 그를 집중 취재하여 「역사 발굴! 어느 임란 포로의 비밀편지」라는 제목으로 전국적으로 방영을 했다. 이로 말미암아 그는 수많은 임란포로들 가운데 드물게도 우리들에게 널리 알려진 인물이 되었다.

이와 같이 대중적으로 관심을 끌었던 그는 정작 학계에서는 별로 주목을 받지 못했다. 필자는 수해 전에 어느 일간지로부터 임란관련 취재와 연재의 글을 의뢰받아 구마모토에서 조사 활동을 벌이다가 우연히

3 신기수, 「임란 400주년 한민족 혼 일본서 숨 쉰다 (14) 본묘사 보물 여씨 부자 서신」, 『동아일보』(1992년 6월 3일 자), p.11.

그를 만난 적이 있다. 그는 기요마사
가 세운 본묘사本妙寺라는 불교사찰의
뒤편에 조용히 잠들어 있었다. 그 때
나는 그에게 미묘한 매력을 느꼈다.
왜냐하면 포로출신이면서 구마모토
에서 권위 있는 사찰의 주지가 되어
사람들로부터 존경을 받고 살면서도
고국에 살고 있는 가족들로부터 귀국
을 종용하는 편지를 받고 고국으로
돌아가고자 하였으나 끝내 이루지 못

본묘사의 일요스님 묘

하고 구마모토에서 생애를 마감한 그의 인생 자체가 한편의 극적 드라
마와도 같았기 때문이다. 그리하여 필자는 그에 대해 취재한 결과를 어
느 일간지와 저서를 통해 일반인들에게 소개한 적이 있다.[4] 그러나 그
내용은 기본적인 자료에 의거하여 그에 대해 간략히 소개하는 데 그치
고 있을 뿐 본격적인 연구라고 할 수 없었다.

다행히 그 이후 그는 역사학자 민덕기에 주목을 받아 다시 학계에
소개되었다. 이때 민덕기는 매우 소상히 그를 소개하면서 지금까지 임
란포로 연구가 납치 목적, 납치 규모, 피로인의 생활, 조선 정부의 송환
활동 등에 초점이 맞추어져 이루어져 왔는데, 여대남이 고국의 가족들
과 주고받았던 서한에서 보듯이 포로들이 취했던 정보적인 측면에서도
연구가 되어야 한다고 강조했다.[5]

---

4 노성환, 『일본 속의 한국』(울산대 출판부, 1997), pp.62~68.
5 민덕기, 「임진왜란에 납치된 조선인과 정보교류」, 『사학연구』 74(한국사학회, 2004)
  pp.193~197.

나도 민덕기의 의견에 전적으로 찬성하는 바이다. 임란포로를 보다 정확하게 이해하기 위해서는 어느 한쪽에만 치우치는 것이 아닌 종합적으로 보아야 하기 때문이다. 이러한 의미에서 포로 생활의 사정을 알수 있는 중요한 사료를 남기고 있는 여대남에 대해서 본격적인 연구가이루어져야 한다고 생각한다.

그에 대한 검토와 연구는 단순히 개인에 관한 연구가 아니다. 그것은 지식계층의 조선포로들이 어떤 상황에서 일본군에 납치되어 일본으로가서, 그들이 능력을 인정받아 지식계층으로서 살면서, 어떠한 처세훈과 인생관을 가지고 살아가야 했는지 등을 엿볼 수 있는 좋은 단서를제공하여 주는 것으로 볼 수 있다. 더군다나 그는 가족이 고국에 살아있다는 소식을 들었고, 또 서신을 왕래한 적이 있으면서도 고국으로 가기를 원했지만 가지 못하고 일본에서 생애를 마친 사람이다. 다시 말하여 그는 한 전쟁광이 일으킨 전쟁으로 말미암아 생겨난 뼈저리게 아픈비극의 상처를 간직하고 살았던 희생자이다. 그러므로 그에 대한 학문적 접근은 전쟁이 빚어낸 비극적인 인간에 대한 연구이기도 하다. 이에본 장에서는 기존 사료들을 검토하여 봄으로써 그는 어떤 심정으로 일본에서 어떻게 살아간 사람이었는지 구체적으로 살펴보고자 하는 것이다.

## 2. 고국에서 온 한 통의 편지

여대남은 일본에서는 출가하여 일요日遙라는 이름을 가진 승려로 살았다. 그는 앞에서 말한 바와 같이 구마모토 본묘사의 주지가 된 인물이다. 본묘사는 이 지역의 영주인 가토 기요마사가 세운 절이자 그의 사후관리를 하는 보리사菩提寺이기도 하며, 또 법화종法華宗의 규슈 총본 사이다.[6] 그러므로 그 사찰이 가지는 권위는 다른 사찰과 비할 바 없이 높다 하겠다. 이러한 사찰의 3대 주지로, 그것도 31살 약관의 나이로 된 것이었다. 더군다나 젊은 외국출신 승려가 일본 굴지의 사찰의 주지 가 되었다는 것은 민덕기의 표현처럼 이 일은 매우 이례적인 일이다.[7] 이것만 보더라도 그가 구마모토에서 포로로 살면서 그의 능력을 인정받 기 위해 얼마나 많은 노력을 기울였는지를 가늠할 수 있다.

이러한 그가 기요마사가 죽던 1611년 12월 24일에 행하였던 그의 법 문은 구마모토에서는 너무나도 유명하다. 이 법문은 자신이 어릴 때 조 선에서 끌려와 주지가 되기까지의 생애에 관한 이야기였다. 향토사학자 아라키 세이시荒木精之에 의하면 그 법문은 대략 다음과 같은 내용이었 다. 즉, '나는 원래 고려 사람으로, 8살이 되던 해 임란이 일어나 부모를 잃고 전쟁고아가 되어 길에서 방황하고 있었는데 일본군에게 붙잡혀 목 숨을 부지하였다. 그 후 기요마사 공으로부터 은혜를 입어 무사히 자라 나서 승려로서 출가하여 오늘에 이르게 된 것이다. 참으로 나는 기요마 사의 은공을 잊을 수 없다.'했다.[8] 그러자 이를 듣고 울지 않은 사람은 한 사람도 없었다고 전해진다 했다. 그는 또 죽은 기요마사를 위해 천 부의 『법화경』을 독송하는 모임을 개최하기도 했다.

여기서 보더라도 그는 이때까지만 하더라도 자신에게는 부모가 없는 고아인 줄 알았다. 그로부터 9년이란 세월이 지나고 그의 나이 40세가 되었을 때 갑자기 고국에 있는 아버지로부터 편지를 받은 것이었다. 이

---

6 內藤雋輔, 『文祿, 慶長役における被擄人の研究』(東京大出版會, 1976), p.305.
7 민덕기, 앞의 논문, p.193.
8 荒木精之, 『熊本歴史散策』(創元社, 1972), p.36.

로부터 몇 차례나 그와 그의 아버지가 서로 서한을 주고받게 되는데, 그것들이 본묘사에는 소중하게 간직되어 있다. 처음으로 아버지로부터 편지를 받은 편지의 내용을 소개하면 다음과 같다.

규슈九州 비후국肥後國 구마모토熊本 본묘사本妙寺 학연 일요성인學淵日遙聖人 앞  조선국 하동에 사는 아버지 여천갑이 자식 여대남에게 보낸다.

네가 계사년癸巳年 7월 쌍계동 보현암普賢庵의 친척 화상 등축燈築이 있는 곳에서 포로로 잡힌 후로, 너의 생사를 몰라 네 어미와 더불어 밤낮으로 통곡할 뿐이었다. 지난 정미년丁未年 우리나라 사절이 일본에 갔을 때 하동 출신의 사행원이 길에서 너를 만나 이름을 물었더니 네가 답하기를 이름은 여대남이요, 아버지 이름은 여천갑이라고 했다는구나. 그 사람이 돌아와서 내게 전하여 비로소 네가 일본의 교토 오산五山이란 곳에 살아 있음을 알았단다.

이에 네 어미와 나는 통곡하며 마주앉아 울며 말하기를 다른 사람들은 고국에 연달아 도망오기도 하는데 내 아들 대남이는 돌아오지 않는 것은 필시 부모의 생존을 몰라 그런 것이리라. 그래서 언제나 네게 편지를 전하려 했으나 전달할 방도가 없었단다.

작년 가을 네 친구 하종남河終男이 조선으로 귀환하여 와서는 나에게 말하기를 여대남은 일본으로 잡혀가 중이 되어 이전에는 교토에 있다가 지금은 규슈 히고국肥後國 구마모토熊本 법화사法華寺 내에 있는 본묘사本妙寺로 내려가 그곳에 살고 있으며, 법명은 본행원일요상인本行院日遙上人이라고 하기도 하고, 또 금법사金法寺 학연學淵이라고 한다더구나. 네가 건강하다는 것을 소식을 듣고 우리를 잊었는데(네 어미와 뛸 듯이 기뻤다는 의미), 부모가 낳아 기른 은혜도 잊고 타향에 안주하여 오랫동안 돌

고려상인이 부친에게 낸 서신

아오지 않으니 오히려 네가 원망스럽기조차 하구나.

　너는 일본에서 아무런 부족함 없이 살고 있어서 돌아오지 않으려고 하느냐. 승려가 되어 해외에서 편안하게 지내고 있어서 돌아오지 않으려고 하느냐. 생각해 보거라. 이제 나의 나이 58세, 너의 어머니도 벌써 60세이다. 분명히 전란은 힘들고 괴로웠지만, 지금은 집안의 식구들도 변함없고, 노비들도 많아서 남들이 부러워 할 정도이다. 다만 자식을 잃어버린 것이 원통할 뿐이구나.

　너도 이제 40세가 되었고, 게다가 학문에도 친숙해져 있을 터이지만 부모를 중시하는 정리는 알고 있을 것이다. 부모가 생전에 돌아오는 것도 효도가 아니겠느냐. 또 하늘이 주신 은혜가 아니냐. 부모와 함께 만나고, 자기 고국에서 행복하게 산다면 이것 역시 행복이 아니겠느냐. 노비들로 하여금 가업을 행하는 것도 또한 즐거움이 아니겠느냐.

하물며 나와 네 어미는 이미 늙어 노경에 접어들었다. 잘 생각하고 생각해 보거라. 서둘러 너의 주인에게 알리고, 너의 스승에게도 알리거라. 그리고 귀국의 의사를 간절히 아뢰거라. 배를 타고 바다에 올라 무사히 살아서 돌아와서 다시 하늘과 태양을 우러러 보고 아버지와 아들이 한 곳에서 만나서 여생을 같이한다면 그 기쁨은 얼마나 좋겠느냐.

경신 5월 7일 부친[9]

이상에서 보듯이 이 편지를 부친이 그에게 발송한 날짜가 경신년이니, 이는 1620년 즉, 광해군 12년의 일이다. 그의 아버지의 이름이 여천갑이며, 거주지가 하동인 것으로 보아 여대남의 고향은 하동임을 알 수 있다. 그의 아버지 여천갑도 왜군에게 포로로 잡혀 있다가 전쟁이 끝난 지 2년 후인 1601년에 석방되어 귀국한 인물로 알려져 있다. 그 증거로 『조선왕조실록』의 선조 34년(1601) 6월 조에 귀순의 뜻을 밝혀온 일본 도요토미 시게아키豊臣重明의 서한이 실려져 있는데, 그것에 "이제 귀국 사람 여수희余壽禧, 강사준姜士俊, 강천추姜天樞 등을 송환하여 신의 마음을 아룁니다."라는 내용이 나온다.[10] 여기에 나오는 여수희가 바로 일요의 아버지 여천갑인 것이다. 이처럼 그도 포로가 되어 히로시마에 있었던 것이다. 이처럼 여천갑과 여대남의 부자 모두 각각 다른 일본군에 의해 납치되어 일본에서 억류생활을 한 것이었다.

그 후 아버지인 여천갑은 풀려나 고향에서 살고 있었지만, 그의 아들 여대남은 그렇지 못했다. 그러한 그가 자신의 아들 여대남이 일본에 살고 있다는 사실을 알고 1620년 5월 7일에 쓴 편지를 조선통신사의 일행

---

9 金聲翰, 앞의 책, pp.31~33.
10 『조선왕조실록』(선조 33년 6월 정축 조).

을 통하여 그해 9월 말에 전달한 것이었다.

이러한 편지를 통해 여대남은 계사년 즉, 임란이 발발한 그 이듬해인 1593년에 경남 하동의 쌍계동에 있는 보현암에 숨어 있었다. 그가 그곳에 숨은 이유는 그곳의 주지가 그의 친척인 등축화상이었기 때문이었다. 그해 7월이라 함은 진주성이 함락되고 얼마 되지 않았던 시기이다. 제2차 진주성 전투가 그해 6월 19일부터 29일까지 11일간 치열하게 벌어졌다. 그 결과 김천일, 최경회, 황진 등이 이끄는 3천 3백여 군사들이 9만여 명의 일본군에 맞서 싸우다가 비참하게 끝났다. 진주성을 함락시킨 후 일본군은 곧 바로 곤양군, 하동현, 삼가현, 단성현 등으로 흩어져 식량을 구하며 약탈과 살육 그리고 납치 등을 자행했다. 바로 이 시기에 여대남은 일본군의 만행을 피해 보현암으로 숨었던 것이다. 그 자리에 혼자서 납치된 것을 보면 일단 그는 가족들과 떨어져 이곳에 은신했던 것 같다.

일본으로 납치된 그는 능력을 인정받았는지 출가를 하여 교토에 유학을 했다. 이때 이름이 일요 이외에도 학연이라는 이름을 쓰기도 했다. 그런데 그가 실제로 유학한 곳은 오산이 아니라 육조강원六條講院이었다. 이곳에서 그가 공부를 하였다는 것은 그를 납치해간 가토 기요마사의 비호와 그의 스승의 도움 없이는 이루어 질 수 없다. 경제적인 부담은 영주인 기요마사가 하고, 또 이를 적극 추천하는 일은 스승이 하였을 것이기 때문이다.

그의 스승은 종군승려였던 일진日眞이었다. 그의 스승도 조선과 인연이 깊다. 그 자신도 종군하여 조선에 왔으며, 울산에서 사명 대사와 몇 번이나 만나며 평화를 논한 자이다. 이때 받았을 것으로 추정되는 사명 대사의 글씨가 4장 정도 본묘사에 지금도 보관되어 있다. 그중에는 사

사명대사의 글(본묘사)

명 대사가 필담 중에 날려 쓴 글씨도 들어 있다. 그리고 전쟁이 끝나고 사명 대사가 평화 교섭을 벌이기 위해서 일본에 갔을 때 일진은 다시 사명 대사를 만나 대사로부터 "발성산 본묘사發星山 本妙寺"라는 글씨를 받아 편액으로 새겨 자신의 절에다 걸었다.[11]

이처럼 그의 스승 일진도 조선의 사정을 잘 알고 있었고, 또 그의 재능을 아꼈던 것 같다. 그랬기 때문에 그를 적극 추천하여 교토의 육조강원으로 유학을 보내어 불교 공부를 시켰다. 그때 스승은 일건日乾이었다. 당시 그곳은 일본 최고의 불교대학이었다. 그곳에서 본격적으로 불교공부를 하였음은 두말할 나위가 없다. 그의 부친 편지에서 보듯이 하동 출신 사행원이 그를 만난 것은 바로 이때였다. 그들이 만난 해가 정미년이라 함은 1607년 여우길呂祐吉을 정사로 통신사를 파견한 바로 그때의 일이다.

교토에서 유학을 마치고 야마나시山梨의 신연산身延山 구원사久遠寺에서 계속 불도에 정진했다.[12] 그러는 가운데 그의 스승인 일진은 1608년에 일요에게 주지직을 물려주고 은퇴를 하였으나, 2대 주지가 된 일요가 그로부터 얼마 되지 않아 세상을 떠나자, 1609년 여대남이 3대 주지직을 계승하게 된 것이다. 29세 때의 일이다. 사람들은 그를 조선출신

---

11 金聲翰, 앞의 책, pp.28-29.
12 李進熙, 『江戶時代の朝鮮通信使』(講談社, 1987), p.70.

이라는 점을 알고 고려상인高麗上人, 고려요사高麗謠師라고 하며 존경을 했다고 한다.[13] 그만큼 그의 능력이 그 사회에서 인정되고 있었다는 것을 알 수 있다.

조선에서 그의 집안도 부족한 편이 아니었다. 아버지는 하동 양반이었고, 살림도 넉넉하여 논밭전지는 물론 노비들도 몇 명 거느리고 살 정도였다. 위의 편지를 낼 때 그의 아버지가 58세, 어머니가 60세였다. 즉, 그와 부친은 18살 차이이지만, 어머니와는 20살 차이가 났던 것이다. 그러한 부모의 연령은 당시로서는 노령에 속했다. 형제에 관한 이야기가 일체 없는 것을 보면 그는 외동이었을 가능성이 높다. 만일 그렇다면 그의 귀국을 바라는 노부부의 마음은 더욱 간절하였을 것이다. 그리하여 아버지 여천갑은 아들 여대남에게 주인과 스승에게 허락을 맡아 귀국하라고 종용하였다.


## 3. 아버지의 서한에 답하는 일요상인

이러한 내용의 편지를 부친으로부터 받고 아무리 속세의 인연을 끊고 사는 승려라 할지라도 마음의 동요가 일어나지 않을 수 없었다. 그리하여 그는 곧 답장을 보낸다. 겉봉투에는 '부모주백배상답서父母主百拜上答書'라고 쓰고, 그 옆에는 '미자호인근봉迷子好仁謹封'이라고 썼다. 즉, 부모에게 백배 절을 하며 답신하는 것이며, 자신을 낮추어 미혹한 자식이라고 표현하고 있는 것이다. 여기서 자신의 이름을 대남이라 하지 않

13 熊本日日新聞社編輯局 編, 『地域學シリーズ (6) 新. 熊飽學』(熊本日日新聞社, 1990), p.65.

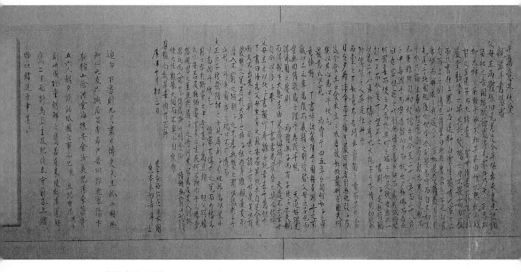

여대남의 서신

고 호인好仁이라고 했다. 이로 보아 그는 호인이라는 다른 이름도 가지고 있었음을 알 수 있다. 이렇게 쓴 봉투 안에 들어 있는 내용을 소개하면 다음과 같다.

조선국 경상도 하동 여수희씨댁에 전하여 주시오소서
생각지도 못한 친서를 받았습니다.
저는 아버님, 어머님 두 분 모두 무사하고, 병고도 없이 오늘날까지 몸건강하시며, 또 그 모습이 금슬이 좋으신 것 같아 정말 다행으로 생각합니다. 봉서를 열고 읽으려고 하니 우선 눈물이 앞을 가리고 말았습니다. 이것도 하늘이 주신 은혜이며, 신의 가호라고 생각합니다. 막막하여 그 연유를 알 수 없으나 다만 기쁜 마음을 참을 수 없을 따름입니다.
이 아들 호인은 저의 집안이 대대로 선행한 여덕을 다른 사람보다 배를 받고, 또 아버님이 일찍이 가르쳐주신 덕분으로 포로가 되었을 때 시퍼런 칼이 번득이는 것도 두려워하지 않고 다음과 같은 시 두 구절을 지어보았습니다.

獨上寒山石逕斜　홀로 깊은 산에 올라 돌길을 걸어가니
白雲生處有人家　흰 구름이 피어오르는 곳에 인가가 있네.

기요마사淸正 장군이 "이 아이는 범상한 아이가 아니다."라고 하며 측근을 불러 자신의 옷을 벗어 입히고는 공무를 끝내고 식사를 할 때에는 특별히 먹을 것을 나누어 주었습니다. 이처럼 보호받기를 수개월, 그 후 저는 이 나라 히고肥後로 호송되어 머리를 깎고 중이 되라는 명을 받았습니다. 그 날부터 오늘에 이르기까지 다만 『법화경』을 외우고, 아침저녁으로 고뇌에 시달리면서 추위도 굶주림도 잊고 살아왔습니다.

처음 붙잡힌 날부터 이 날까지 28년간 항상 손을 깨끗이 하고 향을 피우고 아침에는 일륜日輪(=태양)에게 기도하고, 저녁에는 부처님에게 절을 올리며, 이렇게 외쳤습니다. 우리 선조가 대대로 악업을 지어 재앙을 받은 적이 없음에도 불구하고 무슨 죄가 있어서 이렇게 외로운 저의 몸은 오랫동안 이토록 멀리 떨어진 곳에서 내버려지게 된 것일까 하고 말입니다. 이렇게 소리치며 울며 하소연한 적이 한 두 번이 아니었습니다. 지금 전혀 예상치도 못한 편지를 받을 수 있었던 것도 제 생각으로는 28년간 드린 기도가 응답한 것이 아닌가 생각합니다.

저는 이 편지를 전하는 사람을 따라가서 아버님 어머님에게 달려가 절을 드리고 싶은 심정으로 간절합니다. 그리고 오랫동안 안고 살았던 것을 토로할 수가 있다면 그 날 저녁에 죽어도 여한이 없을 것입니다. 가장 원통한 것은 다름이 아니오라 제가 오늘까지 주인의 녹으로 먹고살고, 주인의 의복을 입고 자란 것입니다. 그리하여 이토록 참기 어려운 것입니다.

엎드려 아룁니다. 아버님, 어머님, 이제 몇 년 마음을 편안히 하시어 기다려 주십시오. 제 생각으로는 보내주신 편지를 가지고 이 나라의 장군과 주수州守에게 읍소 진정할 생각입니다. 성의를 가지고 2,3년간 간절히 청해 보려고 합니다. 그들도 모두 사람인지라 생각을 짜내고, 마음이 움직이는 것이 없다고 할 수 없을 것입니다.

언젠가 천도天道가 잘 돌아가 다시 귀국할 수 있게 된다면 두 분에게 있어서 죽은 아들이 살아 돌아온 것이 되며, 저에게 있어서도 잃어버린 아버지를 다시 찾게 되는 것입니다. 무릇 길흉, 영욕은 모두 천도에 의한 것이라고 말들 하지만, 이것 또한 다행한 일이 아니겠습니까? 저는 보내주신 편지를 아침저녁으로 보고, 결코 소홀히 하지 않을 생각입니다. 두 분께서도 이 편지를 저라고 생각하시고 보아 주시면 감사하겠습니다.

다만 보내주신 편지에 "부모가 낳아 기른 은혜도 잊고 타향에 안주하여 오랫동안 돌아오지 않으니"라고 하셨는데, 그 말씀에 마음이 천 갈래로 어지러웠습니다. 그러나 원통한 생각에 조금 해명하고자 합니다. 만일 태평시절에 제 혼자 도망하여 부모님이나 우인을 버리고 낯선 타향에 왔다고 한다면 저의 불효의 죄는 어디에도 비할 수 없으며, 3천 5형刑으로써 다스려도 부족할 것입니다. 그리고 당장 받을 재앙도 입으로는 도저히 다 말할 수가 없을 정도입니다. 왕조의 왕자가 포로로서 잡히고, 양가의 자녀가 치욕을 받았을 때에 제가 타향에 온 것이 어찌 광영이라고 할 수 있겠습니까? 그리고 어찌 그것을 바랄 수 있겠습니까? 엎드려 바라건대 어찌할 수 없었다고 생각하시고, 은혜를 모른다는 비난은 하시지 말아주셨으면 합니다.

조부 득린得麟 씨의 안부와 스승인 등축화상의 생사는 어찌하여 소상히 알려주시지 않는지 모르겠습니다. 두 분의 홍은鴻恩은 꿈에도 잊은 적이 없습니다. 저의 소식을 전해 주신 하동 관원과 우인 하종남의 두 사람에게는 감사의 마음을 전해 주십시오. 생각은 끝이 없지만, 드릴 말씀은 한이 없어서 여기에서 소상히 다 적을 수가 없습니다.

평신 저두하여 다시 한 번 절을 올립니다.

경신 10월 3일 자식 호인, 일본국 본묘사에서 서둘러 서신을 적습니다.

덧붙여 아룁니다. 보내주신 편지는 9월 말일에 받았습니다. 이 나라에서는 마음을 통하는 친구가 없습니다. 다만 거창의 이희윤李希尹, 진주의 정적鄭逖, 밀양의 변사순卞斯循, 산음의 홍운해洪雲海, 부안의 김여영金汝英, 광양의 이장李莊 등 대여섯 명과 아침저녁으로 고국의 사정이나 자신의 일에 대해 이야기하고들 합니다.

이 나라에서는 조선의 매를 소중히 여기므로 만약 일본에 오는 사절이 있으면 좋은 매 두 마리를 사서 보내어 대마도주와 비후태수에게 선물하여 저를 후원해주신다면 고맙겠습니다.[14]


이상의 편지는 앞의 것에서 알 수 없었던 부분이 들어 있다. 즉, 그는 보현암에 숨어 있다가 기요마사군에게 납치당하여 목숨이 위태로울 때 그는 한시를 지어 기요마사에게 보여주었던 것이다. 이 부분도 이해가 가지 않는 부분이다. 생명이 위협당하는 순간에 동양화 한 폭에나 나옴직한 풍경을 묘사한 시를 무엇 때문에 지었는지도 알 수 없거니와 그 시를 짓는다는 것 자체가 불가능에 가깝기 때문이다. 그의 말이 사실이

---

14 金聲翰, 앞의 책, pp.34~38.

라면 아마도 기요마사는 글을 잘하는 아이들을 찾고 있었고, 그것을 시험하기 위해 그로 하여금 시를 짓게 하였거나 아니면 약탈하기 위해 사람이 사는 마을을 찾고 있다는 것을 한자로 써서 물었던 것을 한시로 대답한 것이 아닌가 하는 생각도 든다. 아무튼 이것에 대해 그는 많은 부분을 생략했다.

그러나 이 부분은 일본 측의 기록을 통해 보다 상세히 알 수 있다. 그것에 의하면 그는 1593년 7월 왜군 다카하시 산자에몬高橋三左衛門에게 포로가 되어 가토 기요마사 앞에 끌려갔을 때가 13세의 어린 나이였다. 그러한 그에게 기요마사가 이름을 묻자, 편지 내용에 들어 있는 한시를 적어 답하였다고 한다. 이에 놀란 기요마사가 그의 재능을 인정하고, 주요한 인재로 키워 자신의 영지에 필요한 인물로 써먹기 위해 자신의 영지 구마모토로 데리고 가서 불교 승려로 출가하게 되었으며, 그 때 법명은 학연學淵이었다고 한다.[15] 금법사 학연이라 했던 것도 바로 이러한 것을 말해주는 것이었다.

이러한 시의 덕택으로 기요마사에게 발탁되어 일본으로 끌려가서 무가 아닌 문을 강조하는 학승이 되었다. 이와 같이 불교에 귀의하였으면서도 속세의 인연을 잊지 못했다. 그 결과 그는 고향을 떠나 이국땅에 살아야하는 자신의 운명에 대해 한탄하는 것이 한두 번이 아니었다.

그리고 가족들의 안부를 묻는 자리에서 그의 조부의 이름이 여득린이었고, 또 그가 숨었던 보현암의 주지승인 등축화상을 스승이라고 하는 것을 보면 그는 전란을 피해 보현암에 숨은 것이 아니라, 그곳에 가서 학문을 닦았음을 알 수 있다. 기요마사가 그로 하여금 출가를 시켰

---

15 森田誠一, 「肥後の韓來文化」, 金正柱 編, 『韓來文化の後榮』 下(韓國資料研究所, 1963), p.276.

던 것도 아마 이러한 이력 때문에 생겨난 것으로 추정된다. 그는 이들의 안위가 걱정되어 묻고 있는 친절한 마음씨를 지닌 사람이었다. 특히 보현암에 같이 있었던 주지승의 생사 여부를 묻는다는 것은 아마도 그곳에 들이닥친 일본군들이 그곳에 있던 사람들을 끌고 가서 살육하였을 가능성을 염두에 둔 질문임에 틀림없다. 이 편지에도 형제들의 이야기가 없는 것으로 보아 그가 외동아들임이 분명하다.

한편 이 편지는 그가 어떤 사람들과 교우관계를 맺고 있었는가도 보여 주는 내용이 들어 있다. 지역에서는 출세하여 본묘사의 주지가 되는 영광을 안았지만 그에게는 진정 속마음을 털어놓고 지낼 수 있는 일본 사람이 없었다. 그야말로 군중 속에 외로움을 느끼면서 살아야 했다. 그나마 위로가 될 수가 있는 것은 조선인 지식계층들을 친구로 두고 있다는 사실이다. 거창의 이희윤, 진주의 정적, 밀양의 변사순, 산음의 홍운해, 부안의 김여영, 광양의 이장 등 실명을 거론하며 이들과는 아침저녁으로 고국의 사정이나 자신의 일에 대해 이야기를 하고 있다고 했다.

문맥상으로 본다면 이들은 거의 매일 만날 수 있는 가까운 거리에 살아가는 사람처럼 되어 있다. 실제로 그렇게 믿고 해석하는 사람들도 있다. 그러나 그것은 사실이 아니다. 그가 거론하고 있는 인물 가운데 홍운해는 사가에 거주하는 양반 출신 포로이기 때문이다. 그의 다른 이름은 홍호연이다. 그는 당시 사가에 사족으로 살고 있었다. 사가와 구마모토는 아침저녁으로 만날 수 있는 거리가 아니다. 멀고도 먼 거리에 떨어져 있다. 따라서 그들과 아침저녁으로 이야기를 하고 있다는 것은 직접 만나는 것이 아니라 서신을 주고받고 있다는 의미로 보아야 할 것이다.

그렇다면 그가 포로이면서 이렇게 멀리 떨어져 있는 사람들을 어떻게 알게 되었느냐 하는 것이 또 하나의 의문점으로 떠오른다. 여기에는 약간의 힌트가 있다. 그것은 다름 아닌 홍운해의 이력이다. 홍운해는 여대남과 출신 지역이 서로 비슷한 지역이라는 점 이외에 여러모로 아주 흡사하다. 홍운해는 동굴에 숨어 있다가 일본군에 발견되는데, 그때 그는 자신의 키만 한 큰 붓을 어깨에 짊어지고 있었다 한다. 다시 말하여 이들은 한시와 붓을 통하여 목숨을 구하고 있는 것에서 알 수 있듯이 문을 강조하고 있다는 데 서로 공통점을 가지고 있었다. 그리고 그들이 포로이면서도 영주의 도움으로 교토로 유학을 다녀와서 자신의 지역에서 크게 활약한다는 점이다. 홍운해는 서예가로서 활약을 했고, 여대남은 불교승려로서 활약을 한 것이다. 그렇다면 이들이 만나서 친구가 될 수 있는 기회는 교토의 유학 시절이다. 이러한 사정으로 미루어 보았을 때 여대남의 조선인 친구들은 각자 학문의 소양을 인정받아 번에서 교토로 유학을 보낸 엘리트 청년들일 가능성이 높다. 만일 이것이 사실이라면 이들은 공부를 마치고 각자의 지역으로 돌아가 활동하면서도 그들만의 네트워크를 가지고 있었던 것이 된다.

또 이 편지를 통해서 또 한 가지 알 수 있는 것은 조선의 매가 귀중한 선물이 된다는 사실이다. 이것은 특히 지역의 영주들이 좋아해서 뇌물로는 안성맞춤이라는 것이다. 그런데 우리의 눈길을 끄는 것은 그 뇌물 대상으로 비후태수와 함께 대마도주를 꼽고 있다는 점이다. 비후태수는 구마모토의 영주를 지칭하는 말이기 때문에 이상할 것이 없지만, 그것과 전혀 관계가 없는 대마도주를 꼽고 있는 것은 무엇 때문일까? 이것은 대마도가 포로쇄환에 있어서 중요한 역할을 하고 있다는 것 이외에 조선과 일본을 오가는 사적 루트도 대마도인들의 개입에 의해 작동되고 있다는 사실을 확인할 수 있다. 즉, 여대남과 그의 부친이 주고받는 편지의 왕래는 대마도인들을 통해 이루어지고 있었던 것이다.

아무튼 여대남은 조선의 매를 뇌물을 주어서라도 고향으로 돌아가려는 의지가 강했다. 그러므로 당연히 영주에게 귀국을 간청하였을 것이다. 당시 영주는 기요마사의 아들 가토 다다히로加藤忠廣(1601~1653)였다. 어찌된 일인지 귀국이 허용되지 않았다. 여대남이 부친으로부터 편지를 받았던 1620년에 다다히로는 19세의 나이어린 소년에 불과했다. 그러므로 귀국이 허락되지 않았던 것은 다다히로의 의지가 아니라 그를 둘러싸고 있는 측근들의 의견이 반영된 것으로 보인다.

고려상인의 초상화

## 4. 다시 받은 부친의 서한

고국으로 돌아가기를 간절히 원했지만 허락이 나지 않아 떠나가지 못하고 시간을 보내고 있는 동안 고국에 있는 부친도 초조하기는 마찬가지였던 것 같다. 그로부터 2년 후인 1622년 여대남에게 편지가 도착했다. 그 내용을 보면 다음과 같다.

일본국 규슈 비후국 본묘사 일요상인 앞

여대남에게 보낸다.

작년 6월 일본에 답서를 보냈다. 부산에 왕래하는 인편으로 편지를 보낸 것도 두세 번이 아니었는데, 너의 편지를 받지 못해 주야로 눈물을 머금고 있다.

이 일본인은 신용할 수 있는 사람으로 나의 편지를 너에게 전하고 답서를 가지고 와서 나에게 보여 준 사람이다. 너와 문을 통하게 해준 은의는 도저히 잊을 수 없다. 나 스스로 부산에 가서 그에게 감사의 뜻을 전하려고 하였으나, 그만 감기가 걸려 생각대로 하지 못했다. 이 사람에게 일가인 여득세를 보내어 감사의 마음을 전하고, 이 편지를 부탁한다.

너와 헤어진 지 30년 만에 편지를 받았다. 봉투를 뜯고 서너 번 되풀이하여 읽었다. 마치 너의 음성을 듣고, 너의 얼굴을 보고 있는 것 같아 기뻐서 어찌할 수 없었다. 슬픔과 기쁨에 참을 수 없었던 것이다.

만일 비후국왕에게 붙잡히지 않았다면 너는 아마도 오늘까지 목숨을 유지할 수 없었을 것이다. 음으로 양으로 도와준 국왕의 은혜에 어떻게 다 갚을 수 있겠느냐. 아버지는 이제 올해 60세, 네 어미는 65세로 남은 목숨도 얼마 남지 않았다. 밤이 되면 반드시 향을 피우고 천제에게 기도한다. 이것은 다름이 아니라 살아 있는 동안 너의 모습을 한 번이라도 보고 싶기 때문이다. 지금 너의 편지를 보니, 부모를 생각하는 예절바른 마음도 인정받지 못하는 것 같구나. 너의 생각은 끝이 없지만, 자유로운 몸이 되지 못한 것을 알 수가 있었다.

국왕에게 간절히 요청하거라. 나이가 먹은 부모에게는 다른 자식이 없고, 단지 너 하나밖에 없는데, 이렇게 멀리 떨어져 있는 것이라고. 하늘과 땅을 가리키며 간절히 요청하거라. 마음을 다하면 신도 감동한다고 하는

데, 하물며 사람의 마음이 움직이지 않겠느냐. 다행히 출국하여 살아서 나를 만나면 30년간 쌓인 억울함도 하루아침에 사라질 것이다. 너에게 있어서 이 이상 효행이 또 있겠느냐. 간절히 힘을 다해 보거라.

너의 편지에 조부의 안부와 스승인 추의 주지의 생사를 상세히 알려주지 않느냐 했는데, 이를 보고, 눈물을 금할 수 없었다. 여기에도 너의 깊은 정과 하늘이 내린 총기로운 이치를 볼 수가 있는 것 같구나. 조부는 지난 계사년 7월 12일 왜군에 의해 부상을 입고, 그것이 화근이 되어 돌아 가셨다. 추 주지는 정사년 8월 18일 천수를 다하셨다. 추 주지의 조카 신춘화도 죽었다.

너의 편지에 매 두 마리를 두 곳에 보내어, 나의 도움이 되어 달라는 부탁이 있었다. 어찌하여 모든 힘을 다하여 보내지 않고 있겠느냐. 왜국인에게는 사사로운 선물을 할 수 없게 되어 있다. 나라의 법도는 극도로 엄하여 법을 어기는 일은 두려운 일이다. 그러나 아무리 무섭다 하더라도 그것은 어찌할 수 없구나(보낼 생각이다).

강당의 막내딸과 아들은 김수생의 딸을 섬기고 있다. 모두 나와는 매우 가까운 사이이다. 강당이 살아 있다는 것을 알려 주면 분명히 기뻐할 것이다. 수생 등은 특별히 하는 일이 없이 무료하게 보내고 있단다. 네가 돌아올 때 강당도 데리고 오면 좋겠다. 강당의 막내아들 천추는 지난 계사년 붙잡혀갔으나 신축년 도망쳐 돌아왔다.

그 밖에 네가 이야기한 사람들의 집에는 벌써 기별을 주었다. 이장의 형 이혜는 3년 전에 죽었다. 여위余瑋, 금위 형제는 살아 있다. 집안의 동생인 김광례가 말하기를 아우 명례와 아들인 계남, 자남의 3명이 붙잡혀갔다. 만약 네가 그들의 소식을 들을 수가 있다면 데리고 돌아오도록 노력해 주면 좋겠다.

너는 타국에 있다. 주의를 하여 처신하고 무사히 돌아올 수 있도록 하
거라.

임술 7월 8일 아버지 여수희

이 편지를 여대남에게 건네 주시오.[16]


이상의 편지는 전의 내용을 확인시켜 주는 부분이 있다. 이들의 서신
을 전달해 주는 사람이 부산에 왜관을 둔 대마도인들 임이 다시 한번
확인이 된 것이다. 이산가족들은 이러한 절차를 잘 알고 있었다. 그리
하여 그들에게 부탁할 때는 응당의 대가를 치러야 했고, 또 때로는 그들
을 통하여 뇌물도 오고갔다. 즉, 국가기관이 아닌 사적인 정보망이 있었
던 것이다. 이를 통해 부정스러운 사건이 많았는지 일본 측이 이를 엄
중히 단속하였던 것 같다. 그리하여 여대남이 부탁한 매를 보내려고 백
방으로 노력하여 보았지만, 끝내 보낼 수 없었다.

그리고 여대남의 부모의 나이가 정확하지 않다는 것도 확인이 된다.
앞에서는 부부가 2살 차이였다. 그러나 이번에는 5살 차이가 나는 것으
로 표현되어 있기 때문이다. 모친이 연상인 것만은 같은 것으로 되어
있다. 이러한 사실은 여수희가 그다지 나이에 대해 의식하지 않고 있다
는 사실을 보여주는 부분이라 생각할 수 있다.

한편 이 편지는 우리가 몰랐던 새로운 사실을 알려주는 부분도 있다.
즉, 그것은 아버지 여수희가 아들 여대남으로부터 답장을 받고 몇 번이
나 편지를 보냈으나 그것이 제대로 전달되지 않고 있다는 사실이다. 이
부분은 구마모토 번에 의해 서한의 검열과 함께 전달의 금지 조치가

---

16 金聲翰, 앞의 책, pp.39~41.

이루어졌음을 암시한다. 이러한 추정이 맞다면 그가 처해진 상황이 좋지 못했다. 아마도 그의 귀국을 바라지 않던 번으로서는 이들의 서신왕래가 못마땅하였을 것이다. 아들의 자유롭지 못한 점을 어느 정도 알아차렸는지 아버지 여수희가 쓴 내용도 전번 것보다 훨씬 더 부드럽게 표현되어 있다. 앞에서는 주인과 스승에게 알리고 귀국하라고 종용했지만, 이번에는 그를 잡아간 번주를 국왕으로 표현했고, 또 보살펴 준 은혜도 크다고 하며, 사정을 이야기해 설득시킨 다음 귀국할 것을 권하고 있는 것이다. 이것은 다분히 그가 낸 편지가 검열당하는 것을 의식하였음에 틀림없다. 그러므로 맨 끝에다 타국에 있다는 것을 잊지 말고 처신에 조심하라는 당부와 함께 만약 이 편지가 전달되지 못하고 다른 사람의 손에 들어갈 경우 여대남에게 꼭 전해달라고 하는 당부까지 잊지 않고 있는 것이다.


## 5. 부치지 못한 편지

이러한 상황이기 때문에 여대남은 아버지의 편지에 답장을 보내는 것도 자유롭지 못했다. 그로부터 3년 뒤인 1625년 1월 여대남은 다시 붓을 들어 편지를 썼다. 그러나 이 편지가 본묘사에 보관되어 있는 것을 보면 부친인 여천갑에게 보내지 못했던 것 같다. 이 편지에 다음과 같은 내용이 들어 있었다.

　　삼가 엎드려 아버님께 올립니다. 청컨데 섬기고 있는 분이 봉함을 잘라 주세요.

평복하여 백번 절을 하며, 아버님께 이 문장을 올립니다. 봄이 오고 경사스러운 일도 많고, 수복이 강령하는 시절에 두 분 건강은 어떠신지 주야로 생각하고 그려봅니다. 저는 변함없이 명맥을 유지하고 있습니다.

편지를 받고, 임술년 겨울에 답신을 올렸으나, 받으셨는지 확인할 바가 없습니다. 30년간 향을 피우고 하늘에 기도한 마음이 통하였는지, 편지를 받자옵고 매일 몇 번이나 읽고 있자니 마치 아버님의 존안을 뵙는 것 같아 눈물이 흘러 어찌할 길이 없습니다. 하늘은 어찌하여 나에게 이러한 죄를 주시는 것이며, 우리 부자를 이렇게 슬프게 가슴을 아프게 하는 것인지 모르겠습니다.

기요마사 장군의 상이 끝난 후에 여러 번 간청하였습니다.

연세가 드신 아버님, 어머님은 싸늘한 자리에서 주무시고 계십니다. 여생도 얼마 남지 않았고, 또 다른 자식이 없고, 제 혼자만 있는데, 이처럼 멀리 떨어져 있다면 누가 음식을 챙겨드리며, 조석으로 자리를 보아드리겠습니까? 부모를 생각하는 마음, 부모를 섬기는 심정이 조선과 일본이라고 다르겠습니까? 꼬여 버린 천륜의 실을 다시 이어주신다면 어리석은 승려의 기쁨은 물론 영주님에게 있어서도 장차 선과를 베푸실 수 있는 덕을 쌓는 것이 될 것입니다. 하여 거듭 진정하고 하늘과 땅을 가리켜 간절하게 말씀드렸습니다.

그러나 뒤를 이어 번주가 된 자는 젊고 견식도 부족한지 기분을 상하여 결단을 내릴지 않은 채 세월이 흘러 오늘에 이르고 있습니다. 번주의 병사들은 엄중하게 감시하고 있기 때문에 저는 마치 새장에 갇힌 새와 같은 신세가 되었습니다. 이 편지도 제가 키운 측근을 통해 몰래 보내는 것입니다. 성의의 징표가 되는 선물을 보내고 싶어도 부탁하는 사람의 본심을 모르면 물건을 탐하여 어떤 짓을 할지 모릅니다. 그리하여 이같이 편지만을 보냅니다.

아버님께서는 연세가 63세, 어머님은 68세, 부모 자식의 인연은 하늘이 정해 준다고 하는데, 어찌하여 이같이 정해진 우리들의 인연을 아무런 소용없이 시간을 보내는 것일까요. 학서學舒[17]는 천운은 돌고 도는 것이어서 한번 가면 돌아오지 않는 것이 없다고 하였습니다. 하늘이 어찌하여 제 혼자에게만 가기만 하고 돌아와서는 안 된다고 명하는 법이 있단 말입니까? 천수를 누리시면서 기다려 주십시오. 정은 끝이 없는 것인데, 형세는 좋지 못하다는 것만을 전해 드리며 소상한 것은 생략하였습니다. 희미하지만 저의 마음을 받아 주시기를 바랍니다.

얼굴을 엎드려 백번 절을 올립니다.

을축 1월


덧붙여 아룁니다. 송구합니다만 고국에선 어떤 분이 임금이 되셨고, 어떠한 분이 3공(정승)이 되셨는지 등등 국내의 사정이 이것저것 궁금합니다. 서울은 지금도 변함없이 한양입니까? 그리고 금년은 만력 몇 년인지요? 언제나 북쪽을 향하여 탄식을 다할 수가 없습니다.[18]


이상에서 보듯이 자신의 귀국을 허락해 주지 않는 영주에 대해 견식이 부족하고 결단을 내리지 못하는 우유부단 성격의 소유자라고 하며 불만을 토로했다. 이때 영주는 기요마사의 아들 가토 다다히로였다. 그리고 그의 귀국을 둘러싸고 번주와 갈등을 빚었는지 병사들의 감시가 심해 마치 그가 처해진 상황은 새장에 갇힌 새와 같다고 비유하고 있다.

---

17 명나라의 학자 董漢儒의 호이다.
18 金聲翰, 앞의 책, pp.42~44.

이처럼 그는 번주로부터 항상 감시를 받는 연금 상태가 계속되고 있었음을 알 수 있다.

이와 같이 그의 귀국청원을 둘러싸고 벌어졌던 분위기가 심상치 않았음을 이를 통하여서도 알 수가 있다. 그러한 가운데 그는 고국의 정세에 대해서도 궁금하였는지 현재의 군왕이 누구이며, 또 3정승은 누구인지를 묻고 있다. 이처럼 그는 출가를 한 승려이면서도 세속에 높은 관심을 가지고 있었음이 한 번 더 확인할 수 있다.

이로부터 7년 후인 1632년 그의 귀국을 허용하지 않았던 가토 다다히로는 유형에 처해지고, 그 뒤를 이어 호소카와 다다토시細川忠利(1586~1641)가 새로운 영주가 되었다. 이때에도 여대남은 귀국을 간청했으나 끝내 이루지 못했다. 아마도 그가 처한 구마모토의 냉대는 쉽사리 사라지지 않았던 것 같다. 그러한 가운데 1651년 그는 히젠肥前의 시마바라島原에 호국사護國寺라는 절을 창건하기도 한다.[19] 그로부터 4년 뒤인 1665년 2월 16일에 그는 끝내 그리워하던 고향으로 돌아가지 못하고 79세의 나이로 세상을 떠나고 만다. 본묘사의 과거첩過去帖에는 그의 이름과 함께 '지덕원법신 일요부智德院法信 日遙父', '상덕원묘신 일요모常德院妙信 日遙母'라는 이름이 보인다. 즉, 나이가 들고 부모가 죽었을 즈음 그는 자기 부모의 위패를 모셔놓고 그들의 추선을 빌었음을 알 수 있다.

19 內藤寯輔, 앞의 책, p.310.

## 6. 맺음말

이들이 주고받은 서한을 통하여 구마모토에 포로로 살아야 했던 고려상인 일요라는 한 인간사를 추정할 수 있다. 그의 본명은 여대남이며, 어릴 때 이름은 호인이었다. 그는 오늘날 경상남도 하동군 양보면 박달리 출신이며, 그가 일본군에 납치당하였던 것은 진주성이 함락되던 1593년의 일이며 그의 나이 13때의 일이다. 그리고 납치당한 장소는 하동의 쌍계동의 보현암이었는데, 그는 그곳에서 친척이자 주지로 있던 등축화상에게 학문을 배우고 있었다. 그의 조부이름은 여득린余得麟이며, 부친 이름은 여천갑(여수희)이었다. 그리고 그의 어머니는 부친보다 5살의 연상의 여인이며, 성은 채씨蔡氏라고 알려져 있다. 그리고 일요는 그들 사이에 태어난 단 한 명의 자식 외동아들이었다. 그 후 그의 아버지는 후실을 얻어 아들자식 두 명을 두었으며, 그중 한 명은 이름이 여경余璟이었던 것으로 전해진다.[20]

그는 포로가 되어 한시를 지어 가토 기요마사에게 보여 줄 만큼 어릴 때부터 뛰어난 학문적 소양을 지니고 있었다. 이를 높이 산 기요마사는 구마모토로 데리고 가 승려로 출가를 시켰고, 그는 일진이라는 승려 밑에서 불도를 닦았다. 이때에도 능력을 발휘하였는지 교토로 유학을 떠나 학문적 깊이를 더하였고, 유학을 마치고 구마모토로 돌아가 29세의 약관의 나이로 규슈의 굴지의 사찰인 본묘사의 3대 주지에 취임하였다. 사람들은 그가 조선인 출신이라는 사실을 알고 있었기에 그를 고려상인 또는 고려요사라고도 부르며 존경했다.

---

20 內藤雋輔, 앞의 책, p.310.

이와 같이 외견상으로는 보면 그는 포로출신 외국인이면서도 출세의 가도를 달려 자신의 명예를 높인 행복한 사람 중의 한 사람이었다. 그러나 그에게는 보이지 않는 외로움이 있었다. 마음을 터놓고 지낼만한 일본인 친구 한 명도 가지지 못했으며, 그러한 친구가 있다 하더라도 멀리 떨어져 있는 조선인들뿐이었다.

그리고 자신을 납치한 기요마사가 죽으면 그를 위해 매년 제를 올려야 했고, 그것도 모자라 3주기가 되던 해에는 『법화경』 8권, 6만 9천여의 문자를 돌에 새기고 경탑経塔을 세웠으며, 그 후 이를 더욱 발전시켜 기요마사의 기일의 전날 밤에는 신자들을 불러 모아 철야로 6만 9천여 자를 사경하는 행사를 진행했다. 그렇게 완성시킨 사경을 기요마사의 목상 안에 집어넣고 사후왕생을 빌었다. 그때의 그의 모습은 마치 기요마사가 살아 있는 것처럼 극진했다고 한다.[21] 이것이 본묘사의 「돈사회頓写会」의 출발이며, 지금도 성행하고 있다. 이처럼 그는 주군에 대한 충성심을 보여주는 삶을 살아야 했다.

그러던 그에게 더욱 정신적 고충을 주었던 것은 고국에서 부친이 부친 편지였다. 지금까지 가족들이 모두 죽고 이 세상에 자신만 홀로 남아 있다고 생각한 그에게 가족들이 모두 무사하여 살아 있다는 소식을 접하게 된 것이었다. 이를 계기로 그들은 몇 차례씩 부산 왜관에 나와 있는 대마도인들을 통해 서한을 주고받았다. 편지의 내용에서 보듯이 그의 가족들은 그의 귀국을 간절하게 바랐고 그 또한 그와 같은 마음이 간절했다. 그리하여 몇 번이나 영주에게 간청을 해 보았지만, 귀국이 허용되지 않았고, 또 그것으로 인해 갈등이 빚어져 그들의 서한도 제대

---

21 熊本日日新聞社編輯局 編, 앞의 책, p.66.

로 전달되지 못하게 하였고, 또 사실상 연금 상태로 들어가 항상 감시를 받아야 하는 자유롭지 못한 몸이 되어 시간을 보내야 했다. 이처럼 그는 화려한 직함의 외면상과는 달리 내면적으로는 만나고 싶은 가족들을 만나지 못하고, 그리워하는 고향으로 가지 못하며 살다가 79세의 나이로 세상을 떠난 가련한 실향민이었던 것이다.

그의 무덤은 기요마사 묘소의 뒤편 산기슭 공동묘지의 맨 위쪽 역대 주지의 묘역에 있다. 그 위치는 거의 중앙부분에 있으며, 묘비는 너무 오래되어 손으로 짚어가면서 비문을 읽지 않으면 안 될 정도로 새겨진 글씨가 희미해져 있다. 그리고 현재 그의 고향인 하동군 양보면에는 그를 현창하는 기념비가 세워져 있다. 이는 일본 측 아이즈와카마쓰會津若松 로타리 클럽이 현창비 건립을 하동군에 제의해 왔고, 이에 하동 로타리 클럽도 협찬하기로 하여 이루어진 것인데, 1998년 10월 23일에 한일 관계사들이 참석한 가운데 제막식이 거행되었다. 그가 고향을 떠난 지 405년 만에 의미 있는 귀향이었다. 이러한 의미에서 고려상인 일요가 살았던 구마모토의 본묘사는 가족들을 만나지 못하고 외롭게 세상을 떠난 전쟁포로의 비극이 깊게 드리워져 있는 절이라 할 수 있다.

# 제8장

# 가고시마 지역의 임란포로

## 1. 머리말

일반적으로 가고시마의 임란포로라고 하면 먼저 사쓰마 도자기를 만들어 낸 조선도공들을 떠올리고, 또 임란이 끝난 지 400년이 지난 오늘까지 고국을 잊지 못하는 심수관가를 생각하는 것이 일반적이다. 사쓰마 도자기를 만드는 대표적인 도공이 심수관가이기 때문이다. 그런데 그들이 잡아간 사람들 가운데는 도공만 있는 것이 아니었다. 그때 이곳에 잡혀갔던 사람들 가운데 전이생이라는 사람의 서한에 의하면 사쓰마에는 조선포로만 해도 무릇 30,700여 명이나 된다고 했다. 지금도 그 숫자가 많은 편인데, 당시 인구에 비한다면 어마어마한 수가 되는 것이다. 그 수의 진실성은 차치하고라도 이 지역에 조선인 포로들이 결코 적지 않았다는 상징적인 표현이라고도 할 수 있다.

이렇게 어마어마한 숫자의 조선포로들이 사쓰마에 정착하여 살았다면 그들은 이곳에서 어떤 삶을 보낸 것일까? 지금까지 사쓰마에 남아 있는 임란의 연구는 주로 도공에 초점이 맞추어져 있는 느낌을 지을 수 없다. 필자도 한 때 이곳의 조선도공에 대해 고찰한 적이 있다.[1]

그러나 앞에서도 언급하였듯이 사쓰마는 도공이 아닌 수많은 사람들도 연행되어 살았던 곳이다. 그러므로 이제는 그들에 관한 이야기를 찾아볼 필요가 있다고 생각한다. 그럼에도 불구하고 여기에 대한 우리의 노력은 거의 없다고 해도 과언이 아니다. 이제 우리는 이곳에 남겨진 임란포로에 대한 사료와 전승들을 모으고 정리하여 그들이 보낸 생활양상을 조금이라도 복원해야 한다. 그렇게 하지 않으면 일본인들이 무엇 때문에 이들을 납치하여 갔는지에 대한 이유를 알 길이 없기 때문이다.

이러한 사정을 알기 위해서 본 장에서는 그 대상을 도공이 아닌 비도공으로 삼고, 일본에서 이들의 사회적 신분을 고려하여 고찰하기로 했다. 이와 더불어 우리나라로 돌아온 포로들도 포함을 시켰다.


## 2. 노예로서의 조선포로

조선인 포로 가운데 데루마와 가쿠세이(고카쿠세이)라고 매우 특이하게 불리는 사람들이 있었다. 그들을 싣고 가고시마로 돌아가는 배에 관한 그러한 표현이 군데군데 남아 있다. 가령 1597년 9월 도해면허를

---

1 노성환,「나에시로가와의 조선도공 마을에 관한 일고찰」,『일어일문학』35(대한일어일문학회, 2007); 노성환,「옥산신사의 제의와 조선가요에 대한 고찰」,『일본언어문화』11(한국일본언어문화학회, 2007); 노성환,「만들어진 도공신화」,『일본언어문화』12(한국일본언어문화학회, 2008).

가고시마의 명물 고려떡

신청하는 문서에 "선두船頭 준인우隼人佑 이외에 수부 4명과 데루마, 가쿠세이 30명 모두 합하여 35명을 사쓰마선으로 귀국시키니, 이의 없이 통과시켜 달라"라는 내용이 들어 있는 것이 바로 그것이다.[2] 이것에서 보듯이 무사와 같은 전투요원이 1명도 없이 선원과 데루마와 가쿠세이라고 불리는 조선인 30명만 있는 매우 특이한 배가 조선에서 돌아온 것이었다. 이를 보다 정확하게 말한다면 이들의 주목적은 조선에서 데루마와 가쿠세이들을 실어 나르는 것이었다.

　데루마, 가쿠세이라는 말이 나오는 또 하나의 기록은 1597년 10월 조선전쟁에 출전하고 있던 시라오 마고구로白尾孫九郎가 향리에 있는 시라

2 『鹿兒島縣史料 舊記雜錄後篇(3)』 342號 文書.

오 고에이白尾五衛尉에게 보낸 서간인데, 그것에 "지난날 반야사般若寺의 동숙同宿이 귀국할 때 데루마 1명과 가쿠세이 1명을 그 이 절에 보내었는데, 도착했는지, 또 다네가시마로쿠베이種子島六兵衛가 귀국할 때에도 후지스케藤介가 가쿠세이 1명을 보내달라는 부탁이 있어 그곳으로 보내었는데, 무사히 도착했는지 어떤지 대답을 달라."라는 내용이 들어 있었다.[3] 여기에서도 데루마와 가쿠세이라는 조선인이 등장한다. 그뿐만 아니다. 1598년(慶長3)에도 80여 명의 무사들이 34명의 데루마와 가쿠세이를 데리고 귀국했다는 기록이 있다. 이처럼 데루마, 가쿠세이로 불리는 조선인들이 대거 납치되어 가고시마로 갔던 것이다.

그렇다면 이들이 납치하여 데리고 간 데루마와 가쿠세이라는 조선인들은 도대체 어떤 사람일까? 여기에 대한 단서는 당시 군사용어집으로 불리우는 「고려사지사高麗詞之事」에 있었다. 이것은 깃카와加吉川家의 가신인 가가와 마사노리香川正鉅(1613~1660)가 만든 것으로 오늘날의 표현을 빌리면 조선어 회화집이었다. 이것에 가쿠세이라는 말이 나오는 것이다. 가령 "고분카쿠세이토부라오라コブンカクセイトボラオラ"라는 말이 바로 그것이다. 이것은 예쁜 여자를 데리고 오라는 뜻이다. 그렇다면 여기서 우리는 한국어 '각시'가 '가쿠세이'가 된 것임을 알 수 있다. 다시 말하여 가쿠세이란 젊고 예쁜 여자를 말하는 것이었다. 이에 비해 「고려사지사」에서는 데루마라는 말은 전혀 나오지 않는다. 그것이 어떻게 해서 생겨났는지 알 수는 없지만 언제나 가쿠세이라는 말과 짝을 이루며 대칭적으로 사용하고 있다는 사실을 감안한다면 이 말은 젊은 여성이 아닌 젊은 남성을 의미하는 것임을 금방 알 수 있을 것이다.

3 『鹿兒島縣史料 舊記雜錄後篇(3)』530號 文書.

여기에서 보듯이 데루마와 가쿠세이란 조선의 젊은 남녀들을 일컫는 말이었던 것이다. 이를 더욱 확증지어 주는 사료가 『조선일일기朝鮮日日記』이다. 이 책은 당시 종군승으로 전쟁에 참가한 승려 경념慶念이 쓴 것이다. 일본 측이 노예 사냥하는 모습을 본 경념은 "노약귀천을 가리지 않고 죄가 없는 데루마도 가쿠세이 및 느슨하게 있었던 관리들을 함께 생포하여 줄줄이 엮어서 넘기고 있다. 이처럼 사서 모으고 원숭이처럼 줄줄이 엮어서 묶고는 소와 말을 끌며 짐을 들고 가는 모습은 보는 사람으로 하여금 너무나 잔인하고 애석한 일이다."라고 통탄하는 내용에 데루마와 가쿠세이가 나오는 것이다. 이처럼 데루마와 가쿠세이라는 말은 당시 일본 측에서는 매우 일반적으로 사용하였던 것이었다. 경념도 여기에 따라 조선의 젊은 남녀를 데루마와 가쿠세이로 표현한 것이었다. 다시 말하자면 경념은 일본군은 젊은 남녀와 관리들을 마구 잡아갔다는 것을 위와 같이 표현한 것이었다.

이처럼 가쿠세이와 데루마는 노예사냥으로 인해 잡힌 젊은 남녀의 조선인들을 가리키는 말이었던 것이다. 그중에는 나이 어린 소년소녀들도 포함되어 있었다. 특히 이들은 때로는 고국에 있는 친지들의 선물로도 이용되었다. 그 증거가 정유재란 때의 기록으로 시마즈 군島津軍으로 조선 침략에 참전한 오시마 다다야스大島忠泰가 고국에 있는 아내에게 보내는 문장이 바로 그것이다. 그 내용을 소개하면 다음과 같다.

이번 싸움은 격렬했다. 20만이나 되는 적을 상대한 우리 시마즈 군은 3만여 명의 목을 베어 목무덤首塚에 묻었다. 나도 크게 싸워 적을 4명이나 베었다. 우리 모두 죽인 적의 품 속에서 500目, 300目과 금을 취하여 크게 벌었다.[4] …(생략)… 이번에 부하인 스미 우에몬角右衛門이 일본으로 돌아가기 때문에 그 편으로 데루마와 가쿠세이를 선물로 보냈다. 무사히 도착하였을까. 그중 어린 가쿠세이 1명은 딸에게 주어라. 나도 전장에서 11세의 아이를 손에 넣어 부리고 있는데, 굉장히 병약하여 난처하다. 아무튼 딸에게도 데루마를 1명 손에 넣어 보내마. 또 쥬자엔몬拾左衛門尉殿에게도 하녀가 될 만한 아이를 한 명 얻어 다음 선물로 보내마.[5]

여기서 보듯이 그들은 전사한 자들의 품속에서 돈과 금 등의 귀중품을 훔치기도 하고, 아이들을 잡아 전장에서 몸종으로 부리기도 할 뿐만 아니라, 이들을 고국에 있는 친지들에게 선물로 보내기도 하였음을 알 수 있다. 이처럼 그들은 조선에서 노예사냥을 벌였던 것이다.


## 3. 잡병으로서의 조선포로

한편 전쟁으로 부족한 노동력을 보충하는 노동력 가운데 사쓰마 군대에 필요한 잡병이 되는 경우도 많았다. 그 예로 앞에서도 잠시 언급한 바 있는 『광해군일기』에 보이는 전이생의 서한이다. 그 내용을 소개하면 다음과 같다.

1611년 봄에 피로인 전이생 등의 서한을 얻어 보았는데 거기에는 "자신 이외에 30,700의 피로인들이 사쓰마에서 무술을 연마하고 있으니 우리들을 쇄환하면 국가에 큰 쓰임이 될 수 있으나 사절을 통한 쇄환이 아

4  藤木久志, 『雜兵たちの戰場 −中世の傭兵と奴隷狩り−』(朝日新聞社, 1995), p.60.
5  藤木久志, 앞의 책, pp.60−61.

니고는 조국으로 돌아갈 방법이 없다"라고 하는 호소 내용이 들어 있었습니다. 이번에 파견하는 제 2차 회답겸 쇄환사에게 그들의 쇄환을 명하여 주시길 바라오며, 전이생의 서한을 같이 올리오니 참고하십시오.[6]

　부호군 정신도가 아뢰었습니다. 그 대략에 "저의 친척인 전이생과 박규동 등이 일찍이 왜적에 포로가 되어 잡혀갔었는데, 지난번에 대마도 왜인 편을 통하여 글을 보내 왔습니다. 거기에 쓰여 있기를 저희들은 고향을 떠나고 부모와 헤어진 채 지금까지 죽지 않고 있으면서 날마다 고국에서 좋은 소식이 있기만을 기다려 왔습니다. 제가 사쓰마 주에 가서 보니, 그 주에는 포로로 잡혀 온 사람이 총 3만 7백여 명이었는데, 이들은 모두 조총과 창검을 쓰는 재주를 잘 익혔으며, 모두 본국으로 쇄환되어 돌아가기를 기다리고 있습니다."라고 하였습니다.[7]


　이상의 내용에서 보듯이 많은 조선인들은 조총과 창검을 쓰는 재주를 익혔다고 했다. 이러한 사실은 사쓰마 군이 임진과 정유왜란으로 말미암아 빚어진 병력의 손실을 조선인 포로로 보충하고 있었음을 알 수 있는 것이다. 그들이 정규군에서 보았을 때 어느 정도의 위치를 차지하였는지 알 수는 없지만, 그 수로 보아 상당부분을 그들이 담당하였을 것으로 짐작하고도 남는다.

　이러한 배경에서 나온 이야기가 제주도 공격설이다. 그 내용인 즉슨, 1617년 1월에 송환된 진주 유생 신응창의 보고에 의하면 사쓰마에는 이문장이라는 인물이 있는데, 그는 임천의 양반 출신으로 처음에 사쓰

6 『광해군일기』(광해 9년 4월 계축 조).
7 『광해군일기』(광해 9년 5월 계사 조).

마에 있을 때 흉당을 모아 병을 사쓰마에 청하여 제주도를 노략질하려 하였지만 시마즈 씨는 이를 야단쳐 허락하지 않고 그를 오사카 성으로 이송했다는 것이다.[8] 물론 이러한 사건이 진실인지 아닌지 알 수는 없지만 이문장이 병력을 이끌고 제주도를 공격하겠다는 이야기는 숙련된 조선인 병력을 배경으로 나온 것임은 충분히 예상할 수 있다.

## 4. 무사가 된 조선포로

이들 가운데는 사쓰마 번에서 출세를 하여 무사가 되는 자들도 있었다. 특히 조선에서도 양반계층의 출신이고, 또 한문학 혹은 의술에 정통해 있거나, 전문적인 기술을 가진 사람이면 무사로서 발탁될 수 있었다. 이러한 그들은 번에서 임명되는 무사가 되어 세습적으로 그 직을 유지하면서 일본에서 살 수가 있었다. 이러한 예도 사쓰마 번에서 얼마든지 찾아볼 수 있었다. 다시 말하여 이들도 또한 지식계층에서 일을 해야 할 부족 부분을 메꾸어 주는 인적 자원으로서 활용된 노예출신 관료들이었던 것이다. 여기에 속하는 구체적인 사례들을 들어보면 다음과 같다.

### 4.1. 다네가시마의 이노모토가의 사람들

다네가시마의 니시오모테 시西之表市에는 이노모토井元라는 성씨를 가진 사람들이 살고 있다. 이들은 조선포로의 후예들이다. 이들 집안에

---

8 『비변사등록』(광해 9년 정월 9일 을해 조).

보존되어 있는 「유서서由緒書」에 의하면 그들의 시조인 료잠了潛은 1593년(문록2) 조선국에서 태어났으며, 어머니의 성씨는 모른다고 기록하고 있으나, 그의 아버지에 대해서는 남원성장보국숭록대부南原城將輔國崇祿大夫이며, 1597년 정유재란 때 고니시 유키나가小西行長 군대에게 포로가 되었다고 적고 있다. 이를 토대로 그들은 당시 남원부사가 임현任鉉이었으므로, 임현이 그의 시조일 것으로 추정하고 있다. 만일 이것이 사실이라면 그들의 시조인 료잠은 5살 때 포로가 된 셈이다. 즉, 그도 데루마로서 잡혀간 사람 중의 한 사람이었던 것이다.

임현의 본가인 풍천임씨 중앙종친회에서도 이를 인정하고, 현에게는 익지翼之와 계지繼之라는 2명의 자식이 있는데, 계지의 아들 공鞏의 후손들은 오늘날까지 건재하나, 계지의 아들 화華와 담曇 중 어느 한 사람이 일본군에 인질로 잡혀가 다네가시마의 이노모토 집안의 시조가 되었을 것으로 보고 있다.[9]

이러한 가계의 이력을 가진 사람이었기에 료잠은 비록 포로가 되어서도 고니시 유키나가로부터 소홀히 다루어지지 않았으며, 성장한 후 무사 대우를 받을 수 있었다. 이들이 다네가시마로 본거지를 옮기지 않을 수 없었던 것은 고니시 가문의 멸망과 관련이 있다. 즉, 세키가하라 전투에서 고니시 가문이 멸망하자, 이들의 안위를 걱정한 고니시의 가신이 료잠의 일을 걱정하여 조선인들을 많이 데리고 있는 사쓰마 번을 추천하였기 때문이다. 이로 인하여 그들은 가고시마로 거주지를 옮겼고, 다시 그곳에서 다네가시마가의 가신인 와타나베가渡邊家에 몸을 의탁하게 되어 다네가시마에 정착하게 된 것이다.[10]

---

9 豊川任氏中央宗親會, 「失われた血族井元家を發見して」(개인자료), p.2.
10 尹達世, 『四百年の長い道』(リーブル出版, 2003), pp.96~97.

료잠에 이어 2대인 정사는 가고시마에서 사업을 시작하여 세도우치와 오사카까지 상권을 확대하는 등 크게 활약을 했고, 3대는 가고시마에서 다네가시마 히사토키種子島久時의 가신이 되었으며, 4대는 큰 배들을 만들어 사업을 했는데, 가장 큰 배는 서경환西京丸이었다. 그 배가 얼마나 컸었는지 오사카의 아지가와지리安治川尻에는 그 배를 정박시키는 장소가 별도로 있을 정도였다고 한다.[11]

임현의 후손 이노모토 마사루 씨

현대에 접어들어서 이노모토 집안에서는 니시노오모테시西之表市의 시장을 배출하기도 하였는데, 그의 이름은 이노모토 마사루井元正流이다. 그는 1913년 출생으로서 도쿄 의과대학을 졸업하여 고향인 다네가시마로 돌아와 개업하여 활동하다가 그 후 정계에 입문하여 니시오모테시의 시장에 당선하여 3기나 연속 역임했다. 그리고 선조의 뿌리에도 관심이 높아 2001년 10월 16일 가족과 함께 한국을 방문하여 선조인 임현의 묘에 참배하였고, 이것이 계기가 되어 2003년 한국에서도 임씨들이 그가 사는 타네가시마를 방문하기도 했다. 그는 2008년 7월 8일 급성폐렴으로 95세의 일기로 사망했으며, 장례는 시장市葬으로 치러졌다. 그가 시장 재임 중 다네가시마 개발종합센터鉄砲館를 건설하고 다네가시마의 관광발전에 기여했을 뿐 아니라 향토사가로도 활약한 것으로 평가되고 있다. 그리고 니시오모테시의 구가미国上 가미후루타上古田 어항 입구에

11 尹達世, 앞의 책, pp.10~101.

있는 에비스 신사의 우측에 그를 현창하는 기념비가 세워져 있다. 이 비는 주민의 숙원사업인 가미후루타의 항만공사를 시장 재임 중 국고의 지원을 받아 이를 해결한 것에 대한 감사의 표시로 주민들이 1989년에 세운 것이다. 이처럼 도서지역인 다네가시마에 포로로 잡혀간 조선인의 후예가 눈부신 활약을 하고 있다.

## 4.2. 사쓰마의 한학자 강위천

무사의 신분으로 살았던 사람 가운데 강위천은 가고시마의 역사에서 도 유명하다. 그에 관한 기록은 여기저기서 발견되는데, 그 대표적인 기록으로『선년조선피소도유장先年朝鮮被召渡留帳: 先年朝鮮より被召渡留帳』,『서번야사西藩野史』,『성향집成香集』그리고『칭명묘지비고稱名墓志備考』등을 들 수 있는데, 이를 통해서 그의 행적을 어느 정도 추적할 수 있다.

『선년조선피소도유장』은 1598년 17대 번주 시마즈 요시히로島津義弘에 의해 납치되어 일본으로 건너가는 80여 명의 포로들에 관한 기록이다. 그리고『서번야사』는 1760년에 도쿠노 미치아키得能通昭가 쓴 사쓰마 번의 역사서이고,『성향집』은 1770년에 겐이 모리카源惟盛香가 16대 번주 요시히사義久부터 20대 쓰나다카綱貴까지 가신들의 명언과 선행집을 모은 것이다. 그리고『칭명묘지비고』는 1814년 혼다 치카자네本田親孚가 편찬한 것으로 사쓰마 번의 주요인물의 약전을 기술한 것으로,「정편」에는 640명,「비고」에는 160명,「보유補遺」에는 240여 명이 수록되어 있는데 강위천은 비고란에 적혀 있다.

그중 먼저 강위천이 어떤 연유에서 일본군에 납치되어 일본 가고시마에 가게 되었는지에 대해 알아보기 위해『선년조선피소도유장』의 기록을 살펴보기로 하자. 그것에 의하면 그가 일본에 가게 된 유래를 다음과 같이 설명하고 있다.

가고시마에 도착한 사람의 성씨 수는 부지기수였으며, 그 수는 약 20 여 명이었는데, 그중 김광, 강위천, 이광춘이라는 자도 그 속에 들어 있었다. 김광은 조선국왕의 친족이었기 때문에 고국으로 돌아갔고, 이광춘은 아내가 없어서 그 뒤가 끊어지고 말았다. 그러나 위천은 그 후 성씨를 마에가와前川로 하였다.[12]

여기에서 보듯이 이 기록은 그가 조선의 어느 지역출신인지에 대한 기술이 없다. 그러므로 그의 고향이 어디인지 알 수 없지만, 그가 정유재란 때 시마즈 군에 납치당하여 20여 명의 동족들과 함께 가고시마를 가게된 것은 확인할 수 있다. 그 속에는 김광, 이광춘이라는 자의 이름도 보인다. 이들과 함께 일본으로 끌려간 그는 어떤 이유에서인지 강씨 성을 버리고 마에가와라는 성씨를 사용했음을 확인할 수 있다. 기록상으로 나타나는 그의 일본 이름은 마에가와 이센前川爲仙이었다. 그의 본명이 위천이었기 때문에 그와 같은 발음이 나는 위선으로 했고, 또 성씨가 강씨였기 때문에 강이라는 뜻과 발음이 들어가는 '천川' 자를 골라마에가와라는 성씨를 삼은 것 같다.

이러한 강위천前川爲仙에 대해 『서번야사』와 『성향집』 그리고 『칭명묘지비고』에는 다음과 같이 묘사되어 있다.

---

12 大武進, 『薩摩苗代川新考』(個人出版, 1996), p.93.

번주인 미쓰히사光久의 유년시절의 시독, 시부의 스승으로서 발탁되었다. 다시 말하여 앞으로 절대 군주가 되는 자의 가정교사가 되었던 것이다. 더군다나 조선출신 사무라이들은 한 명도 귀국하지 않았다고 했다. 이는 시마즈에 있어서 사족에 대한 대우가 얼마나 높았던가를 보여주는 일이다. 장이친은 이러한 대우를 받는 사무라이 가운데서도 권력의 최측근에 있었다. 이러한 사회적 신분지위는 고향으로 향하는 그의 발을 묶어 놓았을 것으로 해석된다.

이러한 그의 지위로 보아 그는 한학에 대한 지식이 풍부한 조선 유생 출신이었으며, 이러한 능력을 높이 평가한 시마즈번은 그를 추대하여 학문적 스승으로 삼았을 것으로 보인다. 또, 그가 사쓰마 번으로 받은 녹은 62석이었다.

그리고 그에 관한 기록이 『본번인물지本藩人物誌』와 『인물전비고부록人物傳備考付祿』에서도 보이는데, 이 두 문헌의 내용도 앞의 것들과 대동소이하나, 다만 다른 것이 있다면 전자의 경우 그가 의도醫道에도 밝았다고 했고, 후자의 경우에는 그의 대를 이은 후손들이 번의 무사로서 활약을 했다고 하고 있는 것이다. 다시 말하여 그는 한학뿐만 아니라 의술에도 정통해 있었으며, 또 그의 후손들은 그가 받았던 사족의 대우를 그대로 받았다는 것이다.

그는 1643년에 번으로부터 조선인들을 총괄 감독하는 고려인주취高麗人主取를 맡아달라는 번의 부탁을 에도에서 근무하여야 한다는 이유로 그 직을 사양했다. 아마도 자신이 사회공직에서 물러날 때를 잘 알았던 것 같다. 그 이후의 활동상황에 대한 기록이 잘 나타나지 않는 것으로 보아 조용히 생애를 마감한 것 같다. 그의 손자로는 마에가와 구타치前川久宅가 있었다. 1659년의 「녹부만치고장鹿府万治高帳」에 의하면 그는

153석의 녹을 받았다고 되어 있다. 그의 선조 강위천이 받았던 62석에 비한다면 엄청난 양으로 늘렸음을 알 수 있다. 그 원인에 대한 구체적인 기록이 없어 자세한 것은 알 수 없지만, 그 사이에 강위천의 후손들은 번에 많은 공적을 쌓았는지 모른다. 그만큼 그들의 노력이 있었던 것으로 보인다.

그리고 1872년 당시 조선인 관리였던 차금원車金圓, 박수열朴壽悅 등이 □□산 「□씨 □□□」 □□□渡申市記(前之原)」에 "위천의 후손은 대대로 마에가와라는 성씨를 사용하며 지금도 있다."라고 기록하는 것으로 보아 그의 후손들은 메이지기에 이르기까지 가고시마에 살고 있었음을 알 수 있다.[16] 이처럼 강위천에서 시작한 가고시마의 마에가와 가문은 □□가 □□ □□의 □□으로 이래 대대로 □고 □□서 가고시마에서 살았던 것이다.

### 4.3. 하치가이 이치자에몬蜂飼市左衛門

사족으로 대우 받았던 조선인 포로들 가운데 매우 독특한 신분의 사람도 있었다. 꿀벌을 채취하는 기술을 가진 하치가이 이치자에몬蜂飼市□□□□가 □□이다. □□ 대해서 □□□시 □있고 □ 전하하지 않다. 그리고 그의 본명도 알려진 바가 없다. 그러나 그의 이름에서 보듯이 그가 일본군에 납치된 것은 벌꿀과 관련이 있음을 짐작할 수 있다. 즉, 그의 이름이 벌을 키우는 사나이 이치우에몬이라는 뜻이기 때문이다.

그의 이름에서 보듯이 그는 실제로 벌꿀을 채취하는 양봉사였다. 그

16 大武進, 앞의 책, p.98.

야말로 조선에서는 지극히 평범한 평민임에 틀림없다. 그러나 그의 벌꿀 제조 기술의 가치를 충분히 알고 있었던 요시히로는 그를 납치하였으며, 그를 가고시마로 데리고 가서 가지키加治木의 성 아래 1단여보의 택지를 제공하여 봉밀시험장을 만들게 하고는 벌꿀을 생산케 하였던 것이다.

이러한 투자에 만족하였는지 그는 열심히 일을 하였던 것 같다. 왜냐하면 1643년 사쓰마 번에서는 그의 가족을 사족으로 신분으로 올려주고 있기 때문이다. 그 이후 그들은 벌을 키운다는 의미의 하치가이라는 성씨를 버리고 오가와小川라는 성씨로 바꾸었다. 그리고 거주지도 가고시마로 이주하였다. 이처럼 일본에서는 특수한 전문기술을 가지고 있는 사람도 얼마든지 신분의 벽을 넘어 사족이 될 수 있었다. 그러면 번으로부터 녹을 받아 생활에 크게 어려움이 없게 되는 것이다. 그리고 그의 직은 후손들에게 승계되기 때문에 우리의 과거제와는 크게 다르다. 이러한 생활을 잘 알고 있는 사족이 된 조선인들은 자신의 사회적 지위를 버리고 고국으로 돌아가기란 여간 어려운 것이 아니었다.

## 4.4. 무사의 아내가 된 조선 여인

조선인 포로들 가운데 무사의 아내가 되는 여인들도 있었다. 그러한 대표적인 예로 마쓰노松野와 고려할머니라는 여인들을 들 수 있을 것이다. 마쓰노는 센다이川內의 구마노죠隈之城의 야마우치 아와지모리山內淡路守가 조선에서 데리고 간 여인으로 조선 이름은 알 수 없다. 그녀는 조선에서 야마우치와 부부가 되어 살다가 그가 귀국할 때 따라간 것이었다. 그들 사이에는 하야키치早吉라는 아들이 한 명 있었는데, 그는 구마노죠에서 살았다고 전해진다. 그녀의 남편 야마우치가 조선에서 귀국한 다음 무코다向田의 지토가리야모리地頭假屋守로 임명되어 정처와 함께 생활하고 있었던 것을 보면 마쓰노는 정처가 아닌 후처였음을 알 수 있다. 그 후 마쓰노와 하야키치의 모자는 어떻게 되었는지 가고시마의 기록에서 자취를 감추어 알 길이 없다.[17]

이에 비해 고려할머니라 불리우는 여인도 포로로 잡혀간 여인이었다. 그녀는 히라사平佐의 하라다 다이토原田帶刀라는 무사의 아내가 되었다. 그녀의 남편 다이토는 자진하여 자기의 배로 조선으로 출전한 자로 귀국 후 센다이의 미야자키宮崎에 살면서 1627년 4월 16일에 세상을 떠난 사람이다. 남편 다이토를 만나게 된 것은 조선에서인지, 아니면 일본에서인지 명확하지 않다. 남편이 죽자 고려할머니는 남편의 동생 겐자에몬源左衛門에게 의지하여 여생을 보내다가 임종 때 "내가 죽거든 유해는 조선이 보이는 높은 언덕 위에 묻어달라."라는 유언을 남겼다고 한다.[18]

그녀의 남편 다이토에게는 자식이 두 명이 있었다. 한 명은 그의 적자 나가기요長淸이고, 또 다른 한 명으로는 휴가日向의 만가다馬關田에 사는 이케다池田 집안에 시집간 딸이 있었다. 나가기요는 1599년에 발발한 내분전쟁庄內之亂에 참가한 백부 센사에몬과 함께 참전하는 것을 보면 고려할머니의 자식이 아님은 분명하다. 만일 그녀에게 자식이 있었다면 이케다 집안에 시집간 다이토의 딸일 것으로 추정된다. 왜냐하면 계보에 그녀의 어머니에 대해서는 아무런 설명이 되어 있지 않기 때문이다.

---

17 『川內市史古文書編』, 「國分氏由緖書」, p.194.
18 木場武則, 「高麗渡來人 高麗ばさんのこと」, 『川內歷史散步』, p.7. 그녀가 묻혔던 산은 현재 채토장이 되어 점점 깎여 없어졌기 때문에 후손들이 그녀의 무덤을 산 아래 길 가로 옮겼다. 그녀의 무덤은 지역민들은 흔히 고려묘라 부르고 있다.

이로 말미암아 고려할머니도 다이토의 정처가 아닌 후실이었음이 분명하다. 더군다나 계보상으로도 이름을 올리지 못하고 다만 고려할머니라는 별명만 가지고 있었던 그녀의 일본에서의 삶은 결코 평탄하지만은 않았을 것이다. 그녀가 남편이 죽자 시동생에게 자신의 몸을 의탁했고, 또 죽을 때는 고향을 그리워하면 죽었던 그녀의 노후와 마지막 순간에서 그녀의 삶의 한 단면을 엿볼 수 있을 것이다.

이처럼 포로 출신 여성 가운데 일본의 지배계급인 무사와 부부가 되는 사례도 적지 않으나, 그들의 대부분이 정처가 아닌 후실이었음을 여기에서도 확인이 된다. 이처럼 그들이 가지고 있는 사회적 신분은 매우 안정되지 못했던 것이다.


## 5. 귀국하는 가고시마의 조선포로

이러한 포로들에 대해서도 조선의 조정에서는 고국으로 쇄환하려고 힘썼다. 1610년 4월에 송환된 진주출신 교생 정방경은 "자신은 정유왜란에 지리산 근처에서 왜군에 잡혀 사쓰마로 끌려갔는데, 그곳에 포로가 가장 많다. 경상감사나 병사의 군관 한 사람만 보내도 수천 명은 충분히 찾아 송환해 올 수 있을 것이다."[19]라고 하면서 그들의 송환을 촉구하고 나선 것이었다. 이처럼 가고시마의 조선포로를 데리고 오자는 여론이 강하게 일고 있었다.

그러한 가운데 탈출하는 자들도 생겨났다. 그 대표적인 예가 함평의

---

19 『광해군일기』(광해 2년 4월 을미 조).

선비 노인魯認이었다. 그는 여러 번 탈출을 시도하였으나 실패했다. 그러다가 1599년 3월 17일에 가고시마에서 중국으로 탈출하여 고국으로 귀국하는 사람도 있었다.

그 반면 정식 외교를 통하여 고국으로 돌아오는 자들도 있었다. 여기에 속하는 자가 김광金光이라는 인물이었다. 그는 어떤 연유에서인지 일본 측에서 조선국왕의 친족으로 인식되어진 인물이었다. 그의 성씨로 보아 물론 그는 조선의 왕족이 아니다. 그는 원래 경상도 하동의 유생이었다. 그가 왕족으로 간주되었던 것은 어쩌면 고국으로 돌아가기 위한 방편으로 신분을 위장을 하였을 가능성도 있다. 실제로 앞에서 든 가사노하라笠之原의 「先年朝鮮より被召渡由來記」에는 그의 이름이 이금광으로 되어 있기도 하다.

이러한 그의 노력이 헛되지 않았는지 그는 1604년에 무사히 조선으로 돌아왔다. 그의 이름이 『조선왕조실록』의 선조 37년(1604)에 대마도의 귤지정이 그에게 보낸 서한과 그가 선조에게 바친 상소문이 소개되어 있다. 그것에 의하면 전쟁이 끝나고 대마도 측은 조선과의 국교가 하루 빨리 이루어지기를 김광에게 협조를 구하고 있고, 또 이에 김광은 선조에게 상소문을 올리는 것으로 되어 있다. 대마도 측은 국교를 정상화하기 위해 사신을 일본으로 보내지 않으면 이에야스가 불만을 가져 재침을 할 가능성이 높다고 은근히 부추기고 있고, 이를 받아들인 김광도 그에 찬성하며, 상소문을 조정에 올리고 있다. 즉, 지금까지 자신이 겪었던 일본의 사정을 상세히 알리고, 조선과의 통교하려는 도쿠가와 이에야스德川家康의 의지를 전달했다. 그는 대마도 측의 의견과 마찬가지로 만일 일본의 요청을 거절하면 다시 침범해올지 모른다고 하며 통신사의 파견은 목전에 둔 우리로서는 화를 면하는 긴급 방책이라고 주장했다.[20] 이러한 그의 주장은 전쟁의 상처가 너무나 컸는지 일본에 강한 반감을 가진 중신들에게 받아들여지지 않았고, 그에 대한 비판도 거세게 일어나 그 일로 인해 정주로 귀양을 가야했다.

그러나 그의 의견은 완전히 무시된 것은 아니었다. 조선은 일본의 재침을 우려하여 사명 대사 유정을 일본에 파견하게 되고, 유정이 이에야스와 교토에서 만나는 회담이 이루어진 다음 양국의 국교정상화는 급물살을 타게 되어[21] 드디어 1607년에는 조선통신사의 파견이 결정난다. 이처럼 김광은 한일국교정상화에 크게 기여한 인물이었다.

함평의 노인과 하동의 김광의 예에서 보듯이 포로들 가운데 특히 양반출신들은 고향으로 돌아가고 싶은 욕구가 대단했다. 그리하여 사쓰마에 있는 자신들을 구해달라고 호소하는 포로들도 생겨났다. 그러한 예가 조선통신사들의 기록에서 자주 보인다. 가령 경섬의 『해사록』에 은진출신 선비 김유생의 이야기가 서술되어 있다. 그는 조선통신사가 일본으로 간다는 소문을 듣고 사쓰마에서 길을 떠나 2개월이나 걸려 통신사가 있는 교토에 도착한 것이었다. 그리고는 사쓰마에 있는 피로인 사족의 연명으로 그 슬픈 사정을 호소한 서한을 통신사 측에 전하였다. 이에 사절 측은 그에게 예조의 유문 한 통을 주어 이를 가지고 피로인들을 데리고 오라고 권유하고 있는 것이다.[22] 이처럼 사쓰마에서 머나먼 길을 여행하여 자신들이 송환되기를 원하는 서한을 조선을 대표하는 통신사 측에 전달하여 외교를 통해 자신들을 구해달라고 하소연하는 경우가 있었다.

---

20 『조선왕조실록』(선조 37년 갑진 2월 무신 조).
21 閔德基, 『前近代東アジアのなかの韓日關係』(早稲田大學出版部, 1994), pp.155~158.
22 경섬, 「해사록」, 『고전국역총서 해행총재』 3(민족문화추진회, 1989), p.102.

한편 이러한 사건도 있었다. 조선포로가 모시고 있는 주인과 함께 외지로 볼 일을 보러 갔다가, 조선통신사를 만나 귀국을 희망하는 사람도 있었다. 이경직의 『부상록』에 의하면 사쓰마에 있던 가네쿠라金藏라는 조선인이 바로 그러한 사람이었다. 그는 주인인 왜인과 함께 교토에 갔다가, 조선 통신사들이 그곳에 가있다는 것을 듣고 주인에게 돌아갈 것을 요청해 허락을 받았다고 했다.[23] 이때에도 조선통신사 측은 가네쿠라에게 사쓰마에는 피로인이 많다는 말을 듣고 그로 하여금 유시문諭示文을 주면서 포로들을 모집하여 오면 중상을 내리겠다고 하며 쌀 1섬을 여행 경비로 주었다.[24]

이처럼 사쓰마에 있는 조선인 포로 가운데는 귀국을 희망하는 사람들도 많았고, 또 그에 따라 조선 측에서도 송환하려고 노력한 흔적들이 이상의 기록을 통해 엿볼 수 있다. 이로 말미암아 귀국하는 자들도 있었는데, 그에 대한 흔적이 앞에서 본 『서번야사』와 『성향집』에서 약간 찾아볼 수 있다. 즉, 앞에서 본 『서번야사』의 기록에서 보듯이 이와쓰루기에서 초암을 짓고 살고 있는 출가한 조선인 승려 30여 명이 요시히로의 허가를 받아 귀국했다 하고, 또 『성향집』에서도 출가한 사람들은 모두 주인에게 허락을 받아 돌아가지 않는 사람은 없었다는 기록이 바로 그러한 것을 나타내고 있는 것으로 볼 수가 있기 때문이다.

23 이경직, 앞의 책, p.102.
24 이경직, 앞의 책, p.103.

## 6. 맺음말

이상에서 살펴보았듯이 가고시마에는 조선인 포로가 3만 7백여 명이나 되었다고 하듯이 임란과 정유재란으로 인해 생겨난 엄청난 수의 조선인들이 살고 있었다. 그들 속에는 도자기를 굽는 도공만 있는 것이 아니라, 각종 다양한 부류의 사람들이 있었다. 특히 나이가 어리고 젊은 남녀포로들은 데루마, 가쿠세이라 불리기도 했다.

이들을 쇄환하려는 조선 측의 노력이 있었지만 그들 중 조선으로 돌아온 사람들은 얼마 되지 않는다. 가고시마에 남은 조선인들은 다양하게 활용했다. 어떤 이는 노예와 같은 신분으로 사는 사람이 있는가 하면, 병술을 익혀 사쓰마의 잡병이 된 자들도 있으며, 또 그중에서는 자신의 능력을 인정받아 무사로 출세하는 사람들도 있었다. 특히 사족이 된 자들은 3가지 부류가 있었다. 하나는 조선에서도 이미 그의 신분이 양반이어서, 한문에 정통해 있어서 그들에게 학문적 스승이 되는 것이며, 둘은 의술 혹은 양봉과 같이 전문적인 기술로 인해 발탁되는 경우가 있었던 것이다. 그리고 셋은 여성으로서 무사와 결혼하는 경우이다.

1597년(慶長2) 조선군에게 포로가 된 일본인 가운데 후쿠다 간스케福田勘介라는 자가 있었다. 그는 일본군이 조선인을 포로로 잡아가는 이유에 대해 다음과 같이 진술을 했다. "일본의 경작인 즉, 백성을 병사로 한반도에 투입하고, 나아가서 명나라를 칠 예정이므로 이로 말미암아 빠지는 노동력을 보충하기 위해 조선인 포로를 일본에 보낸다."라고 한 것이다.[25] 여기에서 보는 것처럼 조선인 포로들은 확실히 그들이 필요

---

25 中野等, 「풍신수길의 대륙침공과 조선인 도공」, 한일관계사학회 편, 『한·일 도자문화의 교류양상』(경인문화사, 2005), p.62에서 재인용.

한 노동력을 보충하는 중요한 자원이기도 했다.

　이러한 그의 말은 가고시마(사쓰마)의 조선포로들에게 있어서 틀린 말이 아니었다. 그러나 그들의 일본정착은 단순히 부족한 노동력을 보충하기 위함이 아니었다. 그 범위는 훨씬 넓고 큰 것이었다. 그들은 가고시마가 필요로 하는 분야 즉, 노예에서 잡병, 무사, 의사, 양봉 그리고 일본인 아내까지 실로 다양한 분야에 활용되고 있기 때문이다. 그러했던 만큼 이들이 가고시마에 남긴 문화적인 흔적도 많이 남아 있을 가능성이 있다. 만일 그러한 것들이 있다면 앞으로 여기에 대한 연구도 게을리해서는 안 될 것이다.

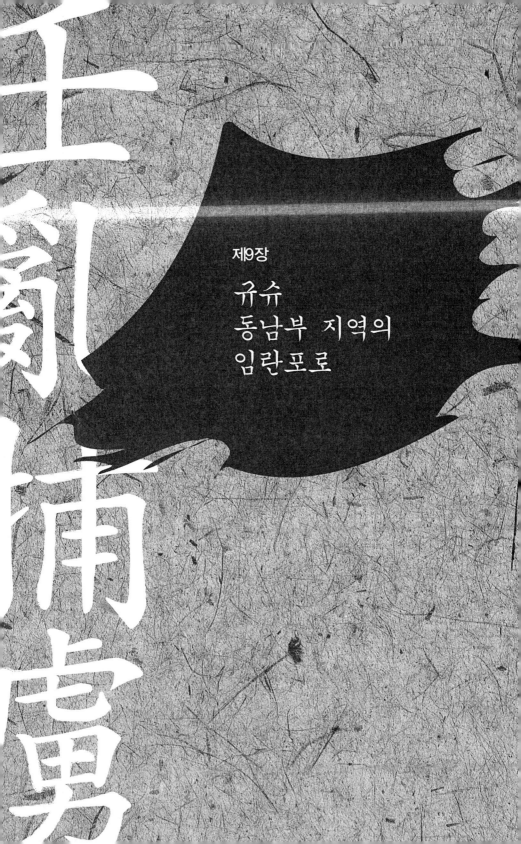

제9장

규슈
동남부 지역의
임란포로

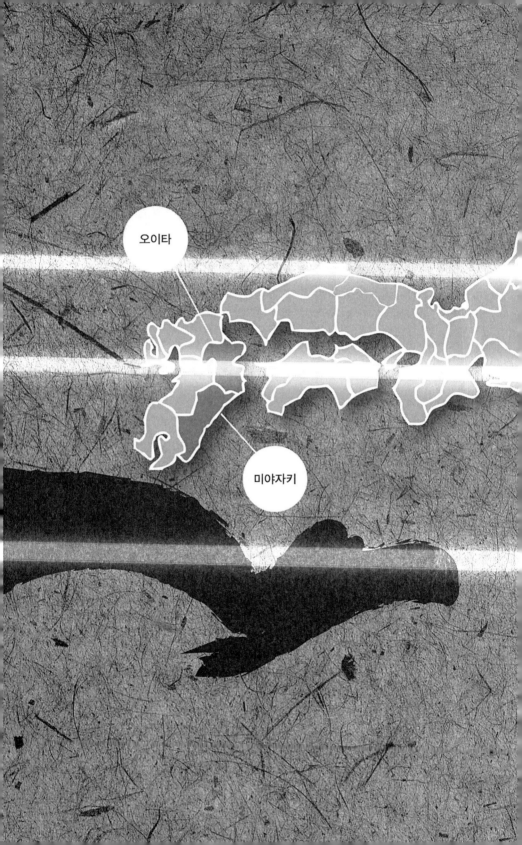

## 1. 머리말

임진과 정유의 왜란으로 조선으로 침략한 일본병사들은 일본 열도 가운데서도 규슈지역 출신들이 제일 많다. 그러므로 규슈 전역에 걸쳐 포로로서 일본에 살아야 했던 조선인들의 이야기를 흔하게 들을 수 있다. 그런데 참으로 이상한 것은 그 이야기들이 규슈 전역 중 비교적 서 남쪽에 위치하는 나가사키長崎, 사가佐賀, 구마모토熊本, 가고시마鹿兒島 등지에서는 비교적 풍부하게 전승되어지는 것에 비해, 동남쪽에 위치한 오이타大分, 미야자키宮崎 등지에서는 좀처럼 발견되지 않는다는 점이다. 그렇다고 해서 이 지역의 영주들이 조선 침략을 하지 않은 것은 아니다. 이 지역의 영주들도 군사를 이끌고 전쟁에 참여했기 때문에 당연히 그 들의 지역에도 타 지역과 마찬가지로 그들이 납치해간 조선인 포로들이 대거 살았음에 틀림없다.

그러한 영향 탓인지 지금까지 연구 성과도 전자에 비해 후자는 훨씬 적다 못해 거의 없다고 해도 과언이 아니다. 그렇다고 해서 전혀 없었던 것은 아니다. 그것은 한국 측 보다는 일본 측 연구자들에 의해 조금씩 이루어지고 있다. 그 대표적인 예가 나이토 슌보內藤儁輔,[1] 윤달세尹達世,[2] 핫토리 히데오服部英雄,[3] 나카무라 다다시中村質[4] 등의 연구를 들 수 있을 것이다. 이 분야의 선구자라 할 수 있는 나이토는 1960년대에 오이타 지역을 탐방하여 이곳의 도공과 사무라이로 출세한 조선인 포로들을 발견한 것이다. 그에 비해 재일교포 윤달세도 임란과 관련된 주제로 일본 전역을 답사하여 엮은 그의 저서에서 후쿠오카, 오이타, 미야자키 등지에 흩어져 있는 조선인 피랍인들을 찾아내고 있다. 이에 반해 핫토리는 외국인(중국인, 조선인)들이 건설한 마을에 관심을 가지고 연구하는 과정 속에 한국인들이 만들어 낸 당인정唐人町, 고려정高麗町에 대해 언급하고 있다. 그리고 나카무라는 오이타의 문헌조사를 통하여 임란포로들의 가계를 소개한 적이 있다.

이처럼 이상과 같은 일련의 연구에서 보듯이 일본 측에서도 이 지역의 조선인 포로들에 대해 단편적으로 소개되고 있을 뿐 본격적인 연구가 이루어지지 않고 있음을 알 수 있다. 비록 이러한 글들이 탐방 및 답사 기행문 형태를 띠고 있지만 이 지역의 조선인 포로들에 대한 중요

1 內藤儁輔, 「被虜人資料探訪記」, 『文祿, 慶長役における被虜人の研究』(東京大出版部, 1976), pp.721~724.
2 尹達世, 『四百年の長い道』(リーブル出版, 2003), pp.54~83.
3 服部英雄, 「前近代日本のチャイナタウン, コリアンタウン」, 『바다와 인문학의 만남, 동북아세아, 동아시아일본학회 연합 국제학술대회 프로시딩』(동북아세아문화학회, 2008), pp.3~8.
4 中村質, 『近世對外交渉史論』(吉川弘文館, 2000), pp.30~39.

한 자료가 되고 있음은 누구도 부정하지 못할 것이다. 이에 본 장에서는 기존의 자료들을 토대로 조각난 편린을 맞추어 오이타, 미야자키 지역에 있어서 전해지고 있는 임란포로의 전체상을 그려보는 데 그 목적이 있다. 그러므로 여기서는 분석적인 논고가 아니라 지역에 흩어져 있는 사료들을 파악하고 정리하여 소개하는 기초자료조사적인 성격임을 밝혀두는 바이다.

## 2. 오이타大分의 조선포로

오이타 현大分縣은 규슈의 동북부 지역에 위치한 지역으로 우리에게 익히 잘 알려진 벳푸別府, 우사宇佐 등이 있는 곳이다. 중세에는 오토모 씨大友氏가 이 지역을 중심으로 세력을 펼치고 있었고, 그중 한 사람인 오토모 소린大友宗麟(1530~1587)이 청나라와 포르투갈과의 교역을 활발하게 펼침으로써 서양문화의 꽃을 피우기도 했으며, 그 자신도 천주교의 세례를 받은 천주교도였다. 이 지역에 있어서 임란포로에 관한 이야기는 우스키臼杵, 사이키佐伯, 다케다竹田(=岡), 모리森(=玖珠) 등지에서 문헌을 통하여 전해 오고 있다. 그에 관한 구체적인 사례들을 살펴보기로 하자.

### 2.1. 우스키의 조선포로

오이타 현의 동해안에 위치해 있는 우스키는 석불군石佛群으로 유명하지만 임란과 결부시켜보면 오토모 요시무네大友義統(1558~1610), 오타

가즈요시太田—吉(?~1617), 이나바 사다미치稲葉貞通(1546~1603) 등 이곳의 무장들이 대거 조선으로 출병했다. 6천여 군사를 이끌고 조선으로 간 오토모는 1593년(文祿2) 명군에 의해 포위된 고니시 유키나가小西行長로부터 구원요청이 있었으나, 유키나가가 전사했다는 오보를 믿고, 봉산성鳳山城을 버리고 후퇴하는 바람에 히데요시에게 영지몰수와 함께 처형을 받은 인물이다. 그리고 오타는 임진왜란 때는 진주성 전투에 참가했고, 정유재란 때는 남원, 울산의 전투에 참가한 무장이었다.

특히 그가 정유재란 때는 종군승從軍僧으로서 안양사安養寺의 승려 경념慶念을 대동하여 조선으로 출병했다. 일기의 형태로 임란의 참혹함을 노래로 엮은 『조선일일기朝鮮日日記』의 저자가 바로 경념이다. 그의 8월 8일의 일기에는 "조선인의 아이를 왜군이 잡아가자 놓아 달라고 애원하는 아버지를 칼로 찔러 죽이니 비참하기 이를 데 없었다."라고 기록했고,[5] 또 11월 19일의 일기에는 "일본으로부터 많은 나라의 상인들이 왔는데 그중에는 인신매매人身賣買 상인들도 끼어 있었다. 그들은 일본군 부대의 뒤를 따라다니면서 남녀노소를 가리지 않고 사람을 사가지고 줄로 목을 묶고 뒤에서 지팡이로 두들기며 걸음을 재촉한다. 이것을 보면 마치 지옥에서 죄인을 못살게 하는 나찰羅刹과도 같다."라고 기술하고 있다.[6] 즉, 일본군들은 전쟁을 수행하면서도 비전투요원인 어린 아이들을 포함한 남녀노소의 조선인들을 잡아다 해외의 노예상인들에게 팔아넘겼던 것이다.

이같은 기록을 남긴 경념이 살았던 우스키에는 어떠한 조선포로들이 있었을까? 우스키의 지배자인 이나바 씨稲葉氏의 가계를 기록한 『도엽가

5 慶念, 『朝鮮日日記』 8월 8일.
6 慶念, 『朝鮮日日記』 11월 19일.

보稲葉家譜』(권6)에 의하면 "이나바 사다미치稲葉貞通(1546~1603)의 가신이 조선에서 관인의 아들인 것 같은 소년을 구하고 귀국 시 데리고 와서 기쿠무라 자사부로菊村左三郎라고 이름을 지었다."라고 짤막하게 서술하고 있을 뿐 그를 알 수 있는 상세한 정보가 담겨져 있지 않다. 그에 대해 1802년에 편찬된 『구양씨족지日陽氏族誌』(권5)에는 그의 가계에 대해 비교적 자세히 서술되어 있다.[7]

1세인 자사부로는 고려인 진씨陳氏라고만 표기해 놓고 있다. 따라서 그의 조선의 성씨가 진씨임은 추정할 수 있으나, 본관과 고향도 미상이며, 그리고 오타 또는 이나바 중 누구의 포로였는지도 알 수 없다. 그러나 그가 우스키에서 무사계급이 될 수 있었던 것은 조선의 관인의 아들이라는 신분이 중요하게 작용했다. 그에게는 아들 한 명과 딸 한 명이 있었다. 아들 현동玄洞은 의사로 마스다 규자에몬나오마사益田久左衛門直政의 딸과 결혼하였고, 딸은 기라 가쿠다유吉良角太夫와 혼인을 하였다.

2세인 현동에게는 딸 2명과 아들 3명을 두었는데, 한 명의 딸은 뉴우丹生의 구죠촌장久所村長과 혼인을 시켰다. 3세이자 장남인 현백玄伯은 70표俵 3인 부지扶持의 봉록을 받는 의사藩醫가 되었다. 아내는 도미다 센안富田仙庵의 딸이다. 그리고 차남 진지陳之=十三郎도 60표 3인 부지의 봉록을 받았으며, 아내는 가가와 운세쓰加川雲說의 딸이다. 그는 아내를 잃고 다시 같은 집안의 딸을 후처로 받아들였다. 삼남 현선玄仙(처음에는 左十郎이라 함)은 형玄伯이 사망하자 형의 양자가 되었다.

4세로 진지의 자식 지진之陳, 현동玄洞과 딸 한 명이 있었다. 그중 지

7 우스키, 모리, 사이키, 오카번의 조선계 무사집안의 가계에 대한 문헌조사는 中村質에 의해 행하여져, 그 내용이 그의 저서 『近世對外交涉史論』(吉川弘文館, 2000)에 상세히 소개되어 있다. 본고는 이를 근저로 삼고 있음을 밝혀둔다.

진은 부친 진지와 같이 60표 3인 부지의 봉록을 받았다. 5세로는 지진의 아들 아진雅陳이 있었다. 그리고 현선의 아들로는 현동玄洞이 있었다. 현동이 일찍 사망하였는지 그의 가계는 미야케 후지구라三宅藤藏의 아들인 양선養仙이 양자로 들어가 계승된다. 양선은 이름을 현동玄東이라 고쳤으며, 의사로서 50표 2인 부지를 받았다. 6세로는 아진의 아들로는 진상陳常이 있었다. 그는 1762년(寶曆12)에는 어소성御小姓으로 임명되이 50표 2인 부지의 봉록을 받았다. 그리고 양선이 자식이 없어 형의 아들을 양자로 삼아 이름을 현동玄洞이라 했다.[8]

이상에서 보듯이 기쿠무라 가문은 납치 연행된 조선 소년에서 시작되고 있다. 1세인 자사부로는 관인의 아들이라는 신분으로 말미암아 일본에서도 무사 대우를 받았다. 이는 임란포로들이 일본사회에 정착할 때 출신성분이 매우 중요하게 작용하고 있음을 보여주는 예이다. 기쿠무라계의 사람들은 주로 현자를 돌림자로 쓰며, 또 자신의 성씨인 진을 이름에 사용함으로써 조선의 흔적을 남기려고 노력했다. 그리고 혼인대상을 무사집안으로 국한함으로써 무사의 신분을 계속 유지하는 데 성공하고 있다. 이처럼 어린 나이로 포로가 되어 일본에서 살면서 무사계급으로 진출한 사람들도 적지 않았던 것이다.

## 2.2. 사이키佐伯의 소년포로

사이키는 임란 당시 모리 다카마사毛利高政(1559~1628)가 지배했던 곳이다. 모리는 주로 해상 수송의 임무를 맡는 주봉행舟奉行, 군함軍監을

---

8 中村質,『近世對外交涉史論』(吉川弘文館, 2000), p.31.

이끄는 역할로서 조선에 출병하였지만, 그 일이 끝난 후에는 강원도 춘천 방면으로 침략했다. 그때 조선 장수 원호元豪와 백병전을 겨누다가 원호가 휘두르는 철퇴에 맞아 그가 쓰고 있던 투구가 부서졌음에도 불구하고 고군분투하여 원호를 생포했다는 무공담이 전해지고 있다. 정유재란 때에는 이순신이 이끄는 수군과 맞서 싸우다가 탄환이 이마에 맞아 바다에 떨어졌지만, 죽지 않고 겨우 바다에서 구출되어 구사일생으로 살아 도망친 것으로 알려져 있는 인물이기도 하다.[9]

이러한 그가 귀국할 때 납치해 간 도공들은 오로지 어용(번요) 혹은 다이묘大明들 간의 선물로 주고받는 증답용의 도자기만을 생산했다. 이들이 만들어 내는 도자기를 '난고야키波越燒'라 하였으며, 그것은 가고시마의 사쓰마 도자기와 아주 흡사하다고 전해진다. 그러나 오늘날에는 그것이 단절되어 전해지지 않고 있다.[10]

그가 데리고 간 소년들 가운데 쇼안庄庵=小庵이라는 아이가 있었다. 이 소년은 자라서 가지니시 긴자에몬梶西金左衛門이라는 일본 이름으로 사이키 번佐伯藩의 무사가 되었고, 그의 능력을 인정받아 1603년에 봉록 60석이 주어진다.[11] 그에 대한 일화가 보영연간寶永年間(1704~1710)의 문헌인 『다음화茶飮話』에 두 개가 나오는데, 하나는 채찍을 가하는 쇼안이고, 또 다른 하나는 명석한 식견을 가진 쇼안 이야기이다.

전자는 쇼안이 항상 모리 다카마사의 측근에서 일을 하고 있었을 때의 일이다. 다카마사는 성격이 괴팍하고, 또 불같은 성격이어서 혹여 마음에 들지 않는 일이 있으면 사람을 대나무 채찍으로 후려치는 체벌

---

9 尹達世, 앞의 책, pp.54~55.
10 內藤雋輔, 앞의 책, p.722에서 재인용.
11 久多羅木儀一郎, 『大分縣海外交通史』(金洋堂書店, 1935), p.135.

을 내리는 일이 많았다. 채찍이 너덜너덜해지고서야 겨우 직성이 풀리는 성격의 소유자였다. 그때 바로 그 채찍질을 하는 역할을 쇼안이 맡았다는 것이다.

후자는 그러한 이미지와는 달리 그는 현명한 지혜의 눈을 가지고 있었다는 것이 부각되어 있다. 즉, 어느 날 다카마사의 친구인 후쿠시마 마사노리福島正則(1561~1624)로부터 아키安藝에 있는 조선종 2개가 있는데, 그중에서 원하는 것 하나를 줄 터이니 사자를 보내라는 전갈이 왔다. 그때 쇼안이 선발되어 아키로 갔다. 그는 후쿠시마에게 "저의 주군의 품격에 맞는 물건을 받고 싶습니다." 하며 작은 종을 골랐다. 사실 그가 선택한 작은 종이 품질 상으로 큰 것보다 훨씬 좋은 것이었다. 이에 후쿠시마도 긴자에몬이 조선인인 줄 모르고 "역시 다카마사는 보통 사람이 아니다. 물건을 잘 판별하는 긴자에몬을 보내다니" 하며 크게 감탄했다 한다.[12] 그는 이러한 일로 다카마사에게 푸른 소라青螺의 창을 상으로 받았다 한다.

그의 가계도가 사이키 번의 「어가중혈현계도御家中血緣系圖」에 다음과 같이 서술되어 있다.

1세   가지니시 긴자에몬梶西金左衛門=和庄庵

모리 다카마사(정유전 울산참전)의 대인 경장 8년 8월 2일 봉사, 처음 봉록은 20석, 또 30석이 가증되어 도합 50석이다. 대청국 이황제 大淸國李皇帝 30대손으로 처음에는 쇼안庄庵이라는 승려였다. 조선에 출병해 있을 때 포로로 잡은 자이다. 가지타니 사쿄梶谷左京, 니시나

12 尹達世, 앞의 책, p.56에서 재인용.

헤이부西名兵部의 두 이름의 첫 글자를 따서 성씨를 가지니시梶西라 했다.

2세  가지니시 후지자에몬梶西藤左衛門

가증 50석 합 100석, 법명은 일몽一夢, 아내는 마시치로 자에몬間七郎左衛門의 딸이다.

시치로헤베七郎兵衛  별가 50석, 1671년(寬文11) 에도에서 사망.

딸은 우에노신우에몬上野新右衛門의 아내가 되었다.

아무개 오사카어번사大坂御番士

딸은 곤도 마고베近藤孫兵衛의 아내가 되다. 관문3년 12월 18일 오사카 다카나미高波에서 익사.

3세  가지니시 긴자에몬梶西金左衛門, 법명 종금전宗金全

겐로쿠로源六郎, 별가하였으나 일찍 사망.

딸은 오시마 한조大嶋半藏의 아내가 되다.

4세  가지니시 긴자에몬梶西金左衛門(=太郎兵衛)

안사이安齊를 양자(龍野藩士 岡村씨의 2남)로 삼았다. 가증 50석

리자에몬理左衛門(=才次郎)  야마구치 토자에몬山口藤左衛門의 양자가 되었다.

아들은 일찍 사망.

5세   겐타로健太郎

양녀(교토京都의 곤도氏近藤氏 딸, 사실은 사쿠마 기우에몬佐久間儀右衛門의 딸) 요베與兵衛의 아내가 되다.

요베與兵衛

도스케藤助(사실은 齊藤勘左衛門의 차남)

가지니시 긴자에몬梶西金左衛門, 아내는 후쿠로노 마고에몬袋野孫右衛門

의 딸, 사실은 요베與兵衛의 男嫡孫承祖.

6세 요타로庸太郎 일찍 사망

딸은 헤구로平九郎의 아내가 되다.

가지니시헤베구로梶西平兵九郎(사실은 山口彌後右衛門의 3남)

이상에서 보듯이 가지니시가梶西家는 계보 상으로 대청국大淸國 이황세李皇帝의 30대 손이라고 되어 있으나, 아마도 이것은 사실이 아닐 것이다. 1세가 조선에서 포로가 된 소년에게서 시작하고 있음은 부인할 수 없다. 자신의 성씨는 가지타니씨梶谷氏와 니시나씨西名氏의 앞 글자 한자씩 따서 만들었다고 설명하고 있다. 이들도 일본에서 무사 대우를 받은 집안이었다. 1세 긴자에몬으로 시작하여 2세 후지자에몬藤左衛門 3세 긴자에몬金左衛門－4세 다로베太郎兵衛－5세 겐타로健太郎－6세 요타로庸太郎로 이어졌다. 그러는 동안 4세, 5세, 6세 모두 외부에서 양자를 받아들여 대를 이었다. 이들도 앞의 예와 마찬가지로 결혼상대를 무사계급으로 한정시킴으로써 번의 중견무사 집안으로서 기반을 다지고 있다. 또 이들의 묘지가 영주의 보리사普提寺인 양현사養賢寺에 있을 정도로 영주의 신뢰가 깊었던 것으로 추정된다. 그러나 메이지 이후 이들은 사이가를 떠나 그 후 어떻게 되었는지 알려진 바가 없다.[13]

13 尹達世, 앞의 책, p.58.

벽운사의 편액

## 2.3. 다케다竹田의 수원포로

다케다는 나가가와씨中川氏가 지배했던 곳이다. 임란 때 이곳의 영주 나가가와 히데시게中川秀成(1570~1612)는 그의 형 히데마사秀政(1568~1592)와 함께 조선을 침략하여 주로 수원에서 진을 치고 전투에 임했다. 그의 형 히데마사가 전사한 곳이 바로 수원이었다.[14] 그러므로 그에게 수원은 매우 특별한 의미를 지니는 곳이었다. 그러한 이유때문인지 그의 성이 있었던 다케다에는 수원의 흔적들이 남아 있다. 그 대표적인 사

14 일본군참모본부가 펴낸『일본전사 조선역日本戰史 朝鮮役』(德間文庫, 1995)에 의하면 그는 경기도 양주일대의 수비를 담당하고 있었으나 1592년 10월 24일 수원근방에서 매사냥을 즐기다가 조선군에게 포위당하여 전사한 것으로 묘사되어 있다.

벽운사

레가 벽운사碧雲寺의 편액과 소 세이칸曾淸官이라는 소년포로의 이야기
이다.

　벽운사는 나가가와 가문의 사후관리를 하는 보리사普提寺이다. 원래
이곳은 히데시게가 은퇴하여 노후를 보내기 위해 마련한 곳으로 처음에
는 다실을 만들 계획이었으나, 그의 사망으로 인해 히사모리久盛(1594~1653)
가 급거 이를 변경하여 동엄사東巖寺 운실선사雲室禪師를 맞이하여 사찰을 짓
고 벽운사라 했다.[15]

　그런데 이 절의 현판은 히데시게가 임란 때 조선으로 출병하여 수원
에 있던 벽운사의 편액을 떼어 가지고 간 것이었다.[16] 다시 말하여 수원

15 竹田市史刊行會,『竹田市史』中(竹田市, 1984), p.76.

의 벽운사를 자신의 절 이름 그대로 사용한 것이다. 지금 수원에는 벽운사라는 절이 없다. 아마도 임란 때 나가가와가 이끄는 군대에 의해 소실되었을 가능성이 높다. 이러한 의미에서 수원의 벽운사 편액이 일본군에 납치당하여, 일본 사찰의 이름으로 새롭게 태어나야 했던 슬픈 자신의 과거사를 오늘에 사는 우리들에게 들려주고 있는 것이다.

한편 소 세이칸은 다케다의 소가씨曾我氏의 시조이다. 그는 또 소가 세이칸曾我淸官이라고도 했다. 그가 일본으로 가게 된 것에 대해 다케다번竹田藩의 기록물인 「제사계보신고차제諸士系譜新古次第」와 소가씨의 「세보世譜」에 상세히 기술되어 있다. 먼저 「제사계보신고차제」의 내용을 소개하면 다음과 같다.

소가 고라이타로曾我高麗太郎

그의 선조는 세이칸淸官이다. 1597년(경장2) 히데시게(秀成)가 조선에 출병을 하여 진을 치고 있었다. 그때 진지의 부근에서 어린아이가 우는 소리를 들려 사람을 시켜 가보게 하였더니 5, 6세 정도의 어린이가 강가에서 울고 있기에 데리고 왔다. 히데시게가 이를 보았더니, 아이의 용모가 심상치 않았다. 성명과 태어난 곳을 물었으나 아무 것도 몰랐다. 그리하여 이름을 '센'이라 하고, 피랍자들에게 물었더니 그 아이는 소 세이칸曾淸官의 아들이며, 청환은 500기騎의 대장이라 하였다. 이에 아키오카 진베이秋岡甚兵衛에게 맡겨 양육케 했다. 그리고 부친의 성명을 그대로 살려 이름을 소 세이칸曾淸官이라 지어 주었다. 일본으로 돌아온 후에는 성수원性壽院의 곁에 두고 길렀다. 1601, 2년(慶長6, 7)경 명령을 내려 증씨를

---

16 直入郡教育會, 『直入郡志』(名著出版, 1973), p.272.

소가 세이칸曾我淸宦으로 바꾸어 부르게 했다.[17]

이상에서 보듯이 소가 세이칸은 조선의 장수 아들로 정유재란 때 일본군에 납치되어 일본으로 간 것으로 묘사되어 있다. 그가 홀로 강가에서 울고 있었다는 것은 그의 가족들이 전쟁으로 인해 뿔뿔이 흩어졌거나 죽음을 당하여 혼자 남겨진 전쟁고아였을 가능성도 없지 않다. 이러한 그가 어릴 때 포로가 되어 히데시게의 비호하에 자라나 무사 대우를 받은 인물이 된 것이다. 이처럼 여기서도 조선의 출신신분이 일본의 사회적 신분을 결정짓는 데 크게 역할을 하고 있는 것이 확인된다.

무사로서의 이름으로 소 세이칸은 맞지 않는다. 3글자를 이용하는 경우 많은 조선인과 중국인을 연상시키기 때문이나. 그리하여 그 이후에는 일본식 이름인 소가 세이칸으로 바꾸었다. 그러나 이것도 부친의 이름을 그대로 살리고 일본식으로 바꾸기 위함이었다. 즉, 일본 성씨 가운데 소가씨曾我氏가 가장 적절했던 것이다. 그리고 「제사계보신고차제」에는 그의 이름을 소가 고라이타로曾我高麗太郞라고 명시해 놓고 있다. 이는 그가 소가 세이칸이라는 이름 이외에도 조선 출신임을 명시하는 '고라이'라는 이름도 사용했음을 알 수 있다. 이처럼 일본인들은 조선을 고려라고도 부르고 있었다. 「세보世譜」에는 그에 대해 좀 더 상세히 기술되어 있다. 그 내용을 살펴보면 다음과 같다.

소가 세이칸은 부친이 조선인이며 성명은 모른다. 1592년(文祿1) 임진년 세이칸은 조선에서 출생했다.[18] 1597년(慶長2) 정유년 겨울 히데시게

17 中村質, 앞의 책, p.37.
18 內藤儁輔, 앞의 책, pp.723~724.

秀成가 조선에 출전해 있었을 때 진영 부근에서 어린 아이 우는 소리가 들려 사람을 보내어 연유를 알게 하였더니 5, 6세가 된 어린아이가 강가에서 울고 있기에 데리고 왔다. 그 아이의 용모를 살펴보니 심상치 않았고, 애교도 있었기 때문에 히데시게가 마음에 들어 음식을 제공하고는 이름과 태어난 곳을 물었더니 아무것도 몰랐고, 그냥 이름이 '센'이라고 했다. 그 아이의 부자도 모르고, 아버지 이름도 몰랐고 나이는 6살이라 했다. 진영에 하룻밤이나 두었는데, 매우 측은한 생각이 들었다. 여하튼 그 생김새가 보통아이들과 달라 포로로 잡혀 온 자에게 물었더니 그 아이는 소 세이칸曾淸官의 아들이며, 이름은 모른다고 했다. 그리고 세이칸은 500기를 거느리는 대장이라 했다. 이를 들은 히데시게는 더욱 불쌍히 여겨 진영에 두고 기르게 하고, 아키오카 진베이秋岡甚兵衛에게 맡겨서 정성껏 돌보도록 했다. 더군다나 그 아이의 이름이 분명치 않아, 그의 아버지 이름을 취하여 세이칸이라고 했다. 1598년慶長3 무술년戊戌年 7월 히데시게가 귀국할 때 아키오카 진베이가 그 아이를 데리고 귀국했다. 처음에는 오사카에 거주하였고, 그 후 2, 3년은 성수원性壽院의 측근에서 동정을 받으며 자라났다. 1601년(慶長6) 신유년辛丑年 세이칸이 9살이 되었을 때 분슈豊州로 데리고 가서 혼마루本丸의 어태소御台所에 두고 부인들로 하여금 양육케 했다. 곁에 두자 세이칸은 그 생김새가 남달랐으며, 조선에서도 귀인의 아들이었기 때문에 처음부터 사족의 반열에 올리고, 이름은 아버지 증청관을 그대로 살리는 의미에서, 일본에 소가曾我라는 성씨가 있기 때문에 이를 따서 소가 세이칸曾我淸官이라 했다. 그 후 측근에 두었고, 점차 모습도 좋아짐에 따라 봉록을 내렸고, 어소성御小姓으로 임명했다. 1607~1608년(慶長12, 3)경 오토모가大友家의 낭인 야이시 진베이彌石仁兵衛의 딸을 히데시게의 곁에 두고 세이칸과 결혼하게 하였다.[19]

여기서 보듯이 내용상으로는 「제사계보신고차제」와 크게 차이나지 않는다. 다만 「제사계보신고차제」에서 보이지 않는 것이 있다면 그가 일본으로 가서 처음에는 오사카에서 3, 4년 보낸 후 9살이 되던 해에 다케다로 갔다는 사실이다. 그리고 성씨도 소가曾我라는 일본 성씨를 바꾼 후에 다케번의 어소성御小姓이 되었다 점이다. 즉, 그는 다케다 번의 무사가 된 것이었다. 그는 오토모씨大友氏의 부하 야이시 진베이의 딸과 결혼하여 살았다. 즉, 결혼상대도 무사계급과 하였던 것이다. 그에 대한 가계도가 분고豊後 오카 번岡藩의 「제사략계諸士略系」(권6)(中川家文書)에 다음과 같이 기록되어 있다.

1세　소가 세이칸曾我清官

　　아내는 야이시 진베이彌石仁兵衛의 딸. 1598년(경장2) 조선국에서 따라왔다. 히데시게 공秀成公 때 150석, 격格은 정하지 않았다. 52년 근무. 봉록은 동일. 1649년(慶安2) 은거. 1658년 11월 27일 향년 65세로 사망.

2세　소가 헤베마사노부曾我平兵衛正信

　　실은 나리다 시자에몬成田市左衛門의 아들. 이전의 이름은 나리다 헤하지成田平八, 아내 양부養父인 세이칸의 딸. 1649년(慶安2) 가을 가독 승계, 봉록 150석. 격은 대소성大小姓. 사쓰히메左津姫의 附適仙石家, 다시 이름을 나리다 도우에몬成田藤右衛門이라 바꿈. 봉록을 별도로 200석을 받는 가독을 적자인 한시치半七에게 물려줌. 시기는 정확하지 않으나 노후에 분슈豊州로 돌아가 나리다成田라 하였

19 内藤雋輔, 앞의 책, pp.723~724.

고, 1603년(元祿16) 2월 5일 분수에서 사망.

아무개

처음에는 소가씨曾我氏라 하였고 연월 부지이나 봉록 100석의 무사가 되었고, 훗날 마쓰오카 곤다유松岡權太夫라 이름을 바꾸었다. 자 손단절.

구쥬로九十郎

시기는 정확하게 알 수 없으나 100석의 무사가 되었다. 훗날 마쓰오카 구로자에몬松岡九郎左衛門(호 一閑)으로 고쳤다. 현재는 마쓰오카씨松岡氏.

3세  소가 한시치曾我半七

훗날 이름은 나리다 도자에몬成田藤左衛門. 1676년(延寶4) 4월 부친 헤베平兵衛 별가, 센고쿠케오쓰케仙石家御附, 그때 소가씨 가독 봉록 150석과 대소성의 격을 승계. 1693년(元祿6)에 부친 도우에몬藤右衛門 은거. 그 때 나리다가成田家의 가독 200석을 받고, 센고쿠케오쓰케로서 근무. 동시에 소가씨 가독은 아우인 도시로藤四郎가 승계했다.

소가 도시로마사미曾我藤四郎正實

이전의 이름은 나리다 산노스케우베成田三之助右平, 모친은 세이칸의 딸, 아내는 다카기 쥬로高木十郎의 딸. 원록 6년 형인 한시치半七의 가독 봉록 150석을 승계, 격은 고우마마와리御馬廻.[20] 근무 30년. 격록은 동일. 1723년(享保8)12월17일 아들인 쥬조十藏가 대역. 형보 12년 6월 5일 사망.

4세  소가 쥬조마사요시曾我十藏正房

---

20 기마무사로 대장의 말 주위에 항상 대기하며 호위를 맡고, 또 전령 혹은 결전병력으로서 배치된 자들을 말한다. 평상시에도 영주의 호위와 사무 등을 맡아서 처리했다.

1727년(享保12) 가독 승계. 130석의 봉록. 격은 고우마마와리御馬廻,
대소성大小姓

5세　소가 간우에몬마사가다曾我桓右衛門正賢

실은 후시도 도시로伏戶藤四郞(양자). 아내는 스가씨菅氏. 1760년(寶
曆10) 가독 승계. 봉록 150석. 고사키테모노가시라御先手物頭[21]

6세　소가 헤베이마사노리曾我平兵衛正秬

1797년(寬政10) 가독 승계. 봉록 130석, 고우마마와리御馬廻, 대소성大
小姓, 오메쓰케御目付 격격, 1815년(文化12) 현재 구미가시라組頭 격격

7세　소가 오노타로마사아키曾我斧太郞正明

이상의 가계도에서 보듯이 소가 세이칸은 슬하에 1녀 2남의 자식을
두었다. 가계는 장녀를 통하여 사위양자를 받아들여 계승케 했다. 아
들들에게 가계를 물려주지 않았다. 그러나 이들도 모두 다케다의 무사
가 되었으며, 이름을 마쓰오카松岡로 바꾸어 분가하여 독립된 가계를
세웠다.

양자였던 소가 헤베마사노부曾我平兵衛正信는 상당히 유능했던 모양이
다. 그는 소가 세이칸의 봉록 150석을 계승한 한편, 별도로 사쓰히메左
津姬의 附適仙石家로서 200석을 받았다. 그러자 그는 자신의 본래 성씨
인 나리다로 바꾸었고, 소가 가문의 봉록은 작은 아들에게 물려 주고,
큰 아들에게는 자신의 봉록을 물려 주었다. 이로써 작은 아들이 소가
집안의 상속자가 된 셈이다.

---

21 사키테구미先手組란 군의 직제상 하나로 주로 치안유지의 역할을 맡았던 병력이다. 여기
에다 '모노가시라'라는 말이 붙어 있다는 것은 그가 이 병력의 우두머리였다는 것을 의미
한다.

이처럼 그의 두 아들도 모두 다케다의 무사가 되었다. 그 후 3세인 도시로藤四郎는 병약하였는지 일찍부터 아들인 쥬조에게 대역을 맡겼다. 그리고 4세인 쥬조는 양자 간우에몬桓右衛門(5세)을 거쳐 헤베平兵衛(6세) -오노타로斧太郎(7세)로 이어졌다. 그동안 두 번이나 양자를 통하여 대를 이은 셈이다. 역사가 나이토 슌보內藤雋輔에 의하면 그의 집안은 대대로 사족으로 살면서 의사도 나왔으며, 영수좌嶺首座라는 고승도 배출했을 뿐만 아니라 현대에 접어들어서는 지방자치단체장도 배출하여 지역에서는 명문가로 통하고 있다.[22]

## 2.4. 모리 번森藩의 조선포로

오이타 현 구스 정玖珠町은 과거 모리 번森藩이라 불리던 곳이다. 이 지역의 영주는 구루시마來島였다. 그들의 선조는 원래 임란 때 수군으로 활약을 했던 구루시마久留島였다. 이들이 임란 이후 도요토미가豊臣家와 도쿠가와가德川家와의 싸움에서 전자의 편을 들어 패배하는 바람에 영지를 잃고 방황하다가 겨우 이 지역을 얻어서 성씨도 바꾸어 정착하였다.

이러한 곳에 무사로서 출세한 조선인이 있었다. 그의 일본명은 아사야마 안타쿠朝山安琢이다. 그에 관해 1783년에 성립된 「삼번사선조서森藩士先朝書」이라는 문헌에 다음과 같이 서술되어 있다.

원조 안타쿠安琢는 본국과 태어난 나라가 모두 조선이다. 봉록은 130석, 안타쿠는 조선인이며, 국왕의 외척이다. 일본에서는 3천석 정도의 신

---

22 內藤雋輔, 앞의 책, p.724.

분이었다고 한다. 다이코太閤 히데요시의 조선정벌 1593년(文祿 2)에 포로가 되었다. 그때의 나이가 18세였다. 부부 모두 웅천熊川이라는 곳에서 일본으로 왔으며, 센슈泉州의 사카이境(=堺)에서 살다가 그 후 풀려나 여러 곳으로 유랑하다가 1603년(慶長 8) 2월에 성주城州 후시미伏見에서 삭발을 하고 의사 이마오지가今大路家의 문하생이 되어 의술을 배웠다. 그리고 1609년(慶長 14)에 오사카大坂 타니 정谷町에서 살았다. 그 때 대자원大滋院(=來島長親)의 집과 친분이 있었다. 그 후 모리 번森嘉의 사무라이로 고용되어 지행知行 100석을 받았으나 그 시기가 언제인지 알지 못한다. 1612년(慶長 17) 대자원이 서거한 후, 같은 해 현응원玄興院이 예주藝州 히로시마廣島에 갈 때도 함께 갔다. 그 후 모리森에 왔으며, 해마다 에도江戶에 근무했다. 1630년(寬永 7)에 에도로 이사하였고, 1639년(寬永 16) 4월 7일 봉록이 30석 증가했다. 번주로부터 받은 그에 관한 문서를 보관하고 있었다. 1649년(慶安2) 9월 3일 78세의 일기로 병사했다.[23]

여기서 보듯이 아사야마 가문의 1세인 안타쿠는 조선국왕의 외척으로 설명되어 있으나, 이것은 출신 가문을 윤색하기 위한 것이지, 사실로 믿기는 어렵다. 그는 오늘날 경남 웅천 출신이며, 1593년 때 포로가 되었으며, 이미 그때는 결혼하여 있었으며, 이들 부부가 모두 일본군에 피랍되어 일본으로 건너가 사카이에서 살다가 1603년(경장 8)에 후시미 이마오지가문의 문하생으로 들어가 의술을 익혔음을 알 수 있다.

이마오지가는 마나세가曲直瀨家라고도 하는데, 당시 일본 최고의 의사 집안이었다. 여기서 의술을 익힌 것이 그의 인생을 크게 바꾸어 놓았다.

23 中村質, 앞의 책, p.32.

즉, 그는 모리 번주 구루시마 나가치카來島長親(1582~1612)와의 인간관계로 말미암아 100석의 봉록을 받는 모리 번의 의사로서 고용되었던 것이다. 당시 모리 번은 불과 1만 4천 석밖에 되지 않은 작은 영주였다. 이를 생각할 때 100석이란 파격적인 중용이라 하지 않을 수 없다.[24] 안타쿠는 1630년(寬永7)에 에도江戶 근무의 명이 내려져 에도로 갔으며, 그때 그의 봉록은 30석이 늘어나 130석이 되었다. 그 후 그는 1649년 78세의 일기로 세상을 떠났다. 그를 발탁한 나가치카는 임란 때 수군의 우두머리로서 참전하였다가 정유재란 때 명량해전에서 이순신에 의해 전사한 구루시마 미치후사來島通總(1561~1597)의 차남이다.

안타쿠에게는 아들이 없었는지, 그의 가계를 이은 사쿠안策庵은 양자였다. 그는 사카이 출신이며, 조선인인지, 일본인인지도 분명치 않다. 그러나 양부인 안타쿠와 같이 본국의 표기에는 조선으로 되어 있다. 사쿠안도 역시 아버지 뒤를 이어 이마오지가의 문하생이 되어 의술을 배워 의사가 되어 안상원安祥院(=來島通春), 서운원瑞雲院(=來島通淸)의 2대 연속 가신이 되었다. 그는 시의侍醫이면서도 측근에서 일하는 어용인격御用人格(=비서관)도 겸하였던 것 같다. 부친 안타쿠가 사망한 후 가독을 승계하여 130석의 봉록을 받았으나, 그 후 증가하여 150석을 받는 고급관료가 되었다. 1673년(寬文13) 은거하여 에도의 시바다 정芝田町에 살다가 1685년(貞享2) 10월 10일 79세의 일기로 세상을 떠났다.[25]

그의 가계를 계승한 자가 다쿠안琢庵이다. 그는 무사시武藏(=江戶)에서 태어났다. 그도 가업인 의술을 상속했으나 1689년(元祿2) 4월 14일 참근參勤 도중에 병사했다. 그의 뒤를 이은 자가 다쿠안의 차남인 쥬로

---

24 中村質, 앞의 책, p.34.
25 中村質, 앞의 책, p.33.

베카즈타네+郎兵衛―胤가 계승했다. 그는 4대 번주 미치마사來島通政(1661
~1719)의 근습近習이 되었고, 1699년(元祿12)에는 봉록이 100석, 미치마
사通政(=檜嚴院)의 최측근에서 근무하는 측용인側用人이 되었으며, 1702
년(元祿15) 봉록이 50석, 1710년(寶永7) 다시 봉록이 30석이 증가했고,
1715년(正德5)에는 20석이 증가, 구루시마 데루미치來島光通(1704~1764) 때인
1720년(享保5) 12년에는 50석이 증가하여 모두 300석이 되었고, 1740년
에는 은퇴하였다. 이때 은퇴료로 10인 부지扶持를 받았다.[26] 1747년(延享
4)에 78세의 나이로 사망했다. 또 그의 차남인 이치가쿠―學가 분가하여
새로운 가계를 세웠다. 그도 50석의 봉록을 받았다.[27]

그의 뒤를 계승한 자는 양자였다. 실제의 아들이 있었음에도 그는 양
자를 택하여 가계를 계승케 했다. 그는 동북지이인 데와出羽 출신으로
이름은 요진堯陳이라 했다. 요진은 1740년(元文5) 가독이 300석이 되었
고, 1745년 11월 7일에는 가신의 최고 지위인 가로家老가 되었다. 1755
년에 사망했다. 아마도 조선포로 출신의 후예로서 가로가 된 것은 이것
이 처음일지도 모른다. 쥬로베의 실제 아들인 이치가쿠다카마사―學堯正
는 1739년 번주의 근습이 되었고, 그 이듬해에 신지 50석을 받았으며,
그 후에는 어류수거첨역御留守居添役으로서 30석이 증가했다. 그는 1748
년에 사망했다.[28]

이들의 아사야마가의 무덤은 번주의 보리사인 안락사安樂寺와 그 주
변에 지금도 전해오고 있다. 그러나 현재 그들의 후손은 구스 정玖珠町
을 떠나 어디에 있는지 파악이 되지 않고 있다.

26 中村質, 앞의 책, p.33.
27 中村質, 앞의 책, p.33.
28 中村質, 앞의 책, p.33.

그 밖에 모리 번에는 조선 출신 무사계급의 가문이 또 하나가 있었다. 그것이 바로 기켄喜見씨이다. 1783년(天明3)에 작성된 「삼번사선조서森藩先祖書」에 의하면 그의 가계는 1세는 기켄 喜見谷奢官－2세는 기켄 젠베喜見善兵衛－3세는 기켄 덴에몬喜見傳右衛門珍則－4세 기켄 하치로자에몬喜見八郎左衛門－5세 기켄 젠스케喜見善助－6세 기켄 하치로자에몬喜見八郎左衛門珍陳으로 이어지고 있음을 알 수 있다.[29] 특히 초대가 조선의 어디에서 태어났고, 실명이 무엇이며, 부모가 어떤 사람이었는지, 그리고 그가 어떻게 무사가 되었는지 구체적으로 나타나 있지 않다. 여하튼 모리 번에 조선출신 무사계급으로서 아사야마가와 기켄가가 있었음을 이상의 문헌에서 확인할 수 있다.

## 3. 미야자키宮崎의 조선포로

미야자키 현은 규슈 동남단에 위치한 지역이다. 신화의 고장으로 널리 알려져 있는 다카치호高千穗가 바로 이곳에 있다. 기후 온난하여 한국의 프로 야구팀들이 동계전지훈련지로 자주 이용되는 곳이기도 하다. 더군다나 이곳의 난고손南鄕村은 백제왕족들이 정착하였다가 추격군에 의해 전멸당하였다는 전승과 그들을 신으로 모신 미카도 신사神門神社가 있는 것으로도 우리들에게 알려져 있다. 이곳의 주요 지역인 노베오카와 다카치호 그리고 현청소재지인 미야자키 시에 전해져 오는 임란포로의 전승과 흔적들에 구체적인 사례를 들어 살펴보기로 하자.

29 中村質, 앞의 책, pp.34~35.

## 3.1. 노베오카延岡의 조선포로

임란 당시 미야자키의 노베오카 지역은 다카하시 모토타네高橋元種 (1571~1614)가 지배하고 있었다. 그는 다른 규슈의 영주와 마찬가지로 임진과 정유의 왜란 때 군사를 이끌고 조선을 침략하는 데 참여했다. 그의 영지는 그다지 크지 않았기 때문에 1593년에 약 800여 명을 이끌고 모리 요시나리毛利吉成(?~1611)가 지휘하는 제4군에 편입되어 활동했고, 1598년에는 600여 명의 군사들을 이끌고 구로다 나가마사黑田長政 (1568~1623)가 지휘하는 제3군에 편성되어 참전하고, 1599년에 귀국했다. 특히 이들은 강원도를 침략하였는데, 흰옷을 입고 맹수와 도깨비 가면을 뒤집어쓰는 등 공포심을 자아내는 전술은 편 것으로 유명하다.

이처럼 두 차례나 걸쳐 조선 침략전쟁에 참가한 다카하시는 돌아갈 때 많은 조선인들을 포로로 연행하여 갔다고 한다. 그러므로 이곳에도 조선인 포로가 있었다. 그 증거로 『비변사등록備邊司謄錄』 1617년(光海9) 정월 을해조에 신응창申應昌에 대한 기록을 들 수 있을 것이다. 그것에 의하면 신응창은 일본을 탈출하여 돌아온 사람이었다. 그는 진주 유생으로서 1597년 9월 정유재란 때 모토타네의 군사에게 붙잡혀 휴가日向로 연행되어 갔다. 주왜에게 귀국을 간청하여 보았지만 들어지지 않았고, 1613년 여름의 어느 날 주왜를 따라 에도로 갔다가 그해 겨울 몰래 오사카로 탈출하여 아내와 친구들을 불러 모아 귀국의 계책을 마련했으나, 마침 오사카의 진陣[30]이 일어나 한 때는 귀국의 뜻도 접었으나 다시 20여 명의 동지들과 배를 사서 1615년 9월 대마도로 간신히 도망쳤고,

---

30 1614년 오사카大阪 겨울의 진陣과 1615년 오사카 여름의 진을 통칭하는 말. 도쿠가와 이에 야스가 히데요시의 일족을 멸망시킨 두 차례의 전쟁을 말한다.

그곳에서 2년여 머물다가 1617년 야나가와 시게오키柳川調興(1603~1684)가 준비해 준 별선으로 20년 만에 고국으로 귀국을 한 인물이다.[31] 그야말로 천신만고 끝에 귀국하여 자신이 아는 일본에 관한 정세를 작성하여 비변사에 제공했다. 이러한 일에서 보듯이 규슈의 남단 미야자키에서도 임란 포로들이 있었다.

한편 1799년 시라세 나가토시白瀬永年가 쓴 『연릉세감延陵世鑑』에 의하면 "(이곳 영주) 모토타네의 군대가 (조선을) 왕래할 때마다 조선국의 남녀노소를 가리지 않고 생포하여 데리고 와서 노복으로 삼았다. 그 수가 몇백 명이 되는지 모른다. 그중에서도 다행스러운 여자는 일본인의 아내 또는 첩이 되는 것이었다.[32] 남자는 주인으로부터 허락을 받아 가정을 이루는 자가 많았다."[33]라는 기사가 보인다. 여기에서 보는 것처럼 그도 역시 다른 영주와 마찬가지로 많은 조선인들을 가리지 않고 끌고 갔음을 알 수 있다.

그리하여 노베오카 일대에서는 임란포로와 관련된 이야기들이 흔히 들을 수 있다. 가령 휴가시의 구시쓰櫛津의 도토로±±呂와 이오리가와庵川 일대의 산에 고려인高麗人 또는 조선구朝鮮嫗라고 불리는 묘석들이 남아 있으며, 이들 중에는 도공, 직물공, 야장들도 있었다고 한다.[34] 그리고 노베오카에서는 조선포로들이 무를 썰어서 소금에 절인 다음 햇볕에 말렸다가 만드는 무말랭이를 만드는 법을 가르쳐 주었다. 지역사람들은 이를 '조센쯔게朝鮮漬け'라 했고, 오늘날에도 이 지역의 특산물로 유명하

<hr />

31 『비변사등록』 광해 9년 정월 을해, 민덕기, 「임진왜란에 납치된 조선인과 정보의 교류」, p.203에서 재인용.
32 尹達世, 앞의 책, pp.66~67.
33 尹達世, 앞의 책, p.72.
34 尹達世, 앞의 책, p.72.

다. 또 노베오카의 고미네小峰의 사라야마皿山, 이오리가와의 사라야마
다皿山田 등지에는 도자기를 구웠던 가마터가 남아 있는데, 이곳에는 신
념과 간념이라는 형제의 이름이 보인다고 한다. 그 이외에도 많은 도공
들이 있었을 것이다.

이 지역에 관한 것이 사가의 조선도공 마을인 시이노미네椎の峰의 기
록에도 엿보인다. 그것에 의하면 시이노미네의 도공인 오가타 히로베다
가노부緒方廣兵衛高信가 1798년 노베오카의 기타 정北町의 이와미야오다岩
見屋小田의 요청으로 그 해 4월 1일에 시이노미네를 출발하여 사가, 야나
가와, 히고, 다카치호를 넘어 그 달 9일에 노베오카에 도착하여 고미네
의 사라야마에서 자기를 굽기를 3년 동안 하고는 다시 시이노미네로
돌아왔다는 것이다.[35]

이러한 사정으로 미루어보아 노베오카의 조선인들은 도자기 제조기
술을 배우기 위해 시이노미네의 도공을 초청했던 것으로 추정된다. 시
이노미네의 도공들도 조선계 도공들이었다. 이처럼 이 지역의 조선도공
은 자신들의 지역상품을 개발하기 위해 타 지역에 사는 조선계 도공들
의 기술을 배우려고 노력하였던 것이다.

한편 미야자키에서는 짚신에 발 고정시키는 끈을 묶는데, 이를 미야
자키 북쪽 사람들은 조선도공인 신념의 이름을 따서 '신념의 매듭'이라
하고, 남쪽 사람들은 '조선매듭'이라 부르고 있다. 이러한 명칭에서 보
듯이 이것도 이 지역에 살았던 조선포로에서 유래되었을 가능성이 매우
크다.

한편 히가시우스키 군東臼杵郡 기다카다 정北方町에는 고려아씨高麗姬의

---

35 田中時次郎, 「椎の峰 緒方廣兵衛高信」, 『からすんまくら(19)』(1977년 9월 15일 자), p.7.

전설이 있는데, 이것에 의하면 이 지역의 무사인 가이 쥬로자에몬甲斐十郎左衛門이 가토 기요마사를 따라 조선을 침략했는데, 귀국할 때 연행해 간 3명의 조선 여성이 있었다. 이들은 대개 일본인의 아내가 되어 살았다. 그중의 한 명이 에도 후기의 노베오카의 국학자이며, 가인이기도 했던 히구치 다네미樋口種實(1794~1864)의 선조 히구치 야스타네樋口休種의 아내이다. 그리고 이 지역의 양조업으로 유명한 오카무라가岡村家의 아내도 조선 여인으로 알려져 있다.

## 3.2. 다카치호高千穂의 조선포로

신화의 고장이라 일컫는 다카치호에도 조선인들이 살았다. 조선인 부부가 살았는지 "당인唐人부부의 묘석"이라는 것이 남아 있고, 또 일본인의 아내로 사는 조선 여성도 있었다. 당인부부의 묘지는 높이 30센티 정도 되는 작은 묘석으로 이루어져 있는데, 묘석의 우측에는 "天保11년子正月改元"이라고 적혀 있다. 천보 11년은 서기 1840년이다. 임란 이후 250여 년이나 지난 세월이다. 그러므로 이 묘지는 당인부부가 살았던 당시에 세워진 것이 아니라 훗날 세워진 것이었다. 지역의 전승에 의하면 이 부부는 체격이 크고, 힘도 세어 하천의 큰 돌을 가볍게 들어 옮긴 것을 지장당地藏堂을 지을 때 그것으로 초석을 했으며, 두 사람 모두 부지런해 마을에 큰 공헌을 했다고 한다.[36]

한편 1845년 오이타의 아지무安心院 출신 본초학자本草学者 가쿠 히카賀来飛霞(1816~1894)가 쓴 『고천수채약기高千穂採藥記』와 1937년 후지데라

---

36 尹達世, 앞의 책, p.67.

히호藤寺非寶가 쓴 『제총태백산조사록諸塚太伯山調査錄』에 의하면 "기쿠치 몬도菊池主水가 임란 때 조선에서 여인 한 명을 데리고 와서 중국과 가까운 곳에서 데리고 온 여자라는 뜻인지는 알 수 없지만 '오시나 상'이라 부르며 총애했다고 한다. 그녀는 자녀양육에 정성을 쏟았고, 베틀 북과 빗 그리고 조그만한 목상을 가지고 있었으며, 그녀가 나이가 들자 사람들은 '조선의 노파'라는 뜻으로 조센오우나朝鮮嫗라고 불렀다고 전해진다.[37]

이처럼 다카치호에는 다수의 조선포로들이 살았으며, 이들이 사용했을 것으로 추정되는 것이 농기구에 그들의 흔적이 약간 남아 있다. 즉, 가래를 고가라小韓, 물건을 지고 나르는 지게를 도진카루이唐人かるい라고 하는 것이다. 여기서 '가라'와 '도진'은 조선을 가리키는 말임에 틀림없다.

## 3.3. 미야자키 시宮崎市의 고려정

미야자키 시 사도와라 정佐土原町의 가미타지마上田島에 다락원多楽院이라는 진언종의 사찰이 있다. 그곳에서 번화가로 가는 거리를 고려정高麗町이라고 한다. 조선인 마을이라는 뜻이다. 임란 발발 시 이곳은 사쓰마薩摩의 시마즈島津의 일족인 시마즈 도요히사島津豊久(1570~1600)가 지배했던 영지였다. 도요히사는 임란 때 병력 800여 명을 이끌고 조선을 침략한 사람이다. 그러므로 그의 영지에 고려정이라는 마을이 있었다는 것은 전혀 이상할 것이 못 된다. 왜냐하면 고려정 또는 당인정唐人町이

---

37 尹達世, 앞의 책, p.69.

라는 지명이 있는 곳에는 언제나 그 지역의 영주가 임란 때 조선을 침략했고, 군대를 철수할 때 많은 조선인들을 잡아가서 살게 한 곳이었기 때문이다. 이곳에 살았던 조선인들도 1597년(慶長2) 때 잡혀 온 포로들이다. 이곳도 조선포로들의 흔적들이 간간히 남아 있다.

『좌도원정사佐土原町史』에 의하면 지역 내 어느 집의 불단에 "1619년(元和5) 2월 15일, 한묘대자漢妙大姉 80세로 생을 마치다." 하는 문구가 있고, 그 뒤에는 "조선국에서 우리 휴가日向國로 건너와 이 집에 살다." 라는 글귀가 적혀 있는 위패가 있다고 한다.[38]

1600년대의 승려 일강日講의 일기인 『설묵일과說默日課』 1683년의 기록에는 조선인과 필담을 나누었다는 기록이 있으며, 1685년(貞享 2) 4월 2일자 일기에는 "새로운 절에 초청을 받아 식사를 먹은 후에 아타고산愛宕山에 올라 바다 경치를 바라다보았다. 고려정高麗町을 지나 이나가와稻荷川가 보이고……."라는 글귀가 있다고 한다.[39] 이것으로 미루어 보아 당시까지만 하더라도 이곳의 지명으로 조선을 나타내는 고려정이라는 이름을 사용하고 있었음을 알 수 있다.

이처럼 사도와라 정의 고려정에는 정유왜란으로 말미암아 많은 조선포로들이 살았던 곳이다. 그러나 오늘날에는 그러한 전쟁의 이야기는 사라지고 조선인들이 표류하여 왔다든가 아니면 이민의 형태로 이곳에 이주하여 정착한 것처럼 회자되고 있다. 오늘날 고려정은 신 정新町이라는 이름으로 바뀌었고, 또 세월이 흐름에 따라 조선포로의 흔적은 점점 사라지고 있으며, 조선인의 후예라고 자처하는 사람도 찾기가 힘들어졌다.

---

38 尹達世, 앞의 책, p.80에서 재인용.
39 尹達世, 앞의 책, pp.79~80에서 재인용.

그러나 이들의 흔적이 강하게 남아 있는 것이 고려산高麗山이라는 지명과 사도와라 인형이라는 특산물이다. 고려산은 사도와라의 서남 근교에 위치한 자그마한 산의 이름이다. 이곳에도 조선인들이 많이 살았는지 그 이름이 지금까지 남아 있는 것이다. 그리고 사도와라의 지역 특산물로 사도와라 인형이 유명하다. 이것은 흙으로 만든 토속인형인데, 지역에는 포로로 잡혀 온 조선인들이 멀리 떨어져 있는 가족들의 무사안녕을 빌기 위하여 만든 것에서 시작되었다고 설명하는 사람들이 많다.

하지만 조선에서는 흙 인형을 장식하는 문화가 발달되어 있지 않은 것으로 보아 그들이 이곳에서 생계를 유지하기 위한 수단으로서 새롭게 개발된 상품이다. 왜냐하면 1742년(寬保2)에 사도와라 번佐土原藩은 「묘대소물계고장苗代焼き物掛古場」을 설립하고 가고시마鹿児島의 나에시로가와苗代川에 사는 조선도공들을 초대하여 도예기술을 배우도록 하고 있기 때문이다.[40] 즉, 이들도 지역산업을 활성화하기 위하여 도자기를 생산하고 싶었던 것이다.

도자기를 생산하는 데 꼭 필요한 것은 재료 도토의 수급이다. 이것이 여의치 않자 이들은 흙 인형의 제작으로 방향을 돌렸을 것이다. 왜냐하면 다른 지역과는 달리 이곳의 흙은 재질이 좋지 못하여 도자기 뿐만 아니라 흙 인형조차 만들기 어렵기 때문이다. 이러한 결점을 극복하기 위하여 손과 머리를 따로 만들어 몸통에 붙이는 방법을 찾아냈던 것이다.

에도 시대의 일본은 3월 3일의 삼짇날 그리고 5월 5일의 단옷날에 인형을 장식하여 남들에게 자랑하는 관습이 있다. 그리고 교토의 후시

---

40  青山幹雄, 『佐土原土人形の世界』(1994), 鉱脈叢書 宮崎市, p.99.

미伏見에서는 그에 맞는 흙 인형이 상품으로 잘 개발되어 있는 곳으로 유명하다. 사도와라 번도 이러한 사실을 몰랐을 리 없었다. 더군다나 사도와라 번의 관저藩邸가 후시미에 있었다. 그러므로 후시미 인형에 관한 정보는 쉽게 접하였을 것이다. 이것이 사도와라에 전해져 고려정 사람들은 처음에는 후시미 인형을 모방하기 시작하여 당시 시민들에게 인기가 있었던 연극에 등장하는 가부키歌舞伎 내용을 소재로 인형을 만들어 팔았다. 여기에 인기를 끌자 이제는 일반서민들의 생활을 표현하는 인형을 만들었다. 그 대표적인 사례가 만두를 먹고 있는 소박한 중년 여성의 인형이다. 그런데 표정이 매우 특이하다. 만두를 두 조각으로 잘라 들고 있는 것이다. 이것 또한 후시미에서 전래된 것이었다.

이 인형에는 유래가 있다. 보통 부모들은 아이에게 "아빠가 좋아, 엄마가 좋아?"라고 묻기를 좋아한다. 이같은 유치한 질문에 질린 아이가 손에 들고 있던 만두를 두 개로 뚝 잘라 "어느 쪽이 맛있어?" 하며 반문하는 일화를 인형으로 표현한 것이었다. 그러므로 타 지역의 만두 먹는 인형은 나이가 어린 남자아이로 되어 있는 것이 대부분이다. 그러나 이곳 사도와라 정의 인형은 앞에서 언급한 바와 같이 중년 여성으로 되어 있는 특징을 가지고 있다.

여기에 대해 사도와라 인형제작과 가게를 3대째 경영하고 있는 '마스야ますや'의 주인 사카모토 헤이사부로坂本兵三郎 씨에 의하면 처음에는 중년 여성이 아니라 여자아이였다고 한다. 그 이유는 인형을 가지고 노는 것은 여자아이가 대부분이라는 사실을 알고 소비자의 심리에 맞추어 상품을 개발하였기 때문이며, 이러한 특징은 다이쇼기大正期(1912~1926)의 초기까지 지속되다가, 그 이후 중년여성의 모습으로 바뀌었다 한다.

인형의 산업은 매우 활발하여 현재는 두 집만 겨우 명맥을 이어가고

시도와라 인형                           사오와라 인형을 제작하는 사카모토 씨

있지만, 메이지기明治 초기에서 다이쇼기大正期에 이르기까지는 인형을
제작하는 가마窯元가 14집이나 있었을 정도로 번창했다고 한다.

이와 같이 고려정 사람들은 처음에는 자신들과 같은 처지로 일본에
서 정착하게 된 타 지역의 조선도공들로부터 기술을 배워 도자기를 생
산하려고 하였으나, 그것에 맞는 도토가 발견되지 못하여 도자기 생산
은 포기하고, 지역 흙의 성격을 파악하고, 결점을 보완하여 도자기 대신
인형을 만들어 지역의 특산물로 개발했던 것이다. 처음에는 교토의 후
시미 인형을 모방하는 것이었지만, 시간을 거듭함에 따라 모방에서 벗어
나 자신들만의 독특한 지역적인 특색을 살려나가고 있는 것에서도 그들
이 한 고민의 흔적을 발견할 수가 있다. 이처럼 고려정 사람들은 끈질긴
생명력으로 씩씩하게 오늘에 이르기까지 살아가고 있었다.

현재 미야자키에는 고마쓰바라야키小松原燒라는 도자기가 있다. 이것
의 원조도 나에시로가와의 조선도공에게 배운 기술로 시작한 것이라 한
다. 1860년경에 미야코노죠都城의 영주인 시마즈 히사모토島津久本(1803~1868)
가 조선도공 후예들을 초청하여 고마쓰바라에서 가마를 설치하고 그릇
을 생산하기 시작했다고 한다. 제2차 세계대전 중에 단절되었으나 1970

년경에 다나카 히로야마田中博山, 니야마丹山 형제에 의해 복원되어 미야자키시에서 다시 생산되고 있다고 한다. 이처럼 조선도공이 전한 기술이 현재 일본인에 의해 미야자키의 도예로서 생명을 이어가고 있다.


## 4. 맺음말

이상에서 살펴보았듯이 일본 규슈의 동남지역인 오이타 현과 미야자키 현에도 임란 때 연행되어간 조선인 이야기가 다양한 형태로 전해지고 있었다. 이들에게서 보이는 몇가지 특징을 지적하면 다음과 같다.

첫째는 포로들 가운데서도 지역의 무사가 되는 자들도 많았다는 점이다. 이 경우는 오이타에서 주로 보였는데, 이들은 어린 소년 때 일본군에게 끌려간 자들이며, 또 출신 성분이 모두 조선의 무장 또는 귀족의 자제로 되어 있다. 이들 가운데는 영주를 대신하여 벌을 받는 자들에게 채찍을 가하는 역할을 맡은 자도 있었다. 일본은 이들을 무사로 하는 조건으로서 출신 성분을 우선적으로 고려하였음을 보여 주는 좋은 예라 할 수 있다. 그리고 어른이 아닌 어린 소년들을 선택한 것은 일본인으로서 세뇌하기 용이한 부분도 있었을 것으로 추정된다.

둘째는 여인들도 눈에 많이 뜨인다는 점이다. 이러한 사례는 미야자키에서 자주 보였다. 이들은 지역의 일본인과 결혼하여 가정을 이루었다. 고귀한 신분의 여성은 고려아씨라고 불렸으며, 또 그중에는 지역에서 유명한 본초학자를 배출한 자도 있었다. 이들은 무말랭이를 이용한 반찬 만드는 법도 지역에 전수하기도 했다.

셋째는 도자기 제조기술을 전한 조선인들도 있었다. 이것도 미야자키에서 보이는 사례이다. 이들은 처음부터 제도 기술을 가지고 있었는지는 분명치 않다. 이들이 사가와 가고시마의 조선도공 마을인 시이노미네와 나에시로가와로부터 기술자를 초빙하여 도자기 기술을 배운 것은 사실이다. 그러나 그들의 이러한 노력에도 불구하고 지역의 흙이 도토로서 적합하지 않아 도자기 생산을 포기하고 흙 인형을 생산한 것이 사도와라 인형의 유래이다.

넷째는 일반 시민들도 많았다. 이들이 집단을 이루며 살았던 곳이 지금도 고려정, 고려산이라는 지명으로 남아 있고, 그중에는 부부가 함께 연행되어 간 사람들도 있었고, 또 일본인 여성과 결혼하여 가정을 이루는 자들도 있었다. 이들이 전한 기술의 흔적이 지금도 지역에서 사용하는 지게와 가래와 같은 농기구의 이름으로 남아 있다. 이처럼 일본인들은 조선에서 철수하면서 남녀노소를 가리지 않고 잡아갔음을 규슈의 동남부 지역에 남아 있는 조선인 이야기에서도 확인할 수 있다.

壬亂捕虜男

제10장
에히메 현의
임란포로

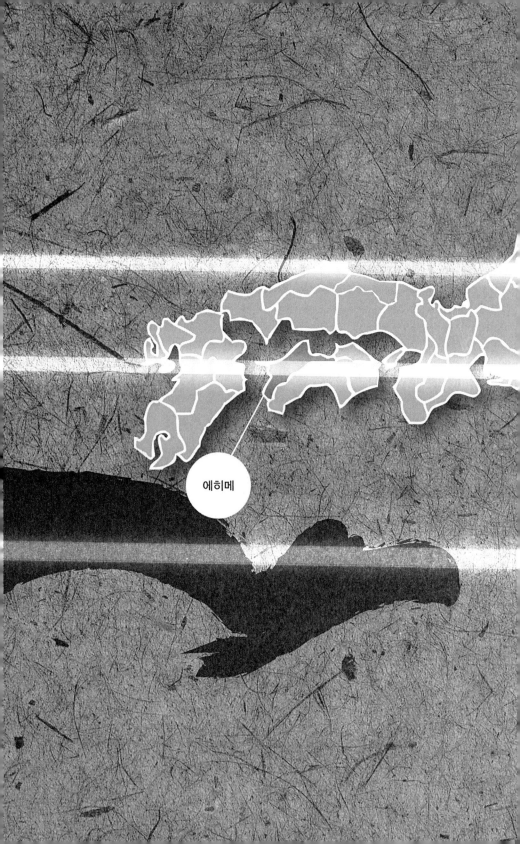

## 1. 머리말

에히메愛媛県는 일본의 혼슈本州 밑에 위치한 시코쿠四國라는 섬에 있는 지역명이다. 보다 정확히 말하면 시코쿠의 서북부에서 북부와 중부 지역에 걸쳐있는 지역이며, 현청 소재지는 마쓰야마 시松山市이다. 이곳은 흔히 우리의 제주처럼 밀감으로 유명하며, 일본에 두 번째로 노벨문학상을 가져다 준 오에 겐자부로大江健三郎의 고향이기도 하다. 그런데 시대를 거슬러 올라가면 이곳은 도요토미 히데요시豊臣秀吉가 일으킨 전쟁의 상처가 심심찮게 남아 있는 지역이기도 하다. 이곳에 그러한 흔적이 많이 있는 이유는 이 지역의 영주들이 히데요시의 명을 받아 군사를 이끌고 조선 출병을 하였으며, 귀국 시 많은 조선인들을 연행하여 갔기 때문이었다.

이 지역의 포로들 가운데 우리에게 너무나 잘 알려진 사람들이 있다. 그 대표적인 인물이 강항姜沆과 노인魯認이다. 강항은 오즈大洲 지역에서 억류 생활을 하다가 교토를 거쳐 귀국하였고, 노인은 1597년 8월 23일 우케나浮穴 지역에서 16개월간 억류되어 있다가 영수좌永首座라는 승려 의 도움으로 일본 정세를 살핀 다음 탈출하여 이즈미和泉와 도사土佐를 거쳐 현재 가고시마인 사쓰마로 들어가 중국의 푸젠 성으로 가는 배를 타고 중국을 경유하여 조선으로 귀국했다.

이들은 각기 포로로서 자신들이 체험한 것들을 기록으로 남기고 있 기 때문에 우리는 그것을 통하여 포로에 관한 사정을 어느 정도 알 수 있다. 그러나 그들의 기록에는 돌아오지 못하고 남은 포로들에 관한 기 록이 많지 않다. 다시 말하자면 그것을 통하여 에히메의 조선포로에 관 한 실태를 파악하기 힘든다는 것이다.

그럼에도 불구하고 지금까지 에히메 지역의 임란포로에 관한 연구는 주로 강항[1]을 중심으로 이루어지는 경향이 있었다. 그로 인해 힘든 억 류생활에도 그들의 우국충정을 확인할 수 있었으나, 반면에 돌아오지 못하고 그곳에 남은 조선포로에 대한 사정을 이해하기란 한계가 있다.

다행히도 근년에 들어 여기에 관심을 가지는 연구자가 생겨나기 시 작했다. 가령 한국에서는 미술사학자 박은경[2]이 임란 때 약탈해간 이

---

1 이동영, 「강항의 일본에서 유학전수와 그의 시세계」, 『새국어교육(54)』(한국국어교육학 회, 1997), pp.389~406; 이동희, 「수은 강항의 애국정신과 일본에의 주자학 전파」, 『유교 사상연구』 12(한국유교학회, 1999), pp.183~206; 박균섭, 「강항이 일본 주자학에 끼친 영 향」, 『일본학보』 37(한국일본학회, 1996), pp.251~267; 김동섭, 「수은 강항의 삶과 시」, 『한 국한시작가연구』 8(한국한시학회, 2003), pp.367~399; 박맹수, 「수은 강항이 일본 주자학 발전에 끼친 영향」, 『도서문화』 35(목포대 도서문화연구소, 2010), pp.39~66; 김경옥, 「수 은 강항의 생애와 저술활동」, 『도서문화』 35(목포대 도서문화연구소, 2010), pp.7~38.
2 박은경, 「서일본 중국. 사국지역의 조선 15~16세기 불화고」, 『석당논총』 46(동아대 석당 학술원, 2010), pp.301~331.

지역에 남아 있는 조선불화를 소개했고, 역사학자 윤유숙은 마쓰야마의 포로 마을인 당인정唐人町을 소개한 바가 있다.[3] 그에 비해 일본에서는 역사학자 나이토 슌보內藤儁輔가 마쓰야마의 당인정, 오즈의 강항 그리고 우와지마의 조선승려 양천에 대해서 소개하고 있고,[4] 재일교포 언론인 윤달세는 마쓰야마의 호랑이 춤은 임란 때 조선에서 왜군들이 호랑이 사냥을 한 것에서 유래한 것으로 추정한 바 있다.[5]

이상의 내용들이 본격적인 연구라기보다는 단편적으로 소개하는 성격에 가깝기 때문에, 에히메의 임란포로에 대한 실체가 잘 드러나지 않는다. 그러므로 이들의 작업을 보다 충실히 이해하기 위해서는 현장조사를 통하여 내용을 재확인하고, 또 새로운 자료 발굴 작업에 노력을 기울일 필요가 있다.

필자는 포로의 개념을 사람만이 아니라 동물과 물건에게도 적용할 수 있다고 보고, 기존연구의 성과를 토대로 에히메 지역에 세 차례나 현장조사를 실시했다. 그때마다 많은 지역 연구자들로부터 협력을 얻었다.[6] 그들로부터 받은 자료 가운데는 지금까지 우리에게 소개되었던 것도 있었지만 그렇지 않은 것들도 많았다.

본 장은 이러한 자료들을 종합적으로 정리 검토함으로써 에히메 지역의 임란포로를 파악하려고 하는 것이다. 이 작업이 있음으로써 귀국

3 윤유숙, 「근세초 서일본 지역 조선인 집단거주지」, 『사총』 68(고려대 역사연구소, 2009), p.117.
4 內藤儁輔, 『文禄·慶長役における被擄人の研究』(東京大学出版会, 1976), pp.316~320, pp.741~744.
5 尹達世, 『四百年の長い道』(リーブル出版, 2003), pp.36~47.
6 조사 시 도움을 주신 분은 참으로 많다. 특히 마쓰야마시립 시키기념박물관子規記念博物館의 학예원 히라오카 에이지平岡瑛二와 우와지마시립 다테박물관伊達博物館 관장 혼다 코이치本田耕ー 그리고 오즈의 향토사가 무라카미 쓰네오村上恒夫, 에히메신문사愛媛新聞社의 다카다 쯔루기高田劍 등의 도움이 컸다.

한 자뿐만 아니라 돌아오지 못하고 일본에 남겨진 임란포로까지 파악할 수 있고, 또 임진과 정유의 왜란이 한일 양국사회에 얼마나 많은 큰 변화를 가져다주었는지를 이해할 수 있을 것이라고 기대하기 때문이다.

## 2. 마쓰야마의 조선포로

임란 당시 마쓰야마의 영주는 가토 요시아키加藤嘉明(1563~?)였다. 그는 주로 수군을 담당하여 임란 때는 이순신과 전투를 벌였고, 정유재란 때에는 칠천량漆川梁 해전에서 원균이 이끄는 조선수군과도 전투를 벌였다. 그리고 가토 기요마사加藤淸正 군을 위시한 일본군이 울산성 전투에서 조명연합군에 의해 포위되었을 때 부하를 이끌고 구원부대로 참가하여 공을 세우기도 하였다.

이러한 그가 귀국할 때 많은 조선인들을 잡아갔다. 그러므로 그들에 관한 흔적이 오늘날에도 마쓰야마에 남아 있다. 그들이 살았던 곳을 당인정이라고 한다. 또 그들이 만든 돌다리의 흔적이 현재까지 남아 있고, 그들의 후손에 관한 이야기도 약간 남아 있다. 그뿐만 아니다. 일본군이 약탈하여 가지고 간 조선의 불화도 있다. 이러한 것들에 대해 좀 더 구체적으로 살펴보기로 하자.

### 2.1. 돌아온 조선포로

에히메에서 돌아온 포로는 강항과 노인만 있는 것이 아니었다. 양몽린의 가족들도 있었다. 그들에 관한 기록은 조선통신사들이 남긴 기록에 비교적 자세히 나와 있다. 그것들에 의하면 몽린의 모친과 아우 몽인 그리고 자식 3명, 도합 5명이 정유재란 때 포로가 되어 에히메에 잡혀 있었다. 그의 일족이 귀국하는 데는 조선에서 파견된 포로쇄환사와의 만남이 크게 작용했다. 1617년 9월 포로쇄환사들이 오사카에 머무르고 있었을 때 그도 마침 가토 요시아키를 따라 교토에 와 있었다. 그때 포로쇄환사와 연락이 닿아 귀국의사를 적극적으로 밝힘으로써 이루어진 것이었다. 요시아키의 교토 저택에는 그만 있는 것이 아니었다. 양반과 상인 등 약 20여 명이 더 있었다. 요시아키는 이들의 귀국을 반대하는 입장에 있었으나, 조선 측의 끈질긴 설득으로 귀국을 하게 되었던 것이다.

그런데 양몽린은 포로쇄환사들에게 "아와阿波, 아와지淡路에는 많지 않으나, 이요伊豫에는 돌아가기를 원하는 사람들이 제법 있습니다. 비록 다소 예측할 수는 없지만, 내가 만약 들어가면 20여 명은 찾아낼 수가 있습니다. 내 아우 몽인이 지금 이요에 있으니 내가 만약 편지를 만들어서 몽인에게 자세히 통지하고, 또 유시문 및 집정의 문서를 서로 아는 믿을 만한 사람에게 보내어 몽인과 더불어 통유하여 찾아오도록 하면 편리할 듯합니다."[7]라고 주요한 정보를 제공한다. 즉, 그의 말에 의하면 도쿠시마와 아와지 등지에는 조선포로들의 수가 적으나, 에히메는 그와 달리 상당수가 있으며, 그중에는 귀국을 원하는 자들도 제법 있다는 것이다. 그 이후 몽린의 아우 몽인이 6명의 포로와 함께 작은 배를 타고 일기도에서 포로쇄환사들을 만난 것으로 보아 조선 측은 양몽린의 말을 수용하여 에히메의 조선포로들을 귀국시키기 위한 소정의 조치를 취했

7 이경직, 「부상록」, 『고전국역총서 해행총재』 3(민족문화추진회, 1989), p.107.

던 것 같다. 앞에서 언급하였듯이 포로쇄환의 성과는 그가 말했던 20명
에 크게 미치지 못했다. 이것으로 보아 에히메의 포로송환은 제대로 이
루어지지 않았음을 알 수 있다. 그렇다면 귀국하지 못한 조선인 포로들
은 주로 어디에서 살았을까?

## 2.2. 당인정唐人町과 구다라 교분百濟魚文

마쓰야마의 지명 가운데 당인정이라는 곳이 있다. 이곳에 대해 윤유
숙은 임란 때 잡혀간 조선인들의 거주지이기 때문에 생겨난 이름이며,
당시 마쓰야마 시내 석교의 대부분은 그들이 세운 것이라 하며 그 대표
적인 에로 유즈키하치만湯月八幡, 바바사키馬場先, 미타라이가와御手洗川의
돌다리石橋를 들었다.[8]

실제로 마쓰야마에서는 이 지명의 유래에 대해 두 가지 설이 있다.
하나는 히사마쓰 씨久松氏의 선조인 히사마쓰 사다유키久松定行가 나가사
키長崎 재직 중에 체포한 당나라 사람唐人을 연행해 와서 마쓰야마에 살
게 함으로써 생겨났다고 하는 것이고, 다른 하나는 가토 요시아키가 임
란과 정유재란 때 조선에서 잡은 포로들을 연행하여 이곳에 살게 한
것이 당인정이라는 설이다. 1627년(寬永 1) 막부가 은밀히 작성한 마쓰
야마 번松山藩의 지도에 의하면 그때 이미 당인정이라는 지명이 보이고,
히사마쓰 사다유키가 그 이후의 인물이기 때문에 후자의 설이 맞다고
볼 수 있다.[9]

원래 이곳에 당인정이 있었던 것은 아니다. 마쓰야마 성이 축조되기

---

8 윤유숙, 앞의 논문, p.117.
9 柳原多美雄, 「唐人町の話」, 『伊予史談』 158(伊予史談会, 1960), p.35.

이전에 행정중심지는 마사키松前였다. 요시아키 군대가 잡아간 조선인들을 처음으로 살게 한 곳은 바로 이곳이었다. 마쓰야마 성이 완성되고, 요시아키의 본거지도 이곳으로 옮김에 따라 그들도 함께 마쓰야마로 이주하여 살게 된 곳이 바로 당인정인 것이다.

이곳은 1초메町目에서 3초메까지 있었다. 그중 1초메는 대당인말십입정大唐人末新笠町이라 하여 2초메와 3초메와 구분을 했다. 이것은 아마도 소 당인정小唐人町이 생겨나 그것과 구분하기 위해 붙여진 이름일 것이다. 이곳은 일찍이 물자를 유통시키는 상인의 거리로서 발전했다. 특히 다상茶商, 약업으로 경제적 부를 축적한 거상들이 출현하기도 했다. 그 대표적인 예가 다상으로는 자야 기치죠茶屋吉藏가 있었고, 또 약업상으로는 이몬 규케이井門九溪(?~1850)가 있었다. 특히 후자는 미시마야三島屋라는 간판을 걸고 그들의 자손들이 근대까지 영업을 했었다.

그런데 그중에서 우리가 알아야 하는 인물이 있다. 그는 다름 아닌 다상을 했던 구다라 교분百濟魚文(1745~1804)이다. 나이토 슌보는 이들을 약업상 미시마야와 더불어 그를 조선포로의 후예라고 했다.[10] 한국의 윤유숙도 그와 같은 입장을 취하고 있다.[11]

이들은 단순히 그가 당인정 출신이고, 또 그의 성을 스스로 백제라 한 것에서 추정한 결과이지만, 실제로 그가 사용한 백제라는 성씨의 출처는 분명치 않다. 그의 본래의 성은 백제가 아니라 다케치武知로 되어 있으며, 이름은 마사아키方章였다. 족보(계보) 상으로 시조 고베이 마사노리五兵衛方則는 오즈大洲의 미타니三谷 출신으로 1658년에 사망한 것으로 되어 있다. 그리고 2대인 방정方正이 마쓰야마로 나와 마루야丸屋라는

10 内藤雋輔, 앞의 책, p.741.
11 윤유숙, 앞의 논문, p.117.

구다라 교분의 기념비

가게를 열고 사업을 하였으며, 그 이후 방장方章이 그 뒤를 계승하였는
데, 그에게는 5명의 아들이 있었다. 장남 방장方長은 마루야를 계승하였
고, 차남 방현方賢은 시쓰가와志津川에서 미곡상을 열었으며, 3남 방기方
基는 다상을 열었다. 그리고 4남 방부方富는 무엇을 하였는지 알 수 없
고, 5남 쾌선快仙은 구마久万 대보사大寶寺의 승려가 되었다. 이 중 3남
방기吉右衛門가 구다라 교분의 조부이다.[12]

　이같은 족보의 내용이 사실이라면 구다라 교분은 당인정 조선인의
후예가 아니라 오즈에서 새롭게 당인정으로 들어간 사람의 후예이다.
그런데 그가 무엇 때문에 백제라는 성씨를 사용한 것인지가 확실치 않

12 白田三雅, 「百濟魚文について」, 『子規會誌』 31(子規會, 1986), p.24.

다. 백제라는 성씨를 사용한 것은 교분이 처음이라고 한다. 그 경위는 분명치 않지만 일설에 그의 스승인 마쓰야마의 서예가이자 승려였던 명월상인明月上人이 교분의 집이 당인정에 있다는 것을 알고 "자네는 당인정에 살고 있기 때문에 구다라 교분이라고 하는 것이 좋겠다." 하고 놀린 것이 동기가 되었다고 한다.[13] 이처럼 그의 이름이 처음부터 구다라 교분이 아니었음을 알 수 있다.

그런데 이같은 설명에는 선뜻 납득이 가지 않는 부분이 있다. 어찌하여 백제라는 이름이 당인정에서 유래될 수 있느냐 하는 것이다. 다시 말하여 그가 신라, 백제, 고구려 가운데 백제를 고집한 이유를 명확히 설명할 수 없는 것이다. 오즈는 강항이 억류되었던 곳으로 임란 때 잡혀간 조선인들이 천여 명이나 살았던 지역이다. 더군다나 교분의 시조가 임란 이후의 사람인 점을 감안한다면 그가 백제를 선택한 것은 자신의 선조가 호남 지역에서 잡혀간 조선포로로 오즈에 정착하여 다케치라는 일본 성씨를 사용한 사람이었기 때문인지도 모른다. 그러한 관계로 인해 그의 아들 방정方正이 조선인의 마을인 당인정으로 쉽게 진출하여 정착하였을 가능성이 전혀 없지 않은 것이다.

이같이 구다라 교분의 백제라는 성씨의 유래는 정확하지 않다. 그가 조선인의 후예일 수도 있고 아닐 수도 있다. 그가 태어났을 때 그의 집안은 다상으로 막대한 경제적 부를 축적하여, 마쓰야마에서도 3대 거상 중의 하나로 꼽히는 굴지의 상인의 가문으로 발전되어 있었다. 그리하여 가끔 마쓰타이라 번松平藩, 오즈 번大洲藩에 헌금을 하여 번주와 접견할 수 있는 기회도 가질 수 있는 신분으로도 대우를 받고 있었다.[14]

---

13 曾我部松亭, 「百濟魚文」, 『伊豫史談』 71(伊豫史談會, 1932), p.455.
14 白田三雅, 앞의 논문, p.24.

그는 특히 자신의 이름이 아닌 많은 호를 사용했다. 처음에는 방유方猷라 했고, 또 삭발하고 승려가 된 다음에는 종영宗榮, 공작루孔雀樓, 청안당青眼堂, 초은당招隱堂, 육육정六六亭이라는 이름을 사용하기도 했다. 그는 또 명월의 『부상수전扶桑樹傳』을 출판하기도 했다.

그리고 그는 당대를 대표하는 마쓰야마의 문화인이기도 했다. 그는 가업을 이어받아 다상을 하였으며, 특히 글재주가 있어서 와카和歌, 하이카이俳諧와 같은 시문을 즐겼으며, 향도香道, 다도에도 조예가 깊었다. 이러한 성격이었기 때문에 주로 마쓰야마의 문인들과 넓은 교류가 있었다. 특히 원광사圓光寺의 승려 명월明月, 대나무 그림으로 유명한 화가 요시다 구라사와吉田藏澤, 서예가로 이름을 날린 덴도쿠지 조산天德寺藏山과 구리다 쇼노栗田櫳堂 등의 친교가 있었다. 그리멘고 그라. 텐멍괴깁이 天明, 寬政期(1781~188)에 마쓰야마를 대표하는 문화인이었다.

1795년(寬政7) 1월 16일 전국적으로 명성을 떨쳤던 시인 고바야시 잇사小林—茶가 마쓰야마를 방문했다. 그날 그는 벚꽃을 보고 구다라 교분의 집을 방문하여 문화적인 교류를 행하였다. 그때 잇사는 교분의 집에서 「하이카이 삼존화찬俳諧三尊画賛」을 보았다. 이것은 1692년경 에노모토 기카쿠榎本其角(1661~1707)의 문하생인 마쓰야마 번松山藩의 사무라이 히사마쓰 슈쿠잔久松肅山이 화가 가노 단세쓰狩野探雪(1785~1835)에게 부탁하여 그린 3폭의 그림인데, 각 그림마다 하이쿠 세계의 지존이라 불리는 바쇼芭蕉(1644~1694), 소도素堂(1642~1716), 기카쿠其角의 3명이 찬賛하는 싯구가 적혀 있었다. 그 그림을 「하이카이삼존화찬」라고 불렀던 것도 바로 이 때문이다.

한 폭에는 악기인 생황笙이 그려져 있었고, 그것에는 기카쿠가 "괘씸하구나 오동나무 잎이여 생황의 소리けしからぬ 桐の落葉や 笙の声"라는 시구를 적었다. 그리고 다른 한 폭에는 거문고琴가 그려져 있고, 그것에 바쇼芭蕉는 "지는 꽃이여 새도 놀라는 거문고의 먼지ちるはなや 鳥も驚く 琴の塵"라는 시구를 남겼으며, 또 다른 한 폭에는 큰북太鼓이 그려져 있었는데, 그것에는 소도素堂가 "푸른 바다여 큰북 느긋하게 치누나 봄의 소리青海や 太鼓ゆるみて 春の声"라는 시구를 적어 두었던 것이다. 그들의 제자격인 잇사는 이를 보고 감격하지 않을 수 없었다. 그리하여 "정풍의 세분을 보는 매화의 집正風の三尊みたり梅の宿"이라는 시구를 남겼던 것이다.

교분도 하이쿠에 일가견이 있었다. 그의 작품으로 "순풍과 역풍이 부는구나 새싹의 힘찬 바람眞帆片帆吹くや若葉の靑嵐", "바위 밑 구슬 떨어지는 반딧불인가岩かどに玉ちるばかり蛍かな" 등의 시구가 전해지고 있다.[15]

교분은 1804년 60세의 나이로 사망하여 당인정의 관음사에 묻혔다. 법명은 초은실종영거사招隱室宗榮居士였다. 교분의 아내는 미쓰하마三津濱의 명가 아마노 스케자엔몬天野助左衛門의 딸이었다.[16] 그의 뒤를 이은 4대 방정은 아들이 없어 아우 방진을 후계자로 삼았다. 그러나 그에게도 아들이 없어 교분의 아내 집안인 아마노 쥬하치로天野十八郞의 아들 방재方載(=朔太郎, 五郎造=蔵)를 후계자로 삼아 6대의 대를 이었다. 그는 선조의 백제라는 성씨를 그대로 사용한 것 같다. 그 예로 오사카 스미요시 대사住吉大社의 「묘일참도卯日参道」에 보영연간宝永年間(1704~1710)과 형보연간享保年間(1716~1735)에 걸쳐 41기의 석등롱의 대부분이 마쓰야마의 상인 혹은 회선업자廻船業者에 의해 기증되는데, 그 가운데 구다라고료조百済五良蔵라는 이름이 보이기 때문이다.[17] 그러나 이들 후손들은

15 伊藤義一, 「茶屋吉藏」, 『愛媛縣百科大事典』下(愛媛新聞社, 1985), p.142.
16 曾我部松亭, 앞의 논문, p.477.

메이지 이후 조선에 대한 멸시적인 경향이 있었는지, 백제의 성씨를 버리고 다시 다케치로 고쳤다. 이로써 마쓰야마의 백제씨는 사라져 버렸다.

1970년 5월 17일 미가와야三河屋 오쿠다 마타이치奧田又一가 그를 기리어 교분의 집터에 잇사가 지은 시구를 새긴 기념비를 세웠다. 그러나 현재 그 위치가 도로의 한 가운데 중앙분리대 화단에 있어 사람들이 접근하기 힘들다. 다시 말하여 당시 마쓰야마의 문화인으로 이름을 날렸던 구다라 교분의 흔적이 중앙분리대에서 가로수와 함께 겨우 명맥을 유지하고 있는 것이다.

## 2.3. 조선 여인의 아들 쓰쿠다 가즈요시佃+義

마쓰야마의 사무라이 가즈요시의 모친은 조선포로였다. 그의 부친은 가토 요시아키의 중신 쓰쿠다 가즈나리佃+成였다. 가즈나리가 조선으로 출병하여 전쟁 수행 중에 포로로 잡아 온 여인이 바로 그의 모친이었다. 에도 시대의 문헌인 『송산총담松山叢談』에 의하면 그녀와 그녀의 아들인 가즈요시에 대해 비교적 자세하게 묘사되어 있다. 그것을 토대로 구성하여 보면 다음과 같다.

가즈나리가 군대를 이끌고 조선의 어느 남부 지역을 공략하였을 때 미처 도망치지 못한 12, 13세 되는 한 소녀가 강아지를 안고 몸종인 듯한 노파와 함께 숨어 있는 것을 체포했다. 그 소녀의 용모와 의복이 남달랐

17 片山清, 「住吉大社石文による地方史の発見(12)－伊豫松山藩商人と廻船業者－」, 『すみのえ』 208(住吉大社, 1993).

다. 가슴에는 수호불이 있고, 또 손에는 칠보의 염주를 가지고 있는 것으로 보아 고위관직의 자녀로 추정되었다. 귀국 시 이 소녀를 마쓰야마로 데리고 와서 가즈나리가 맡아 있었는데, 그 후 주군인 요시아키로부터 취해도 좋다는 명을 받아 첩실로 받아들여졌다. 이로 말미암아 가즈요시가 태어난 것이다. 또 전하기를 노파도 가즈나리의 집에 살다가 늙어서 죽었다. 두 사람 모두 조선국에 관한 이야기를 종신토록 사람들에게 말하지 않았기 때문에 그 소성素性 등이 분명치 않다. 아마도 국난으로 인해 포로의 몸이 된 것을 부끄럽게 생각했기 때문일 것이다. 강아지도 오랫동안 길렀는데, 두 사람에게만 친숙하고, 다른 사람에게는 다가가지 않았다고 한다.[18]

여기에서 보듯이 그녀 혼자서 포로가 된 것은 아니었다. 체포 당시 늙은 하녀와 안고 있던 강아지와 함께 포로가 되었던 것이다. 그리고 그녀는 자신의 과거에 대해 일체 언급하지 않았기 때문에 어느 지역의 어느 집안의 출신인지를 알 수 없다. 다만 『송산총담』을 통하여 알 수 있는 것은 그녀의 성씨가 고씨였다는 사실뿐이다.

마쓰야마의 향토사가 마키노 다쓰오牧野龍夫 씨에 의하면 그녀는 일본인 아내가 되기 위해 교양을 쌓는 등 피눈물 나는 노력하였으며, 오로지 자신의 아들 가즈요시가 사무라이의 후예로서 성장하는 것을 유일한 보람으로 삼았다고 한다.[19] 이러한 그들에게 "첩이다." "한인韓人이다."라는 말들이 늘 따라 다녀 괴롭혔다. 즉, 차별적인 입소문이 나돌고 있던 것이다.

18 『松山叢談』第1卷, p.213.
19 牧野龍夫, 「佃十義とその母」, 『伊豫史談』179(伊予史談会, 1965), pp.28~30.

이러한 차별 속에서 살던 두 모자를 갈라놓는 사건이 어느 날 생긴다. 1615년(元和1) 도쿠가와 이에야스德川家康가 오사카 성大阪城을 공략할 때 이 지역의 가토 요시아키는 이에야스 편을 들기 위해 인질을 내었는데 바로 그때 차출된 자가 가즈요시였던 것이다. 그는 불과 12세의 소년에 지나지 않았다. 그럼에도 불구하고 그는 인질로 끌려가 마쓰타이라 사다카쓰松平隱岐守定勝의 후시미伏見가 이끄는 진영에 맡겨지게 되었다. 그로 말미암아 가즈요시는 매일 밤 어머니가 그리워 울면서 새월을 보냈다.

그로부터 2년 후 다시 고향인 마쓰야마로 돌아왔으나 여전히 그에게는 조선인의 아들이라는 편견이 사라지지 않고 있었다. 이를 받아들이지 못한 그는 몇 번이나 부친에게 하소연을 해보았지만 "참아라, 무예를 연마하고 검술에 힘을 써라."라는 말을 들을 뿐이었다. 그러나 그는 이를 참지 못하고 가출하여 부친의 친구인 오하시 교부大橋刑部가 있는 오즈大洲에 잠시 머물렀으나 부친의 부름을 이기지 못하고 다시 마쓰야마로 돌아온다. 이러한 그를 측은하게 여겼는지 주군인 요시아키가 그를 직접 불러 위로하며 칼을 하사하기도 했다.

1624년(寬永1) 3월 3일 가즈요시는 봄날에 친구들과 함께 배를 타고 고고시마興居島로 놀러갔다가 그곳에서 싸움이 일어나 본의 아니게 두 명을 칼로 살해하게 되었고, 자책감으로 마쓰야마로 돌아오지 못해 5일간 작은 배를 타고 오사카에 칩거하며 근신했다. 그 후 요시아키가 마쓰야마에서 아이즈會津로 전봉轉封되어 갈 때 그의 부친 가즈나리도 동행했다. 그 때 가즈요시는 부친이 있는 곳으로 갔던 것 같다. 그 후 1645년(正保2) 3월 그는 니이 군新居郡 히미氷見의 사무라이 간 시로우에몬사다시게菅四郎右衛門定茂의 집에 머물고 있었다. 마쓰야마에서는 성주가 2대나 바뀌어 드디어 가즈요시가 어릴 때 인질로 있었던 후시미의 사다카쓰의 아들 사다유키定行가 영주로 와 있었다. 이때 사다유키가 그를 불러 가신으로 삼았다. 그는 3백 석의 우마마와리馬廻り를 거쳐 아시가루 다이쇼足輕大將을 역임하였다. 그때서야 겨우 그도 마쓰야마의 무사로서 그의 모친인 고씨와 함께 안정된 생활을 할 수 있었다. 조선 이인 고씨는 91세의 나이로 일기를 마감했고, 가즈나리도 1678년(延寶6) 3월 14일에 숨을 거두었다고 한다.[20]

## 2.4. 조선의 문화재와 호랑이

마쓰야마 시의 이시테石手에 있는 석수사石手寺는 시코쿠四國 88개소 영장靈場의 제 51번 사찰로서 이름을 떨치고 있는 진언종眞言宗 풍산파豊山派에 속하는 유서 깊은 사원이다. 이곳에 1564년 조선에서 제작된 지장시왕도地藏十王圖가 있다고 전해진다. 미술사가 박은경에 의하면 이것이 여기에 있는 이유는 임란과 정유의 왜란을 통하여 일본군들이 조선에서 자행한 약탈의 결과라고 했다.[21]

한편 마쓰야마에는 전통예능에 '도라마이虎舞'라는 호랑이 춤이 있다. 그것이 언제부터 시작되었는지 정확히 알 수 없으나, 1933년 가을 제의 때 40년 만에 부활되었다는 지역신문의 기사가 있는 것으로 보아 상당히 일찍부터 있었던 것으로 추측된다. 그런데 이 전통춤은 조선호랑이 퇴치담과 관련이 있다. 조선에 출병한 요시아키의 공적을 기록한 『가등가명공보加藤嘉明公譜』에 의하면 그의 부하가 조선호랑이를 퇴치하는 이

---

20 牧野龍夫, 「佃十義とその母」, 『伊予史談』 179(伊予史談会, 1965), pp.28-30.
21 박은경, 앞의 논문, p.330.

야기가 기록되어 있다. 그것에 의하면 1598년(慶長3) 히데요시秀吉의 명에 의해 그들의 부대도 조선의 산야에서 호랑이 사냥에 몰두하여, 포획한 호랑이를 히데요시에게 헌상했다. 그러한 가운데 호랑이에게 습격당하여 죽는 병사들도 생겨났다. 그의 가신 가운데 나카시마 쇼에몬中島少右衛門의 부하와 모리가와 히코베이森川彦兵衛는 철포로 호랑이를 쏘아 죽였다고 기록하고 있다.

마쓰야마 사람들은 이러한 전승이 자신들의 용맹성을 나타내는 좋은 예라고 생각하고 '도라마이'를 만들어 오늘날까지 그들의 전통춤으로 발전계승하고 있는 것이다. 이 춤은 매년 10월 간다 정신전정 이쓰쿠시마 신사嚴島神社의 가을제사 때 '후루미쓰 호랑이 춤 보존회古三津虎舞保存会'가 12시를 넘긴 심야의 시간에 배전拜殿에서 춤을 봉납하고 있다. 이처럼 조선의 호랑이마저 왜군들에게 죽임을 당하고 포로가 되어 일본으로 이송되었음을 마쓰야마의 전통 예능 '도라마이'를 통해서 알 수 있다.

마쓰야마는 대중불교를 외쳤던 잇펜상인一遍上人, 일본근대화에 주축을 이루었던 아키야마秋山 형제, 그리고 하이쿠 시인 마쓰오카 시키松岡子規와 같은 인물을 탄생시켰던 교육과 문화의 도시로 유명할 뿐 아니라, 도고온천이 있는 관광지로도 유명하다. 이러한 도시의 이면에는 조선에서 잡아간 포로, 호랑이, 불화 등을 통해 임란과 정유의 왜란으로 말미암은 약탈의 문화가 숨겨져 있음을 알 수 있을 것이다.

## 3. 오즈大洲와 도베 정砥部町의 조선포로

### 3.1. 오즈의 영주는 조선 침략자

오즈大洲는 마쓰야마로부터 서남쪽에 위치한 곳으로 인구가 4, 5만 정도가 되는 소도시이다. 임란 때는 오쓰大津이라고 불려졌다. 이곳을 지배한 영주들 가운데 조선과 관련 있는 사람들이 많다. 가령 이곳의 영주 도다 가즈다카戶田勝隆(?~1594)는 임란 때 히데요시의 명을 받아 조선으로 출병하여 조선에서 사망했다. 그리고 그의 뒤를 이어 영주가 된 이케다 히데우지池田秀氏의 부친 이케다 히데오池田伊與守秀雄는 광주를 침입하여 마구잡이 살상을 저지르다가 진도의 앞바다에서 사망했다. 히데우지의 뒤를 이어 이곳의 영주가 된 도오도 다카토라藤堂高虎(1556~1630)도 정유재란 때 수군을 이끌고 조선으로 출병하여 이순신이 없는 원균의 부대와 거제도唐島에서 전투를 벌여 승리를 거두었으며, 전쟁 말기에는 남원성 전투에도 참가했다.

그리고 오즈 성 천수각天守閣을 건축한 와키자카 야스하루脇坂安治(1554~1626)도 임진과 정유의 왜란 때 조선에 출병하였으며, 그의 후임인 가토 사다야스加藤貞泰(1580~1623)의 부친 미쓰야스光泰(1537~1593)도 임란 때 조선으로 출병했다. 그는 서울에서 진영을 설치하였으며, 또 가토 기요마사가 임해군과 순화군의 두 왕자를 생포하였을 때 경호 역할을 맡아서 하기도 했다. 그리고 그는 울산 서생포에서 갑작스런 병을 얻어 사망했다.

이같이 대부분의 오즈의 지배 영주들은 임란과 정유의 왜란 때 조선으로 출병하였으며, 그들도 귀국할 때 많은 조선인을 납치하고, 다수의 문화재들을 약탈하였다. 그 흔적들이 400년이 지난 오늘날까지도 희미하게 남아 있는데, 그것들에 대해 살펴보면 다음과 같다.

### 3.2. 오즈의 조선포로

그 첫째가 조선인 포로들이다. 여기에 대해서는 좀처럼 자료가 발견되지 않았는데, 일전에 역사학자 기타지마 만지北島万次에 의해 남원 진투 때 도토 다카토라의 가신인 오키 초우에몬大木長右衛門에게 포로가 된 부부의 이야기가 「고산공실록高山公實錄」에 "남원이라는 곳의 출신 당인 부부를 생포하여 예주豫州로 데리고 돌아와 살게 했다. 이들은 모두 예주에서 생애를 마감했다."라는 문장이 있다는 것을 소개하여 주목을 받은 적이 있다. 덧붙여 그는 오키 초우에몬이 부족한 노동력을 보충하기 위해 납치해 갔다고 해석하였다.[22]

이러한 사정으로 미루어 보더라도 이 지역에 조선인 포로들이 많이 있었음을 알 수 있다. 그런데 그들 가운데 오즈에는 매우 특이하게도 조선 왕자 2명이 포로로 잡혀 있었다는 전승이 있다. 이것은 오즈에 널리 알려져 있는 것이 아니라 가메오카씨龜岡氏 집안에서 내려오는 개인적인 것이다. 그것에 의하면 두 명의 조선의 왕자들은 포로가 되어 오즈에 연행되었고 그곳에서 2년 정도 살다가 귀국한 것으로 되어 있다.[23]

이것이 갑자기 만들어진 것은 아니다. 이것이 토대가 되는 기록이 있는 데, 그것이 1838년(天保9) 이와이 마타베마사나카岩居又兵衛正仲가 쓴 「풍공지정한야오豊公之征韓也吾」라는 글과 1889년(明治22)에 가메오카

---

22 北島万次, 『豊臣秀吉의 朝鮮侵略』(吉川弘文館, 1995), p.261.
23 辛基秀·村上恒夫, 『儒者姜沆と日本』(明石書店, 1991), p.32.

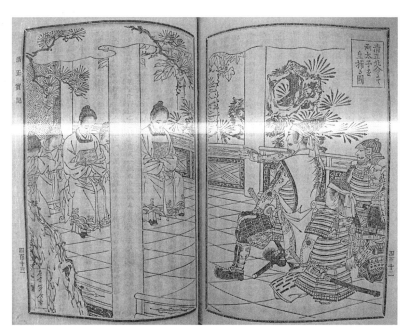

가토에게 포로가 되는 임해군과 순화군의 모습

우사부로龜岡宇三郎가 쓴 「가메오카가가보유래龜岡家家寶由來」이다.

　전자는 목판에 한문체 묵서로 적혀 있고, 후자는 한지에 당시의 문장으로 적혀 있는데, 그 것에 담겨진 내용들은 대동소이이다. 특히 후자는 조선 왕자들이 지니고 있던 물건을 자신의 손에 넣은 다음 그것을 자기 집안의 가보로 하기 위해 그 유래를 설명한 것이기 때문에 얼마든지 내용을 주관적으로 윤색했을 가능성이 높다. 그러므로 그 내용 자체가 신빙성을 가지고 있다고 보기 힘들다. 그러나 임란포로와 관련이 있는 전승이 전해진다는 사실에 주목을 하면서 관련 있는 부분만을 골라 소개하면 다음과 같다.

지금부터 300년 전 히데요시의 조선 정벌 때의 일이다. …(중략)… 첨병 역할을 한 이와이 가게히데岩居影英가 본진으로부터 34리 떨어진 곳에서 척후의 활동을 벌이고 있었을 때 큰 강이 흐르고 있는 곳에 큰 바위가 있고, 그곳에서 어린아이가 우는 소리가 있어서 다가가 보았더니 5, 6세 정도 되는 아이와 4세 정도 되는 아이 두 명이 있었다. 5, 6세 되는 아이는 작은 종을 안고 있었다. 이들을 데리고 진영으로 돌아왔는데, 이 아이들이 조선국의 왕자들이다. 3일간 음식을 먹지도 않더니 4일째 되던 날에 죽을 먹었다.[24]

임진과 정유의 왜란 때 조선의 두 왕자가 왜군에 포로가 된 것만은 사실이다. 선조의 아들 임해군과 순화군이 바로 그것이다. 그들은 함경도 회령부근에서 가토 기요마사의 포로가 되어 일본군 진영에서 억류생활을 하다가 부산에서 풀려나 조선 측에 송환되었다. 그러므로 오즈에 조선의 왕자들이 있을 리 없다. 이 전승은 그러한 사실과 혼동되어 있는 것이다.

그러나 이 전승이 어느 정도 사실을 반영하고 있는 것이라면 고관대작의 가문출신 소년 두 명이 포로가 되어 오즈에 있다가 귀국했을 가능성도 충분히 있다. 아마도 이것이 토대가 되어 조선왕자전승으로 만들어졌거나, 아니면 개인이 소유한 물건 가치를 높게 평가하기 위해 의도적으로 조작했을 가능성도 없지 않다. 아무튼 이같은 전승이 근대에 이르기까지 새롭게 구성될 정도로 이곳에는 임란포로가 많이 있었다.

그 포로들 가운데 유학자 강항姜沆(1567~1618)이 있었다. 강항은 그

---

24 龜岡宇三郎, 「龜岡家家寶由來」(필사본, 1889), pp.1~7.

는 전남 영광출신 양반으로 27세
때 과거에 급제하여 관직에 올랐으
며, 1597년 정유재란 당시 그는 형
조좌랑으로서 잠시 휴가차 고향으
로 내려와 생활을 하고 있었다. 그
러던 중에 전쟁이 발발하여 군량미
조달과 의병을 모으는 일을 했지만
사정이 여의치 않았고, 긴박한 상
황이 도래하자 가족들과 함께 이순
신 휘하에 들어가려고 배를 타고
가던 도중 논잠포 앞 바다에서 다

오즈의 강항 현창비

카토라의 군대에게 사로잡혀 2년가량 오즈에 억류생활을 하다가 1599
년에 교토의 후시미로 이송되었다. 그 후 그는 1600년에 석방되어 고향
으로 귀국하게 되었다.

그는 자신의 포로생활을 경험으로 『간양록看羊錄』이라는 저서를 남겨
오늘에까지 전하고 있는데, 그것에 의하면 오즈에는 천여 명의 조선포
로들이 있었다고 한다. 이들 중 먼저 잡혀온 사람들은 왜인으로 귀화되
어 고국으로 돌아갈 마음이 없다고 하였고, 그에 비해 새로 잡혀온 사람
들은 밤낮으로 마을 거리에 무리지어서 울고 있었다고 했다.[25] 이것으
로 보아 이곳의 일본군은 조선인들을 포로로 잡는 일을 한번으로 끝낸
것이 아니라, 전쟁 수행기간 수차례 연속적으로 행하였던 것이다.

강항의 『간양록』은 일본 정세와 지리에 관한 정보가 풍부하게 서술

---

25 강항, 「간양록」, 『고전국역총서 해행총재』 2(민족문화추진회, 1968), p.114.

되어 있으나 의외로 오즈에 억류되어 있었던 조선포로들에 관한 기록은 거의 남아 있지 않다. 그러므로 그것을 통해 당시 어떤 사람들이 오즈에 있었는지를 파악하는 데는 한계가 있다. 그렇다고 해서 전혀 없는 것은 아니다. 울산사람 김석복金石福과 권율의 사노, 그리고 교토에서 탈출하여 오즈에 와서 다시 조선으로 들어가려고 하였던 서울사람의 이야기가 있다. 그리고 자신과 함께 시문을 주고받으며 외로운 마음을 달랬던 무안사람 서국徐國도 등장한다. 그렇지만 그들이 훗날 어떻게 되었는지에 대해서는 기술되어 있지 않다.

일본 측의 조선포로에 대한 대우는 신분과 성격에 따라 달랐다. 평범한 일반인들은 노예와 같은 낮은 신분으로 대하였을지 모르나, 강항과 같이 관리이자 문인은 특별 대우를 받는 경우가 많았다. 특히 강항은 오즈에 유치되었을 때 자신의 처지를 다음과 같이 기록했다. 즉, "이예주 대진성에 이르러 유치되었는데, 두 형 및 처부의 가족과 한 집에 있게 되었으나 방만은 달랐다. 적은 졸왜 1명과 여왜 1명으로 하여금 조석으로 밥, 국, 각각 한 사발과 생선 1마리를 주게 하였다."라는 것이다. 여기서 보는 것처럼 그들은 가족 모두 함께 사는 특전을 누렸으며, 또 졸왜, 여왜라고 표현하였듯이 남녀 각각 1명씩 하인까지 붙여주었던 것이다.

그렇다고 강항의 가족이 보낸 오즈의 생활도 편안한 생활을 했다는 것은 아니다. 오즈에서 조카딸 예원과 조카 가희가 병사했다. 강항의 형제들은 가희를 물가에 묻는 가슴 아픈 일을 겪었다. 그 이전에 포로가 된 상태에서 8살 된 조카 가련이 목이 말라 갯물을 마셨다가 탈이 나자 왜인들에 의해 물 속으로 던져지는 사건도 목격했다. 이러한 자신의 인생을 두고 "우리 형제 소생이 모두 여섯인데, 바다에 빠져 죽은 자가 셋, 왜놈들의 땅에서 죽은 자가 둘, 남은 것이란 어린 계집아이 하나뿐이다."[26]라고 한탄을 했다.

강항은 다른 포로와 달리 일본을 탈출하여 고국으로 돌아오려고 무단히 노력했다. 1598년 5월 25일 교토에서 도망쳐 온 서울의 죽사竹肆 사람 그리고 또 한 명과 함께 남쪽으로 탈출하여 판도板島(＝宇和島)의 부근 숲속에서 만난 승려의 도움을 받아 분고豊後(현재 오이타大分)까지 가는 배를 타러가다가 그만 군졸들에게 붙잡혀 목이 잘릴 뻔했으나, 직전에 어느 왜인이 나타나 이를 저지하고 성안으로 끌고 갔다. 마침 그 성에는 강항을 사로잡았던 도오도 신시치로藤堂新七郎가 있었다. 그는 강항의 일행을 자신의 집으로 불러 차, 술, 국과 밥을 대접을 하며 3일간 보내게 한 다음 오즈로 다시 이송했다. 그 이후 강항은 탈출시도하지 않고 교토의 후시미伏見의 다카토라의 진영에 보내질 때까지 오즈에서 살았다.

후시미로 이송된 강항은 후지와라 세이카藤原惺窩(1561~1619), 아카마쓰 히로미치赤松広通(1562~1600) 등과 교류를 하며 조선의 유교를 가르쳤다. 특히 세이카는 임란 이전에 일본을 방문한 조선의 사신들을 통하여 약간의 주자학을 접하고 있었다. 그는 승려이었지만 주자학에 매료되어 그에 대한 이해도를 높이기 위해 강항이 머무는 다카토라의 진영을 찾아갔다. 그때 그는 승복마저 벗고 정장을 갖춰 입었고, 이에 감동한 강항은 그에게 사서오경四書五経 등의 주자학을 가르쳤다고 전해진다.

세이카는 강항의 도움을 받아 사서오경을 번역하기 시작하여 1599년 2월 15일에 드디어 완성한다. 이때 세이카는 감동한 나머지 "일본에서

26 강항, 앞의 책.

유학의 의미를 주창하는 자는 이 책으로 원본으로 삼으라"라는 감회를 남겼다. 강항은 1600년 4월 2일 세이카와 히로미치 등의 도움을 받아 교토를 떠나 일기도와 대마도를 거쳐 귀국했다. 그 후 세이카는 일본 사상계를 주도해 나가는 하야시 라잔林羅山, 마쓰나가 샤쿠고松永尺五, 야마자키 안사이山崎闇齊 등 걸출한 후진들을 양성하여 명실공히 일본 주자학의 아버지가 되었다.

이러한 강항은 일부 전문가 이외에 일본인들에게는 잘 알려지지 않았다. 그러던 강항이 일본인에게도 크게 각인되는 계기가 1989년에 일어났다. 일본의 국영방송 NHK의 ETV8에서 「유학자 강항과 일본」이라는 프로를 만들어 전국으로 방송했던 것이다. 그 이후 국내외에서 강항을 기리는 운동이 본격적으로 일어나기 시작했다. 그 결과 국내외 관계자들이 오즈시 시민회관 앞에 강항의 현창비를 세우고 90년 3월 11일에 제막식을 치렀다. 그 비문의 앞면에는 '홍유강항현창비鴻儒姜沆顯彰碑'라는 글씨와 함께 강항의 이력이 적혀 있었고, 뒷면에는 출석사 승려 쾌경에게 써 준 한시(후술)가 새겨져 있었다. 그에 이어 1992년 4월 3일에는 강항의 일족이 상륙한 포구에서 얼마 떨어져 있지 않은 마을의 주민들이 지장상을 세우고는 안내판에 "나이 먹은 노인의 따뜻한 마음을 찬양하며 일본과 한국의 우호친선을 위해 지장상을 세웠다."라고 설명문을 적었다.

여기에 대해서 약간의 설명이 필요하다. 강항의 일족이 오즈에 도착하여 배에 내려 포구에 상륙한 지점이 나가하마長濱(강항은 長崎로 잘못 표기)였다. 그리고는 도보로 오즈로 끌려갔다. 이때 상황을 강항은 다음과 같이 서술했다. "열 걸음에 아홉 번 넘어졌다. 작은 딸 나이가 여섯 살이어서 제 힘으로 걷지 못하므로 아내와 처모가 번갈아서 업었다.

강항을 도운 일본인을 기리기 위해 세운 지장보살상

업고서 내 하나를 건너다가 물속에서 쓰러지자, 힘이 없어 일어나지 못
하였다. 언덕 위에 왜인이 눈물을 흘리며 붙잡아 일으키고 말하기를
'아. 너무 심하다. 다이고大閤(=秀吉)가 이 사람들을 사로잡아다가 어디
다 쓰려는가? 어찌 천도가 없을소냐?' 하고, 급히 자기 집으로 달려가서
서속밥과 차 승늉을 가지고 와서 우리 집 식구를 먹였다. 그제서야 귀
와 눈이 들리고 보였으니, 왜노 가운데도 이와 같이 착한 사람이 있었
다. 그들이 사람 죽이기를 좋아하는 것은 유달리 법령이 몰아넣은 것이다."

　여기에서 보는 것처럼 강항의 일족은 나가하마에서 오즈로 가기까지
허기에 지쳐 걸음을 제대로 걷지 못할 정도였다. 그리고는 몇 번이나
물속에서 쓰러져 일어나지 못했다. 이에 왜군들은 막무가내로 채근하였
으며, 이를 지켜 본 노인 한 명이 히데요시를 욕하고 하늘의 정의가 없

다고 한탄하며 이들을 도왔던 것이다. 오즈의 향토사가 무라카미 쓰네오村上恒夫 씨는 그 지점을 고로五郎 지역으로 추정했다. 실제로 고로는 히지가와肱川라는 강이 흐르고, 그 강 양쪽에 마을이 형성되어 있다. 한쪽은 오타니大谷이라 하고, 또 다른 한쪽은 운케이지運慶寺라는 마을이다. 아마도 강에서 쓰러지는 강항의 일족을 언덕 위에서 바라다보았다면 운케이지 마을일 가능성이 높을 것이다. 지금도 그 마을 입구에는 자그마한 산이 그대로 남아 있다. 그럼에도 불구하고 그 노인의 자손들은 자신들이며, 그 마음을 중시한다며 지장상을 세운 사람들은 운케이지 마을주민이 아닌 그 반대편의 오타니 주민들이었다. 그들은 자신의 마을 안 입신출세지장상이 모셔져 있는 사당 옆에 강항의 기념비를 세웠다. 이처럼 오즈에서 포로가 되었던 강항은 오늘날 이곳 지역의 역사와 문화를 알리는 데 크게 이바지하고 있다.

### 3.3. 출석사와 강항

기타 군喜多郡 나가하마 정長浜町에는 출석사出石寺라는 에히메를 대표하는 불교사원이 있다. 이 절은 진언종 어실파真言宗御室派에 속하며 인근 사람들에게는 '이즈시상'이라는 애칭을 지니고 있는 불교사원이다. 본존은 천수관음보살로 하고 있으며, 718년에 창건된 절로 알려져 있다. 사전에 의하면 옛 우화고旧宇和郷에 사는 사냥꾼 사쿠에몬作右工門이 이 산에 사냥하러 갔다가 사슴 한 마리를 발견하고 그 뒤를 쫓던 중 갑자기 산이 진동하고 주변은 빛으로 둘러싸여지더니 사슴의 모습이 사라졌다고 한다. 이에 두려움을 느낀 사쿠에몬이 얼굴을 들어 바라보니 조금 전에 사슴이 있었던 자리에서 바위가 두 개로 갈라지더니 금색

찬란한 천수관음보살상이 솟아오르는 것이었다. 이를 목격한 그는 살생을 업으로 하는 생활에 대해 참회하며 처자를 버리고 불교에 입문하여 자신의 이름을 도교道教라 하였다. 그리고 그 불상을 본존으로 삼고 그 옆에다 암자를 지었다. 절 이름을 영봉산雲峰山 출석사라 짓고 그곳에서 여생을 보냈다. 그 후 807년 홍법대사弘法大師가 이 산을 삼국무쌍三国無双의 금산金山이라 찬탄하며 불상을 석실에 안치하고 비불秘仏로 삼았다고 한다.[27]

이러한 전승을 가지고 있는 금산의 출석사는 히데요시가 일으킨 임진왜란과도 인연이 깊다. 1599년(慶長4) 이 절의 승려 쾌경이 쓴『일본고려고전기日本高麗鬪戰記』에 의하면 1597년 정유재란 때 히데요시의 명을 받은 도오도 다카토라는 조선을 침략하기 앞서 이 절에 올라가 전승을 기원했으며, 당도(거제도)의 해전에서 승리를 거두고 일족 다로자에 몬太郎左衛門尉과 함께 일본으로 돌아와 8월 9일 부로 히데요시로부터 감장感狀을 받았는데, 이러한 것은 모두 관음보살을 신앙했기 때문이라고 기록되어 있다. 다시 말하여, 출석사는 다카토라가 출전하기 전 승리를 기원했던 곳이었다. 그는 그해 6월 17일 오즈를 출발하여 이 절에 올라가 전승을 기원한 다음 19일에는 나가하마를 출발하여 7월 8일경 부산에 도착하여 전쟁을 벌였다.

이러한 성격을 지니고 있었던 출석사가 강항과도 인연을 맺었다. 강항의『간양록』에 의하면 이 절의 승려 이름이 나오는데, 강항은 그를 호인好仁이라고 하며 "자못 문자를 해득하였으며, 신을 보고 슬프게 여겨 예우가 남보다 더했다."[28]라고 서술하고 있듯이 그는 지식인으로서

---

27 村上恒夫,『姜沆 儒教を伝えた虜人の足跡』(明石書店, 2007), pp.79~80.
28 강항, 앞의 책, p.115.

포로인 강항을 인간적으로 따뜻하게 대하였다. 그는 또 강항에게 백성이 올린 소장에 판결문이 적힌 제판題判을 보여주기도 했다. 이를 강항은 중요한 정보라 생각하여 베껴 적었다. 그리고 강항은 그와의 교류가 인상에 남았는지 그와 출석사에 대해 다음과 같이 좀 더 상세하게 서술했다.

> 금산의 출석사는 이예주 남쪽 40리에 있다. 그 절의 중이 자칭 말하기를 "자기는 히젠肥前 사람으로 젊은 시절에 왜사를 따라 우리나라 서울에 와 보았다고 하며, 일찍이 탄정을 지냈고, 나이가 들어서 은퇴하였는데, 절 아래 전토를 받아먹고 그 인민을 부리고 있다." 하였다. 나를 보고서 자못 예로 대하며, 부채에다 시를 청하므로 사운 칠운시 한 수를 써 주었다."[29]

이처럼 강항은 그의 부채에다 한시를 증정했다. 향토사가 무라카미 쓰네오는 이때 강항과 교류를 했던 출석사의 승려는 제5대 주지를 역임한 쾌경快慶이었던 것으로 추정했다. 그 증거로 쾌경의 위패에 "비전국오도지인肥前國五島之人"이라고 적혀 있는 것이 강항의 기록과 부합한다는 것이다.[30] 그럼에도 불구하고 강항이 이 승려를 호인이라고 한 것은 일본에서는 고승을 일반적으로 법인法印이라고 일컫는데, 그것의 일본어 발음이 '호―인'이기 때문에 한국식으로 호인好仁으로 표기하였을 것으로 추정된다. 강항이 쾌경법인에게 써준 시의 내용은 다음과 같다.[31]

29 강항, 앞의 책, p.115.
30 寺崎宗俊, 『肥前名護屋城の人々』(佐賀新聞社, 1993), p.201.
31 강항, 앞의 책, pp.215~216.

| 금장의 명부가 해동에 떨어지니 | 錦帳名部落海東 |
| 머나 먼 천리길 풍편에 맡겨다오 | 絶程千里信便風 |
| 봉성의 소식은 경해 밖에 아득한데 | 鳳城消息鯨濤外 |
| 학발의 모습은 접몽 속에 희미하도다 | 鶴髮儀形蝶夢中 |
| 두 눈 일월 보기 부끄러운데 | 兩眼却慚同日月 |
| 일편단심 옛 조정만 기억되누나 | 一心猶記舊鴛鴻 |
| 강남이라 방초시절 뭇 꾀꼬리 요란한데 | 江南芳草群鶯亂 |
| 우공을 돌려보낼 빠른 배 있을른지 | 倘有飛艎返寓公 |

이상의 내용에서 보듯이 이 시는 고국으로 돌아가지 못한 자신의 처지를 노래한 것이다. 그러면서 자신을 우공과 비유하여 돌아가고 싶은 심정을 토로한 것이었다. 사실 강항은 이 시를 통하여 그에게 귀국 협력에 도움을 요청한 것이었다. 쾌경도 그것을 알아차렸다. 그러나 현실을 무시할 수 없었다. 이러한 사정을 알고 그는 강항을 측은한 모습으로 머리를 끄덕이며 "이미 알고 있으나 배가 없고 또 잡혀 있으니 한탄스럽다."[32]라고 말하였다고 강항은 기술하고 있다. 이처럼 강항은 자신과 교류했던 지식인들을 통하여 자신의 귀국의사를 적극적으로 개진하고 협력을 당부하였음을 알 수 있다. 이때 써 준 한시가 현재 오즈 성 남쪽 시민회관 앞에 세워진 강항 현창비의 뒷면에 새겨져 있는 시인 것이다.

---

32 강항, 앞의 책, pp.215-216.

출석사에 걸린 조선종

### 3.4. 조선에서 가져간 물건

오즈에는 임란 때 조선에서 약탈해 간 종이 두 개가 있는 것으로 전해지고 있다. 하나는 출석사의 조선종이고, 또 하나는 앞에서도 언급한 조선 왕자들이 가지고 있었다는 가메오카씨 집안에서 전해지는 종이다. 전자는 이 지역의 영주인 다카노라가 조선에서 가져와 이 절에 기증한 것이다. 그때 그는 전리품으로 종만 가지고 간 것이 아니었다. 불상과 불화도 함께 가져가서 이 절에 봉납했다. 그중 불화와 불상의 소재는 알 수 없으나 조선종은 지금도 이 절의 건물 앞에 매달려 있다. 이 종은 고려시대에 만들어진 것으로 높이 890밀리미터, 구경 557밀리미터가 되며, 1918년 4월 8일에 일본 국보로 지정되었다. 이처럼 출석사에는 조선종이 포로가 되어 보관되어 있는 것이다. 그에 비해 후자는 높이 30센티 정도 되는 작은 종으로 일반적으로 사람들을 부를 때 신호로 사용하는 환종喚鐘일 것으로 추정된다. 즉, 종교적인 목적에서 사용되는 사찰의 종이 아니기 때문에 한국 종의 특징인 음관이 없다.

한편 오즈에는 조선 왕자들이 입고 있었던 의복도 전해지고 있다. 여기에 대해 앞에서 본 「가메오카가가보유래」에 매우 신비롭게 묘사되어 있다. 그 부분을 소개하면 다음과 같다.

> 실로 일본무인, 조선무인, 인민 등 10만 명을 구원한 일본유일의 증거품이다. 같은 물건은 이 세상에 두 개가 없다. …(중략)… 왕자가 입고 있는 옷은 (보는 사람으로 하여금) 눈을 어둡게 할 뿐이다. 그 문양이 정교하고 장엄하다. 우리나라에서는 볼 수가 없다. 황금(색)이 되고, 붉은 빛을 띠기도 하고, 깊은 물색 빛으로도 변하기도 하는 불가사이한 특성을 가지고 있다. 그야말로 왕자가 입는 옷이다. 오랫동안 소중히 보존해야 할 것이다.[33]

이처럼 조선왕자의 의상은 마법의 옷으로 서술되어 있다. 즉, 적군과 아군, 민과 병을 가리지 않고 10만 명을 구원하였으며, 때에 따라 색이 변화되고, 보는 이로 하여금 눈부실 정도로 찬란하며, 이 세상에 유일무이한 것으로 묘사되어 있는 것이다. 이 옷은 대대로 보존되어 오다가 벌레의 피해를 입게 되었는데, 가게히데의 후손인 이와이 마타베마사나카岩井又兵衛正仲 대에 이르러서야 일본의 장수들이 입는 조끼 형태의

---

33 龜岡宇三郎, 앞의 기록, pp.1~7.

진바오리陣羽織로 고쳐졌다. 조선 옷이 일본 옷으로 바뀌어져 오늘날에 이르고 있는 것이다.

한편 가토 사다야스加藤貞泰 집안의 기록인 『북등록北藤錄』에 의하면 미쓰야스光泰의 가신인 가토 헤이타료지加藤兵太良次는 임해군이 사용했던 쥘부채를 보관하고 있다가 그의 자손인 요시다 소자에몬吉田總左衛門에게 가보로 물려줬다고 기록하고 있다.[34] 이처럼 오즈에는 조선에서 가지간 범종이외에도 조선 왕자들이 지니고 있었다는 환종, 의복, 부채 등이 오늘날까지 개인의 집안에 보관되어 전해져 오는 것을 알 수 있다.

### 3.5. 도베 정砥部町과 조선도공

오즈에서 마쓰야먀 방면에 도자기로 유명한 도베 정이 있다. 그곳에서 생산되는 도자기는 일반적으로 도베야키砥部燒로 불려지는데, 그 역사는 오즈 번의 9대 번주인 가토 야스토키加藤泰候가 번의 재정확립을 위해 도베이시砥石를 짓이겨 가루를 만든 후 그것으로 그릇을 만들도록 한 것에서 비롯되었다고 한다. 이에 스기노 다케스케杉野丈助가 도베砥部의 고혼마쓰五本松라는 곳에서 등요登窯를 설치하고 여러 가지 실험 끝에 결국 1777년(安政6)에 거우 하얀 바탕에 남색을 그려 넣은 그릇을 만드는 데 성공했다고 한다. 그리고 1848년嘉永元에 '톤바리'라는 벽돌로 만드는 가마가 도입되었다고 한다.

이러한 설명만으로는 도베야키와 조선의 관계를 알 수 없다. 그러나 나이토 슌보에 의하면 이상의 설명과는 좀 다르다. 즉, 야스토키가 자

---

34 村上恒夫, 앞의 책, p.42.

신의 영지에서 그릇을 생산하고자 했던 것은 사실인 것 같다. 기술자가 없는 그로서는 가신 가토 사부로베이加藤三郎兵衛에게 명하여 히젠肥前 오무라 번大村藩의 나가오 가마長尾窯에서 도공 5명을 초청하여 그릇 생산을 꾀하였으나 실패로 끝나고 말았다. 그리하여 다시 지쿠젠筑前의 가미스에上須惠로부터 신기치信吉라는 도공을 초청하여 연구와 실험을 거듭했으며, 또 같은 지역의 기타야마자키 마을北山崎村의 미아키三秋에서 양질의 돌을 발견하여 그것으로 그릇생산에 성공을 거둔 것이다.[35]

이처럼 이 지역의 그릇생산은 오무라에서 초청되어 간 5명의 도공들의 노력과 실패의 경험을 바탕으로 지쿠젠 도공 신키치의 기술이 결정적인 역할을 했다. 오무라는 임란 당시 오무라 요시아키大村喜前가 영주였으며, 그 또한 히데요시의 명을 받아 고니시 유키나가小西行長 부대에 소속되어 조선으로 출병하였으며, 돌아 갈 때 많은 도공들을 데리고 간 것으로 알려져 있다. 그리고 규슈의 지쿠젠 또한 임란 당시 구로다 나가마사黑田長政가 영주였다. 그 역시 임란과 정유의 왜란 때 조선으로 출병하였으며, 그가 돌아갈 때 도공들을 연행하여 갔음은 이미 널리 알려져 있다.

나이토 슌보는 이곳에서 생산되는 도베야키는 이마리 자기伊万里燒계열에 속한다고 했다. 자기는 아리타에서 조선도공 이참평이 최초로 생산한 것이다. 이마리 자기는 그것과 같은 계열이다. 그러므로 도베야키는 직접 이곳으로 포로가 되어 간 조선도공은 아니지만 규슈 지역에 정착한 조선도공들의 후예들에 의해서 개발된 것이라고 해도 과언이 아니다. 도베야키는 2005년 12월 27일 에히메현 지정 무형문화재가 되었

---

35 內藤雋輔, p.741.

으며, 기술보유자로서는 사카이 요시미酒井芳美(雅号: 芳人, 砥部町五本松)가 지정되었다.


## 4. 우와지마宇和島와 이마바리今治의 조선포로

### 4.1. 우와지마의 조선포로

우와지마宇和島는 강항이 억류되어 있었던 오즈에서 남쪽에 위치해 있다. 강항이 오즈를 탈출하여 이곳을 택했던 것은 이곳에서 규슈의 오이타까지 뱃길이 얼마 되지 않기 때문이다. 즉, 규슈를 통하여 조선으로 귀국하려고 했던 것이다. 현재 이곳은 젊은 층들이 대도시로 빠져 나가는 탓에 한적한 지방도시로 전락되어 있지만, 과거에는 시코쿠와 규슈를 연결하는 항구도시로 발전하여 번영을 누렸던 곳이다.

최근 이곳 요시다吉田 지역에 위치한 법화종의 사찰 일승사—乘寺의 묘역에서 동학농민혁명 때 이를 진압하기 위해 조선으로 출병한 병사의 무덤이 발견되어 세인들의 주목을 끈 적이 있다. 그는 동학군을 토벌하기 위해 충북 어느 마을에 조선인 복장으로 위장을 한 다음 정찰하다가 동학군에게 붙잡혀 살해당한 상등병上等兵이었다. 이처럼 우와지마에는 어두웠던 근대의 한일관계사와 관련된 인물도 있었다.

시대를 거슬러 올라가 임란 당시 이곳은 오즈와 함께 다카토라의 영지였다. 그러므로 이 지역의 병사들도 다카토라 군으로 조선 출병을 했다. 그런 관계로 지역의 전승에 그와 관련된 것이 약간 보인다. 가령 호박을 '조센'이라 하여 조선을 의미하는 말로 표현하기도 하고, 또 '우시오니牛鬼'라는 요괴의 가면을 사용함으로써 기요마사 군淸正軍이 이요 수군伊豫水軍을 통솔하여 상륙작전을 감행할 때 조선군에게 겁을 주고 맹수로부터 피해를 막기 위해 사용했다. 그리고 이곳의 무장 도다 가쓰다카戶田勝隆(?~1594)가 1594년 거제도에서 병사한 것으로 전해진다.[36] 이와 같이 우와지마는 오늘날까지도 임란과 관련된 전승과 역사가 전해지고 있다.

그렇다면 이 지역에는 임진과 정유의 왜란으로 말미암아 조선인 포로들은 없었을까? 많은 조선인들이 이곳에 있었을 가능성이 높음에도 불구하고 기록이 많지 않아 그 실체에 대해 파악하기 어렵다. 그러한 점에서 본다면 금강산金剛山 대융사大隆寺의 주지직을 역임한 양천讓天이라는 인물은 매우 중요하다.

그는 1702년 대융사의 주지직에서 물러나 1707년 교토京都 대본산 묘심사妙心寺의 324대 주지직에 올랐던 인물이다. 그러므로 18세기 초엽 세인들로부터 존경을 한 몸에 받는 일본을 대표하는 승려였다. 그런데 이 양천의 부친이 임란 때 포로가 된 조선인이었다. 즉, 그는 조선인의 후예였던 것이다.

대융사의 양천스님 묘

---

36 尹達世, 앞의 책, p.37.

그의 흔적은 현재 우와지마시립박물관에 보관되어 있는 도요토미 히데요시의 초상화 뒷면에 있다. 히데요시의 초상화는 일본 전역에 10여 군데 있다. 그중에서 우와지마의 것이 국보로 지정되고, 교과서에도 많이 실려 가장 많이 알려져 있다. 그만큼 우와지마의 것이 문화재적 가치를 지니고 있다고 할 수 있다.

이 초상화는 히데요시가 1598년 8월 62세의 나이로 사망한 후 그의 측근이었던 도미다 도모노부富田將監知信가 그를 기리어 가노파狩野派의 저명한 화가에게 부탁하여 그리게 한 것이다. 도모노부知信의 아들 노부다카信高가 세키가하라 전투에서 공을 세움에 따라 1608년(慶長13) 이곳의 영주가 되어 부임했고, 그때 부친을 위한 원찰願刹(=菩提寺)로서 정안원正眼院(대용사)을 건립한 것이었다. 그것이 다시 훗날 이곳의 영주가 되었던 이다테가伊達家에게 헌상되었다.

이 초상화의 뒤에는 양천이 직접 쓴 글이 적혀 있다. 그 내용은 대략 다음과 같다. 그의 부친 도전거사道專居士는 조선국왕의 후손朝鮮國王之裔也이라고 했다. 다시 말하여 자신도 조선의 왕손이라는 것이다. 이렇게 전제한 다음 도전道專은 임란 때 포로가 되어 처음에는 분고豊後로 연행되어 다케다竹田의 정안사正岸寺(犬飼의 松巖寺)에 몸을 기탁하게 되었고, 그것을 계기로 그 절의 절암화상節岩和尙과 인연이 맺어져, 1637년 절암이 우와지마의 정안원로 옮길 때 함께 이주 정착했다고 한다. 그로 말미암아 양천은 절암의 제자가 되어 불문에 입문하여 정안원의 6대 주지가 되었다. 그때 창고를 정리하다가 우연히도 노부타카가 남긴 히데요시의 초상화를 발견했는데, 보존 상태가 좋지 않았다.

그때 그의 심정은 미묘했다. 그는 자신이 히데요시의 초상화를 본 것은 실로 이상한 인연이다 하며 "히데요시秀吉의 조선 침략이 없었더라면 부친이 일본에 연행되는 비운이 없었을 것이다. 그러나 그것이 없었더라면 고마운 불문佛門에 들어갈 수 없었다. 그런 의미에서 슬프고 기쁜 것이 서로 반이다(悲喜相半)."라고 술회한 다음, 보수하여 후세에 남겼던 것이다. 원수를 은혜로 갚은 것이었다. 양천은 1711년에 세상을 떠났고, 그의 묘가 현재 대웅사의 묘역에 자리잡고 있다.

## 4.2. 이마바리의 조선 여인

마쓰야마에서 북서쪽에 올라가면 이마바리 시今治市가 나온다. 그곳에서 북동쪽으로 약 4km 떨어진 오시마大島의 동부 미야쿠보 정宮窪町에 무라카미 수군자료관村上水軍資料館이 있다. 무라카미 수군이란 세도내해를 장악했던 해상세력이다. 그들도 임란이 발발하던 해 조선으로 가지 않을 수 없었다. 당시 그들의 우두머리인 무라카미 다케요시村上武吉와 가게치카景親가 이끄는 병사들은 이와구니岩國의 영주인 깃카와 히로이에吉川広家 군에 편입되어 조선을 침략했다. 그 이듬해인 1593년에 고바야카와 다카카게小早川隆景가 다케요시의 전공을 높이 사고 상을 내린 것을 보면 그들의 활약이 매우 중요하였던 것 같다. 그리고 1598년 정유재란 때도 조선으로 병사들을 내었는데, 그때 가게치카는 울산 서생포에 주둔하여 전쟁을 수행했다.

이와 같이 임란 때 그들의 상황을 잠시 살펴보아도 그들은 조선과의 인연을 깊게 맺고 있었다. 그러한 점에서 그들도 다른 영주들과 마찬가지로 조선인 포로들을 데리고 갔을 가능성이 높다. 그에 대한 구체적인 자료가 없어 확인하기 어려운 것은 사실이나, 이곳 자료관에 전시된 것들 가운데 우리의 눈길을 끄는 여인의 초상화가 두 장 있다. 하나는 머

무라카미 수군자료관의 조선귀족 자매도

리에 모자를 쓰고, 왼손에는 물고기를 들고 홀로 서 있는 여인의 그림이고, 또 다른 하나는 두 여인이 어깨동무를 하며 다정스럽게 포즈를 취하고 있는 그림이다. 한 여인은 붉은 옷을 입었고, 또 한 여인은 푸른 빛깔의 옷을 입었다.

이 그림들은 나란히 걸려 있는데, 그 제목이 조선인 여성이다. 특히 후자는 「조선인 자매도朝鮮人姉妹図」라고 되어 있다. 그런데 입고 있는 옷은 우리의 치마저고리가 아니라 중국풍의 옷을 입고 있다. 얼굴도 중국여인의 모습을 하고 있다. 아마도 그것은 이 여인들이 살아 있었을 때 그린 것이 아니라 훗날 후손들이 외국인이라는 점을 상상하여 그려내었기 때문일 것이다.

그런데 무엇 때문에 무라카미 수군자료관에 조선 여인들이 있는 것일까? 여기에 일말의 단서를 제공해 주는 것이 있다. 그것은 다름 아닌 자료관이 소장하고 있는 고문서 가운데 그들의 우두머리였던 무라카미 가게치카의 부인에 관해 묘사해 놓은 문장이 있는데, 그 내용을 소개하면 다음과 같다.

정실은 히라오카平岡遠江守通賴의 여동생이며, 1683년(天和9) 계해癸亥 7월 21일 스호周防 오시마 군大島郡 와다무라和田村에서 사망하여 보리사 일면산日面山의 조암사照岩寺에 묻혔고, 법명은 희운수경대사喜雲壽慶大師 이다.

바다를 건너 고려에 갔을 때에 당녀唐女를 데리고 돌아와서 첩으로 삼아 자식을 두 명 얻었다. 한 명은 훗날 미즈누마水沼라는 자에게 시집보냈다. 1638년(寬永15) 무인戊寅 4월 29일에 사망했다. 그녀 또한 같은 절에 묻혔으며, 법명은 풍린묘견대사風隣妙見大師이다.[37]

여기에 보듯이 가게치카에게는 부인이 두 명 있었다. 한 명은 정실로 일본인이었고, 또 다른 한 명은 당녀로 묘사한 측실로 임란 혹은 정유의 왜란 때 조선에서 잡아간 조선 여인이었다. 이 여인의 출자는 명확하지 않다. 무라카미 가계도에 의하면 그녀는 조선귀족의 딸로 묘사되어 있다. 그리고 최근에 그녀를 주인공으로 한 소설이 발표되어 세인들의 주목을 끌었는데, 그것이 바로 『장도粧刀』라는 작품이다. 이 작품은 여류소설가 스기 요코杉洋子가 썼다. 그녀는 이 조선 여인을 안동 출

---

37 원문은 다음과 같이 되어 있다. 「室平岡遠江守通賴妹也天和九年癸亥七月二十一日死周防大島郡和田村菩提寺日面山照岩寺ニ葬法名喜雲壽慶大師. 高麗渡海之節唐女連歸リ妾トス子二人有リ後水沼某遣寬永十五戊寅四月二十九日死同寺ニ 葬法名風隣妙見大師」

신 양반가의 며느리로 묘사하고 있다.[38] 이처럼 일본에서는 그녀를 양반가, 귀족의 딸로서 묘사되고 있지만, 그것을 뒷받침해 줄 수 있는 자료는 아무 것도 없다.

초상화에서 자매라고 표현하였듯이 그녀 혼자서 포로가 된 것은 아니었다. 스기 요코의 소설에서 또 한 명의 여인은 그녀의 몸종으로 되어 있다. 이것에 대해서도 확실하지 않다. 그러나 무라카미 가문에 조선 여인이 두 명이 있었던 것은 분명하다. 일설에 의하면 그녀와 같이 잡혀간 또 한 명의 조선 여인은 어느 무라카미의 가신 집안에 시집을 갔다고 한다.

가게치카와 두 부인의 사이에서 태어난 자녀는 모두 2남 7녀였다. 장남 하치스케八助는 히라오카의 딸에서 태어났지만 요절하고 말았다. 또 그녀에게서 태어난 6명의 자식은 모두 딸이었다. 이에 비해 조선 여인은 앞의 문장에서 확인하였듯이 2명의 자식을 두었다. 한 명은 아들이고 또 다른 한 명은 딸이다. 이렇게 많은 자식 가운데 아들은 조선 여성이 낳은 아들 한 명밖에 없었다. 그녀의 아들이 가게치카의 뒤를 이어 무라카미 수군의 우두머리가 되었으니 그가 바로 무라카미 모토노부村上元信이다. 이로 말미암아 노시마能島의 무라카미 가문은 모토노부의 혈연이 이어져 가게 된 것이다.

그녀의 남편 가게치카는 1610년 향년 53세의 나이로 세상을 떠났고, 그녀는 1638년(寬永15) 4월 29일에 파란만장한 생애를 마감했다. 사후 얻어진 그녀의 법명은 '풍린묘견대자風隣妙見大姉'였다. 그리고 그녀의 아들 모토노부도 1658년에 생애를 마감했다. 현재 그녀의 무덤은 남편과

---

38 杉洋子, 『粧刀』(白水社, 1991), pp.10~15.

스오시마의 조선 여인 무덤

자식의 일족이 묻혀 있는 야마구치 현山口県 스오周防 오시마大島의 무라카미 가문의 묘역에 있다. 그러나 그녀의 신분이 첩인 관계로 남편과 나란히 묻히지는 못했다. 남편 옆에는 정실이 차지했고, 그녀는 가족들의 무덤에서 떨어져 무라카미 묘역 앞 자리에 묻혀 있다.


## 5. 맺음말

지금까지 에히메에 남겨진 임란의 흔적을 중심으로 조선포로 및 약탈된 조선의 유물 등에 대해 살펴보았다. 특히 이것들은 도공과 같은 특수집단을 제외하고는 대체로 영주가 거주하는 성곽도시에 집중되어 남아 있었다. 예를 들면 마쓰야마, 오즈, 우와지마와 같은 곳이다. 즉, 도시로 집중되어 있는 경향이 있는 것이다. 마쓰야마와 우와지마에 살았던 조선인의 수는 기록이 없어 정확히 파악이 되지 않지만, 강항에 의하면 오즈 지역에는 1천여 명이나 있었다고 하는 것으로 보아 이 두 지역에서도 그만한 숫자의 포로들이 있었을 것으로 추정된다.

이들은 노예와 다름없었다. 그중 강항과 같이 문장이 능한 양반계층에 대해서는 특별 대우를 해주었다. 그럼에도 불구하고 귀국하려고 부단히 노력한 사람들은 주로 양반계층이었다. 이들은 돌아가도 사회적 대우와 생활기반이 형성되어 있었기 때문일 것이다. 그러므로 강항, 노인, 양몽린 등 양반계층의 사람들은 귀국을 갈망했고, 또 이를 실천에 옮겼다. 그중 강항은 지역의 고승과도 교류하며 귀국운동을 벌였고, 또 그의 지식을 일본인 후지와라 세이카에게 전수함으로써 일본유학의 시조가 되는 등 일본의 학문발전에 크게 기여한 사람들도 있었다.

한편 돌아가지 못하는 사람들도 많았다. 강항은 이들이 처음에는 무리를 지어 다니면서 슬피 울지만, 오래된 사람은 왜인화되어 돌아갈 마음이 없다고 비판했다. 이것은 역으로 말한다면 귀국을 포기한 사람들은 현지적응도 빨랐다는 것이다. 귀국하지 못하는 사람들에게는 그들만의 사정들이 있었을 것이다. 가령 귀국해도 생활의 기반이 없는 서민, 그리고 일본에서 생활기반이 이룩한 사람들도 있었을 것이다. 특히 여성의 경우 쓰쿠다 가즈나리의 처인 고씨녀, 그리고 무라카미 가게치카의 처인 풍린風隣 등과 같이 이미 일본 남성과 결혼하여 가정을 이룬 경우는 더욱더 귀국하기 어려웠을 것이다. 또 주인이 놓아주지 않아 귀국하지 못하는 사람들도 있었을 것이다. 사실 일본 측도 전쟁으로 말미암아 많은 희생자들을 내었기 때문에 그것으로 인해 생긴 부족인력을 조선포로들이 상당부분 보충해 주고 있었다. 그러므로 조선포로 귀국을 저지하는 경우도 생각해 볼 수 있다. 그러한 예가 실제로 마쓰야마의 영주인 가토 요시아키의 태도에서도 엿보이기 때문이다.

에히메에 남은 조선인들은 대체로 집단을 이루며 살았다. 그 대표적인 것이 마쓰야마의 당인정이라는 지명이다. 이들은 이곳에서 상업을 하면서 생계를 유지했다. 그들의 후예 가운데 구다라 교분과 같이 거대한 부를 축적하여 시와 다도를 즐기는 문화인들도 있었다. 그리고 부친의 신분에 따라 무사와 승려가 되는 사람들도 있었다. 마쓰야마의 무사가 된 쓰쿠다 가즈요시, 그리고 묘심사의 주지가 된 양천이 바로 그 좋은 예이다. 2세 때에는 민족 차별적인 요소는 있었을 것으로 보이나, 그 이후로는 일본사회로의 동화가 자연스럽게 빨리 이루어졌던 것 같다.

한편 조선에서 사람만이 간 것은 아니었다. 그들과 함께 물건도 갔다. 가령 불교사찰에 필요한 조선의 불화와 범종이 갔고, 또 개별적으로는 조선왕자의 소유물로 전해지는 의상과 종 그리고 쥘 부채 등이 개별적으로 전해지기도 했다. 그뿐만 아니라 마쓰야마의 '도라마이'와 같이 조선 호랑이 사냥과 관련한 제의마저 생겨나기도 했다.

이처럼 에히메에 국한하여도 임란 및 포로와 관련된 것들이 부지기수로 발견됨을 알 수 있다. 시코쿠는 에히메만 있는 것이 아니다. 고치, 가가와, 도쿠시마가 있다. 이 지역의 영주들도 임란 시 조선 출병을 하였기 때문에 임란포로와 관련된 것들이 많이 있을 것으로 생각된다. 앞으로 연구 범위를 넓혀 이상의 지역들에 관한 것들도 살펴볼 필요가 있다.

# 제11장

# 고치 현의
# 임란포로 박호인

한 장의 그림 속에 숨겨진 조선포로 이야기

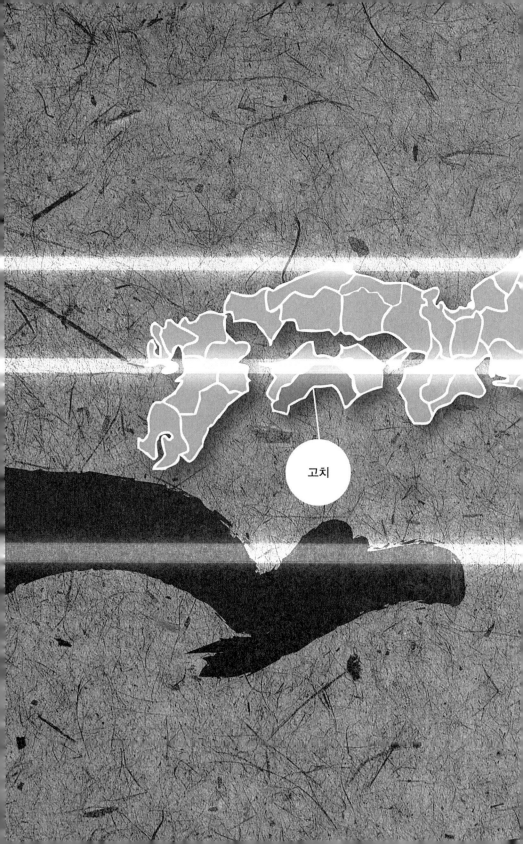

# 1. 머리말

일본 시코쿠四国의 고치 현高知縣은 과거에는 도사土佐라고 불리던 곳
이었다. 현재 이곳의 현청 소재지는 고치 시高知市이다. 이곳의 시립시
민도서관에는 조선인 포로와 관련된 매우 흥미로운 그림 한 장이 전해
진다. 그것은 다름 아닌 『토좌국직인회가합土佐國職人繪歌合』이라는 문헌
에 수록된 「두부집豆腐屋」이라는 그림이다. 이 서적은 문화文化, 문정기
文政期(1804~1829)에 구스노세 오에楠瀨大枝(1754~1813) 등이 중세 이래
노래 시합의 형식을 빌려 도사 지역에 있는 28개 종류의 전문직업인들
의 모습을 그려 놓은 것이다. 그러므로 이것은 에도 후기 도사 서민들
의 모습을 엿볼 수 있는 귀중한 자료이다. 이 중 「두부집」은 5번째 오
른쪽 그림이다.

『토좌국직인회가합土佐國職人繪歌合』에 수록된 조선인 「두부집豆腐屋」 그림

　이 그림을 자세히 들여다보면 한 남자가 머리에 두건을 질끈 둘러메고, 일본식 복장에다 일본식 신발을 신고, 앞치마를 두르고 맷돌을 돌려 콩을 갈아 두부를 만드는 모습을 하고 있다. 얼핏 보아도 여느 일본인의 모습과 크게 다를 바가 없다. 그럼에도 불구하고 이 그림의 주인공을 조선인으로 보는 것은 그것에 적혀 있는 문장 때문이다.

　문장의 내용은 크게 두 가지로 나누어 볼 수 있다. 하나는 두 개의 시가 적혀 있는 것이고, 또 다른 하나는 그 시들을 평하여 우열을 가리는 것이다. 두 개의 시 중 하나는 「초를 만드는 집蠟燭屋」이라는 제목으로 노래한 것인데, 그것은 "희미한 달빛이 품속까지 빛이 스며드는구나(さやかなる月の夜比はふところのうちまで影の射してこそ入れ)."이다. 이 노래와 경쟁하는 것이 「두부집豆腐屋」이라는 제목으로 "흐르는 물 밑까지 깨끗한 가가미 강에 집 이름이기도 한 (가을 달)이 희미하구나(行く水の底さへ澄みて鏡川家の名に負ふ影のさやけさ)."라는 내용의 노래이다.[1]

첫 번째 노래에 대해서는 "품속"이라는 표현이 납득이 가지 않는다고 하였고, 두 번째 노래에 대해서는 달이라는 말이 없는데, 어찌하여 '가을 달'이라고 하는지 자세한 사정을 모르겠다고 했다. 그러자 심판원인 듯한 진언陳言이 "도요토미 관백가豊臣關白家가 조선 정벌 때에 하타 모토치카秦元親에게 포로가 된 많은 한인韓人들을 여기저기 살게 했다. 지금 이곳을 당인정이라고 한다. 그중에 박호인이라는 남자가 두부를 만들어 팔기 시작하여 오늘에 이르고 있다. 아키즈키秋月라고 일컫는 두부집은 곧 박씨의 후손이다."라고 대답했다.[2] 이 말을 들은 판정자判言가 "장소는 가가미 강, 집은 아키즈키秋月, 실로 희미한 가을 달빛이 비추는 것 같다."라고 하며, 「두부집」의 노래에 손을 들어 주었다.[3]

이는 단순히 직인들을 은유하는 기법을 기준으로 둘 중 어느 것이 잘되었는지를 판가름하는 것이지만, 진언의 설명에 의하면 그렇게 간단하지 않다. 즉, 당인정은 가가미 강가에 위치해 있으며, 그곳의 주민들 대부분은 모토치카에게 포로가 된 조선인들이며 그들은 「두부집」을 운영하고 있으며, 그들 중 아키즈키라는 성씨를 사용하는 사람들은 박호인의 후손이라는 것이다. 이러한 역사적 배경을 가지고 「두부집」이라는 시를 짓고, 달을 표현하지 않고서도 두부집의 성씨로써 가을 달빛을 나타냈던 것이다. 그러므로 이러한 시를 짓는다는 것은 당인정의 두부집

---

1 竹本義明, 『校注「土佐國職人繪歌合」』(土佐女子高等學校, 1989), p.17.
2 竹本義明, 앞의 책, p.15.
3 竹本義明, 앞의 책, pp.16~17.

역사를 잘 아는 자가 아니면 불가능하다.

우리의 관심은 어느 시가 잘 되었느냐에 있는 것이 아니다. 우리의 관심사는 당인정 두부집의 시조가 누구이며, 아키즈키씨秋月氏의 시조인 조선사람 박호인은 누구인가에 있다. 그는 어찌하여 일본의 고치에 살았으며, 그곳에 어떤 족적을 남겼을까?

그의 이름은 일찍부터 우리나라 소수 지식인들 사이에 조금씩 알려져 있었다. 그 예로 최남선은 "일본의 두부는 임진왜란 중에 병량兵糧 담당관으로 와 있던 오카베 지로베岡部治郎兵衛란 자가 조선에서 그 제조법을 배워갔다 하기도 하고 진주성 싸움에서 경주성장慶州城將 박호인朴好仁이 일본인에게 붙들려가서 도사의 고오찌에서 두부 제조업을 시작한 것이 근세 일본 두부 제조업의 시초라고 하기도 한다."라고 했다. 즉, 그는 왜군의 포로가 되기 전에는 경주성의 장수였으며, 그가 두부 제조법을 일본에 전수했다고 보았던 것이다. 이러한 최남선의 해석은 오늘날까지 유효하다.

그러나 이 해석이 비판도 없이 수용되고 부풀려져 마치 일본에는 박호인 이전에는 두부가 없었던 것처럼 해석되기도 했다. 가령 언론인 이규태가 "일본에서 가장 오래되고 전통이 있으며 맛있는 두부가 당인 두부인데, 임진왜란 때 납치돼 간 경주성장 박호인이 만들기 시작한 두부로 고증되고 있다."라고 한 것이 바로 그 예라 할 수 있다. 그뿐만 아니다. 이것이 오늘날에도 그대로 계승되어 일본에 두부 제조법을 알려 준 사람은 조선인 박호인이었다는 지식을 인터넷에서도 쉽게 찾아볼 수 있다.

4 최남선, 『조선상식〈풍속편〉』(동명사, 1948), p.168.
5 이규태, 『한국인의 밥상문화』(신원문화사, 2000), p.58.

이러한 관점은 역사가들에게도 마찬가지였다. 가령 홍종필[6]과 최효식[7]은 박호인을 1593년 2월 웅천성 전투 때 그의 아들 원혁과 함께 조소카베군의 포로가 되어 고치로 가서 두부 비법을 전해 주고 1617년에 귀국한 인물이라고 해석하고 있는 것이다.

이러한 기록을 그대로 믿으면 마치 조선인 박호인이 일본에서 두부를 만들기 전에는 일본에는 두부가 없었던 것처럼 보인다. 이것은 사실이 아니다. 박호인이 일본으로 가기 전에도 두부는 있었다. 대체로 이것은 연두부로 엄격히 말한다면 박호인이 전해준 조선식 두부와는 다르다. 즉, 박호인은 기존의 것과는 다른 두부의 제조법을 도사 지역에 전한 것이었다.

이와 같이 일본에 조선의 두부 제조 기술을 전해준 뚜렷한 족적을 남기고 있음에도 불구하고, 그가 임란포로였으며, 훗날 고국으로 귀국했다는 것 이외에 개인적인 삶에 관한 것이 거의 알려진 바가 없다. 더군다나 최남선의 말을 빌리면 그는 조선의 장수였다. 다시 말하자면 두부 제조와는 거리가 먼 양반계층의 사람이었던 것이다. 그러한 그가 어찌하여 일본으로 건너가 두부 제조법을 일본에 전수할 수 있었으며, 그리고 무엇 때문에 자식을 일본에 두고 귀국하였으며, 또 그의 자손들은 어떤 형태로 일본에 정착하였는지 등 아직도 해결되지 않은 부분이 너무나 많이 남아 있다. 이러한 문제점들을 해결하기 위해 본 장에서는 고치의 현장조사[8]를 통해 얻은 기록을 토대로 그의 개인사를 조명함으

---

6 홍종필, 「두부비법을 전한 박호인」, 『동아일보』(1992년 4월 22일 자).
7 최효식, 『임진왜란기 영남의병 연구』(국학자료원, 2003), p.259.
8 고치의 현장조사는 2011년 12월에 실시했다. 그때 고치 현립 박물관 학예원인 우메노 미쓰오키梅野光興, 니이하마의 향도사가 곤도 히데오近藤日出男에게 많은 도움을 얻었다. 특히 곤도는 고령임에도 불구하고 많은 자료와 정보를 제공해 주었다. 이 기회를 빌어 두분에게 심심한 감사한 마음을 전하는 바이다.

로써 임란포로의 한 단면을 살펴보는 데 그 목적을 두었다.

## 2. 도일계기와 우라도의 당인정

고치에는 비교적 박호인에 관한 기록물이 풍부하게 남아 있었다. 그 대표적인 예로 『남로지南路志』, 『토좌물어土佐物語』, 『개산집皆山集』 등을 들 수 있다. 『토좌물어』는 1708년(宝永5) 요시다 다카요吉田孝世가 조소카베씨長宗我部氏의 흥망을 그린 군기물어軍記物語이며, 『남로지』는 1815년(文化12) 고치 성高知城의 아사쿠라 정朝倉町에 거주했던 무토 무네카즈武藤到和(1744~1813), 히라미치武藤平道(1778~1830) 부자父子가 편찬한 역사지리서로 120권에 이르는 대총서이다. 그에 비해 『개산집』은 1877년경(明治10) 도사번사土佐藩士였던 마쓰노오 아키쓰라松野尾章行가 도사 지역에 관한 기존의 자료를 집대성하여 만든 것으로 모두 116권이나 되는 방대한 자료집이다.

이러한 기록들을 통하여 먼저 박호인이 살았던 당인정의 유래부터 살펴보기로 하자. 먼저 『남로지』에 의하면 "선년 모토치카 공元親公이 고려진 때에 당인 30명을 포로로 잡아왔는데, 이들을 살게 한 곳을 당인정"이라 했다고 설명하고 있다.[9] 즉, 당인정은 중국의 당나라 사람이 사는 곳이 아니라 임란 때 왜군들에게 끌려간 조선 사람들이 산 곳이었던 것이다. 다시 말하면 조선 후기 일본 고치에 형성된 코리안 타운인 셈이다.

9 秋澤繁外 4人 編, 『土佐國史料集成 - 南路志(2卷)-』(高知縣立圖書館, 1990), p.461.

당인정에는 박호인만 있는 것이 아니었다. 그와 함께 잡혀간 조선인들이 무리를 이루어 살고 있었다. 이들은 조선의 어느 지역사람들이며, 어떻게 왜군들에게 끌려가게 된 것일까? 『남로지』는 여기에 대해서 다음과 같이 기록해 놓고 있다.

나의 증조부 박호인은 조선인으로서 조선 땅 경주에 있는 한 성의 성주이다. 히데요시가 문록연간 초기에 일으킨 조선전쟁 때의 일이다. 웅천에서 공방전을 펼치고 있을 때 경주사람들도 이 전쟁에 참여했는데 박호인은 그들의 수장으로 전투를 벌이다가 조선군 진영이 무너지자 처자권속들이 모두 체포되는 지경에 이르렀다. 그때 조소카베 모토치카長宗我部元親가 그 세력의 뒤를 추격하여 아들과 딸 그리고 그 밖의 하관의 남녀를 포로로 잡았다. 이때 박호인도 진중으로 뛰어들었을 때 요시다吉田라는 무사에게 포로가 되어 왜군이 철수할 때 함께 귀국했다.[10]

여기에서 보듯이 이 부분은 박호인의 증손에 의해 작성된 문헌을 그대로 옮겨놓은 것이다. 그것을 그대로 믿을 수는 없지만 그들이 생각하는 박호인은 위와 같다는 사실은 확인할 수 있다. 즉, 박호인과 함께 일본으로 잡혀간 조선인들은 왜군이 웅천을 공략하여 조선군이 위험에 처하자 이들을 구원하기 위해 웅천으로 간 경주사람들이었다. 이들의 우두머리가 바로 박호인이었다는 것이다. 이들 부대가 정규군인지 아니면 의병들인지는 자료가 부족하여 현재로서는 알기 어렵다. 이들의 지원이 있었음에도 불구하고 웅천의 조선군은 왜군에 패했고, 또 그에 따

---

10 秋澤繁外 4人 編, 앞의 책, pp.461~462.

라 사방으로 흩어져 도망갈 수밖에 없었다. 이때 경주사람들을 추격한 조소카베 군대 소속 요시다 마사시게吉田政重(1566~?)[11]의 왜병들에 의해 포로가 되어 일본 도사지역으로 끌려간 것이다. 『토좌물어』에서는 박호인이 포로가 되는 장면을 다음과 같이 사실적으로 묘사하고 있다.

박호인은 경주의 대장이다. 이 성 (전투)에 가세하기 위해 와서 크게 용맹스럽게 싸웠지만 아군(조선군) 측이 모두 무너지는 것을 보았다. (성의) 동편을 쳐서 무너뜨리자 (조선군들이) 흩어져 도망가는 것을 보고 도사군土佐軍이 재빨리 추격하자 호인은 더 이상 도망갈 곳이 없다고 생각하여 말을 돌리려고 하는 것을 요시다 마사시게吉田市左衛門政重가 신속하게 뛰어들어 서로 마주보고 밀고 당기는 실랑이를 벌이다가 그만 박호인이 말에서 아래로 떨어졌다. 마사시게가 호인보다 힘이 세어 호인을 제압하고 밧줄로 묶어 생포를 했다. 그 밖의 생포한 자는 73명, 죽인 자의 머리 수는 1,300여 급이나 된다.[12]

여기서 보듯이 박호인은 웅천전투에서 용맹스럽게 싸웠지만 성이 무

11 요시다 마사시게는 勝五郎·又左衛門·市左衛門·透無리고도 한다. 그는 진주성 함락 때 박호인을 생포하였을 뿐만 아니라 조선호랑이를 퇴치하고 호랑이 발톱을 모토치카元親, 모리치카盛親에게 보내어 감사장 7통을 받았을 만큼 고치에서는 무용으로 이름을 떨친 무사이다. 그의 부친 吉田孫助俊政는 모토치카의 가신으로 1582년(天正10) 8월 28일 아와阿波國의 中富川原에서 형인 左衛門佐孝俊과 더불어 三好家의 가신 渡邉亀大夫와 싸우다 전사했다. 俊政의 적자 마사시게는 키가 6척 2촌(186센티)이 되며, 필적할 만 한 사람이 없을 정도로 괴력을 지닌 무사라 했다. 1587에 15살의 나이로 아버지 뒤를 이어 조소카베 모토치카長我部元親, 모리치카盛親의 가신이 되었다. 阿波國中富川原의 전투에서 大坂陣까지 스스로 획득한 적의 수급만 115명에 달했다. 또 전신에 입은 상처의 수는 21군데나 되었다. 그러나 임란 이후 오사카 성이 함락되자 체포되어 투옥되었고, 그 이후 福島正則의 가신 梶原氏의 딸과 혼인하여 일시적으로 梶原和斎라고 칭하였으나, 훗날 다시 본성인 요시다로 복귀했다.
12 秋澤繁外 4人 編, 앞의 책, p.488.

너지자 도망가려고 하였고, 그때 그를 추격해 온 요시다 마사시게와 말에서 격투를 벌이다가 그만 말에서 떨어졌고, 대항할 힘도 부족하여 생포되었다고 설명하고 있다. 그것이 사실이라고 한다면 박호인은 그를 따르는 부하들과 함께 포로가 되어 도사지역으로 간 것이었다.

　이들은 처음에는 고치가 아닌 우라도浦戸城에서 살았다. 이곳은 당시 영주가 머무는 성으로 고치에서 약간 남쪽 바닷가에 위치해 있다. 『남로지』에 의하면 "우라도 마을浦戸村 당인정은 데우조사키와 도메이도燈明堂 사이에 있다. 이곳은 옛날 조선인 박호인 및 문족門族의 주택지이다"라고 설명되어 있다.[13] 데우조사키는 오늘날 가쓰라하마桂濱의 류즈노사키龍頭崎이며, 도메이도는 우라도의 등대가 있는 곳으로 추정된다. 이러한 것으로 보아 그들은 성의 뒤편 절벽으로 에워싸인 고립된 지역에 살았다. 지역민들은 이곳을 도진야시키唐人敷地라 하였고, 그들이 밭을 일군 땅을 도진바다케唐人畑라 했다. 그리고 『토좌물어』는 이때 박호인이 조선에서 이름 있는 장수였기 때문에 빈객처럼 향응 접대하여 살게 했다 한다.[14] 그 이후 박호인은 한약에 관한 지식을 가지고 있었는지 그곳에서 「탕약사湯薬師 박호인」이라는 간판을 걸고서 생계를 유지했다.[15] 즉, 그는 약초를 채취하여 탕약을 끓여 파는 한의사로서 활약을 하였던 것이다.

　그 후 그들은 이곳에서 오래 살지 못했다. 그 이유는 임란 이후 벌어진 세키가하라 전투에서 조소카베가 도요토미 히데요시豊臣秀吉 측의 편

---

13　近藤日出男, 『まぼろしの稲を訪ねて』(日本圖書刊行會, 1987), p.184에서 재인용.
14　秋澤繁外 4人 編, 앞의 책, p.495.
15　廣谷喜十郎, 「高知市 歷史散步〈315話〉 醫師. 經東らの動き」, 『高知市廣報あかるいまち (692)』(高知市, 2011), p.16; 村上恒夫, 『姜沆－儒教を伝えた虜囚の足跡－』(明石書店, 1999), p.76.

을 들었기 때문에 이 싸움에서 승리한 도쿠가와 이에야스德川家康 측이 그의 영지를 몰수하고, 그곳에 야마우치 가즈토요山內-豊(1545~1557경)를 새로운 영주로서 임명하여 내려보냈기 때문이다.

새롭게 부임한 야마우치는 우라도가 마음에 들지 않았다. 왜냐하면 전 영주였던 조소카베의 가신들이 끊임없이 반란을 일으켰고, 그로 말미암아 도망치는 농민들이 많았으며, 기후불순으로 인해 흉년이 들어 민심마저 불안했기 때문이다. 그리하여 그는 현재 고치로 성을 옮기기로 결정하고 공사에 들어가 1601년에 완성하여 우라도에서 고치 성으로 이주하게 된다. 그 후 구 가신들을 차별하고, 그에 비해 자신의 가신들은 중용하여 새로운 조직 편성을 감행한다. 그로 말미암아 "야마우치의 가신은 상사上士(상급무사), 조소카베의 가신은 하사下士(하급무사)"라는 말이 생겨났다.

박호인의 일족도 이들을 따라 새롭게 완성된 고치 성으로 거처를 옮겼다. 그들이 살았던 곳이 바로 고치의 당인정唐人町이었다. 그들에게 배정된 지역은 성의 남쪽 가가미鏡川 강의 북쪽 강둑을 따라 길게 위치한 지역이었다. 『남로지』에 의하면 동서 600간(약 1,080미터), 남북 10간(약 20미터)라고 표현되어 있다. 이곳에서 박호인은 특별한 대우를 받았던 것 같다. 『남로지』에 의하면 박호인은 다른 조선인과는 달리 "앞 8간間, 뒤 8간 반"의 집터를 제공받았다. 그 넓이는 오늘날의 기준으로 삼는다는 약 200여 평 남짓 된다. 다시 말하자면 일본 측은 박호인으로 하여금 조선인 관리감독을 맡겼던 것이다. 이처럼 박호인은 고치에서도 조선인의 우두머리 역할을 하였다.

## 3. 두부 제조와 박호인

고치에서 박호인의 생활은 지금까지와는 사뭇 다르게 전개되었다. 이에 대해 또 하나의 지역 사료인 『개산집』[16]은 다음과 같이 서술하고 있다.

두부에 관한 것을 어느 서적에 의하면 다음과 같이 전하고 있다. 이곳에는 옛날부터 두부가 없었다. 문록연중에 조소카베 모토치카가 조선국 포로들을 데리고 이곳에 돌아왔을 때 그 무리 가운데 박후인朴候仁이라는 자가 있었다. 그 자손 또한 이곳에 살면서 야마노우치 가즈토요가 고치성을 쌓았을 때 박씨도 지금의 당인정으로 옮겨 살았다. 도사군 가가미 강의 북쪽인 이곳에 두부 만들기가 처음으로 시작되었으니 그가 바로 지금의 아키즈키씨秋月氏의 시조이다. 지금은 여기저기서 만들지만, 이곳에서 생산되는 것만 못하다. 두부 점포는 68개소가 넘지 못하게 하였다.[17] 그리고 또 보영 5년(1628) 2월 규정에 의해 두부 곤냐쿠는 옛날부터 내려오는 가격으로 팔게 하였으며, 당인정 이외 지역에서는 판매를 금지하였다.[18]

여기서 보듯이 박호인의 일족을 포함한 조선인들은 오늘날 당인정에서 생계를 유지하기 위해 일을 시작한 것이 두부를 만들어 파는 것이었다. 그리고 이곳 주민들만이 두부를 만드는 일을 하게 하였으며, 그 수

---

16 에도 말기와 메이지 초기 고치에 살았던 마쓰노오 아키유키(松野尾章行)가 지역의 역사, 민속, 설화 등을 기록한 기존자료를 조사하여 정리한 책. 모두 10권으로 되어 있으며, 그 중 조선포로에 관한 것은 9권 53에 기록되어 있다.
17 松野尾章行, 『皆山集(9) －地理(2), 自然, 産業編－』(高知縣立圖書館, 1970), p.570.
18 松野尾章行, 『皆山集(9) －社會, 民俗編－』(高知縣立圖書館, 1968), p.83.

를 68개를 넘지 못하게 했을 만큼 그들은 제한을 받고 있었다. 그 대신 당인정 이외의 지역에서는 두부 제조판매를 금지시켰기 때문에 그들은 두부에 대한 독점권을 획득하고 있었으며, 그중 박호인의 후손들은 아키즈키라는 성씨를 사용하고 있었음을 알 수 있다.

『개산집』은 당인정의 조선인들이 두부를 만들기 전에 이 지역에는 두부가 없었다고 잘라 말하고 있다. 다시 말하자면 이들이 만드는 두부가 도시두부土佐豆腐의 원조가 되는 셈이다. 많은 한국인들은 이 부분에 대해서 오해하여 박호인 이전에 일본에는 두부가 없었던 것으로 생각하여 마치 박호인을 일본 두부의 시조로 보는 경향이 있다.

이것도 사실이 아니다. 앞에서도 언급한 바와 같이 박호인 이전에도 일본에는 두부가 있었다. 두부는 원래 중국이 원산지로서 일본에는 나라 시대奈良時代(710~784)에 중국으로 파견된 견당사의 승려들에 의해 전해졌다. 특히 두부는 고기를 먹지 못하는 불교 승려들의 정진精進 요리로 애용되기 시작하여 중세의 무가정권 시대에 이르면 전국적으로 퍼지기 시작한 것으로 알려져 있다. 『개산집』에서 당인정의 조선인들이 두부를 만들기 전 도사에는 두부가 없었다고 하는 것은 그 때까지만 하더라도 두부의 보급이 도사까지 미치지 못했다는 것을 의미하는 것이지 결코 일본에 두부가 없었다는 의미가 아니다.

그렇다면 박호인이 직접 두부를 만들었을까? 여기에 대해 주목을 끌만한 기록이 『개산집』에 있다. 그것에 의하면 "하관下官이 조선에서 두부 제조법을 익힌 자가 있었다."[19]라고 했다. 즉, 두부 제조법을 알고 있는 박호인의 부하가 만든 것이지 박호인 본인이 만든 것은 아니었다.

---

19 松野尾章行, 앞의 책, p.570.

박호인은 두부로 생계를 유지하는 당인정을 대표하는 사람에 지나지 않았던 것이다.

그렇다면 이들이 만든 두부와 일본 전통 두부는 같은 것일까? 재일 식문화 연구가인 정대성에 의하면 다르다고 한다. 그에 의하면 이곳의 두부는 딱딱한 두부이며, 조리하기 전에 젓가락으로 찔러 집어 올려도 부서지지 않는다고 하며, 자신이 평양에서 먹었던 두부, 그리고 자신이 어릴 때 먹었던 두부와 같다고 회상하고 있다.[20] 현재에도 오오토요 정大豊町에서 이 두부를 기계화하여 적은 양을 생산하고 있는데, 지역민들은 일반적으로 그것을 '이나카 도후田舍豆腐' 즉, 촌두부라고 하고 있었다. 정대성은 여기에 대한 재미난 일화를 소개했다.

> 솔직히 말해 "두부 모서리로 머리를 치고 죽었다"라고 하는 우스겟 소리나 "두부를 새끼줄로 묶어서 어깨에 메고 간다"라고 하는 이야기는 옛 노인들에게 들었으나, 정진정명正眞正銘의 손 두부를 본 적도 없을 뿐만 아니라 맛본 적도 없었다…(중략)…후지다 씨 집에 도착한 나는 취사장에 놓여져 있는 두부를 보고 깜짝 놀랐다. 시중에서 판매하고 있는 두부와 비교하면 그 크기가 배나 되었다. 그리고 손으로 만져보고 두 번 놀랐다. 이것이라면 두부의 모서리로 머리를 치고 죽었다는 우스겟 소리도 나올 만하다고 생각했다.[21]

여기에서 보듯 조선인의 마을 당인정에서 생산되는 두부는 일반 두부보다 딱딱했던 모양이다. 그 딱딱함을 과장하여 "두부 모서리로 머리

---

20  鄭大聲, 「豆腐のルーツ」, 『食文化の中の日本と朝鮮』(講談社, 1992), p.100.
21  宮川逸雄, 『土佐の料理』(土佐民俗學會, 1971); 鄭大聲, 앞의 책, p.110에서 재인용.

를 치고 죽었다."거나, "두부를 새끼줄로 묶어서 어깨에 메고 간다."라고 한 것임에 틀림없다. 이처럼 이들의 두부는 일본에서도 매우 특이했다.

그리고 이들의 두부는 또 하나의 특징을 가지고 있었다. 그것은 다름아닌 두부 위에다 눈사람 모양의 표시를 해 놓는다는 점이다. 에도 시대 때 여기에 주목한 다니 신베이谷甚兵衛는 교토의 천황이 사는 궁궐에 두부를 납품을 하는 분도야分銅屋라는 두부집에서 만드는 두부 위에도 동일한 것이 있다는 사실을 발견하고, 이것은 서로 상호 간의 영향관계가 있을 것으로 추정했다.[22] 어찌하여 두 곳의 표시가 동일한 지에 대해서는 자세한 자료가 없어 알 길이 없지만, 어쩌면 당인정의 조선인 중 일부가 교토에 가서 두부가게를 열고, 그것이 천황이 사는 궁궐에도 납품되었을 가능성도 배제할 수 없다.

당인정의 조선인들은 오랫동안 조선의 풍습을 버리지 못하는 것이 있다. 그것을 알기 위해 다시 당인정의 「두부집」 풍경을 그린 그림으로 돌아가 보기로 하자. 사실 이 그림은 서두에서 언급한 『토좌국직인회가합』에만 나오는 그림은 아니다. 『개산집』에도 있는 그림이다. 그렇다고 해서 두 곳의 그림이 모두 동일한 것은 아니다. 전자는 앞에서도 언급하였듯이 「두부집」에 관련된 시와 유래에 대해 언급하고 있지만, 후자는 그러한 것이 전혀 없다. 또 전자는 두부를 만드는 사람만 나타나 있지만, 후자는 두부를 포장하는 사람의 그림도 있다. 이처럼 이 두 그림은 약간의 차이를 보이지만, 그곳에 등장하는 조선인들은 일본인과 똑같은 복장과 머리모양, 신발을 신고 두부를 만들고 있다. 당인정의 조

---

22 松野尾章行, 『土佐群書集成(16) 土佐國職人會歌合, 土佐國職人會歌合餘考』(高知地方史研究會, 1968), p.73.

선인 두부라는 설명문이 없다면 일본인과 구분하기가 어렵다. 그만큼 이들은 외면상 일본에 동화되어 살고 있었던 것이다.

이러한 그림 가운데 우리의 눈길을 끄는 것이 또 하나가 있다. 그것은 그림 가운데 항상 우산과 비슷한 것이 있고, 그 위에는 머리에 쓰는 관과 같은 것이 놓여 있다는 것이다. 더구나 그 우산은 손잡이가 없다. 이것은 도대체 무엇에 쓰는 물건일까?

이 그림을 보는 고치지역 사람들도 여기에 관심을 두고 "에도 시대에 두부집 사람들은 비오는 날에는 자루 없는 우산(삿갓) 같은 것을 머리에 썼는데, 이것은 조선의 유풍이라 한다."[23]라고 해석했다. 이를 두고 일부 향토사가들은 조선인을 경멸하는 표현일지도 모른다고 추정하기도 하지만, 실은 그렇지 않다. 왜냐하면 그러한 우산은 실제로 조선에서 사용되었기 때문이다. 이들이 말하고 있는 머리에 쓰는 우산은 우리나라에서는 갈모라 한다. 이것은 원래 갓모笠帽 또는 우모雨帽라 했다. 언제부터 썼는지 확실하지 않으나, 조선 선조 때의 이제신李濟臣이 쓴 『청강선생후청쇄어淸江先生鯸鯖瑣語』에 선조의 전왕인 명종 때를 전후한 입제笠制의 설명에 우모에 대한 기록이 있어, 조선 전기부터 일반화된 것으로 짐작된다. 갈모의 모양은 펼치면 위는 뾰족하여 고깔 모양이 되고, 접으면 쥘부채처럼 된다. 만드는 방법은 기름을 먹인 갈모지(또는 환지)에 가는 대오리로 접는 칸살마다 살을 넣어 붙이고, 꼭대기에 닭의 볏처럼 생긴 꼭지를 단다. 비가 올 때 우산처럼 펴서 갓 위에 덮어 쓰고 안의 양쪽에 달린 실끈으로 턱에 매었는데, 갓 없이 쓸 때는 갈모테를 쓴 다음에 썼다. 갈모테는 90도쯤 구부린 대오리에 4개의 대오리살을

23 김달수, 『일본열도에 흐르는 한국혼』(동아일보사, 1993), p.282.

갈모쓴 노인

만들어 꼭대기에 모으고, 안에 헝겊으로 틀어 만든 미사리를 달아 접었다 폈다 하는 것으로 갈모를 편 모양과 비슷하다.[24] 즉, 갈모는 비가 올 때 갓 위에 덮어 쓰는, 기름 먹인 종이로 만든 것으로 그것을 펴면 고깔처럼 위는 뾰족하고 아래는 둥그랗게 되며, 접으면 쥘부채처럼 홀쭉해지는 특성을 지니고 있다. 이것을 사용하였다는 것은 그들의 생활이 아무리 일본화되었다고 하더라도 변하지 않는 것이 있다는 점을 보여 주는 좋은 예라 할 수 있다. 이것이 없었던 당시 일본인으로서는 매우 신기하게 여기며, 이를 당인정에 사는 조선인의 특징으로 파악하여 그림으로 나타냈던 것이었다.

## 4. 박호인의 가족과 조선인들의 생활

고치의 당인정에 정착한 박호인을 비롯한 경주 후예들의 삶은 순탄치 않았다. 『남로지』에 의하면 당인정이 형성된 후 관문연간寬文年間(1661~1672)에 홍수가 나서 지역이 모두 침몰되는 상황이 있었다고 한다. 이로 인해 공물을 바치는 의무는 면제되었다고 한다. 그리고 이들의 생활

24 네이버 백과사전, 갈모편 참조.

을 보장하기 위해 앞에서 언급하였듯이 68개 업소를 넘지 못하도록 숫자를 제한하는 대신 은전銀錢 2장을 내도록 하였으며, 이들의 우두머리 쇼야庄屋에게는 연초에 영주에게 세배하는 것이 허용되었다. 물론 이 역할은 박호인이 했다. 즉, 앞에서도 언급하였듯이 박호인은 그들의 관리 감독사인 동시에 대표자이기도 했던 것이다. 도사 번에서는 그에게 모든 부역을 면제하며, 만일 그것을 두고 이의를 제기하는 일이 있으면 언제든지 성으로 들어와 영주에게 사정을 알리라는 교지折紙를 내리고 있다. 이처럼 박호인은 조선포로들 가운데서도 특별 대우를 받았을 뿐만 아니라 당인정 조선인들의 상업권도 보장받았다.

이 지역의 문헌에서는 박호인 이외의 조선인들에 대한 기록은 찾기가 어렵다. 당인정의 조선인에 관한 대부분은 박호인과 그들의 후손에 관한 것들뿐이기 때문이다. 그만큼 박호인은 당인정을 대표하고 있었다. 그렇다면 박호인은 그 이후 어떤 삶을 살았으며, 또 그의 후손들에는 어떤 사람들이 있었을까?

『남로지』는 박호인이 왜군들에 의해 체포당할 때 아들 조지로長次郞와 딸 1명이 있었다고 하며, 장남의 조선 이름은 모른다고 했다.[25] 그는 아들과 딸과 함께 포로가 되었던 것이다. 이것은 박호인의 증손이 보유한 문서覺書에도 같은 내용이 들어 있어 서로 부합되는 것으로 보아 사실인 것 같다. 그러나 증손의 각서에는 보다 자세한 내용이 들어 있다. 즉, 장남의 이름은 박호혁(박원혁)이며, 그는 12세 때 조지로라고 이름을 고쳤으며, 모토치카의 소성小姓이 되었다. 한편 딸은 모토치카 부인의 시녀가 되어, 모토치카의 아들 모리치카가 도사에서 교토京都로 갈

---

25 秋澤繁外 4人 編, 앞의 책, p.461.

때 데리고 갔으며, 그 이후 부인이 야마토의 나라奈良로 거처를 옮겼을 때도 함께 따라갔다고 적고 있다.[26] 즉, 딸은 모토치카 부인과 생애를 같이했던 것으로 되어 있다.

그러나 『개산집』에는 이와 조금 다르게 서술되어 있다. 그것에 의하면 그녀의 이름은 '히사'이고, 우에몬타로右衛門太郎의 첩이 되었으며, 오사카 전투 이후에는 나라 지역 양조장 주인의 아내가 되었으며, 그녀에 게는 자식이 없었다고 보이 있다.[27] 어느 것이 사실인지 알 수 없으나, 그녀가 나라에서 생애를 마감한 것은 두 문헌이 일치하는 것으로 보아 틀림없는 사실인 것 같다.

그리고 『남로지』에는 박호인이 히로시마藝州에서 첩을 얻어 아들 2명 을 얻었다 하고, 『개산집』에서는 그들의 이름은 슈덴主殿, 쥬로十郎라고 했다고 한다. 그 후 박호인은 그곳에서 그들과 함께 귀국했다고 기록한 다. 무슨 일이 있었기에 박호인은 장남과 장녀를 일본에 두고 일본에서 낳은 아들 둘만 데리고 귀국한 것일까?

이에 대해 『남로지』에서는 다음과 같이 설명했다. 즉, 박호인은 도사 번의 번주가 조소카베에서 야마우치로 바뀌어도 봉록을 받았다. 그러나 어느 해 흉작이 심하게 들어 백성들이 곤궁에 빠졌고, 봉록이 박호인에 게 지급되는 것에 대해 번사인 쓰지 세베이辻淸兵衛가 제대로 처리해 주 지 않자, 분개하여 번에 일체 보고도 없이 장남을 두고 고치의 당인정 을 떠나 오슈奧州로 전봉 가 있는 가토 요시아키加藤嘉明에게 가 버린 것이었다.

이에 도사 번이 당인정으로 돌아오기를 요구하자, 그는 이를 받아들

---

26 秋澤繁外 4人 編, 앞의 책, p.462.
27 松野尾章行, 앞의 책, p.572.

이지 않고 그곳에서 다시 거처를 옮겨 히로시마의 후쿠시마 마사노리福島正則가 있는 곳으로 갔다. 그곳에서 30명의 부지扶持를 받았고, 또 거주지도 제공받았을 뿐만 아니라 일본인 아내도 얻었다. 그리고 앞에서 언급한 두 명의 아들도 이곳에서 태어났다. 특히 큰 아들인 슈덴은 마사노리의 근습아소성近習兒小姓이 되었다.[28] 이처럼 그는 도사에서 갈등을 일으켜 히로시마로 거처를 옮겼지만 그곳에서도 특별 대우를 받으며 생활을 했다. 그가 가토 요시아키와 후쿠시마 마사노리가 있는 곳으로 간 이유는 그들이 박호인과 조소가베와의 협상과정에 입회하였던 인물들이었기 때문이다. 다시 말하여 그는 도사 번이 자신과 한 약속을 지키지 않는다고 호소하였던 것이다.

이에 도사 번은 매우 당황했던 것 같다. 번 측은 그의 아들 조지로를 성으로 불러들여 호인이 요구하는 대로 들어줄 터이니 데리고 오라고 명을 내리려 하였으나, 호인이 너무나도 분개하여 떠났기 때문에 아들을 보내면 그마저 돌아오지 않을 가능성이 있어 도중에 그 조치를 취소했다.

이처럼 도사 번은 박호인이 돌아오기를 기대하였으나 정작 그는 돌아가지 않았다. 히로시마에서도 어떠한 사정이 있었는지 모르지만 1617년경에 조선으로 귀국했다고 한다. 특히 역사학자 최효식은 당시 그곳을 지나던 제2회 통신사행(정사 오윤겸)이 쇄환사로 갔을 때 그곳에서 태어난 아들 2명을 데리고 24년만에 고국으로 귀국해 버렸다고 했다.[29]

그러나 이것에 대해서도 의문이다. 왜냐하면 그렇다고 한다면 그가

---

28 秋澤繁外 4人 編, 앞의 책, p.462.
29 최효식, 『임진왜란기 영남의병 연구』(국학자료원, 2003), p.259.

조선과 일본에 남긴 업적으로 보아 조선통신사가 남긴 기록에 그가 등장하여야 함에도 불구하고 일체 등장하지 않기 때문이다. 다시 말하여 그는 조선통신사를 따라 귀국한 것이 아닐 가능성이 있다. 그러한 증거가 일본측 자료인 『개산집』에 있다. 『개산집』은 「백두잡담白頭雜譚」이라는 문헌을 인용하여 박호인은 히고肥後(오늘날 구마모토)에서 조선으로 귀국했다고 기록하고 있기 때문이다.[30] 이처럼 그의 귀국경로와 시기에 대해서는 분명치 않으나, 그가 조선으로 돌아간 것은 틀림없는 것 같다. 귀국 이후 그의 모습은 역사의 기록에서 자취를 감추고 만다. 그러므로 귀국 후 어떤 삶을 살았는지 알 수가 없다.

그의 장남인 조지로는 고치의 당인정에 남았다. 그의 본명은 박원혁이었다. 그가 아키즈키 조지로로 이름을 바꾼 것은 성인식元服을 치른 다음부터였다. 그가 아키즈키라는 성씨를 택한 것에 대해서는 대략 두 가지 설이 있다. 하나는 그의 아버지가 추월성주이기 때문에 그곳에서 딴 것이라는 설이고,[31] 또 다른 하나는 조선에서 일본 측이 박호인과 협상을 할 때 규슈九州의 왜장인 아키즈키 다네나가秋月種長도 그 자리에 입회를 하였는데, 그가 박호인의 아들 박원혁을 양자로 삼았기 때문에 그로부터 성씨를 물려받았을 뿐만 아니라, 이름도 다네나가種長의 다네種를 물려받아 아키즈키 조지로 다네노부秋月次郎種信(또는 秦種信)라고 했다는 것이다.[32]

이러한 주장 가운데 후자의 것이 가장 설득력이 있다. 왜냐하면 경주에는 추월성이 없으며, 「추월가계보록秋月家系譜錄」에도 후자와 같은 내

30 松野尾章行, 앞의 책, p.570.
31 岩原信守校注, 『土佐物語』(明石書店, 1997), p.495.
32 鄭大聲, 앞의 책, p.111.

용이 기재되어 있을 뿐만 아니라, 다네나가가 현재 후쿠오카 현 아마키시甘木市에 있었던 구로다黑田의 지번인 아키즈키 성주秋月城主이며, 아키즈키씨들의 묘비에 새겨져 있는 가문家紋이 아키즈키 다네나가가 사용한 당릉문唐菱紋과 같은 것들이 발견되기 때문이다. 그리고 그들은 아키즈키라는 성씨와는 별도로 사사야笹屋라는 별칭도 가지고 있었다.[33]

그는 부친 박호인이 히로시마에 머물고 있을 때 문안인사를 갔던 모양이다. 그 때 검문소를 통과할 수 있는 증명서를 쓰지 세베이辻淸兵衛가 편의를 봐주었다는 기록이 증손자대까지 보관되어 있다가 소실되었다고 『남로지』는 기록하고 있다.[34]

조지로는 야마우치 가즈토요의 아내 견성원見性院(1557~1617)의 소개로 엔슈遠州의 도오토우미遠江라는 여인과 결혼했다. 부인에 대해『남로지』는 야스토요康豊의 첩이라고 했고, 또『전촌지田村誌』에 수록된 아키즈키 야고에몬秋月彌五衛門의 「각서」에는 야마우치 야스카제山內康風의 첩으로 묘사되어 있다. 이것으로 보아 그녀는 영주인 가즈토요의 아내의 시녀였는데, 훗날 가즈토요의 아우인 야스토요의 시녀이자 측실이었던 것으로 보인다.

조선인 조지로는 일본인 도오토우미와 결혼하여 슬하에 구로베九郞兵衛, 쥬에몬忠右衛門, 우베이宇兵衛(=信好), 시게우에몬茂右衛門이라는 4명의 아들을 두었다. 그는 1652년 사망하여 히쓰잔筆山에 묻혔다. 현재 그의 묘비 상단부가 떨어져 나가 전체를 읽어내기가 힘들다. 따라서 그의 법명이 무엇이었는지 알 길이 없으나 하단부에 아키즈키 조자에몬秋月長左衛門이라는 일본명과 그가 살았던 당인정이라는 지명은 뚜렷하게 남아 있

---

33 秋澤繁外 4人 編, 앞의 책, p.464.
34 秋澤繁外 4人 編, 앞의 책, p.463.

다. 그의 부인도 1638년에 사망하여 그의 곁에 묻혔다. 그녀의 법명은 '도림묘선선정니桃林妙仙禪定尼'였다.

『개산집』은 그의 후손들에 대해서도 간략히 서술하고 있다. 그것에 의하면 조지로의 뒤를 이은 자는 3남 우베이였다. 그가 2대 당주가 된 셈이다. 그것에 의하면 그는 아사히나 겐반朝比奈玄蕃의 막내딸과 결혼하였으며, 신분은 낭인이었지만, 결혼할 때 장인으로부터 칼을 받았다 했다.[35] 그리고 그의 뒤를 이은 3대 우베이는 구니사와씨國澤氏의 딸과 결혼하였으며, 그의 신분도 낭인이었다. 그리고 4대 마타지로又次郎는 스도 구모가사須藤雲笠의 딸과 결혼하였으며, 그는 1726년(享保11) 마쓰무라 시게스케松村茂助의 향사직鄕士職을 물려받아 말단 무사가 되었으며, 1744년(延享1)에 병사했다. 5대인 사다사부로貞三郎는 하마다 세이사쿠濱田淸作의 딸과 결혼하였으며, 선대의 향사직을 물려받았다. 6대인 우마스케馬助는 이리마지리 고자에몬入交五左衛門의 딸과 결혼하였으며, 선대의 향사직은 세습되지 않았는지, 다시 낭인 신분으로 되어 있다. 그리고 그는 매우 성실한 사람으로서 아이들의 교육을 담당하는 일을 하였으며, 70여세 때 병사하였는데, 그에게는 자손이 없었다고 했다.[36]

이와 같이 『개산집』은 1대부터 6대에 이르기까지 혼인과 신분에 대해 간략히 서술하고 있다. 이에 의하면 그들은 당인정을 대표하는 쇼야직庄屋職은 유지하였으나, 신분상으로는 4대와 5대를 제외하고는 낭인의 신분이 대부분이었다. 즉, 무사 대우에 준하는 낭인이자 지역 관리자인 쇼야였던 것이다.

그렇다고 그들의 사회적 신분이 낮았던 것은 아니다. 그 단적인 예가

35 松野尾章行, 앞의 책, p.570.
36 松野尾章行, 앞의 책, p.571.

그들의 묘지가 고치에 남아 있는데, 영주들의 무덤들이 있는 히쓰잔에 있을 뿐만 아니라 그 위치가 바로 곁에 있기 때문이다. 그리고 모양도 일반서민들과는 격이 다를 정도로 크고 훌륭하게 되어 있는 것으로 보아 그들의 사회적 위치는 상당히 높았던 것으로 보인다.

그곳에 묻힌 아키즈키가秋月家의 사람들을 잠시 살펴보면 다음과 같다. 초대 조지로의 부부가 묻혀 있고, 2대 우베이信好(조지로의 3남)와 그 아내의 묘가 있다. 『추월지』에 의하면 그녀는 1733년 7월 16일에 사망하였으며, 『개산집』과는 다르게 구니자와씨의 딸로 되어 있다. 그리고 법명은 '임옥묘규신녀林屋妙珪信女'이다. 그리고 노부요시信好의 아들인 노부모토信元의 묘가 있고, 신원의 아들 사다스케貞助(=信守)와 그의 부인 묘도 보인다. 그녀의 법명은 '수창원관실묘영신녀壽昌院觀室妙榮信女'이며, 1752년(寶曆12) 4월 21일에 사망한 것으로 되어 있다. 그 묘비 옆에는 그녀의 딸 묘비도 있는데, 법명이 '설광리백신녀雪光理白信女'이며, 1752년 12월 9일에 20세의 나이로 사망했다. 그녀의 언니가 당시 유명했던 의사인 요코야 쇼순橫矢省春과 결혼하였으나 불과 18세의 나이로 죽어, 그 자리에 후처로 들어갔으나 그녀 또한 20세의 나이로 사망했다.[37]

한편 조지로의 장남 구로베와 그의 아들 간자에몬의 묘지는 어떤 사정이 있었는지 모르지만 히쓰잔이 아닌 다카미 산高見山의 보장사寶藏寺에 있다. 구로베의 묘비에는 "慈天信解院自運　秋月九郎兵衛, 延保四丙辰八月二十日　七十二歲"라고 되어 있고, 간자에몬의 묘비에는 "法妙院蓮實, 秋月勘左衛門, 寬文九己酉五月上旬九日, 二十四歲"라고 되어

---

37 近藤日出男, 앞의 책, pp.200~201.

있다. 이것으로 보아 구로베는 1676년에 72세의 나이로 사망하였으며, 그의 아들 간자에몬은 1669년 24세의 젊은 나이로 사망하였음을 알 수 있다. 즉, 간자에몬은 부친보다 먼저 사망한 셈이다. 『개산집』에 "구로베 자해무후九郎兵衛 自害無後"라고 서술되어 있는 것으로 보아 구로베이는 자살을 했고, 결국 자식을 남기지 못했던 것 같다.[38]

『남로지』는 3대에 대해 상세한 기술을 남기고 있는데, 그것에 의하면 그의 본명은 야고에몬彌五右衛門으로, 그에게는 휴헤休惠라는 아우가 있었고, 그에게는 아들 장남 로쿠베이六兵衛, 차남 우베이宇兵衛라는 아들 둘이 있었다. 그중 우베이가 천화연간天和年間(1681~1683)에 당인정의 도시요리年寄가 되었으며, 오하시大橋 고시도越戸의 서편에서 주조업을 했으며, 그의 아들은 향사직鄕士職을 수행했다. 그에 비해 로쿠베이는 노이치무라野市村로 이사하였으며, 그의 손자가 多宮平內라 하며 하타幡多의 향사가 되었다고 한다.[39] 이처럼 박호인의 후손들은 두부업을 가업으로 계승하면서도 방계는 주조업, 또는 향사라는 무사 그리고 시쇼라는 학자가 되었음을 알 수 있다.

한편 박호인의 후예들은 박이라는 조선의 성씨를 버리고 아키즈키라는 일본의 성씨를 택하였지만 자신의 뿌리를 결코 잊지 않았다. 그 실제의 예로 7대 우마스케馬助가 당시 서예가로 이름을 떨친 다니 진잔谷泰山(1663~1718)[40]에게 부탁하여 조상위패(지방)를 적은 것이 있다. 그것

---

38 近藤日出男, 앞의 책, pp.199~200.

39 秋澤繁外 4人 編, 앞의 책, p.464.

40 도사 출신. 본명은 다니 시게토오谷重遠, 泰山은 호, 통칭은 丹三郎. 에도 중기의 유학자, 신도가神道家. 젊었을 때 교토에서 山崎闇斎, 浅見絅斎의 문하에서 유학과 신도를 수학한 후, 귀향한 후에도 에도江戸의 渋川春海에 입문하여 역학曆学을 배웠다. 장년이 되어서 번의 유원儒員이 되었으나, 훗날 죄를 얻어 번주의 명에 따라 칩거에 들어갔다. 그때 국전国典을 섭렵하여 학문을 이루어 〈국체国体의 명징明徴〉을 주창하여 후대에 큰 영향을 끼쳤다. 저서는 『神代巻塩土伝』, 『中臣祓塩土伝』, 『保建大記打聞』, 『土佐国式社考』, 『秦山集』이

에는 조선식으로 "曾祖考通訓大夫鎭海縣監府君神位" "曾祖妣淑人朴氏神位" "祖考通訓大府主簿府君神位" "祖妣宋氏神位" "外祖考生員尹衍, 外祖妣趙氏" "顯妣淑人尹氏神位"이라고 적은 다음, 맨 마지막 부분에 "萬曆 拾參年四月三日, 父 朴好仁, 孝子 朴元赫"이라고 적고 있다.[41]

이 내용을 토대로 본다면 박원혁의 증조부는 진해현감이고, 그의 증조모도 박씨녀였다. 그리고 조부는 크게 벼슬을 하지 못하였으나 통훈대부주부라는 칭호를 가지고 있었던 양반이었으며, 조모는 송씨녀였다. 그리고 외조부는 생원 윤연이었으며, 외조모는 조씨녀였다. 이것으로 보아 "현비숙인윤씨신위顯妣淑人尹氏神位"라고 쓴 것은 박호인 부인의 위패임에 틀림없다. 박호인의 아들 원혁은 모친이 죽은 것으로 생각하고 제사를 지냈음을 알 수 있다. 이처럼 그들은 가업인 두부 제조판매업을 대대로 영위하면서 자신의 선조가 조선인임을 분명히 밝히고 또 조선식으로 제사를 지내고 있었다.

그 후 아키즈키의 집은 마지막 번주인 야마우치 요도山內容堂가 사이고 다카모리西鄕隆盛(1828~1877)와 회담을 하기 위해 당인정에 자신의 별택을 지었는데, 그때 박호인의 후예 아키즈키 집을 헐고 그 자리에다 지은 것이었다. 그 대신 아키즈키 집안사람들은 고치시의 교외인 가미군香美郡 도사土佐 우에다 정上田町에 거대한 토지를 보상받았다. 그들은 250여 년간 거주한 당인정을 떠나 새로운 터전으로 이사를 했다. 그곳에는 지금도 그들의 이름을 딴 아키즈키마루秋月丸라는 지명이 남아 있

있으며, 그 밖에 『俗説贅弁』, 『新蘆面命』등 국사 및 율령격식을 널리 섭렵한 다수의 서적을 편찬했다. 그의 묘지는 현재 고우미시香美市 도사야마다土佐山田에 있으며, 지역민들은 그를 학문의 신으로 추앙하며, 특히 수험에 효험이 있다 하며, 만일 합격한 경우 작은 깃발을 들고 봉납하는 습속이 있다.

41 近藤日出男, 앞의 책, p.193.

만년의 곤도 마사오 씨

다. 그리고 이들의 묘지도 이곳에 남기게 되었다. 예를 들면 1855년 사
망한 7대 아키즈키 우마조秋月馬藏(=信達)의 묘는 현재 난고쿠 시南國市
미하타 산三畠山에 있는 것으로 전해진다.

　향토사가 곤도 마사오近藤日出男 씨의 이야기에 따르면 현재 난고쿠 시
에는 박호인의 후예로 추정되는 9대 아키즈키 노부오秋月信雄, 아키즈키
우마오秋月馬道의 형제들이 살고 있으며, 고치의 명문 고구마 튀김과자
인 "이모켄비いもけんぴ", 돼지고기 덮밥 체인점 "돈타로豚太郎" 그리고 의
료시설인 요코야병원橫矢病院 등도 박호인과 함께 온 조선포로의 후예
및 인척들이 경영하는 회사와 병원이라고 했다.

## 5. 맺음말

이상에서 살펴보았듯이 박호인은 경상도 진해(또는 경주) 출신 양반으로 임란 때 웅천전투에서 왜군과 맞서 용감히 싸우다가 일족 80여명과 함께 조소가베의 가신 요시다 마사시게의 포로가 되어 일본으로 끌려가 고치 현에서 살았던 사람이다. 그는 훗날 고치를 떠나 히로시마에서 일본 여인과 재혼하여 2명의 아들을 낳고 살다가 1617년 아들들과 함께 24년만에 고국으로 돌아왔다. 그 이후 어떻게 살았는지 그의 행적에 대한 기록이 없다. 그리고 일본 측 기록에 의하면 그와 함께 왜군의 포로가 되었던 장남 박원혁과 장녀는 끝내 돌아오지 못하고 그곳에 남고 말았다.

그는 고치에서 처음에는 조선에서 익힌 의술로서 생계를 유지하였으나, 그와 함께 포로가 되었던 조선인 30여 명과 더불어 고치에서 살면서 두부를 제조 판매하며 생활을 유지하였다. 이들의 두부는 부드러운 일본 전통 두부와는 다른 조선식의 딱딱한 두부였다. 두부라는 식품이 없었던 도사 지방에서 이들의 두부는 새로운 식품산업이었다. 이러한 두부를 제조하고 판매하는 상점을 관리감독한 사람이 박호인이었다. 그의 아들 박원혁은 일본인과 결혼하였고, 성씨도 일본식으로 아키즈키秋月라 했다. 두부 제조업을 가업으로 대대로 계승하여 고치의 명가로서 자리를 잡았다.

모두에서 언급한 19세기의 『토좌국직인회가합』에 수록된 「두부집」이라는 그림은 이들의 작업 상황을 잘 묘사해 놓고 있다. 이들의 복장과 신발은 모두 일본인과 동일하였지만, 다른 것이 또 하나가 있었는데, 그것이 바로 비올 때 머리에 쓰는 갈모였다. 일본인들은 이를 사용하지 않아 갈모를 두고 고치의 당인정 조선인을 구분하였다. 이처럼 그들은 조선의 장점을 최대한 살려 생활에 적용하였던 것이다. 이들이 살았던 당인정은 소화昭和 초기까지만 하더라도 마을 입구에는 두부 냄새가 넘쳐났으며, 그들이 만든 '도진도후唐人豆腐'는 고치의 명물이었다고 한다. 그러나 오늘날 당인정의 두부 산업은 현대 산업화에 밀려 급속히 사라졌고, 전통을 고수하여 조선식 두부 제조업을 하는 사람들도 거의 눈에 띄지 않게 되었다. 다만 그들이 묻혔던 돈무덤만이 남아서 과거의 역사를 전하고 있을 뿐이다.

# 제12장

## 시코쿠 지역의
## 임란포로

가가와, 도쿠시마, 고치 지역을 중심으로

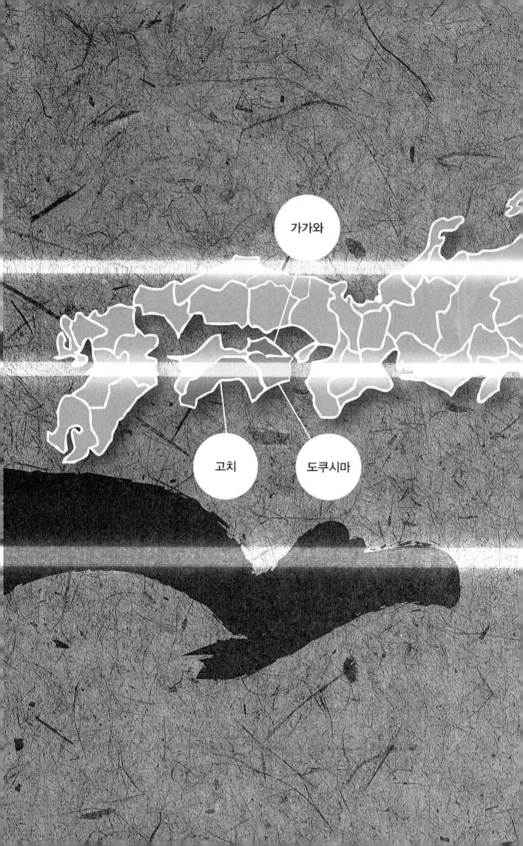

# 1. 머리말

시코쿠四國에는 과거에 사누키讚岐, 아와阿波, 도사土佐라고 불리우는
지역이 있었다. 이곳이 바로 가가와 현香川縣, 도쿠시마 현德島縣, 고치
현高知縣이다. 임란 당시 이 지역의 봉건 영주들은 히데요시의 명에 따
라 조선에 출병했고, 귀국 길에 많은 조선인들을 포로로 잡아갔기 때문
에 시코쿠 전역에는 임란포로에 관한 이야기와 흔적들이 지금도 남아
있다. 본 장에서는 그중 가가와, 도쿠시마, 고치의 3지역에서 전해지고
있는 임란포로에 대해 살펴보고자 한다.

이 지역으로 잡혀간 조선인들은 조선 측의 의지와는 달리 제대로 송
환되지 못했다. 그 이유는 일본 측의 방해와 그에 대한 정보가 부족했
기 때문이었다. 임란 직후 조선정부는 일본에 억류되어 있는 조선인들

을 송환하기 위해 많은 작업을 했다. 이를 위해 1607년(선조40) 경섬 등을 회답겸쇄환사로 보냈고, 그로부터 10년 뒤인 1617년 오윤겸 등을 회답사로 보내기도 했다. 이들의 주된 사명은 국교수교와 수호라는 외교적인 목적보다는 포로로 잡혀 있는 조선인들을 데리고 귀국하는 것이었다. 이러한 노력으로 말미암아 많은 사람들이 귀국할 수 있었다.

그러나 시코쿠 지역의 포로송환은 그렇지 못했다. 그 단적인 예로 시코쿠에도 사람을 보내어 송환해야 한다는 조선 측의 주장에 대해 일본(대마도) 측은 "시코쿠는 다만 바닷길이 멀 뿐만 아니라, 인심도 좋지 못하여, 만약 근거가 없는 말을 만들어 내어 조선 사신이 대마도 사람과 더불어 여러 곳에서 위력으로 겁주어 데려간다는 말이 쇼군將軍에게 들이기면 대마도에 매우 해로운 일이 있게 될 것이고, 또 조선인을 게수해서 쇄환하는 일에도 방해가 없지 않을 것이니, 시코쿠에 보내는 것은 결코 명령대로 할 수 없습니다."[1]라고 응대했다.

여기에서 보듯이 그 업무를 전적으로 맡고 있는 대마도 측은 먼저 시코쿠는 길이 멀고, 인심도 나쁘고, 만일 그렇게 할 경우 그 지역에서도 방해가 심할 것이며, 그 결과 대마도 측에게도 불리한 일이 생길 것이라고 하여 사람을 보내는 것을 거부하고 있었다. 이에 강력하게 조선 측이 반발하며 사람의 파견을 요구하고 나서자 일본 측은 "도사土佐 등 여러 곳까지 두루 보내지는 못하더라도 가까운 아와지談路, 아와阿波 등 여러 곳에는 보내는 것이 무방하다."라고 마지못해 응하였다.

그리고 조선 측은 이 세 지역의 포로에 대한 정확한 정보도 가지고 있지 않았다. 조선 측이 오사카에서 양몽린(이요=에히메의 조선포로)으

1 이경직, 「부상록」, 『고전국역총서 해행총재』 3(민문고, 1989), p.106.

로부터 아와지와 아와 지역에는 포로가 많지 않고, 이요(에히메) 지역에 고국으로 돌아가고자 하는 포로들이 상당수 있다는 말을 듣고 있었다. 그 말을 믿고 양몽린에게 유시문諭示文과 집정의 문서를 주어 에히메 지역으로 보냈다. 여기서 보듯이 포로쇄환의 대상에 에히메는 포함되어 있었지만, 이상의 세 지역은 제외되었던 것이다.

그러나 이 지역의 조선인 포로들이 탈출하여 귀국하는 사람이 늘고, 또 그들의 저서가 세상에 소개되면서 포로에 대한 실체가 조금씩 드러나기 시작했다. 그 대표적인 예가 정희득, 정경득, 정호인의 기록이다. 그러나 이들의 기록은 도쿠시마에 관한 것이 대부분이고, 그 인근지역인 가가와와 고치에 관한 것은 거의 없다. 즉, 이들의 저서를 통하여 도쿠시마에 살던 조선인 포로에 대한 사정을 알 수 있으나 도쿠시마와 고치의 포로 사정에 대해서는 알 수가 없는 한계가 있다.

지금까지 이 지역의 조선포로에 대한 연구도 그다지 활발한 편이 아니었다. 그러한 가운데 정우택[2]과 박은경[3]이 이 지역의 조선불화를 파악하는 데 주력을 기울인 바가 있다. 이들의 연구로 시코쿠의 사찰들이 소장하고 있는 조선불화를 거의 파악할 수 있는 성과를 낳았다. 그러나 이 지역으로 연행되어 돌아오지 못한 조선인들에 대해서는 완전히 파악되지 않았다. 그것에 대해서도 지금까지 조금씩 연구가 진행되어 언론인 김승한은 도쿠시마에서 억류 생활을 보냈던 정희득을 소개한 바가 있고,[4] 역사학의 윤유숙은 에히메 현愛媛縣과 고치 현에 형성된 임란포

---

2  정우택, 「일본 사국지역 조선조 전기 불화조사 연구」, 『동악미술사학』 9(동악미술사학회, 2008), pp.57~89.

3  박은경, 「西日本中國·四國地域의 조선 15-16세기 佛畵考」, 『석당논총』 46(동아대학교 석당학술원, 2010), pp.301~335.

4  김승한, 『일본에 심은 한국』 1(중앙일보사, 1979), pp.223~253.

로 조선인들의 집단거주지 당인정唐人町을 살펴본 바가 있다.[5]

한편 필자도 이에 관심을 가지고 문헌과 현지조사를 벌여 에히메 현과 고치 현의 임란포로 박호인과 그의 후예에 대해서 살펴본 적이 있다.[6] 본 장은 그러한 연구의 연장선상에 있기 때문에, 에히메와 박호인朴好仁을 제외한 나머지 시코쿠 지역의 전반에 걸쳐 임란포로를 다루려고 한다. 이를 위해 일본의 기존 연구성과를 토대로 현장조사를 실시하여 새롭게 얻은 자료를 종합하여 고찰함으로써 이 지역의 임란포로에 관한 본격적인 연구를 위한 토대를 마련하고자 한다.

## 2. 가가와 현의 임란포로

가가와 현은 시코쿠의 동북부 지역에 위치한 고장으로 임란 당시 이곳의 영주는 이코마 지카마사生駒親正(1526~1603)였다. 그에 관해 기록한 『생구기生駒記』에 의하면 임란 때 지카마사는 그의 아들 가즈마사一正(1555~1610)와 함께 5,500명의 군사를 이끌고 조선으로 출병하였으며, 귀국할 때 피로인 100여 명, 말 십여 필 그리고 목화 씨앗을 가지고 갔다고 되어 있다.[7] 일설에는 가즈마사가 데리고 간 포로들 가운데는 도공들도 있었는데, 그들이 다카마쓰 성高松城 아래에 살면서 도자기 제작 기술을 전파했다고도 한다.[8] 여기에서 보듯이 이들도 다른 영주와

5 윤유숙, 「근세초 서일본 지역 조선인 집단거주지」, 『史叢』 68(고려대 역사연구소, 2009), pp.116~120.
6 노성환, 「일본 에히메현의 임란포로에 관한 연구」, 『일어일문학』 54(대한일어일문학회, 2012), pp.391~412; 노성환, 「임란포로 박호인 전승에 관한 연구」, 『일본어문학』 55(한국일본어문학회, 2012), pp.235~258.
7 尹達世, 『四百年の長い道』(リーブル出版, 2003), p.18.

같이 조선에서 사람뿐만 아니라 이들이 필요한 물건까지도 닥치는 대로 잡아가고 가져갔음을 알 수 있다.

미술사가 박은경의 연구에 따르면 이 지역의 사찰에는 특히 우리나라의 불화가 많은데 그 대부분이 임란과 정유의 왜란 때 왜군이 약탈하여 간 것이라 한다. 그 예로 미토요 시三豊市에는 미곡사彌谷寺의 지장시왕도, 장수원長壽院의 석가육대보살십육나한도(석가설법도), 상덕사常德寺의 열반변상도가 있으며,[9] 히가시카가와 시東香川市에는 여전사與田寺의 지장육광보살도, 천광사千光寺의 석가열반도가 있으며, 간온지 시觀音寺市에는 관음사觀音寺의 지장시왕도, 연광원蓮光院의 약사삼존십이신장도, 보주사寶珠寺의 아미타팔대보살도가 있다. 그리고 마루카메 시丸龜市에는 내영사來迎寺의 서방구품용선접인회도가 있고, 젠쓰지 시善通寺市에는 선통사善通寺의 진광대왕도가 있으며, 다카마쓰 시에는 옥도사屋島寺의 수월관음보살도, 사누키 시讚岐市에는 보성사寶性寺의 시왕명부사자도가 있다.[10]

그중 장수원의 것은 1553년에 제작되었으나, 1681년(天和1)과 1815년(文化12) 두차례에 걸쳐 일본에서 수리되었다. 그리고 보성사의 것은 1532~1556년경에 제작된 것으로 추정되며, 약탈되기 전에는 평덕리平德里의 어느 절에 있었던 것으로 추정된다. 또한 상덕사의 열반변상도는 고려시대에 제작된 불화로 알려져 있다.

이처럼 전쟁으로 인해 약탈된 한국의 불화가 이 지역에 많다는 것은 임란 당시 조선으로 출병한 이 지역의 병사들이 단순히 전쟁만을 수행

---

8  四國新聞社編, 『讚岐人物風景』(四國新聞社, 1980), p.161.
9  貫井正之, 『豊臣政權の海外進出と朝鮮義兵硏究』(靑木書店, 1996), p.290.
10 정우택, 앞의 논문, p.84.

한 것이 아니었음을 보여 주는 좋은 예라 할 수 있다. 이러한 점에서 본다면 임란은 불교문화의 약탈전쟁이라고도 볼 수 있을 것이다.

불화는 종교와 관련된 것으로서 사찰에 보관되어 오늘에 이르고 있지만, 그들과 함께 바다를 건너간 조선포로들은 어떤 자취를 남기고 있을까? 앞에서 언급하였듯이 이코마 지카마사가 귀국 시 조선인 100여 명을 강제 연행하여 갔다고 하지만, 그들이 그 이후에 어떻게 되었는지 기록상으로는 찾아보기 힘들다. 그러나 이들은 죽어서 무덤을 남겼고, 또 그에 관련된 자료가 조금 남아 전해지고 있다. 그렇다면 이들 무덤을 통하여 어떤 조선포로들이 이곳에 있었는지를 살펴보기로 하자.

다카쓰 시高松市에는 당인총唐人塚이라는 조선인 무덤이 2개나 있다. 하나는 신내시山人寺리은 곳에, 또 다른 하나는 이이더 김山田이 다나카田中라는 지역에 있다. 에도江戸 중기의 기록인 『삼대물어三代物語』에 의하면 전자는 이코마의 가신인 다카쓰 다쿠미高松内匠가 조선으로 출병하였다가 "한인 3명을 연행 귀국하였는데, 그들이 죽어 이곳에 묻고, 이를 지역민들은 당인총이라 하였다"라는 것이다.[11] 현재는 지역민들도 그것이 어디에 있는지 모른다고 한다.

이에 비해 후자는 가라도가唐戸家의 묘역에 있었다. 이 묘가 『고금찬기명승도회古今讃岐名勝圖會』에 실려 있는 것으로 보아 지역에서는 비교적 일찍부터 알려져 있었음을 알 수 있다. 이것에 의하면 "이 묘를 당인총이라고 하며, 히데요시가 조선을 정벌할 때 가라도씨唐人氏가 한인 8명을 데리고 왔는데, 이들이 죽어서 여기에 묻었다고 하는 것은 잘못이다."라고 되어 있다.[12] 여기에서 보듯이 저자는 당인총이 히데요시 전쟁 때

11 尹達世, 앞의 책, pp.19-20.
12 梶原鹽水, 『古今讃岐名勝圖會』(歷史圖書社, 1976), p.336.

다카마쓰 시의 당인총

잡혀간 조선인 무덤이 아니라고 하지만, 오늘날 이곳에 살고 있는 지역민들은 그의 의견과는 반대로 조선인 포로들의 무덤이라고 생각하고 있음은 다카마쓰 시 교육위원회에서는 세운 안내판을 보더라도 알 수 있다.

즉, 그것에 의하면 임란 때 출병한 이코마 지카마사와 가즈마사는 한반도에서 수명의 포로들을 연행하여 귀국했다. 이들 중 8명이 이이다 정에 배치되어 가라도 스케무네唐戸(=唐渡資宗)에 의해 관리 감독을 받았다. 그런데 이들은 장래에 대한 불안감 혹은 치욕을 견디지 못해 그만 자살하고 말았다. 지역민들은 이들을 가엽게 여겨 가라도唐戸 집안 묘역의 한쪽에다 묘를 세우고 장사를 치렀다고 전한다.[13] 그 후 이 무덤

---

13 尹達世, 앞의 책, p.20.

들은 4백 년 동안 가라도 집안사람들에 의해 관리되고 있다.

이 무덤의 묘비에는 "장당인팔원묘葬唐人八員墓"라고 새겨져 있고, 좌우면과 이면에 그 유래에 대해 적혀 있는데, 마모가 심해 판독하기 어렵다. 지역민들에 의하면 이 무덤의 소유자는 이 지역에 사는 가라도 집안인데, 그들의 말에 따르면 그의 선조인 스케무네는 봉록으로 이이다마을飯田村의 700석을 받는 상급무사로, 임진과 정유의 왜란 때 조선으로 출병하였으며, 전쟁 이후에는 조선인들을 관리 감독하고 있었는데, 그들이 자살하는 바람에 번으로부터 문책당하여 식록이 몰수되었다고 한다.[14] 또 그들은 의사 가족이었으며, 담뱃대로 목을 찔러 자살하였다고도 한다.[15] 어떻게 담뱃대로 일가족이 자살하였는지는 알 수 없지만, 그들의 죽음으로 관리자가 문책당하였다는 것으로 보아 의사 가족이었을 가능성이 높다. 왜냐하면 일본 측에서도 의사는 매우 소중한 인재였기 때문이다.

한편 가가와 현 동부에 미키 정三木町이라는 곳이 있다. 그곳의 다카오카高岡 마을 뒤편 백산白山 중턱에 조선관녀朝鮮官女의 무덤 2기가 전해진다. 원래는 주변에 논밭이 있는 곳이었으나 현재는 산 쪽으로 야마자키가山崎家와 와타나베가渡辺家의 묘역 한쪽 편에 자리 잡고 있다. 2기 모두 오륜탑의 형식을 취하고 있으며, 높이가 약 50센티 정도밖에 되지 않는 조그마한 무덤이다.

일설에 의하면 그녀들은 충청도 양반가문의 출신이라고 전해지며, 그들이 잡혀올 때 7명의 남녀 하인들이 따라왔다고 한다. 그들의 무덤

---

14 高松市弦打小學校 PTA, 『弦打風土記』(1979), p.17.
15 2010년 5월 5일 현지조사 때 川崎正視가 많은 편의를 제공하여 주었으며, 그때 그가 필자에게 들려준 내용이다.

역시 그녀들의 무덤 좌우에 나란히 모셔져 있다고 한다. 이것이 사실이라면 이곳에는 그녀들뿐만 아니라 7명의 조선인 포로가 더 있었던 셈이 된다.

이 두 여인의 이름은 오조에大添, 고조에小添로 그 지역에서 다음과 같이 전해지고 있다. 이들은 이 지역 출신 무장인 다카오카 무네스케高岡宗弼의 포로가 되었다. 이들을 일본으로 연행해 간 이코마 군대는 이들을 먼저 히데요시에게 바쳤다. 이에 히데요시는 매우 흡족해 하였으나 언어가 통하지 않아 여러 가지 불편한 점이 많았는지 이들을 다시 이코마에게 돌려주었고, 이에 이코마는 이들을 포로로 잡은 무네스케에게 맡겼다.[16] 이들은 자매이며, "백미려모白眉麗貌의 당인唐人"이라고 묘사될 만큼 아름다웠다고 한다. 그리고 이들은 조선의 관녀官女라는 설도 있다. 만일 그렇다면 그들은 충청도 양반 출신이 아니라 궁궐에서 일하는 궁녀 또는 관청에서 일하는 관기였을 가능성도 없지 않다.

그리고 고조에는 자식이 없었지만 오조에는 일본에서 낳은 자식이 있었다고 전해진다.[17] 만일 이것이 사실이라면 이들은 일본에서 남편을 얻은 것이다. 그러나 어디에도 그들의 남편에 대한 기록은 보이지 않아 누구인지 확실하지 않다. 이들은 무네스케에게 맡겨졌고, 또 그들의 무덤이 앞에서 말한 바와 같이 야마자키와 와타나베의 가문 묘역에 있을 뿐만 아니라 무덤 관리를 400년 가까이 와타나베 가문의 사람들이 하고 있는 것으로 보아 와타나베 무네스케의 측실이었을 가능성도 충분히 예상할 수 있다.

이들이 죽고 다카오카 일족들이 장례를 치르고 무덤을 썼다고 전해

---

16 內藤雋輔, 『文祿慶長役における被擄人の硏究』(東京大學出版會, 1976), p.740.
17 『朝日新聞』(1995년 8월 16일 자).

오조에 고조에의 무덤

진다. 이들의 유품은 다카오카씨의 후예인 야마자키 씨의 집안에 보관
되어 있었으나 지금은 와타나베 쥰쿠渡邊順久에 의해 보존되어 오다가,
몇해 전 그가 사망한 후 현재는 그의 딸 고바시小橋가 관리하고 있다.
모두 40여점으로 백자 항아리와 청자주발, 젓가락, 삿갓, 머리 빗, 촛대
와 그릇, 인도풍의 작은 불상 등이 있다고 한다. 이 유품들 중 12점이
지난 95년 8월 서울 롯데월드에서 개최된 '한일교류 3천년 전' 때에 출
품되어 전시된 바가 있다. 그리고 와타나베씨 집안에서는 매년 8월 15
일 두 자매와 7명의 일행을 위한 제사를 지내고 있다고 한다.

이처럼 가가와 현에는 무덤을 통하여 임란 때 강제 연행된 조선인의
의사가족 및 오조에 고조에라는 조선 여인들이 있었음을 알 수 있다.

오조에 고조에의 묘역을 돌보는 고바시 씨

## 3. 도쿠시마 현의 임란포로

도쿠시마 현은 임란 당시 하치스가 이에마사蜂須賀家政(1558~1639)의 영지였다. 그도 임진과 정유의 왜란 때 히데요시의 명을 받아 조선에 출병하였다. 특히 정유왜란 때는 남원성 전투와 울산성 전투에 참가했다. 울산성 전투에서는 조명 연합군에게 포위된 일본군의 구원 작전에 참가하여 아사노 요시나가浅野幸長(1576~1613)를 구출하는 무공을 세웠다. 그는 귀국 시 인간은 물론 조선의 물건들을 배에 잔뜩 싣고 돌아갔다. 이러한 상황을 도쿠시마에 포로로 잡혀 있었던 정희득은 "왜적들이 닭, 개까지 약탈하여 배에다 실었다."[18]라고 기술할 정도로 조선의 물건들을 약탈하여 갔다. 정희득이 이에마사의 집에서 직접 확인한 것만 하더라도 우리나라의 준말과 당마도 있었고, 또 임진년에 가져간 「천하여지도」도 있었다. 그뿐만 아니었다. 집 뜰에 가두어 기르는 학, 거위, 기러기, 꿩 등 조선에서 가져간 여러 가지 동물들도 있었다. 약탈물은 이에마사의 집에만 있는 것이 아니었다. 그의 가신인 히코시로彦四郎도 조선의 명화와 족자가 있었다.

박은경의 조사에 따르면 정흥사正興寺의 아미타삼존도, 지복사持福寺의 석가대보살도와 지장시왕도, 보수원寶壽院의 약사삼존도, 보광사寶光寺의 석가제권속도, 선각사善覺寺의 제석천도 등은 당시 왜군들에게 약탈된 우리나라의 불화라 한다.[19]

그중 선각사의 제석천도는 1583년에 제작된 것으로 약탈되기 전 부여 망월산 경□사敬□寺에 보관되어 있었다. 이 절이 탈자가 있어서 정확히 어떤 절인지 알 수 없으나, 『신증동국여지승람』에 부여의 망월산에는 경용사, 보각사, 망월사가 있다고 서술하고 있는 것으로 보아 경□사는 그중 경용사일 가능성이 높다.[20]

이같이 조선에서 약탈하여 가져간 물건들뿐만 아니라 납치하여 강제로 데리고 간 사람들도 많았을 것으로 추정된다. 그럼에도 불구하고 서두에서 보았던 양봉린은 이 지역에는 조선인 포로가 별로 없다고 했다. 이것은 잘못된 정보이다. 실제로 도쿠시마에서 억류 생활을 한 정희득의 기록에는 이 지역의 조선포로는 무려 1천여 명이나 된다고 했다. 많은 조선인들이 이 지역에 강제 연행되어 살았던 것이다.

18 정희득, 「해상록」 1, 『고전국역총서 해행총재』 8(민문고, 1989), p.227.
19 박은경, 앞의 논문, p.306.
20 박은경, 앞의 논문, pp.322~323.

이들에 관한 기록은 이곳에서 억류되었다가 고국으로 돌아온 자들에 의해 우리 측에도 비교적 풍부하게 남아 있는 편이다. 정희득의 『월봉해상록月峯海上錄』, 정경득의 「만사록萬死錄」, 정호인의 「정유피난기丁酉避亂記」 등이 바로 그것들이다. 그중 정희득의 『해상록』에 다른 어느 기록보다 이곳에서 살았던 조선인 포로들이 많이 등장하며, 그들의 근황에 대해서도 다소 기술하고 있어서 당시 이 지역의 조선인 포로들의 생활상을 파악하는 데 매우 중요한 자료이다.

그것에 의하면 도쿠시마에는 기다란 강이 있고, 그 강에는 무지개형 다리가 있었다.[21] 그리고 그 다리를 지나가면 만나는 열 사람 중 8~9명은 우리나라 사람이라 했다.[22] 이것을 보더라도 당시 도쿠시마에는 얼마나 조선인 포로들이 많이 살았는가를 가늠할 수 있다. 또 이 다리는 조선인들이 모여 회포를 푸는 장소이기도 했다. 그에 대해 정희득은 "우리나라 사람들은 달밤이면 다리 위에서 모여, 노래도 부르고 휘파람도 불며 회포를 풀고, 한숨지어 울부짖기도 하다가 밤이 깊어서야 헤어진다. 이 다리 위는 백여 명이 앉을 만하다."라고 서술했다.[23]

한편 『해상록』에는 조선인들의 개별사항도 서술하고 있는데 이들을 양반과 상인을 구분하여 개관하면 다음과 같다.

첫째 양반 출신으로는 최덕양崔德陽, 유중원柳仲源, 유자평柳子平, 이승상李丞祥, 괴산槐山, 유여굉柳汝宏, 하천주, 주현남朱顯男, 정호인鄭好仁, 임자경林子敬(=得悌), 정증, 그리고 통역인이라는 충주 사람이 있었다.

---

21 현재 도쿠시마에는 이 다리가 존재하지 않는다. 다만 스케토 강이 흐르고 있고, 그 위에는 콘크리트로 만든 현대식의 다리인 스케토바시助任橋라는 다리가 있을 뿐이다. 1674년(延宝2)의 기록에 이 다리의 이름이 등장하는 것으로 보아 정희득이 말하는 무지개 다리는 바로 스케토바시일 것으로 추정된다.
22 정희득, 앞의 책, p.239.
23 정희득, 앞의 책, p.239.

최덕양의 본명은 홍건弘建이다. 그는 진해에서 처자와 함께 포로가 되어 도쿠시마로 압송되어 염병으로 사망했다. 그때 왜인들이 그의 시신을 가지고 칼을 시험한다며 갈기 발기 갈라 놓았고, 이를 수습한 조선인들은 그를 강 언덕에 묻고, 제물을 바치고 울었다고 정희득은 기록하고 있다. 이처럼 이들의 시신은 왜인들에 의해 형용하기 어려울 정도로 함부로 다루어졌다. 유중원은 본명이 오澳였으며, 바둑두기를 좋아했다. 그리고 유자평은 전쟁으로 인하여 아내와 아우를 잃었고, 시 짓기를 좋아하는 양반이었다.

담양 출신 이승상은 육지에서 포로가 되었는데, 아내와 생이별을 하고, 어린 자식이 왜병들의 칼에 죽는 것을 지켜본 사람이었다. 도쿠시마에서는 왜인의 하인이 되어 외양간과 땔나무 뒷바라지를 하였다. 이처럼 양반가일지라도 왜인의 하인이 되는 경우가 종종 있었다. 하천주와 주현남도 그와 비슷했다. 하천주는 진주의 이름난 족벌 출신이나 도쿠시마 왜인의 외양간 시중과 꼴머슴으로 살았으며, 주현남은 하동 사람으로 이나다 시로稲田四郎의 하인으로 살았다. 그리고 일본어를 익혀 조선인과 일본인 간에 의사소통을 도와주는 통역이라고 불리는 사람도 있었다. 그는 충주 사람인데, 임진년에 잡혀 와 왜승에게 시중을 들었다.[24]

그 밖에 정호인의 형제, 영광 출신 정증, 전주 출신 유여굉의 형제가 있었다. 그리고 나주 사람 임자경은 교토의 이에마사 집에 머물면서 여러 가지 시중을 들고 있었던 모양이다. 그는 이에마사에게 신임을 얻었는지 히데요시 사후 도쿠시마로 보내져 정희득을 만났으며, 훗날 정희

---

24 정희득, 앞의 책, p.247.

득과 함께 귀국하였다. 이처럼 주인의 허락이 있으면 여행도 가능했다.

그중에는 어렸을 때 잡혀간 사람도 있었다. 그 예가 괴산槐山이라는 자이다. 그의 조선 이름은 모른다. 다만 괴산 출신이기 때문에 그 같은 이름이 붙여진 것이다. 그는 임진년에 8살의 나이로 포로가 되었으며, 정희득이 그를 만났을 때는 14세가 되어 있었다. 그러나 자신이 조선의 양반 출신이라는 것을 잊지 않았다. 그리하여 정희득과 같은 조선인을 만나면 눈물을 흘렸던 것이다.[25]

상민으로는 양돌만梁乭萬, 덕용德龍, 여금女今, 후옥後玉, 줄비乼非, 덕남德男, 원덕어미라는 사람들이 있었다. 양돌만은 억류생활에서 고국으로 탈출을 기도하는 사람이다. 노를 잘 저으며, 실제로 배를 훔쳐 탈출하였다가 도사土佐에서 체포되어 죽을 고비를 넘기고 간신히 살아남은 사람이다. 덕용과 여금은 정희득의 하인이었고, 줄비는 정희득 아내의 몸종이었으며, 덕남은 정희득 부친의 하인이었다. 이같이 정희득 일가의 하인들도 다수 이곳에 포로로 잡혀 와 있었다. 이들은 도쿠시마에서도 주인을 잊지 못했다. 그리하여 덕용과 같이 쑥을 뜯어와 정희득에게 대접을 했고, 또 줄비처럼 정희득 아내의 기일에 쌀을 얻어 제물을 마련하고 제상을 차려놓고 통곡하기도 했다. 그 밖에 후옥은 공열의 여종이었고, 원덕어미는 임박林璞의 여종이었다. 그중 원덕어미는 선창가에 살았으며, 정희득 일행이 떠날 때 그들에게 숙소를 제공했던 인물이다. 이처럼 이들은 같은 포로 신세이면서도 주인과 양반가들에게 봉사를 했다.

이곳으로 잡혀온 조선인들은 "모두 왜졸의 하인, 새로 간 자는 거리에서 부르짖어 떼를 이루었고, 오래된 자는 왜인으로 변해서 돌아갈 심

---

25 정희득, 앞의 책, pp.238~239.

산조차 이미 없어져 버렸다."라고 서술하고 있듯이 대부분이 왜인들의 하인이 되었으며, 간 지 얼마 되지 않은 사람들은 서로 어울려 울부짖었고, 오래된 사람은 일본에 동화되어 고국으로 돌아가지 않으려고 했음을 알 수 있다. 그리고 "포로들을 여러 곳에 나누어 보내어도 형제와 처자를 서로 갈라놓지는 않았다. 그래서 나는 자평과 서로 헤어질까 두려워 늘 자평을 내 아우라 하였다."라는 기술처럼 가족들은 한 곳에서 살게 했던 것 같다.

한편 정희득과 같은 양반들은 지식을 인정받으면 비교적 행동이 자유로웠다. 정희득 자신도 지역의 영주인 이에마사 그리고 지역의 명사인 동악선사東岳禪師, 장연長延, 이암理庵, 호죠 겐파치北條見八 등과 활발히 교류할 뿐만 아니라 그들에게 기회가 있을 때마다 고국으로 돌아가게 해달라고 부탁하기도 했다. 그리고 그들끼리 산성의 누각에 올라 가을을 감상하기도 했다.

한편 고향으로 돌아가는 비용을 벌기 위해서 열심히 책을 베껴 쓰는 작업을 했다. 여기에 대해 정희득은 "글품을 팔아서 얻은 은전으로 배를 사서 환국할 계획을 하자니, 이 짓 말고 다시 한 푼을 마련할 길이 없는 것이다. 그래서 부득이 그 괴로움을 참아야 했다."라고 표현했다.[26]

고국으로 돌아가고자 열망하는 것은 상민보다 양반 계층이 더 심했던 것 같다. 그 단적인 예로 조선으로 돌아가는 배를 탄 정희득 일행을 들 수 있다. 이들은 정희득의 가족(정경득, 정정, 정응), 유오, 주현남, 정증, 유여굉 형제, 정호인 형제 모두 12명이다. 이들 가운데 상민은 단 1명도 끼어 있지 않았다.

26 정희득, 앞의 책, p.254.

돌아가더라도 생활의 기반이 있는 양반들은 당연한 처사일지 모르지만, 그렇지 못한 일반 상민들은 사정이 다르다. 앞에서 본 "모두 왜졸의 하인, 새로 간 자는 거리에서 부르짖어 떼를 이루었고, 오래된 자는 왜인으로 변해서 돌아갈 심산조차 이미 없어져 버렸다."[27]라는 내용에서와 같이 처음에는 고향을 그리워하며 고달픈 하인생활로 시작하지만, 일본 생활에 익숙해지고 생활의 기반이 다져지면 고국으로 돌아가지 않으려고 했다. 귀국에 있어서도 생활의 기반과 신분계층이 중요 요인으로 작용하고 있음을 알 수 있다.

그에 비해 일본 측에는 조선인포로에 관한 사료가 풍부한 편이 아니다. 이들이 사료에 기재되는 것은 대략 두 가지 경우가 있었다. 전투요원(병사)으로서 전쟁을 수행하다가 포로가 된 경우와 그것과 관계없는 비전투요원이 그것이다. 물론 구분이 안 되는 경우도 있다. 1815년 문헌인 『아파지阿波志』의 「한인묘韓人墓」라는 항목에 "임진년 조선 전쟁 때 잡은 3명의 한인을 니키 마타고로仁木又五郎에게 주었는데, 이들이 죽어서 장례를 치른 것(文禄中朝鮮之役獲韓人三人賜之仁木又五郎死葬于此)"[28]이라는 기록에서 보듯이 임란 때 잡아간 한인 3명은 전투요원인지 아닌지 구분하기 힘들다. 그리고 아난 시阿南市 아라다노 정新野町의 신궁사神宮寺에도 조선포로들의 무덤이 있다 하고, 또 『아담연표비록阿淡年表秘錄』 "가다야마 한베片山半兵衛가 포로 1명과 더불어 철포 2정을 획득했다."[29]라고 한 조선인들도 병사 혹은 민간인이었는지 자세히 알 길이 없다.

27 정희득, 앞의 책, p.295.
28 「勝浦郡」, 「塚墓」, 『阿波志』 卷10
29 內藤雋輔, 앞의 책, p.755.

그러나 다음과 같은 사람들은 조선의 병사들임에 틀림없다. 『아주기담잡화阿州奇談雜話』(권2)에 "하치스가의 수군 대장이었던 모리 진고베森甚五兵衛(=森志摩守)가 조선의 병사를 잡아와 자신의 가신으로 삼았다"[30]는 것처럼 자신들이 잡은 조선병사는 부하로 삼았다. 이러한 예는 「미마여칠랑가성립서美馬與七郎家成立書」에도 보인다. 그 예로 목수였던 미마스카베이美馬助兵衛의 아들인 미마요시치美馬與七가 임란 때 조선으로 출병했다가 귀국 시 데리고 간 2명의 포로를 자신이 부하로 삼아 자신이 마을에 살게 했다는 기록이 있다.[31] 이처럼 하급 병사들은 그들을 잡은 무사들의 부하가 되기도 했다.

그에 비해 장수급은 포로로 잡혀 일본에 가서도 무사로 변신하는 경우가 있었다. 그러한 예가 『목촌총판가가계도병성립서木村惣八家系圖八成立書』에 보이는데, 그 내용을 소개하면 다음과 같다.

원조 영순은 삼한 충주의 성주이며, 히데요시 공秀吉公이 삼한에서 개선하였을 때 포로가 되어왔다. 그 후 도쿠시마에 거주하며 준덕원俊德院이 기무라 소이치우에몬木村惣市右衛門이라고 하였으며, 그의 3남인 가지베加次兵衛는 흥원원興源院 때에 사무라이가 되어 3인 부지, 봉록 8석을 하사했다. 그리고 에도로 왕래한 때도 동행케 하였으며, 집도 제공받았다. 그리고 그는 1664(寬文4) 6월 9일에 병사를 했다.[32]

여기에서 보듯 기무라 소이치우에몬은 포로가 되기 전에는 충주의

30 內藤寯輔, 앞의 책, p.754.
31 內藤寯輔, 앞의 책, p.755.
32 內藤寯輔, 앞의 책, pp.754-755.

성주였다. 여기서 말하는 성주란 구체적으로 어떤 지위를 말하는 것인지 알 수는 없으나, 상당한 고위직을 가리키는 말임에는 틀림없다. 그의 아들 가지베가 3인 부지와 봉록, 집을 받는 무사가 되었듯이 그도 다른 포로들과는 달리 무사에 상응하는 대우를 받았을 것으로 추정된다. 더군다나 왜군에게 항복한 자는 더욱더 그러했다. 그러한 예가 『아담연표비록阿淡年表秘錄』에 있다. 그것에 의하면 "1593년(文祿2) 진주성을 함락할 때 조선인 고신高信이라는 자가 항복하여 왔다. 그리하여 포로로 잡아두었다가 귀국할 때 데리고 와서 측근에 두었다. 그리고 그의 아들 오니하루 우에몬노부마사鬼治右衛門信正에게 5인 부지를 내렸다."[33]라고 되어 있다. 이처럼 전쟁에서 포로가 되거나 항복한 무장들이 일본에서 무사 대우를 받는 경우가 있었다.

한편 왜군에게 협력한 조선인 병사들도 있었다. 이들도 일본에서 무사 대우를 받았음은 두 말할 나위가 없다. 도쿠시마 시의 남쪽 오하라 정大原町에 가고籠라는 마을이 있다. 일찍이 언론인 김승한은 이 마을을 지역의 영주 하치스가가 강제로 수많은 볼모 등을 정주시킨 곳이라고 그의 저서를 통해 소개한 바가 있다.[34] 그는 어떠한 조선인 포로들이 있었는지 밝히지 않았으나, 그에 대한 흔적을 지역문헌에서 찾을 수 있다. 먼저 『아파번가계도병성립서阿波藩家系圖幷成立書』에 의하면 "문록 2년 조선에 귀국할 때 조선인 2명을 포로로 잡아왔다. 서운원瑞雲院이 이들을 도쿠시마에 살게 하였는데, 그들이 지금 가고가와구치籠川口의 어번인御番人을 하고 있는 오바마 와나이小濱和內와 오쿠야마 요우에몬奧山要右衛門의 시조이다."라고 기술하고 있다. 즉, 이곳에 조선인 포로 2명이

33 內藤寯輔, 앞의 책, p.755에서 재인용.
34 김승한, 앞의 책, 1979, p.248.

살았는데, 그들이 오바마과 오쿠야마 가문의 시조라는 것이다.

이것을 뒷받침하듯이 『아파연표비록阿波年表秘錄』에도 "향사 마고우에 몬孫右衛門이 조선인 2명을 생포하여 이들 모두 데리고 왔다. 그들이 지금 가고구치籠口의 어번인御番人 오바마씨와 오쿠야마씨의 시조이다. 그후 마고베이가 죽고 적자인 후지 자에몬나오무네藤左衛門直宗가 나이가 어려 봉록 500석 중 300석 정도를 내렸다."라고 되어 있다. 이처럼 이상의 두 문헌에서 확인되듯이 이곳 가고 마을에는 두 명의 조선포로가 있었으며, 그들의 후예가 오바마와 오쿠야마씨 임을 알 수 있다.

그런데 이들은 어떠한 상황에서 왜군들에게 연행된 것일까? 이는 지역 문헌인 『봉수하가가신성립서蜂須賀家家臣成立書』에 보다 자세하게 나와 있다. 그것에 의하면 조선에 출병한 하치스가 이에마사가 어느 지역에서 전쟁을 수행하고 있을 때 심한 비바람을 만나 5일간 그곳에서 머물며 진퇴양난의 상황에 처해 있었다. 그때 카한성의 성주가 수척의 배로 이에마사를 안내하여 후견성厚見城을 점령하는 데 큰 공을 세웠다. 그 후 귀국할 때 성주의 부부를 데리고 왔으며, 오바마 요쿠로小濱與九郎라는 이름을 하사하고, 자신이 착용하고 있던 의상 한 벌을 하사하려고 하였다. 그러자 그들은 이를 거절하면서 자신의 자손들이 원하면 무사 대접을 해달라고 부탁했다. 이에 이에마사는 그 사실을 기록으로 남겨두겠다고 약속하고, 그를 자신의 성에서 근무하도록 했다. 그 후 그는 이에마사로부터 황무지를 개간하라는 명을 받고 오하라우라大原浦의 가고 지역에 가서 개척하였고, 또 매월 3번씩 성으로 가서 인사를 올렸고, 그때마다 요리가 제공되는 특별 대우를 받았다. 그는 장수하여 이에마사의 손자인 하치스가 다다데루蜂須賀忠英(1611~1652) 대까지 살다가 98세의 나이로 일기를 마쳤다. 그 후 그의 자손은 가고의 번소에 근무하

게 되었다.[35]

이와 같이 보았을 때 이곳에 처음으로 산 사람은 오바마의 시조 부부와 오쿠야마의 시조 모두 3명이었다. 이들은 위의 내용만으로 본다면 포로가 아니며 그와 반대로 왜군의 협력자일지도 모른다. 번소란 하구에 출입하는 배를 점검하고 통행세를 징수하는 일종의 검문소와 같은 관청이다. 조선인의 후예 오바마와 오쿠야마 두 집안 사람들은 이곳에서 무사로서 근무하였던 것이다.

지금도 이들의 묘역에는 자신의 뿌리를 밝힌 묘비를 찾아볼 수가 있다. 그중 한 예로 "高麗キャハン城主, 山田應天國千天王末孫, 奧山要右衛門妻, 奧山與五郎母, 行年86歲, 俗名奈加"라는 것이 있고, 또 8대의 묘비에는 "8代目高氏, 俗名與五郎"이라고 새겨진 것이 있다.[36] 여기에 적힌 내용을 그대로 읽으면 그들의 시조는 고려 캬한성주이자, 산전응천국 천천왕의 후손이며, 또 실제의 성은 고씨高氏이다.

여기서 말하는 캬한 성이 어디이며, 또 산전응천국은 어디를 가리키는 것인지 정확히 알 수는 없지만 1592년 이에마사가 이끈 아와군은 부산상륙 후 웅천함락 충주를 거쳐 창원에 주둔하고 있었던 점을 참고하면 캬한은 창원이며, 산전은 산청이며, 응천국은 웅천熊川을 가리키는 말일 가능성이 있다. 물론 그의 신분이 조선의 성주였다는 것은 가계를 윤색하는 방법 중의 하나일 것이다. 여하튼 이상의 예들은 왜군에 협력한 조선의 장수와 병졸들은 일본에서도 무사의 지위를 누리는 경우가 많았음을 보여 주는 것이라 하겠다.

---

35 內藤寯輔, 앞의 책, p.753.
36 內藤寯輔, 앞의 책, pp.749~751.

한편 『아담연표비록』에 구라치 요시히사倉知由久가 "관녀 1인, 몸종 1
인의 목숨을 구하여 데리고 와서 부하에게 주었다."[37]라고 기록하고 있
다. 여기서 말하는 관녀란 궁녀, 관기, 의녀, 또는 관리의 딸인지 알 수
없으나, 여인들도 납치하여 연행해간 경우도 있었다. 이러한 경우 일본
사무라이와 결혼하는 사례가 많았다.

도쿠시마 뉴타 정入田町 곤지金治라
는 곳에 관정시觀正寺라는 불교 사찰
이 있다. 이 사찰의 묘역에 조선 여인
의 무덤 1기가 있다. 그녀의 묘비에
는 "1666년(寬文6) 8月 27日, 청월묘
천대자, 원조무시손조실, 고려관녀야
(淸月妙泉大姉, 元祖武市孫助室 高
麗館女也)"라고 새겨져 있다. 즉, 그
녀는 조선에 있었을 때의 신분은 관
녀였으며, 왜군에 의해 납치되어 일

관정사의 고려관녀 묘비

본으로 가서는 다케이치 마고스케武市孫助의 측실이 되었으며, 사망한
후에는 사찰에서 '청월묘천대자'라는 법명을 받았다. 나이토 슌보에 의
하면 그녀의 남편인 다케이치 마고스케는 1594년(文祿3) 하치스카 이
에마사의 군대에 소속되어 조선으로 출병하였으며, 귀국할 때 13, 14세
의 소녀를 데리고 와서 아내로 삼았으며, 그녀는 1666년 85세의 나이로
세상을 떠났는데,[38] 그 무덤이 이 절에 있다는 것이다.

사실 그녀의 존재가 세간에 알려지게 된 것은 1961년 이후이다. 당시

---

37 內藤雋輔, 앞의 책, p.755.
38 內藤雋輔, 앞의 책, p.754.

지역신문인 도쿠시마신문德島新聞의 기사에 의하면 새로운 사실이 적혀 있다. 즉 "이 절(觀正寺)의 『과거장過去帳』에 의하면 그녀의 남편인 다케이치 마고스케는 아와번의 사무라이이자 뉴타 지방의 향사鄕士였으며, 또 『봉수하연암공전蜂須賀蓮庵公傳』에는 1594년 조선 출병 때 조선 여인 2명을 연행하여 왔다. 그중 한 명은 일본사회로부터 받은 차별에 참지 못하고 연못에 뛰어들어 자살하였으며, 다른 한 명은 마고스케의 아내가 되어 이름을 오후쿠ぉ福라는 일본 명을 사용하였다."라고 한다. 다시 말하여 다케이치가 연행해 온 조선 여인은 2명이 있었으며, 그중 한 명이 마고스케의 아내가 되었다는 것이다. 일본이름을 오후쿠라 한 조선 여인은 85세까지 장수하여 생애를 마감했다. 그녀의 비문에는 「청월묘천대자」라는 법명과 함께 고려관녀였다는 조선의 신분도 함께 새겨졌다. 관녀란 일반 여성과는 다른 높은 지위의 여성을 나타내는 말임이 분명하다.

일본 무장의 측실이 된 조선 여인은 또 있었다. 도쿠시마 현 북동부에 위치한 요시노가와 시吉野川市 가와시마 정川島町의 시로야마城山에 있는 조선녀朝鮮女이다. 이에 대해 국내에 처음으로 소개한 사람은 언론인 권태명이었다. 그는 이곳을 방문하여 2000년에 새로 세운 오륜탑 형식의 조선 여인 묘지를 확인하고, 그녀는 임진왜란 때 참전했던 이곳 성주 가와시마 고레타다川島惟忠가 귀국할 때 데리고 온 여인이라고 했다.[39] 그러나 고레타다는 1579년(天正7)에 와키 성脇城 전투에서 전사했다. 그러므로 임란 때 조선으로 간다는 것은 불가능하다. 그녀를 데리고 간 사람은 고레타다가 아니라 하야시 요시카쓰林能勝(=林五郎兵衛: 1534~

39 권태명, 『한민족이 주도한 고대 일본문화』(시대정신, 2012), p.388.

1616)였다.

요시카쓰는 하야시 도칸林道感으로
도 불리운 인물로 하치스가로부터
봉록 5540석을 받는 가로급家老級 부
하로서 하치스가 이에마사가 조선으
로 출병할 때 함께했다. 귀국 시 그
는 조선인 여성 한 명을 납치하여 데
리고 가 측실로 삼았는데, 그 여인이
바로 이 여인이다. 불행히도 그녀는
병을 얻어 일찍 죽고 말았다. 이러한
사정을 안 지역민들이 1926년(大正
15)에 그녀의 남편이 거주했던 성안

시로야마의 조선녀 묘비

공원에 "조선녀"라고 새겨진 조그마한 묘비를 건립했다. 그리고 지역의
시인인 시노하라 마사이치篠原雅一가 "碧海千里空異國寒月澄淚難止, 哀
愁幾歲偲故鄕安歸依一詩獻"라는 내용의 한시를 지어 바쳤다. 그리고
지역민은 2000년에 다시 새로운 묘지를 조성하고 "여인의 고국을 사모
한 절절함을 기리고 명복을 빈다."라는 내용의 비석을 세웠다. 이처럼
당시 주민들이 이름도 성도 모르는 그녀를 위해 무엇 때문에 묘비를
세웠는지 그 이유가 분명치 않다. 아마도 지역전승에 낯선 이국땅에
끌려와 병이 들어 죽은 불쌍한 조선녀에 관한 이야기가 전해졌는지 모
른다.

## 4. 고치의 조선포로

고치의 영주 조소카베 모토치카長宗我部元親(1539~1599)는 후쿠시마 마사노리福島正則(1561~1624), 하치스가 이에마사와 함께 제5번대에 편성이 되어 조선으로 출병했다. 제5번대의 병사 2만 5천 명 중 3천여 명이 조소카베가 파견한 인원이다. 특히 조소카베 군대는 사천성泗川城과 웅천성 전투에서 활약했다.

이들은 다른 지역의 군대와 마찬가지로 조선에서 전쟁을 수행하면서 많은 포로들을 잡아 본국으로 송환했고, 또 귀국할 때는 380여 명의 조선인들을 잡아갔다고 전해진다. 지금도 조선포로들이 살던 곳으로 당인정唐人町, 도진야시키唐人屋敷라는 지명이 남아 있으며, 또 이들이 농사를 지었던 곳이 도진바다케唐人畑라는 이름으로 남아 있다.

이들에 관한 기록과 전승은 그다지 많은 편이 아니나 국내 측 기록에는 노인魯認이 있고, 일본측 기록에는 조선인 의사 경동經東과 조선국녀가 엿보인다. 노인은 조국으로 돌아온 자이지만, 경동과 조선국녀는 돌아오지 못한 자들이었다.

노인(1566~1622)의 본관은 함평이며, 나주의 선비이다. 그는 1582년 진사과에 합격하고 관직에 올랐으며, 임란 때 의병을 모집하여 권율의 휘하에 들어가 전공을 세웠으며, 1597년 남원성이 함락될 때 왜군의 포로가 되어 일본에 억류생활을 하다가 중국으로 탈출하여 1600년에 고국으로 귀환한 자이다. 그는 자신이 포로생활에서 경험한 것을 저서로 남기고 있는데, 그것이 『금계일기』와 『금계집』이다. 금계는 그의 호이다.

이 중 『금계집』에 의하면 그는 순천 방납호에서 왜군에게 결박되어 일본의 지쿠젠筑前, 후젠豊前의 나카쓰中津를 거쳐 이예伊豫의 아케나浮穴

에 억류되었다가 도사에 잠시 머무른 후에 오늘날 가고시마인 사쓰마薩摩로 가서 중국으로 가는 배를 타고 탈출하였다. 그런데 우리의 눈길을 끄는 것 중 하나는 그가 도사에 머물고 있을 때 도쿠시마의 정희득과 편지를 몇 차례나 주고받았다는 점이다. 정희득의 『해상록』에 의하면 무술년 9월 9일의 일기에 "어떤 왜인이 전하는 말에 노인이 도사土佐州에 산다 하기에 그 왜인의 편에 편지를 한 통을 부쳤더니 뒤에 그 답을 보았었다."[40]라고 적혀 있는 것이다. 그때 노인과 정희득이 서로 주고 받았던 시문이 『해상록』에 남아 있는데 그것을 소개하면 다음과 같다.

노인은 "호접은 황홀하여 참이 아니라 말하지 말라, 너 아니면 어떻게 내 어버이 뵈울 수 있으리, 밤마다 물결 넘어 고국으로 돌아가노니, 어창에 찾아온 졸음 못내 사랑하노라"라는 시를 정희득에게 보냈다. 밤마다 꾸는 꿈을 통하여 자신이 나비가 되어 바다를 건너 고국으로 돌아간다고 했다. 그러므로 그에게 꿈은 귀국과 연결되어 있는 수단이기 때문에 찾아오는 졸음을 사랑하지 않을 수 없다는 것이다. 마치 장자의 나비 이야기를 연상케 하는 내용이다.

이에 정희득은 "봉함을 뜯으매 마치 친구 얼굴 보는 것 같은데, 두 늙은 어버이를 생이별한 그대가 오히려 부러워라, 다 함께 나그네 되어 서로 만나지 못하니, 그리운 마음 한밤의 꿈만 바쁘네"라고 화답을 했다. 정희득은 왜군에게 잡힐 때 모친, 형수, 아내, 누이 등 4명이 모두 정렬을 지키기 위해 바다에 몸을 던져 목숨을 거두었다. 그러므로 포로로 잡혀 있는 자신들의 처지는 고사하고, 양친이 살아 있다는 것만으로도 위로를 삼을 수 있다는 의사를 노인에게 보내며, 꿈을 통해서만 만날

40 정희득, 앞의 책, pp.253~254.

수 있는 현실성을 한탄하고 있는 것이다.

이에 또 노인은 "만 번 죽다가 살아남은 나그네, 타향에서 외로이 슬퍼하네, 어버이 생각에 피눈물 흘리며, 임금님 그리워 타는 간장, 입 연들 그 누가 말을 알며, 회포 적은들 누가 재주 사랑하리, 의의히 쓸쓸한 그림자 괴로운데, 바람과 별마저도 시름을 중매하네"라고 하며 고국을 그리워하며 도사에서 억류생활을 하고 있었던 것이다. 이처럼 양반지식 계층들은 억류생활을 하는 가운데서도 나름대로 네트워크를 형성하고 있었으며, 왜인들을 통하여 서로 소식을 주고받고 있었음을 알 수 있다.

경동은 고치에서는 전설적인 명의로 통한다. 그가 살았던 곳은 도사土佐라는 곳이었다. 이곳은 한국인들에게는 별로 알려지지 않은 곳이지만, 임진과 정유의 왜란 때부터 한국과 관계를 맺고 있었다. 왜냐하면 이 지역민들도 히데요시의 명으로 조선으로 출병한 관계로 이곳에서 심심찮게 임란과 관련된 이야기들이 오늘날까지 전해지고 있기 때문이다. 그 대표적인 예가 야마우치 시치로베山內七郞兵衛信秋의 아내 이야기와 조선의 명의 경동経東에 관한 이야기이다. 야마우치 시치로베는 이 지역의 구보가와시게구시久保川茂串의 성주였다. 그가 조선으로 파견되었을 때 결혼한 지 얼마 되지 않는 신혼이었는데, 웅천전투에서 그만 전사하고 말았다. 이에 실망한 그의 아내가 식음을 전폐하고 죽어버렸다는 것이다. 이처럼 이 지역은 임란과 관련된 슬픈 이야기가 오늘에 이르기까지 전해지고 있다.

이에 비해 조선인 경동은 1593년 임란 때 조소카베 모토치카에게 포로가 되어 도사에 정착한 자이다. 그에 관한 이야기가 『토좌물어土佐物語』에 자세히 나와 있다. 그것에 의하면 조선에 있을 때 그는 죽는 병도 고치고, 일어서지 못하는 사람도 일으키며 사람을 살리는 일이 많았다.

그러므로 모든 사람들은 그를 나라의 보배라고 하며 칭찬을 아끼지 않았다. 이러한 그였지만 도사에 정착한 후 1년 동안은 병을 고치지만 조금도 효과가 없고, 사람을 죽이는 일이 많았다. 그리하여 지역민들은 그를 두고 외국에도 저러한 엉터리 의사가 있다고 하며 남녀노소 가리지 않고 놀려댔다. 경동은 이를 크게 부끄럽게 여겼으며 또 근심에 빠져 잠시 칩거생활에 들어가 밤낮으로 고민을 했다. 그 결과 조선과 일본은 토양이 다르며, 또 인성도 다르다는 사실을 깨달았다. 그것을 감안하여 약을 지었는데, 한 번도 틀린 적이 없었다. 그러자 그의 명성은 다시 유명해졌다고 한다. 『토좌물어』는 그가 얼마나 유명한 명의였는지 증명이라도 하듯이 다음과 같은 3개의 에피소드를 소개하고 있다.

첫째는 임산부의 진맥에 관한 이야기이다. 하루는 이러한 일이 있었다. 어느 집에 초대되어 임산부를 진맥했다. 경동이 복맥을 짚고 말하기를 "이 아이는 사내아이인데, 3살 때 역병을 앓을 것이다. 지금 임산부가 약을 복용하면 그 때가 되어도 괜찮을 것이다."라고 하였다. 그러자 그녀의 남편이 이를 듣고 화를 내며 "옛날 편작扁鵲, 순우위淳宇意와 같은 신선들도 그러한 말을 하지 않았다. 하물며 오늘날의 의사가 그러한 의술을 가지고 있을 리가 없다."라고 하며 화를 내었다. 그리고 다른 사람들도 이에 동조하여 경동을 비웃으며, 욕을 했다.

그 일이 있고 난 후 이윽고 달이 차고 아이를 낳았는데, 과연 그의 예견대로 여인은 사내아이를 생산했다. 그리고 그 아이가 2살이 되던 여름부터 안색이 변하여 병색이 만연하더니 3살이 되던 봄부터 역병의 증세를 띠기 시작했다. 부모는 이에 크게 놀라고 경동을 찾아가 사정을 하며 약을 달라고 부탁했다. 그러자 경동은 "역병은 하늘이 내린 질병이다. 음양의 기운이 일으키기 때문에 치료하기가 쉽지 않다. 태중에 있었을 때 약을 복용하였더라면 깨끗이 나았을 것을 발병한 후에는 사람의 손길이 미치지 못한다." 하며 처방을 내리지 않았다. 그 후 아이는 얼마 있지 않아 죽었다.

둘째는 어느 소녀의 진맥 이야기이다. 5, 6살 된 어느 소녀가 왼쪽 발 뒷꿈치가 가려워 손톱으로 긁었더니 피부에서 작은 흰 돌이 나왔다. 이에 부모가 깜짝 놀라 경동을 찾아가 보였더니, 경동이 "앞으로 이같은 돌이 또 하나가 더 나올 것이다." 하였다. 그의 말대로 며칠 후 또 한 개의 돌이 나왔다. 그리하여 부모가 다시 경동을 찾아가 물었더니 "이 돌은 사람 몸 안에서 돌다가 어깨를 넘어가면 불치의 병이 된다. 그러나 이 돌이 밖으로 나왔다는 것은 장수할 징조이니 90살까지는 아무 탈 없이 살 것이다."라고 하였다. 과연 그의 말대로 그 아이는 일생동안 무병하였으며, 90살까지 살다가 죽었다고 한다.

셋째는 경동의 죽음에 관한 이야기이다. 이곳의 영주인 모토치카도 경동을 매우 신뢰했다. 그리하여 히데요시가 있는 교토로 갈 때는 반드시 그를 데리고 갔다. 그에 따라 그는 교토에 머무는 시간이 늘어났으며, 그곳에서도 그의 의료 활동은 계속되었던 것 같다. 『토좌물어』는 그 상황을 교토에는 의사가 없는 것 같다고 표현했다. 그의 의술은 교토에서도 각광을 받았던 것이다. 이에 질투를 느낀 교토의 의사들이 연회에 경동을 초청하여 음식에 독을 타서 먹였다. 경동이 그 음식을 먹었을 때 독이 들어 있다는 사실을 알아차리고 말하기를 "이 정도의 독이면 해독하는 것은 용이한 일이다. 그렇지만 지금 내가 죽지 않으면 다른 날 반드시 그대들의 번득이는 칼날에 죽을 것이다. 그리하여 오늘 이 독으로 내가 죽으마." 하고 말하고, 품속에서 1권의 서책을 내더니 "이것은 만민을 구하는 비전祕傳이다. 일본에 전해지는 것이 한이 남는다." 하며 불 속에 던져 넣어 태워버리고는 자신도 숨을 거두었다. 이를 두고 『토좌물어』는 화타가 옥중에서 1권의 책을 태워버리는 것을 연상 시킨다고 서술하고 있다.

이상에서 보듯이 조선 명의 경동에 관한 이야기는 상당한 부분에 걸 쳐 전설화되어 있음을 알 수 있다. 그러므로 그것을 모두 사실로 받아 들이기는 어렵다. 그러나 그러한 이야기가 오늘에 이르기까지 전해지고 있다는 것은 도사에서 자랑할 수 있는 명의있으며, 그의 명성이 아주 유명했음을 확인시켜 주는 자료로서 볼 수 있을 것이다.

경동은 불행히도 교토의 의사들에게 독살되었지만, 그의 의술은 그 이후에도 도사에 전해졌다. 그 장본인은 그의 제자 고가와 하루요粉川春 ょ었다. 기는 원래 기이紀伊의 분하사粉河寺의 승려였으나 모토치가의 빈 객이 되어 누노시다무라布師田村에 살았을 때 경동에게 의술을 배웠으며, 그것을 자손들에게 전하였던 것이다.[41] 이로 인하여 하루요의 7대손 고 가와 겐조粉川玄晁는 경동이 직접 쓴 의안医案을 가지고 있으며, 그 전문 이 『토좌기인전土佐崎人伝』에 소개되어 있다. 그리고 『고지현사고대중세 사료편高知県史古代中世史料編』에도 고가와 개인 소장의 경동에 관한 고문 서가 수록되어 있다. 이같이 경동은 포로가 되어 일본에서 활약하다가 독살당하는 불운한 삶을 살았지만, 그가 지닌 조선의 의술은 제자를 통 하여 일본에 뿌리를 내려 활용되었다.

조선국녀라고 불리우는 여인은 구로시오 정黑潮町에 있다. 이곳은 2006년 3월 오가다 정大方町과 사가 정佐賀町이 합병하여 생겨난 새로운 행정구 역이다. 그중 오가타 지역에 조선국녀의 무덤이 있다. 좀 더 정확히 말

41 內藤寯輔, 앞의 책, 1976, p.746.

하자면 한적한 국철의 가미가와구치上川口 역에서 내려 마을 쪽 아닌 산 쪽으로 난 굴다리를 통과하면 오다니小谷 가문의 묘역이 나오는데, 그곳에 조선국녀라고 새겨진 약 50센티 정도가 되는 높이의 자그마한 돌이 서 있는 것이다.

묘석의 앞면에는 "조선국녀朝鮮國女"라고 되어 있고, 우측면에는 천정연간天正年間(1573~1583)에 이곳에 왔다는 의미인 "천정연중래天正年中來"라고 되어 있으며, 좌측면에는 사망한 해를 모른다는 의미인 "졸년부지卒年不知"라고 새겨져 있다. 이 말 그대로라면 그녀는 조선국 출신의 여인으로서 천정연간에 이곳으로 와서 살다가 언제 사망하였는지 모른다는 것이다. 즉, 임란도 일어나기 전에 이 여인이 이곳으로 왔다는 것이다.

구로시오의 조선국녀 묘비

이 조선 여인은 무엇 때문에 이 시기에 일본으로 갔으며, 또 그곳에서 무엇을 하였을까? 여기에 한 가지 실마리를 제공해 주는 자료가 있다. 그것은 다름 아닌 19세기 초 문화연간文化年間에 출간된 『토좌향토지료土佐鄕土志料』이다. 그것에 의하면 이 지역의 토호인 오다니 요쥬로小谷與十郞가 임란 때 이 지역의 영주인 조소카베 모토치카의 휘하에 들어가 조선으로 출병하였으며, 귀국 때 한 명의 조선 여인을 데리고 왔다고 되어 있다.[42]

---

42 寺崎宗俊, 『肥前名護屋城の人々』(佐賀新聞社, 1993), p.213.

대부분의 지역 사료에서는 1명으로 표현하고 있지만,[43] 지역의 전승에 의하면 요쥬로가 연행한 여인은 처음에는 3명이었다고 한다. 한 명은 조선 국내에서 도망쳤고, 또 한 명은 일본으로 끌려오던 도중 배에서 뛰어내려 자살하였으며, 나머지 한 명이 바로 이곳에 묻혀 있는 조선국녀라는 것이다.

그녀는 용모도 단정하였을 뿐만 아니라 베를 짜는 기술을 가지고 있었다. 즉, 직녀였던 것이다. 그녀는 자신이 가지고 있던 기술을 마을 사람들에게 가르쳐 주었으며, 마음씨도 상냥하여 지역민들에게 존경을 받았다고 전해진다. 그녀가 전해 준 기술로 짠 베는 시골에서는 볼 수 없는 매우 세련된 것으로 흔히 '혼겐本絹의 쓰무기오리織'라 하였으며, 그 전통이 근대까지 이어졌다.

그녀는 결혼하지 않고 독신으로 생애를 마감했다. 사후 처음에는 가미가와구치 마을 계장사桂蔵寺의 오다니 가문의 묘역에 안장되었다. 묘비를 세운 것은 요쥬로의 4대손인 오다니 야스지小谷安次였다. 그는 의사로서 역사에 정통한 문인으로서 알려져 있다. 그러한 그가 그녀의 묘비에 '天正年中来'라고 새긴 것은 자신의 조상이 임란과 정유의 왜란 때 강제 연행해 온 뼈아픈 역사를 감추고자 했기 때문으로 추정된다. 그녀의 묘비가 현재 이곳에 있는 것은 계장사의 묘역이 도로공사로 인해 사라지게 되어 오다니가의 후손들이 이곳으로 옮겼기 때문이다.

이 묘비가 일반인들에게 알려진 것은 그다지 오래되지 않았다. 그것이 알려진 것은 80년대 초반 나카무라 시에 사는 오카무라씨가 지역신문인 고치신문高知新聞에 "어떤 조선인 여성의 표석"이라고 투고한 한 통

---

43 高知縣高等學校教育研究會歷史部會, 『高知縣の歷史散步』(山川出版社, 2006), p.252; 大方町史改訂編纂委員會, 『大方町史』(大方町, 1994), p.208.

의 편지 때문이었다. 그것은 망향의 한을 안고 이국땅에서 숨을 거둔 고독한 조선 여인의 영혼을 모국으로 돌려보내고 싶다는 내용이었다.

이것을 계기로 1981년 7월 재일조총련 고치 현 지부 그리고 전 오가다초장大方町長을 역임한 오노가와 준지小野川俊二 등 일본관계자들이 〈조선국녀의 묘를 지키는 회〉를 결성하고 방치해둔 묘역을 정비하고 이 여인의 내용이 담긴 비문을 새롭게 묘역에 세웠다. 비문은 당시 고치대학高知大學의 교수 세키다 히데사토關田英里 회장이 썼는데, 그는 이것을 통하여 비운의 조선 여성의 영혼을 위로하고 한일 양민족의 우호와 연대를 맹세한다고 했다.[44]

오노가와는 이 조선 여인을 주제로 「죽음보다 가혹하게 살다」라는 장편시를 발표했다. 그 내용의 마지막에는 "하늘은 어디까지 푸르고 높고, 태양은 어디까지나 붉게 빛나고, 조선국녀묘에 묻힌 영혼이여, 그대도 태양과 같이, 여기에 윤회의 굴레에 묶여, 사람들의 머리 위에 있도다."라고 하였다. 그 후 매년 가을 길일을 택하여 이 여인의 위령제를 지내고 가미가와구치 집회소上川口集会所 등에서 지역민들과 간담회를 가지며, 우호관계를 넓혀가고 있다고 한다.

고치의 조선인 포로들이 경동과 조선국녀만 있었던 것은 아닐 것이다. 아직도 알려지지 않은 조선인들이 많을 것이다. 그 예로 아키 시安藝市의 향토요리 도토리묵을 들 수 있는데, 이곳 지역민들은 이를 "가시키리" 또는 "가시 토후"라 하며 12월 중순에서 3월 중순까지 만들어 먹는다. 그리고 이를 마늘잎과 된장과 함께 곁들여 먹는다. 그렇게 해야 제맛이 난다고 지역민들은 전하고 있다. 일본에서는 좀처럼 먹지 않는 마

---

44 大方町史改訂編纂委員會, 『大方町史』(大方町, 1994), pp.208~209.

늘잎마저 곁들여 먹는 것에서 보듯이 이것은 이곳에 살던 조선인들이 전한 것이라 한다. 그리고 이것은 경작지가 적었던 산간지역에서 구황식품으로서 매우 중요한 역할을 했다고 한다. 아키의 도토리묵에서 보듯이 이름을 남기지 않은 임란포로들이 고치의 전역에 뿔뿔이 흩어져 살았을 것이다.

## 5. 맺음말

지금까지 살펴보았듯이 가가와, 도쿠시마, 고치 등지에도 조선인 임란포로들이 많이 존재했음을 알 수 있다. 그들은 전쟁에서 포로가 된 병사들이 아니라 남녀노소, 신분고하를 막론한 일반인들이 대부분이었다. 이들의 억류생활 가운데 몇 가지 특징을 지적하면 다음과 같다.

첫째는 사람들만이 아니라 문화재도 많았다는 사실이다. 특히 가가와 지역의 사찰들이 소장하고 있는 조선불화가 그것이다. 이들의 약탈물에는 비단 불화만 있었던 것은 아니다. 정희득의 기록에서 보는 것처럼 닭, 개, 말, 학, 거위, 기러기, 꿩 등 동물뿐만 아니라, 지도, 그림 등 다양한 종류의 것들이 있었다. 이를 통해 그들은 사람뿐만 아니라 희귀한 문화재들도 아낌없이 약탈하여 갔음을 알 수 있다.

둘째는 고국으로 돌아오고자 하는 욕망은 양반계층일수록 높다는 사실이다. 도쿠시마의 정희득의 예에서 보듯이 그들이 돌아오는 배에 탄 대부분이 양반들이었다는 점에서도 확인된다. 이는 고국의 사회경제 보장성 확보가 귀국에 대한 희구에 크게 작용한다는 것이다. 바꾸어 말하면 그에 대한 보장성이 희박하고, 더군다나 일인과 결혼하여 가정을 이루고 생활기반이 이미 일본에서 뿌리내린 사람들이 귀국한다는 것은 현실상 불가능한 일이었다.

셋째는 글을 할 줄 아는 선비계층들은 일본인을 매개로 타 지역과 서신 연락을 하고 있었다는 사실이다. 도쿠시마의 정희득과 도사의 노인이 서로 주고받은 서신의 예가 바로 그것이다. 이것은 미약한 상황이긴 하지만 그들 나름대로의 네트워크를 형성하고 있었으며, 상호 정보도 교환하고 있었을 것으로 추정되는 부분이다.

넷째는 문화의 전수자로서 역할을 다하고 있다는 점이다. 그러한 예로 경동은 의술을, 고치의 조선국녀는 직조기술을, 그리고 고치의 조선인들은 두부와 도토리묵의 제조법을 각기 전하였던 것들을 들 수 있다. 그 외에도 그들을 통해 자연스럽게 한국의 문화가 일본사회에 전해졌다. 다시 말해 전쟁을 통한 강제적인 인적교류가 문화의 전파에 크게 기여한 것이다.

다섯째는 이들의 인생에 동정하여 이들의 넋을 기리며 임란(전쟁)의 의미를 되새기고자 하는 일인들이 있다는 점도 빼놓을 수 없다. 특히 이러한 경우가 여성에게서 강하게 나타나는데 그 대표적인 예가 가가와의 오조에, 고조에, 고치의 조선국녀, 도쿠시마의 조선녀이다. 이들을 위해 지역민들은 비를 세우고, 안내판을 설치하고, 날을 정해 제의를 올리고 있다. 이러한 움직임들이 씨앗이 되어 한일 양국의 어두운 역사가 되풀이되지 않는 커다란 결실이 맺어지기를 바랄 뿐이다.

壬亂捕虜男

제13장

산인 지역의
임란전승과 임란포로

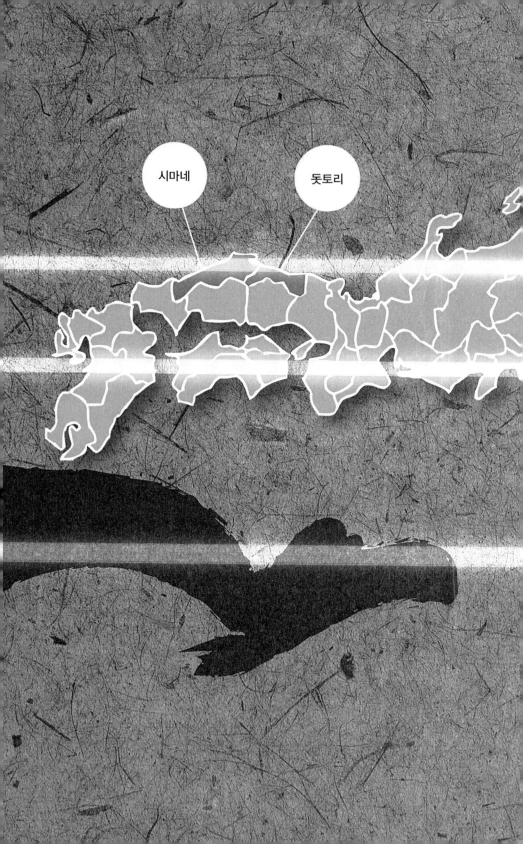

## 1. 머리말

산인山陰이란 원래 산의 북쪽을 나타내는 말로 중국에서 생겨난 말이었다. 이것을 활용하여 지역명으로 사용하는 경우가 한국과 일본에도 종종 있었다. 한국에서는 과거에 경남 산청 지역을 일컫기도 했고, 일본에서도 주로 서부 동해 지역을 일컫는 데 사용하기도 했다. 엄밀히 말하자면 그것에 대해 일본에서는 하나로 통일되어 있지 않고 지금까지 몇가지 정의[1]가 내려져 있다. 그러므로 사정에 따라 그 범위가 각각 달라지기도 하지만, 오늘날 일반적으로는 산인이라 할 때 과거의 행정구

---

1 첫째 교토 부京都府에서 시마네 현島根県에 이르는 동해 지역, 둘째 첫째의 범위에 단바丹波·단고丹後·타지마但馬를 포함한 지역, 셋째 이를 더욱 확대하여 후쿠이 현福井県의 영남 지역을 포함한 지역. 이것은 주로 '산인형 기후지역'이라 하여 기상학에서 많이 사용, 넷째 교토부의 북부에서 야마구치 현山口県의 북부까지 포함한 지역을 말하기도 한다.

역이었던 이나바因幡, 호키伯耆, 이즈모出雲, 이와미石見, 오키隱岐의 5개 지역을 통틀어 일컫는 용어로 사용하고 있다. 오늘날 이곳들은 돗토리 현鳥取県과 시마네 현島根県이라는 행정구역으로 정리되어 있다. 이 지역의 공통점은 우리의 동해를 마주보고 있다는 점이다.

우리가 이 지역에 관심을 가지는 이유 중의 하나는 임란 당시 이 지역을 지배했던 봉건영주들이 히데요시의 명을 받아 군사를 거느리고 조선으로 출병했다는 사실이다. 가령 『대합기太閤記』(권13)의 「조선국어진발지인수장朝鮮國御進發之人數帳」에 의하면 이나바에서는 미야베 게이준宮部繼潤(1528~1599)이 1천 명, 기노시타 시게가타木下重賢가 850명, 가키야 신고로垣屋新五郎가 400명, 가메이 고레노리龜井玆矩(1557~1612)가 1천 명, 호키에서는 난죠 모토타다南條元忠(?~1614)[2]의 숙부인 난죠 모토하루南條左衛門元清가 1천5백 명, 그리고 호키, 이즈모, 오키 3곳의 영주이며, 야스키安来의 도미다 성주富田城主인 깃카와 히로이에吉川広家(1561~1625)는 5천 명의 병사를 거느리고 조선으로 출병했다. 그리고 쓰와노의 성주 요시미 모토요리吉見元頼(1574~1694)[3]도 이들과 함께 출병하여 모리 테루모토毛利輝元(1553~1625)의 휘하에 들어가 전쟁을 수행했다.[4] 그러므로 이 지역들은 임란과 밀접한 관련이 있는 지역이기도 하다. 따라서 이 지역에는 당연히 임란에 대한 기억들이 많이 남아 있을 것이다.

2 1591년(天正19) 부친 모토쓰구元續의 사후, 그 뒤를 이어 伯耆羽衣石城主가 되었다. 임란 때는 나이가 너무 어려 그를 대신하여 숙부인 모토하루가 출병한 것이다.
3 広頼의 嫡男, 18세 때 병약한 부친을 대신하여 조선 출병을 했고, 1594년 5월 중순에 쓰와노로 돌아왔으나, 유행병이 걸려 같은 해 6월 12일에 향년 21세로 사망했다. 일부에서는 조선에서 사망했다는 설이 제기되기도 한다. 그의 묘는 쓰와노津和野의 永明寺에 있었으나 가메이씨龜井氏의 시대가 되어 행방불명이 되었다.
4 內藤正中, 『山陰の日朝関係史』(報光社, 1993), pp.114~115.

여기에 일찍이 착안한 일본의 역사가 나이토 슌보內藤儁輔는 70년대 돗토리 지역에 한정하여 임란이 민간에 가져다 준 피해와 임란포로에 관한 사례를 간략하게 소개한 바가 있다.[5] 그 이후 이렇다 할 연구가 진행되고 있지 않고 있다. 필자는 나이토의 연구를 좀 더 심도 있게 진행시킬 필요가 있다고 본다. 왜냐하면 지금까지 임란포로에 관한 많은 연구 성과들 중에서 이 지역에 관한 것이 거의 보고된 바가 없기 때문이다. 이에 본 장에서는 범위를 산인의 전 지역으로 확대하고, 현장조사를 통하여 얻어진 지역의 전승과 사료들을 종합하여 이 지역의 임란 전승과 포로에 대해 종합적으로 살펴보고자 하는 것이다.


## 2. 민간전승에 나타난 임진왜란

민간전승은 기본적으로 서민들의 이야기이다. 그러므로 지배자가 바라보는 세계관과는 판이하게 다르다. 만일 그 속에 임란에 관한 것이 있다면 그것은 일반 백성들이 임란을 어떻게 수용하고 있는지를 알 수 있는 중요한 단서라 하지 않을 수 없다. 전승의 수단이 대부분 구비이기 때문에 세월이 흐름에 따라 급속하게 없어질 가능성이 있음에도 불구하고 오늘날에도 그 흔적이 어렴풋하게나마 남아 있었다. 그 내용들을 주제별로 살펴보면 다음과 같다.

첫째는 승전을 위한 기도의 이야기이다. 미지의 땅인 외국으로 나가서 전쟁을 수행한다는 것은 자신의 생명과도 직결된 것이기 때문에 아

---

5 內藤儁輔, 『文祿 慶長役における被擄人の研究』(東京大出版会, 1976), pp.770~771.

무래도 심적인 부담이 클 수밖에 없다. 그에 따라 출발하기 전에 절과 신사를 찾아 부처와 신에게 의지하여 승전의 기도를 올리는 것은 어쩌면 인지상정이라 할 수 있을 것이다.

이러한 전승이 이즈모 시出雲市의 나가하마 신사長浜神社에서 전해지고 있다. 이 신사는 이즈모 반도의 히노미사키日御碕와 이즈모대사出雲大社에서 얼마 떨어지지 않은 곳에 위치해 있는데, 이곳이 승전의 기도처로 된 이유는 제신祭神이 좁은 땅을 넓히기 위해 신라에서 땅을 끌어갔다는 신화의 주인공인 야쓰카미즈오미쓰노八束水臣津野命이기 때문이다. 타 지역의 국토를 끌어와서 본토에 붙였다는 것은 다르게 표현하면 영토 확장을 의미한다.

우리나라를 침범한 도요토미 히데요시豊臣秀吉 재는 이러한 우수에 대해 보다 적극적으로 해석했던 것 같다. 이 신사의 전승에 의하면 이곳은 히데요시가 조선으로 군사를 파견하기 전에 이곳에 들러 백일기도한 곳이라 한다. 그의 영향이 컸었는지 조선 침략의 왜장인 가토 기요마사加藤清正(1562~1611)와 가다기리 가쓰모토片桐且元(1556~1615), 후쿠시마 마사노리福島正則(1561~1624) 등도 이 신사를 참배하였으며, 그때 이들이 활을 걸었다고 하는 소나무가 아직도 경내에 서 있다.

또 이러한 전승이 있다. 히데요시가 조선에 군사를 내었을 때 연전연승하였기 때문에 기쁜 나머지 이 신사에 오동나무의 문양을 은상으로 내렸다는 것이다. 그때부터 이 신사의 신은 국토확장의 신이 아닌 "무도武道의 신"이 되었다. 그리고 오늘날에는 이것이 더욱 발전되어 승부에서 이기는 신으로 숭상되어 스포츠 경기를 앞두고 많은 사람들이 이곳을 찾아서 승리를 기원한다고 한다. 다시 말하여 시합에서 이기는 승리의 신으로 변질되어 있는 것이다.

둘째는 정벌의 이야기이다. 오키隱岐는 임란과 크게 관계가 없는 지역이다. 이곳 사람들은 히데요시의 명령을 받아 조선으로 출병한 적이 없으며, 또 당시 일본군도 오키를 경유하지 않고, 규슈를 통하여 조선으로 갔다. 그럼에도 오키에는 임란 관련 전승이 있는데, 그 대표적인 예가 가토 기요마사加藤淸正(1562~1611)의 이야기이다. 기요마사는 규슈 구마모토의 영주이므로 엄격하게 말한다면 오키와는 전혀 무관한 사람이다. 그러한 인물에 관한 이야기가 오키에서는 전해지고 있는 것이다. 이를 간략히 정리하여 소개하면 다음과 같다.

어느 날 가토 기요마사가 조선의 도깨비鬼를 정벌하러 길을 떠났다. 날이 저물어 어느 마을 어느 집에 들어가 하룻밤 머물러 가기를 청하였다. 그 집에는 노파가 살았는데, "먹을 것이 없어 곤란하다."라며 거절하였다. 이에 기요마사는 "먹을 것이 없어도 상관없다. 당신이 먹는 것이면 충분하다. 신경쓰지 말라."라고 말하자, 노파는 겨우 방을 빌려 주었다. 그리고는 노파가 "이 불을 때고 있거라. 그러면 나는 밤을 주워서 오겠다. 그리고 이 방은 절대로 열어 보아서는 안 된다."라고 말하고는 바깥으로 나갔다. 그러나 기요마사는 노파의 말을 어기고 금지된 방을 열어보고 말았다. 그랬더니 그 속에서는 긴토키金時[6]가 어느 누구와 씨름을 하고 있

---

6 긴토키란 사카다 긴토키坂田金時(=公時)의 어릴 때 이름. 긴타로金太郎라고도 한다. 그의 출생설화에는 몇가지 설이 있다. 하나는 야에기리八重桐와 궁중의 관리 사카다 구란도坂田蔵人의 사이에서 태어났다는 설, 둘은 모친이 야만바山姥와 뇌신雷神의 사이에서 태어났다는 설, 셋은 金時山의 정상에서 적룡赤龍이 야에기리와 결합하여 낳은 아이라는 설 등이 있다. 이처럼 역사적인 실제했다기 보다는 전설상의 인물로 보는 것이 타당할 것이다. 아무튼 전승상으로는 그가 성인이 된 후 渡辺綱, 卜部季武, 碓井貞光와 함께 源頼光의 부하가 되어 990년에는 丹波의 大江山에 사는 酒呑童子를 퇴치에 공헌을 세웠고, 1012년 규슈 정벌을 위해 쓰쿠시築紫로 향하던 도중 무거운 열병이 들어 향년 55세로 사망한 것으로 알려져 있다. 특히 일반서민들에게는 어릴 때 그가 足柄山에서 곰과 씨름하는 이야기는 유명하며, 또 그의 이미지는 복부는 적색 피부를 가졌고, 큰도끼를 들고 곰의 등을 타는

었다. 노파가 돌아오자 사실을 말하고 씨름을 하고 있는 두 사람을 빌려 달라고 애원을 했다. 노파가 이를 허락하자 3명이 함께 도깨비를 정벌하러 갔다. 대장 도깨비가 있는 곳에 가기 위해서는 큰 강을 건너야 했다. 긴토키가 큰 나무를 뿌리 채 뽑아서 다리를 놓고 강을 건넜더니 대장 도깨비가 집어 삼키려는 태도를 취하고 있었다. 이에 놀란 3명은 제발 그러지 말고 술을 마시며 하룻밤을 머물게 해달라고 부탁했다. 그러자 도깨비는 이를 받아들였고, 부하 30명에게 큰 돌로 만든 대야로 물을 길러오게 하여 3명의 발을 씻게 하였다. 긴토키는 한 손으로 그것을 뒤집어 버린다. 그리고 도깨비들에게 독을 태운 술을 마시게 하고, 자신들은 타지 않은 술을 마셨다. 그러자 도깨비는 술을 듬뿍 마시고는 취해 골아 떨어졌다. 이때 3명은 힘을 합쳐서 도깨비의 목을 베었다.[7]

이상에서 보듯이 위의 설화는 '보지말라'는 금기설화와 긴토키의 씨름 이야기, 모모타로桃太郎의 도깨비 정벌담이라는 3가지 요소가 모두 들어가 있는 복합적인 형태를 취하고 있다. 이야기 전체의 줄거리는 가토 기요마사가 긴토키와 씨름꾼과 함께 조선으로 건너가 도깨비를 물리쳤다는 것이다. 이것은 일본 전래 민담 가운데 도깨비 정벌하러 길 떠난 모모타로가 도중에서 개, 꿩, 원숭이를 만나 부하로 삼고 그들을 데리고 도깨비의 나라로 쳐들어가는 이야기와 너무나도 닮아 있는 것이다. 다시 말하여 모모타로를 기요마사로 대체해 놓은 것에 지나지 않는다. 이것이야말로 모모타로의 오키판이었던 것이다. 이처럼 조선은 인

아이의 모습이 강해 자주 5월 인형의 모델이 되곤 한다. 시즈오카 현에는 그를 모신 긴토키 신사金時神社가 있다.
7 鄕土部報, 『島前の傳承』(島根縣立隱岐島前高等學校, 1976), pp.5~8.

간이 아닌 도깨비의 나라로 인식되어져 있는 경우도 있다. 어쩌면 전쟁에 동원된 일본의 백성들은 왜 전쟁을 해야 하고, 또 조선이 어떤 나라인지 몰랐으며, 막연히 도깨비와 같은 이상한 나라로 인식되었을 가능성도 없지 않은 것이다.

셋째는 무용담과 실패담이다. 시가노鹿野 성주 가메이 고레노리龜井玆矩는 1592년 11월 21일 부산 인근 기장성을 점령하고 어느 날 사냥을 나갔을 때 큰 호랑이를 만나 조총 2발로 사살하여 이를 히데요시에게 보냈다. 히데요시는 이같이 큰 호랑이는 처음 보았다 하며 당시 천황인 고요세이後陽成(1571~1617)에게도 보내어 보게 했다.[8] 그리고 나서 그것을 수레에 실어서 교토 시내를 한 바퀴 도는 퍼레이드를 벌였다. 다시 말하여 왜장들에게 사살된 조선의 호랑이는 승전고를 알리는 중요한 증거품이었던 것이다. 그뿐만 아니었다. 왜장들의 무용담을 꾸며주는 중요한 역할을 했다. 사실 조선의 호랑이를 사냥한 이야기는 비단 가메이뿐만 아니었다. 사쓰마 번薩摩藩, 이요 번伊予藩, 구마모토 번熊本藩의 영주 및 사무라이들도 모두 호랑이 사냥을 벌였다. 산인의 영주 깃카와 히로이에吉川広家(1561~1625)도 호랑이 사냥을 했다. 그는 1594년 겨울 호랑이 사냥을 하여 히데요시에게 바쳤다. 이에 히데요시는 정원에 내려와 호랑이를 보고 매우 기뻐했다고 한다. 그리고 같은 해 12월 25일에는 자신의 양생을 위해 소금에 절인 호랑이 고기를 보내라는 명을 내리고 있다. 그 이듬해인 1595년 히로이에는 표범을 보냈다. 이에 답한 히데요시는 호랑이는 이미 몇 마리가 도착해 있는데, 표범은 처음이라 하며 무척 기뻐했다는 것이다.[9]

8 鳥取県, 『鳥取県史 (2) 中世』(鳥取県, 1973), p.505.
9 鳥取県, 앞의 책, p.501.

이같이 호랑이 사냥은 자신들의 주군인 히데요시의 양생을 위하여 충성경쟁을 벌이듯이 실시하였고, 그것을 자신들이 담대하고 용감했다는 무용담을 만들어 그림 또는 제의를 만드는 데 좋은 재료로 사용하기도 했다.

그러나 한편 그들에게 승전만 주어지는 것은 아니다. 뼈아픈 패전도 있게 마련이다. 특히 가메이에게는 이순신과 벌인 해전이 최대의 치욕이었다. 왜냐하면 지휘관에게 생명과도 같다고 하여야 할 지휘봉을 조선의 해군에게 빼앗겨 버린 것이었다. 더군다나 그 지휘봉은 히데요시로부터 하사받은 것이었다.[10]

가메이는 왜장들 가운데서도 특이하게 외국영토에 대한 야욕이 많았다. 인도(불교)에도 심취하여 사신의 병사를 불교의 축하원을 바시 막야라 하고, 자신의 성을 왕사성이라 했다. 그리고 그의 성 망루에는 조선, 오란다(네덜란드)라는 이름을 붙이기도 하였고, 또 중국의 저장 성을 소유하고 싶다는 욕망에서 자신의 호를 태주수台州守라고 하기도 했다. 그리고 『관영제가계도전寬永諸家系図伝』에 의하면 히데요시의 휘하에 들어가 1581년(天正9)에 돗토리 성의 공략에 전공을 세워 그 은상으로 히데요시가 이즈모 지역 이외에 다른 곳은 필요가 없는가 하고 묻자 "유구국琉球国을 가지고 싶다"라고 대답을 했을 정도이다. 이 말을 들은 히데요시는 그에게 "우자축전수 6월 8일 수길 구정유구수전羽柴筑前守 六月八日 秀吉 亀井琉球守殿"이라고 3행으로 글씨를 쓴 부채를 하사했다. 바로 이 부채를 조선의 해군에게 빼앗긴 것이다.

이 부채는 『조선왕조실록』에서도 등장한다. 즉, "큰 배 한 척은 위에

10 內藤正中, 앞의 책, p.116.

층루層樓를 설치하고 밖에는 붉은 비단 휘장을 드리워놓고서, 적장賊將이 금관金冠에 비단옷을 입고 손에 금부채를 가지고서 모든 왜적들을 지휘하고 있었다."[11]라고 표현한 것이 바로 그것이다. 즉, 그 부채는 더위를 쫓기 위해 바람을 일으키는 단순한 기능의 것이 아니다. 다시 말하여 군사를 지휘하는 군배軍配였던 것이다.[12] 이처럼 왜장들에게 있어서 임란과 정유의 왜란은 무용담을 만들어낼 수 있는 호재인 동시에 뼈아픈 상처를 주는 전쟁이었음에 틀림없다.

넷째는 임란으로 인한 일반 백성들의 피해를 전하는 이야기이다. 지배계급들이 전쟁을 수행하기 위해서는 일반 백성들도 동원되지 않으면 안되었다. 이러한 상황을 1688년 경 돗토리 번鳥取藩의 시의侍医인 고이즈미 유겐小泉友賢(1622~1691)은 그의 저서 『인번민담기因幡民談記』를 통하여 1593년 7월말부터 8월에 걸쳐 대홍수가 나서 많은 익사자가 나왔다는 것을 기록한 다음, "어느 곳도 모두 고려진(조선전쟁)으로 인해 건장한 자들은 모두 군역으로 나갔기 때문에 뒤에 남은 사람들은 여자 아이들 뿐이어서 나이든 노인네들이 제대로 일을 할 수 있는 상황이 아니었기 때문에 모두 물속에 빠져 죽었다. 이로 인해 입은 인명손실이 수천 명에 이르렀다."라고 서술하고 있다.[13] 다시 말하자면 대홍수가 닥쳤을 때 건장한 청년들이 없어 제대로 대처하지 못해 막대한 인명손실이 발생하였다는 것이다. 이처럼 임란 때 동원되어 조선으로 가서 전쟁을 치르는 행위는 일반 백성들에게는 크나큰 손실을 끼쳤다. 그것과 관련된 전승이 마스다 시益田市에 전해지는데, 그 내용을 소개하면 다음과 같다.

---

11 선조 27권, 25년(1592, 만력(萬曆) 20년) 6월 21일(기유) 조.
12 鳥取県, 앞의 책, p.501.
13 佐伯元吉編, 「因幡民談記」, 『因伯叢書』 1(名著出版, 1972), p.193.

문록경에 도요토미 히데요시豊臣秀吉는 조선과 싸우기 위해 각지로부터 병사를 모으고 있었다. 당시 이곳을 다스리고 있었던 모리毛利씨에게도 이 명령이 내려져 이곳에서도 병사를 내지 않으면 안 되었다. 이윽고 모집에 나선 관리가 "공을 세우고 돌아온 자에게는 3칸三間(약5.5미터)의 사다리에 올라 보이는 곳까지 토지를 줄 터이니, 누군가 전쟁터에 갈 사람이 없는가?" 하며 마을사람들에게 권유했다. 그러나 사람들은 이 말을 신용하지 않았기 때문에 응하는 사람이 아무도 없었다. 그러나 단 한 사람 "나는 태어날 때부터 가난한 자이다. 그렇게 넓은 땅을 준다면 내가 가겠다." 하며 지원을 했다. 그리고는 조선으로 건너갔다. 몇 년이나 계속된 전쟁이 끝나고 히데요시 군은 조선에서 철수하여 귀국했다. 그중에는 앞에서 애기한 그 사나이도 끼어 있었다. 이에 난치해진 것은 관리였다. 이대로는 두어서는 안 되겠다고 생각한 그는 그 사나이를 죽이기로 했다. 한편 그 사나이는 오랜만에 돌아오는 고향이 그리웠다. 게다가 자신의 앞날은 대지주가 되는 것이 약속되어 있다고 믿고 있었다. 발걸음도 가볍게 마을 입구인 아사쓰케토오게朝付峠까지 온 사나이는 그리운 마을을 내려다보았다. 바로 그때 관리가 나타나 "기다리고 있었다. 너를 살려서 보낼 수는 없다." 하며 말을 내뱉는 순간 칼을 내리치는 것이었다. 이 순간 관리의 말의 의미를 알아차린 그는 열심히 도망쳤다. 그러나 결국은 붙잡혀 칼에 맞아 죽고 말았다. 원한에 가득 찬 사나이의 목은 눈을 부릅뜬 채로 언덕으로 굴러 떨어지더니 자기 집까지 날아갔다고 한다. 사람들은 그를 남몰래 동정하여 사당을 세우고, 그 사나이의 영혼을 모셨다. 그리고 지금도 매년 기일에는 승려를 불러서 독경을 올린다고 한다.[14]

14 酒井董美島·萩坂昇, 『日本の伝説(48) 出雲.石見の伝説』(角川書店, 1990), pp.96~97.

여기에서 보듯이 일반 백성들은 전쟁터에 가고 싶지 않았다. 그리하여 무사들은 일반인들을 동원시키기 위해 토지를 준다고 감언이설로 유혹하였던 것이다. 이것이 사실이 아닐지라도 실제로 상당한 대가를 지불하겠다고 병력을 모집하였을 가능성은 있다. 그러나 그 말을 아무도 믿지 않았다고 표현할 정도로 이 실화는 모병은 물론 전쟁 참가에 대해 매우 비판적인 자세를 취하고 있다. 하지만 가난한 자에게는 그것은 큰 매력으로 느껴질 수밖에 없다. 따라서 가난한 사나이는 지원하여 조선으로 출병했고, 전쟁을 수행한 다음 고향으로 무사히 돌아왔고, 그에게 보상할 수 없었던 관리는 그를 살해하고 말았다. 사람들은 자신의 토지를 가지고자 하는 욕망에 속는 줄도 모르고 참전한 그의 죽음을 동정했다. 그리하여 그를 위해 사당을 짓고 관리들이 모르게 제사를 지낸다는 것이다. 이같이 일반 백성들은 히데요시의 조선 출병에 대해 매우 부정적인 태도를 보이고 있음을 알 수 있다.

임란은 또 사원의 범종에게도 피해를 주었다. 그러한 예가 오다 시大田市의 아타고 신사愛宕神社의 종루에 매달려 있는 범종이다. 그것에는 1497년(明応6) 2월(卯月)이라는 명문이 있는 것으로 보아 15세기 후반에 만들어진 것이다. 전승에 의하면 이 종은 원래 이곳에 있었던 것이 아니라 오키 군隠岐郡 아마 정海士町 가쓰다야마勝田山의 원복사源福寺에 있었던 것이 임란 때 공출되었다가 반환 시에 착오가 생겨 이곳으로 오게 되었다는 것이다. 즉, 고향으로 돌아가지 못하고 타향에 주저 앉은 범종의 이야기이다. 이처럼 임란은 일반백성들의 삶과 신앙에도 큰 손실을 끼쳤음을 이상의 설화에 잘 나타나 있다.

다섯째는 조선에서 가지고 간 돌이 지역의 신이 되었다는 이야기이다. 마스다益田에는 임란 때 조선에서 가지고 왔다는 돌이 있다. 그것은

조선에서 가져갔다는 성장석
(대지사大智寺)

오카 히코베이岡彦兵衛라는 자가 조선에서 가지고 온 돌에 관한 이야기이다. 그는 현재 시모다네 정下種町이라는 곳에서 처자식과 함께 단란하게 살아가고 있었던 무사였다. 이러한 그가 히데요시가 일으킨 전쟁을 수행하기 위해 조선으로 건너갔다. 어느 날 신고 있던 짚신에 조그마한 돌이 끼어 있다는 것을 알아차렸다. 끄집어내어 보았더니 푸른 빛 바탕에 보랏빛이 약간 감도는 예쁜 돌이었다. 그러나 발이 너무 아팠기 때문에 내어 던져 버렸다. 그런데 이상하게도 어느새 그 돌이 다시 짚신에 끼어들어 있어 보았더니 전에 보다 조금 커져 있었다. "예쁜 돌이라 소중히 간직했다가 선물해야지." 하며 종이에 싸서 품속에 넣어 두었다. 오랜 전쟁이 끝나고 무사히 일본으로 귀국했다. 집에 도착하여 가족들 앞에 작은 돌을 끄집어내어 보았더니 전에 보다 좀 더 커져 있었다. "이 돌은 조선에서 가지고 온 돌이다. 주웠을 때보다 훨씬 더 커져 있다. 이것이 선물이다. 이것은 참으로 조금씩 자라는 신기한 돌이다."라고 말했다. 아이들은 이상하게 생각하며 바라보고 있었다. 그리고 이들은 소중히 다루어야 한다고 생각하고, 집 부근 사당을 지어 정성껏 모셨다. 이 돌에게 빌면 병이 낫고, 소원이 이루어진다고 하여 마을 사람들은 종종 빌러가기도 했다. 그리고 언제부터인가 크게 자란 돌이 둘로 갈라져 하나는 치부리千振의 에비스惠比寿

라고도 하는 치부리의 수호신이 되었다는 것이다.[15]

조선에서 가져간 돌이 신으로 받들어 진다는 것은 매우 희귀한 사례이다. 마치 이 돌은 "모래가 큰 바위가 되고, 그 바위에 이끼가 낄 때까지"라는 일본 국가國歌의 내용처럼 스스로 성장하는 특징을 가지고 있다. 일본 민속학의 아버지로 불리우는 야나기다 구니오柳田國男에 의하면 석신신앙石神信仰에는 돌을 신이 깃드는 도구로 보는 것과 돌 그 자체에 정령이 깃들어져 있다고 보는 2개의 계통이 있다고 지적한 바가 있다. 조선에서 가지고 간 스스로 성장하는 돌은 후자에 속한다고 할 수 있다. 왜냐하면 성장한다는 것은 그 자체에 생명력을 가지고 있다는 것을 의미하기 때문이다.


## 3. 산인에 남은 임란포로

역사학자 나이토 순보에 따르면 돗토리 성주 미야베 게이준에 의해 연행된 조선인들 가운데 돗토리 성 아래에서 장사를 하여 크게 성공한 사람들도 있었다고 한다.[16] 비단 임란포로는 돗토리에만 있는 것이 아니었다. 쓰와노, 하마다, 오키 등지에도 있었다. 그리고 나이토가 주목하지 못했던 돗토리의 자료에도 임란포로가 더 있었다. 이러한 사례들을 지역별로 나누어 살펴보기로 하자.

---

15 島根大学昔話研究会, 『益田の昔話』(益田の文化を育てる会, 2002), pp. 48~49.
16 内藤儁輔, 앞의 책, p.762.

## 3.1. 돗토리鳥取의 조선상인

돗토리에도 조선인들이 살았던 것 같다. 그에 대한 기록이 앞의 『인번민담기』에 다음과 같이 서술되어 있다.

> 병부소보전兵部少輔殿(=미야베 게이준)은 조선에서 조선인 여러 명을 빼앗아 왔다. 그들은 일본에서 사역 노복으로도 사용하기 힘들어 성 아래에 방치해 두었다. 그러자 이들은 생계를 꾸려갈 방법도 몰라 불편한 일들이 너무 많았다. 이에 (번은) 이들 고려인 5, 6명으로 하여금 쌀을 가지고 은광산에 들어가게 하였더니, 바깥에서 쌀을 싸게 구입하여 짊어지고 들어가 안에서는 비싼 가격으로 팔았다. 광지는 날로 없고, 논이 비쌌기 때문에 어느 정도 부유하게 되었다. 그 후 그들은 성 아래로 이주하여 살며 큰 상인으로 성공을 했다. 지금 시전에서 에비야海老屋, 와타야綿屋, 쓰시마야對馬屋, 하이야灰屋라고 하는 사람들은 모두 이들의 후손이다.[17]

여기서 보듯이 돗토리 성주 미야베는 조선인들을 연행하여 자신의 영지로 데리고 가서 노복으로서 부렸으나 사정이 여의치가 않았다. 그리하여 신분상으로는 해방시켜 주었지만, 생계 대책도 없이 성안에 방치해 놓은 상태였다. 그리하여 어떻게 살아가야 할지 막막한 그들에게 은광산의 광부를 상대로 장사를 하게 했던 것이다. 그러자 이들은 외부에서 저렴하게 물품을 구입하여 그곳을 다니며, 이윤을 붙여 광부들에게 판매함으로써 부를 축적하였고, 그것을 토대로 돗토리 성안으로 진

---

17 佐伯元吉編, 앞의 책, p.195.

출하여 가게를 내고 본격적인 장사를 시작하였던 것이다. 이들 가운데
는 거상으로 발전한 사람들도 있었다. 그 대표적인 예로 다케노야竹野屋
와 에비야海老屋를 들 수 있다.

먼저 다케노야의 경우 그 가계에 대해 에도江戸 후기 돗토리 번의 무
사인 오카시마 마사요시岡島正義(1784~1858)[18]가 지은 『조부지鳥府志』에
는 다음과 같이 기술하고 있다. "이 다케노야는 돗토리의 구역에 있으
나 1채만은 농촌부(農村部)의 관할로 대쇼야大庄屋를 지낼 만큼 부호이
다. 가계는 오래되었고, 먼 조상은 조선인으로 '기미센'이라고 한다. 다
만 어떤 경위로 돗토리에 왔는지는 상세히 알 수 없다. 진교사眞教寺에
서는 사와이치바야澤市場屋에 이어서 오래된 단가檀家라고 들었다."[19] 여
기에서 보듯이 다케노야의 시조가 '기미센'이라 하는 조선인이라 하나
언제 이곳에 정착하였는지 확실히 알 수 없다. 그리고 임란 때 잡혀간
사람인지 아니면 그 이전부터 돗토리에 살고 있었는지에 대해서도 확실
하지 않다.

이에 비해 에비야海老屋는 임란포로 조선인의 후예임은 틀림 없었다.
앞에서 본 『조부지』에 돗토리 성 아래 이리가와入川의 겐다이유 산源太夫
山에 있었던 에비야마쓰海老屋松라는 소나무의 유래에 대해 다음과 같이
기술했다.

에비야마쓰海老屋松라는 것은 겐다유源太夫 소나무 조금 위쪽에 있는
나무로 그 밑에 석비石碑가 있다. 6자의 명호와 많은 법명이 새겨져 있으

18 에도 후기의 이나바 돗토리 번因幡鳥取藩의 무사. 본성은 사노佐野. 통칭은 儀三郎, 五郎右
衛門, 儀三右衛門. 호는 石梁. 그는 번의 지리 역사의 연구에 심혈을 기울여 「인부연표因
府年表」「조부지鳥府志」 등의 저서를 남겼다.
19 鳥取県, 「島府志」의 下の智, 「竹野屋が横手」條, 『鳥取県史 6 近世資料』(1974), p.667.

며, 견서肩書에는 가나문자로 「에비야 고로에몬五郎右衛門」이라고 적혀 있다. …(중략)… 이 에비야는 돗토리 정의 옛날 조닌町人으로 선조는 히데요시 공의 조선정벌 때 돗토리의 성주인 미야베 게이준宮部善祥坊(繼潤)[20]이 조선인을 다수 데리고 귀국한 사람들 중의 한 명이라 한다. 「인번민담기因幡民談記」에 동조궁東照宮(현재 오우치다니樗谿 신사)의 제례 때 쓰시마야對馬屋, 에비야海老屋가 칼을 차는 역할(御太刀持)을 했다고 한다. 에비야는 그 후 훌륭한 상인이 되어 곤겐미치權現道(돗토리 시 上町)의 동쪽 가도야시키角屋敷에 살고 있었다 한다. 그러나 언제부터인지 영락하여, 다치가와立川로 이전하였으나, 곤궁하여 드디어 이 소나무에 목을 매고 자살했다. 그 때문에 일가는 단절되었다. 그 후 우인들이 에비야의 가재를 처분하여 그 돈으로 이 석비를 세웠다고 한다.[21]

여기에서 보듯이 에비야는 상인으로 성공했다가 훗날 몰락하여 가장이 자살로 마감한 집안이었다. 또 『조부지』에는 "쓰시마야對馬屋, 와타야綿屋, 하이야灰屋, 아부라야油屋 등의 상인도 미야베가 데리고 온 조선인의 자손이다."[22]라고 서술하고 있다. 이처럼 이들은 이곳의 영주인 미야베가 조선에서 연행해 간 사람들이었다. 그런데 위의 기록에서 주목할 만한 사항은 동조궁東照宮의 제례 때 조선인의 후손인 쓰시마야와 에비야가 칼을 차는 역할을 했다는 사실이다. 즉, 무사와 같은 사회적 대우를 받았다는 것이다. 그리고 에비야의 당주가 자살한 후 그의 우인들

20 오우미近江 출신, 히예잔比叡山에 들어갔으나, 그 후 아사이 나가마사淺井長政의 가신이 되었으면서도 특별히 오다 노부나가織田信長를 따랐다. 히데요시羽柴秀吉과 함께 돗토리 성의 공략에 참가했으며, 그 공에 의해 돗토리 성주가 되었다. 사후 양자인 長熙는 세키가하라關原의 전투에서 서군으로 참가했고, 전후에는 영지를 몰수당했다.
21 鳥取県, 「島府志」의 中の日, 「源太夫松」條, 『鳥取県史 6 近世資料』(1974), p.577.
22 鳥取県, 「島府志」의 上の地, 「唐人屋鋪」條, 앞의 책, pp.494~495.

이 가재를 정리하고 그를 위해 석비를 세웠다는 사실은 일본인들도 그
의 죽음을 얼마나 애석하게 생각하였는지를 알 수 있다. 한편 위의 기
록에서는 에비야는 단절되었다고 하지만「정인구공서町人舊功書」에는 "막
말기에 돗토리 번의 어용상인 중에 에비야 세이자에몬海老屋淸左衛門이라
는 자가 있었고, 또 그「유서서由緖書」에는 조선을 출사出自로 하는 기록
이 있다."[23]라고 한다. 여기서 에비야는 본가에서 파생된 분가이거나,
아니면 같은 조선 출신 상인이 그의 택호를 계승하여 막말 때까지 계속
사용하였을 가능성도 없지 않은 것이다.

## 3.2. 조선에서 가지고 간 인삼과 버드나무

임란 때 포로가 된 것은 사람만이 아니었다. 버드나무와 인삼도 있었
다. 이것에 대한 기록이 돗토리 번의 무사였던 사토 나가타케佐藤長健
(?~1769)가 편찬한『인부록因府錄』에 다음과 같이 기술되어 있다.

즉, "가메이 고레노리는 전쟁 수행 중에 조선의 버드나무를 가지고
가서 자신의 성인 시카노鹿野에 심었다. 그 버드나무는 시카노 성의 주
인이 이케다 나가요시池田長吉(1570~1614)로 바뀌었을 때 야나기오쿠라
柳御藏(창고)가 있는 곳으로 이식되었다. 또 인삼도 손에 넣어 같은 곳의
운용사雲龍寺 뒤편에 심었다. …(중략)… 이 버드나무 가지를 꺾어서 이
케다 나가요시의 시대에 야나기오쿠라가 있는 장소인 해자垓字 옆에다
꽂아 심었다. 그리고 이케다 미쓰마사池田光政(1609~1682) 시대, 그리고
영지교환[24]이 있은 후에 성하城下 구역을 확장할 때 그곳에 쌀 창고米藏

---

23 鳥取県立公文書館　県史編纂室,『江戸時代の鳥取と朝鮮』(鳥取県, 2010), p.7.
24 1632년 오카야마(岡山)의 영주인 池田忠雄이 죽자, 막부는 그의 후계자인 池田光仲과 돗

가 세워지고, 그 창고를 야나기구라柳藏라 했다."[25]라고 했다. 이처럼 조선의 버드나무는 돗토리로 건너가 심겨졌고, 그것이 훗날 이식되어졌고, 그 장소에 쌀을 보관하는 창고가 생겼으나, 그 창고의 이름을 버드나무의 이름을 따서 야나기오쿠라라 하였다는 것이다. 그리고 조선 버드나무의 젊은 가지들은 성 주변의 해자에 심겨져 홍수를 방지하고[26] 풍관을 아름답게 꾸미는 데 사용되었다. 한편 조선인삼은 수입되었지만 성공하였다는 기록이 그 이후에도 보이지 않는 것으로 보아 일본 정착에는 실패하였을 것으로 추정하고도 남음이 있다.

### 3.3. 오키의 임란포로 후예 도지야

오키는 우리나라의 독도와 가장 가깝게 위치한 도서 지역이다. 그곳에도 임란포로의 흔적이 남아 있었다. 그 대표적인 예가 도고島後에 거주하는 '도지야唐人屋'라는 집안사람들에 관한 이야기이다. 그들의 택호가 당인唐人이라고 하였듯이 얼핏 보아 중국과 관련된 것으로 볼 수 있지만, 사실은 조선과 관계가 있었다. 여기에 대해 유즈리하 노리유키楪範之는 다음과 같이 설명하고 있다. 즉, 이들의 시조인 마쓰오카 야니에몬公岡彌二衛門이 임진왜란 때 자신의 배水師丸를 제공하며 출진한 공이 있어 히데요시에게 칼을 하사 받았으며, 조선에서 일본으로 귀국하다가 폭풍을 만나 절해고도인 오키에 표착漂着하여 정착하게 되었고, 그 후 규슈에 있는 아내와 가족들을 불러 살았는데, 대대로 가이센톤야廻船問

토리의 池田光政으로 하여금 상호 영지를 교환할 것을 명하였다. 이를 영지교환(御國替)이라 한다. 그 후 光仲의 자손이 12대에 걸쳐 돗토리의 영주가 되었다.
25 鳥取県立公文書館　県史編纂室, 앞의 책, pp.9~10.
26 鳥取県立公文書館　県史編纂室, 앞의 책, p.10.

屋[27]로서 활약했다. '도지야'라고 하는 것은 초대가 히데요시의 부하로 있었을 때를 연관시켜 붙여진 이름이라 한다.[28]

2012년 2월 필자가 오키에서 현지조사를 벌였을 때 13대 당주 마쓰오카 야타로松岡彌太郎 부인 마쓰오카 도요코松岡豊子를 직접 만나서 인터뷰를 한 적이 있다. 당시 그녀는 이미 80대의 노구가 되어 지역의 요양원에 신세를 지고 있었다. 그때 그녀에게서 자신들의 선조인 '도지야'의 유래에 대해 좀 더 상세한 이야기를 들을 수가 있었다.

만년의 마쓰오카 도요코 씨

그녀의 말에 의하면 '도지야'로 불리는 것은 선조의 출신이 후쿠오카福岡의 당인정唐人町이었기 때문이라 했다. 그곳에서 히데요시의 부하가 되어서 임란 때 스스로 배를 내어 조선으로 출병하게 되었고, 귀국할 때 그만 표류하여 오키에 도착하여 정착하였다는 것이다. 이같이 '도지야'의 유래에 관한 설명이 앞의 유즈리하와 다르다. 즉, 히데요시의 부하였기 때문에 생겨난 것이 아니라 후쿠오카 당인정 출신이기 때문에 붙여진 것이라는 것이다.

이러한 설명이 전자의 것보다 훨씬 더 설득력을 가진다. 왜냐하면 그와 같이 조선을 다녀온 사람들은 수없이 많다. 그것 때문에 그와 같은 이름이 생겨났다고 한다면 일본에는 '도지야'가 수없이 많았을 것이다. 그리고 그가 탔던 배가 오키에 표착하였다면 그 때 당시 동료들도 있었

---

27 에도 시대 해안의 항만을 오가는 상선을 대상으로 여러 가지 업무 및 물품을 거래하는 업자.
28 楳範之, 『日野川の傳説』(立花書院, 1994), pp.59~60.

을 것이다. 그럼에도 오키에는 그 집밖에 없으며, '도지야'라는 이름을 가진 택호도 오로지 그 집 한곳만 있다. 그러므로 '도지야'는 조선을 다녀 왔기 때문에 생겨난 것이 아니라 후쿠오카의 당인정 출신이었기 때문에 붙여진 이름으로 보는 것이 자연스럽다.

이러한 증언은 그들의 출자를 밝혀내는 데 매우 중요하다. 왜냐하면 후쿠오카의 당인정은 조선과 밀접한 관련을 가지고 있기 때문이다. 후쿠오카의 국학자 가이바라 에키켄貝原益軒(1630~1714)이 1688년에 지은 『축전국속풍토기筑前國續風土記』와 가토 이치준加藤─純(1721~1793), 다카토리 지카시게鷹取周成(1735~1807)가 공동으로 편찬한 후쿠오카의 지리지 『축전국속풍토기부록筑前國續風土記附錄』에 의하면 후쿠오카의 당인정에 대해 "이 마을은 최초로 고려인들이 살았기 때문에 그러한 이름이 붙여졌다."라고 간략하게 설명하고 있다.[29] 여기서 말하는 고려인이란 고려시대의 한국인을 말하는 것이 아니다. 『축양기筑陽記』에 "문록(임란), 경장(정유)의 역(왜란) 때 포로가 된 조선인들을 살게 했던 곳"[30]이라고 설명하고 있듯이 그들은 임란과 정유의 왜란 때 잡혀간 조선인을 말하는 것이다.

이처럼 후쿠오카의 당인정은 임란 때 조선으로 출병했던 고바야카와小早川 혹은 구로다黑田에 의해 연행된 조선인들이 살게 됨으로써 시작된 마을임을 알 수 있다. 즉, 후쿠오카의 당인정은 임란 이후에 생겨난 마을이었던 것이다. 그렇다면 앞에서 보았던 마쓰오카 도요코의 증언은 시대적으로 부합되지 않는다. 그의 선조는 당인정의 주민으로서 배를

29 加藤─純·鷹取周成, 『筑前國續風土記附錄』 上(文獻出版, 1977), p.63.
30 服部英雄, 「前近代のチャイナタウン.コリアタウン」, 『동북아세아문화학회 국제 학술대회 발표자료집』(동북아세아문화학회, 2008), p.8.

내어 임란 때 조선으로 출병하여 돌아온 사람이 아니라 일본군에 포로가 되어 후쿠오카의 당인정에 살았던 조선인일 가능성이 높다. 더군다나 후쿠오카의 당인정은 상업지역으로 발달했다. 이곳 사람들은 배를 타고 일본 전역을 돌아다니면서 교역을 했고, 그중 일부는 오키에 들러 상사를 하고 그곳 여인과 결혼하여 정착하는 사람도 얼마든지 있을 수 있다. 오키의 '도지야'는 바로 이러한 사람 중의 한 명이었을 것으로 추정된다. 이러한 추론이 가능하다면 오키의 '도지야'는 원래 후쿠오카의 당인정 조선인 후예로 오키에 정착하면서 오키의 지역정서를 고려하여 자신의 출신을 일본으로 하고, 포로의 신분이었던 것을 히데요시에 협력하여 조선으로 출병하는 사무라이로 전환시켜 놓은 것으로 볼 수 있다. 그들이 그렇게 하지 않을 수 없었던 것은 국경 지역으로서 반한 감정이 강한 오키의 정서를 무시할 수 없었거니와 정착하는 데도 유리했기 때문이었다. 그 결과 그들의 조상은 조선을 침략하는 일본의 사무라이가 되었던 것이다.

## 3.4. 나가하마의 조선도공 이도선과 김도인

현재 하기萩에서 이름을 떨치고 있는 미와三輪라는 명도공의 집안이 있다. 그들의 가계도인 「삼륜가전서三輪家傳書」에 의하면 미와 규케이三輪休敬가 자신의 부친이 조선인이라고 기술해 놓고 있으며, 임란 때 조선에 출병했던 시시도 가와치宍戸河内=広隆(1689~1736)의 선조가 귀국할 때 데리고 간 조선도공이라는 것이다. 그는 처음에 석주石州(=이와미)에 거주하며 도기세공을 하고 있다가 부친의 사후 모리씨毛利氏가 있는 본거지인 하기로 옮겨 가마를 열었다고 한다. 이같이 이와미 지역에서도 조선도공들이 활약을 하였을 가능성이 매우 높다.

그리고 이와미의 조선도공이 활약한 또 하나의 증거는 하마다 시浜田市의 특산물인 나가하마 인형長浜人形에 남아 있다. 현재 나가하마 인형은 서민의 생활을 묘사한 사람과 동물 그리고 가구라神楽의 가면 등 여러 가지 형태의 인형을 만들고 있다. 이것의 출발은 이도선李陶仙, 김도인金陶仁이라고 불리는 조선도공에서 시작하였던 것이다.[31] 그들은 임진왜란 때 왜군 나가미 우지다카永見氏隆에게 납치당한 사람들이었다. 그들은 우지다카의 고향인 현재 하마다시 미가와美川로 끌려가 그곳에서 그릇을 만들었다. 그러나 재료의 문제가 있었는지 그릇 생산이 여의치 않았다. 우지다카의 손자인 나가미 시로스케永見城介가 교토의 후시미에서 인형을 모방하여 지역 상품으로 제작하여 판매하기 시작했다. 더군다나 하마다 번의 보호가 있었다. 에도 시대에는 기타마에센北前船[32]을 통하여 전국으로 수출하여 다른 물건과 교환해올 정도로 상품의 가치가 높았다. 그로 인해 나가하마 인형은 전성기를 맞이하게 된다.

그리고 타 지역에도 기술을 전파하기도 한다. 가장 대표적인 예가 히로시마 현의 미요시 인형三次人形이다. 1854년(安政元) 5월에 이와미에서 기와공인 오자키 쥬우에몬大崎忠右衛門이 처자식을 데리고 미요시로 이주했다. 그는 그곳에서 양질의 흙을 발견하고 가마를 짓고 그의 고향에서 익힌 인형을 만들기 시작한 것이 미요시 인형의 시작이다.

이같이 번창한 나가하마 인형은 메이지 이후에는 나가미 집안이 설

---

31 內藤正中, 앞의 책, p.117.
32 기타마에센北前船이란 에도 시대에서 메이지 시대에 걸쳐 동해를 중심으로 활약한 상선의 명칭이다. 이는 화물의 운반은 물론 지역에서 물품을 구입하여 다른 지역에서 판매하는 상업선의 성격도 동시에 가지고 있었다. 주된 항로는 호쿠리쿠北陸 이북의 동해 연안항에서 시모노세키下関를 경유하여 세도내해瀬戸内海의 오사카大坂에 향하는 구간이다. 훗날 현재 홋카이도와 가라후토樺太까지 확대 연장되었다.

나가하마 인형

립한 나가미주식회사를 중심으로 여러 명이 분업하여 제작하여 판매하였으나, 1945년 이후에는 회사가 해체되었고, 그에 따라 그곳에서 일하던 기술자들도 뿔뿔이 흩어졌다. 현재 나가하마 인형을 제작판매하고 있는 집은 두 집밖에 없다. 한 집은 나가미주식회사의 기술자로서 재직했던 히노시타 요시아키日下義明가 나가하마에서 자신의 공방을 만들어 사업을 개시하였고, 또 한 집은 고즈 시江津市에 위치한 안도安藤씨의 공방이다. 안도씨는 원래 나가하마 안도병원을 운영하는 안도씨의 3남으로 태어나 일찍이 자신의 고향 특산품인 나가하마 인형에 관심을 가지고 기술을 배워서 고즈시에서 공방을 열었던 것이다.

이같이 대가 끊어질뻔 한 나가하마 인형이 이상의 두 집에 의해 맥을 이어져 가고 있는 것이다. 현재 요시아키씨의 공방은 장남이 일찍 사망하는 바람에 차남 히노시타 사토루日下悟(2011년 당시 61세)가 가업을 계승하고 있으나, 유감스럽게도 그에게 자식이 없어 앞으로 어떻게 계승되어질 지는 아무도 예측하기 어렵다. 여하튼 이와미의 조선도공 기술이 인형으로 바뀌어 희미하나마 오늘날까지 이어지고 있음을 확인할 수 있다.

### 3.5. 유노쓰溫泉津의 조선인 귀무덤

하마다 시濱田市와 오다 시大田市의 사이에 유노쓰라는 조그만한 어촌마을이 있다. 이곳 가미무라上村라는 곳의 길가에 조선인 귀무덤이라는 돌무덤이 있는 것이다. 그 돌에는 그것이 귀무덤을 말해 주듯이 귀가 없는 얼굴이 새겨져 있다. 이것에 대하여 1941년에 발행한 이 지역의 『정전촌지井田村誌』에 의하면 지역의 무사 인나이 소베에院內總兵衛라는 자가 임란 때 조선에 출병하여 무위를 종횡무진 떨쳤고, 그때 수많은 조선군의 귀를 잘라 귀국한 연후에 이를 묻고 무덤을 만들었다고 설명하고 있다.[33]

지역민들의 말에 의하면 소베이가 자신이 자른 조선인들을 공양하기 위해 만든 것이지만, 사람들은 이 무덤에 참배하면 난청인 사람도 소리가 들리게 된다는 소문이 있어서 옛날에는 이곳을 찾는 자들이 끊이지 않았다고 한다. 현재 이 무덤은 찾는 자가 없어 수풀 속에 묻혀 있지만, 과거에는 귓병에 효험이 있다는 민간신앙까지 생겨났음을 알 수 있다.

---

33 井田村誌編纂委員會,『井田村誌』(井田村, 1941), p.111.

유노쓰의 조선인 귀무덤

## 4. 맺음말

이상 돗토리 현과 시마네 현을 중심으로 임란의 전승과 포로에 대해 살펴보았다. 먼저 민간전승의 경우는 크게 두 가지 측면이 있었다. 하나는 무사계급의 입장이며, 또 다른 하나는 그들에게 동원되는 일반 백성들의 입장이다. 전자는 병졸들을 이끌고 해외로 나가야 하는 만큼 출발하기 전에는 민심을 수습하고 정신적으로 안정을 취하기 위해 영토확장의 신을 제신으로 하고 있는 신사에 찾아가 승전기도를 올렸고, 또 출정한 뒤에는 충성경쟁과 자신들의 무용담 그리고 전공을 선전하기 위해 조선호랑이의 사냥에 열을 올렸다. 그러나 그들에게 승리만 가져다 주는 것은 아니었다. 가메이의 경우처럼 조선의 해군에게 군배를 빼앗길 만큼 치욕적인 일들도 있었던 것이다.

　한편 일반 백성들에게 조선이란 오키의 전승에서 보듯이 도깨비의 나라로 묘사되어 있을 만큼 미지의 나라였다. 그들은 왜 가야하는지도 몰랐고, 큰 대가를 주겠다는 당국의 전쟁에 대한 참전독려도 믿지 않았다. 따라서 참전하고 돌아와 억울하게 목숨을 잃은 영혼을 관리들 모르게 위로하기도 했다. 또한 임란은 민간에도 이루 말할 수 없을 정도로 많은 피해를 끼쳤다. 대홍수의 이야기처럼 마을에 대홍수가 닥쳤을 때 건장한 청년들이 없어 제대로 대처할 수 없었고, 그로 인해 무수한 인명 손실을 초래했다. 지역 사찰의 범종은 공출되었고, 전쟁이 끝나 반환될 때도 잘못 처리되어 고향으로 돌아가지 못한 경우도 있었다. 또 조선에서 가져간 신기한 돌은 그냥 버리지 않고 마을 신앙의 대상으로 삼는 희귀한 전승이 있는가 하면 조선인의 귀무덤에 관한 유적도 있었다.

　그리고 임란포로의 경우에서는 두 지역은 뚜렷한 차이를 보인다. 즉, 시마네 현은 나가하마의 예에서 보듯이 그릇을 생산하는 도공들이 많았고, 그에 비해 돗토리에서는 다케노야, 에비야와 같은 이름에서 보듯이 상인들이 많았다. 이들 중에서 특히 특별한 기술을 가지지 못한 사람들은 초기 정착에는 많은 시련이 있었음을 『인번민담기』에 잘 표현되어 있있다. 이러한 난관을 극복하고 자본이 축적되면 성안으로 진출하여 개인의 가게를 열어 성공하는 사례들도 있었다. 그러한 경우 그들의 출자를 조선이라는 사실 그대로 드러내는 경우가 있는가 하면, 오키의 도지야와 같이 그와는 반대로 자신의 출신을 감추고, 임란을 이용하여 자신의 시조는 일본의 무사로서 조선 출병에서 돌아온 자로 바꾸는 경우도 있었다. 이처럼 임란포로가 일본사회에 정착하는 데 있어서도 다양한 형태가 있었던 것이다. 이것은 아마도 지역 사회의 정서와도 무관하지 않을 것으로 추정된다. 임란이 일본사회에 끼친 영향이 컸다는 사실을 누구도 부인하지 않는다. 그러나 아직도 임란의 전승과 포로의 이야기에 대한 연구는 미진한 상태이다. 앞으로 여기에 대한 연구가 지속적으로 진행되어야 할 것이다.

제14장
울산에서
포로가 된
중국인

## 1. 머리말

지난 2010년 10월 어느 일간지는 울산에 사는 일본 연구자들에게 매우 쇼킹한 기사를 낸 적이 있다. 그것은 다름 아닌 "일본에서 가장 큰 도예촌을 이루고 있는 야마구치 현山口県 하기 도자기萩陶磁器의 원조"는 '울산에서 잡혀간 도공 이양자 씨가 처음 만든 도자기'라는 새로운 주장이 제기되어 관심을 끌고 있다는 내용이었다. 이러한 기사는 울산 지역 대부분의 신문사와 방송사들을 통해 경쟁하듯이 대대적으로 보도가 되었다. 이 같은 주장은 일본 역사연구가 김문길에 의해 제공된 것이었다. 논의를 위해 그 내용을 잠시 요약하면 다음과 같다.

즉, 그는 『요시카기』라는 시마네 현島根県 남부 한 영주의 가문서에 의하면 임란 시 이곳의 영주 "사이토 이치로자에몬斎藤市郎左衛門이 이양

자라는 조선인(당인)을 데리고 와서 이름을 우에몬으로 고치고 아침저
녁으로 특이한 도자기를 만들도록 했고, 이에 따라 이양자는 외로움을
달래면서 조선 도자기를 만들었다."라는 것이다.

사이토가 울산에서 귀국할 때 여자 도공, 바느질과 길쌈하는 여인 15
명도 함께 데리고 갔는데, 그중 한 사람이 이양자이며, 그녀는 당시 울
산의 최고 기술자로서 시마네 현 이와미石見에서 최초로 옹기그릇을 만
든 사람으로 알려져 있다고 했다. 그리고 그녀가 전한 옹기와 도자기의
기술은 후예들이 에도江戸 중엽에 야마구치 현 하기萩로 전해져 오늘날
세계적으로 유명한 하기야키萩燒 도자기로 발전했고 또 다른 후손들은
교토京都 시가 현滋賀県 시가라키 도자기信樂燒로 발전시켜 세계적인 도예
촌으로 각광받고 있다."라고 한 것이었다.[1]

만일 이것이 사실이라면 그야말로 획기적인 사건이 아닐 수 없다. 울
산출신 도공으로서 일본에서 활약한 인물이 있었다는 것 자체만으로도
놀라운 일인데, 그 이름이 이양자라는 사실은 지금까지 알려지지 않은
새로운 사실이기 때문이다. 그리고 그 내용 또한 종전의 해석과는 전혀
다른 것이었다. 지금까지 시가라키 도자기의 비조鼻祖가 누구인지 밝혀
져 있지 않으며, 또 하기 도자기가 조선도공 이작광李勺光과 이경李敬에
의해, 이와미의 옹기는 18세기 후반 비젠備前 출신 도공이 고쓰江津에서
기술을 전수한 것에서 시작되었다고 해석되고 있었다. 이러한 것들이 모
두 부정되는 일이기 때문이다. 그뿐만 아니다. 일본에 잡혀간 여성 도공
은 매우 드문 일인데, 울산 출신 이양자는 아리타有田의 백파선百婆仙, 미
가와치三川内의 고려할머니에 이어 여성 도공이 또 한 명 추가되는 개가

1 2010년 10월 4일 자 뉴시스, 한남일보 등 참조.

468 임란포로, 끌려간 사람들의 이야기

를 올리는 일이기도 하기 때문이다. 다시 말하여 그 설은 일본 도예사陶藝史를 새롭게 써야 하는 혁신적인 내용인 것이다. 이러한 점들을 고려한다면 하기 도자기의 시조가 된 사람이 조선 여성 도공 이양자라는 견해는 단순히 울산이라는 지역성을 초월하여 일본 도예사에 큰 파문을 일으키는 중대한 문제가 아닐 수 없다.

그러나 문제는 현재 이러한 주장이 가지는 논리적 근거가 너무나 부족하다는 점이다. 좀 더 구체적으로 지적하자면, 이양자가 울산 출신이며, 여성이라는 점, 그리고 당시 최고의 기술자이며, 하기 도자기의 비조라는 것들을 증명할 수 있는 어떤 자료도 제시하지 않고 있기 때문이다.

사실 이양자는 지금까지 우리들에게 제대로 알려진 바가 없었다. 역사학자 한명기는 모 언론매체에서 이양자에 대해 야마구치 현에 끌려간 도공이라고 언급함으로써 그의 실체를 인정했고,[2] 또 시마네 현립대학島根県立大学 교수 박용관朴容寬은 김문길과 달리 이양자는 이랑자인데, 그것은 본명이 아니며, 조선 시대 한국에서는 독신남성을 '낭자'라고 부르는 것에서 생겨난 것으로 보았다.[3] 즉, 그는 여성으로 보는 김문길과는 달리 남성으로 보고 있지만, 이랑자가 조선인이라는 점에 대해서는 의견이 일치하고 있다. 이처럼 이양자에 대한 견해가 연구자 마다 조금씩 다르게 나타나 있다.

이에 필자는 울산에 사는 일본 연구자로서 이양자에 관심을 가지지 않을 수 없었다. 그리하여 우선 이양자가 과연 울산 출신 여성 도공인

---

2 JTBC 정관용 라이브(2014년 2월 25일) 정관용과 한명기의 인터뷰 내용 참조.
3 朴容寬, 「石見焼のルーツを探る」, 『リポート21 〈21世紀.地球講座から〉』(島根県立大学, 2004), p.212.

지, 그리고 그의 이름이 이양자와 이랑자 중 어느 것인지, 또 그는 일본에서 어떤 삶을 살았던 사람인지 등에 대해 살펴보기 위해 2013년 7월 시마네 현 요시카 정吉賀町을 찾았다. 그 결과 그의 일족들이 묻혀 있는 묘소와 가마터 등이 있다는 것을 듣고 그곳을 답사하는 한편, 가키노키무라柿木村 지역도서관의 도움으로 이양자에 대해 결정적인 단서를 제공해주는 『길하기吉賀記』의 전문을 입수할 수 있었다.[4] 이를 바탕으로 그 것과 관련된 보조 자료를 수집하여 정리 분석함으로써 이양자가 어떠한 인물이었는지에 대해 구체적으로 살펴보고자 하는 것이 본 장의 목적이다.

## 2. 울산에서 포로가 된 두 명의 사나이

김문길이 중요한 증거물로 들고 있는 문헌 『길하기』의 길하(요시카=吉賀)란 현재 시마네 현 동부에 위치한 지역의 이름이다. 고대에는 8개의 뿔과 다리를 가진 괴이한 사슴이 나타나 사람을 괴롭히던 것을 에구마 타로江熊太郎라는 영웅이 퇴치했다는 전설에서 가노아시군鹿足郡이라고 불리었으나 시대가 흐름에 따라 별칭인 요시카가 널리 사용되었다. 현재는 무카이이치 정六日市町과 가키노키무라柿木村가 요시카초라는 이름으로 합병하여 오늘에 이르고 있다. 그러므로 「길하기」란 요시카 지역의 기록물이란 뜻이다. 이 문헌은 이 지역의 사적과 명승지 등을 기록한 지방지이기도 하지만, 이 지역의 유일한 역사서이기도 하다.

4 필자의 답사는 2013년 6월에 이루어졌으며, 이때 도움을 받은 가키노키무라 도서관 관계자 및 야마구치 현山口縣 하기시萩市 거주 오카 히로시岡弘 등에게 감사를 드린다.

저자는 오자키 다자에몬尾崎太左衛門(1740~1812)이다. 그는 1740년(元文5) 히로이시広石의 시시야시키獅子屋敷에서 태어났다. 어릴 때부터 독서를 좋아했고, 서예와 수학에도 뛰어나 지역민들에게 신망이 두터웠다. 그리고 23세 때 약관의 나이로 아리메시有飯의 촌장庄屋이 되었다. 이후 1792년(寛政4)에는 후쿠가와福川의 촌장이 되었고, 1799년(寛政11)에는 다마루田丸의 촌장이 되었다. 그 후 1805년 은퇴할 때 까지 약 43년간 촌장직을 수행했다. 『길하기』는 그가 다마루에서 촌장을 하고 있었을 때 쓴 것이다. 1812년 72세의 나이로 세상을 떠났는데, 『길하기』는 그로부터 10년 뒤인 1821년(文政4)에 와타나베 겐호渡辺源宝에 의해 보완되어 집필되었다.

와타나베 겐호는 와타나베 류자에몬渡辺龍左衛門이라고도 하는데, 무이카이치六日市 신궁신사新宮神社의 궁사宮司로서 스에오카 아와지노부히데末岡淡路信英의 차남으로 태어났다. 그리고 12세가 되던 해 쓰와노 번사津和野藩士 와타나베 기우에몬渡辺喜右衛門의 양자가 되어 16세 때부터 번사藩士로서 요시카의 시모료下領와 요코다横田, 아오하라青原 등의 대관代官을 역임했다. 『길하기』의 보필은 그가 아오하라에 있었을 때 이루어진 일이었다. 현재 우리들이 볼 수 있는 복각판 『길하기』는 전 나누카이치무라七日市村 조역助役 스나하라 이와키치砂原岩吉가 베껴 쓴 것을 1976년에 이를 현대어로 번역한 것이 무이카이치 정六日市町 문화재심의회에 의해 출판되어 있다. 그리고 1986년 가키노키무라가 『시목촌지柿木村誌』에 그 내용을 수록하였다. 다음은 『시목촌지』에 수록된 것을 소개한 것이다.

보력宝暦 3년 봄 호슈防州 도쿠야마德山의 한 외곽지를 행각行脚하는 부인이 지나가다가 그곳에서 하룻밤을 묵었는데 예기치 못한 풍병風病을 얻어 도저히 움직일 수가 없었다. 이에 집 주인이 깜짝 놀라 관가에 알렸다. 관가는 이에 의사를 보내어 돌보게 하였더니 3개월이 지나자 완쾌되었다. 그러자 그녀는 다시 행각 준비를 하였다. 이에 주인이 말하기를 "여자의 몸으로 특히 노인이 여러 지방을 행각하는 데는 어떤 사연宿願이 있는 것입니까?"라 했다. 그러자 노파는 부끄러운 안색을 하고는 "이같이 보살펴 주셔서 무어라 말씀드려야 좋을지 모르겠습니다. 저는 본시 반슈播州 아코赤穗의 전 성주 아사노 다쿠미노가미淺野內匠頭(1667~1701)의 가신 다케바야시 다다시치武林唯七라는 자의 딸입니다. 저의 주군이 지난 원록연중元祿年中(1688~1703)에 기라 코즈케노스케吉良上野介(1641~1703)에게 술회述懷하는 일이 있어서 전중殿中(장군이 머무는 성)에서 해를 가하였지만 우에노스케가 운이 좋아 약간의 상처만 입었을 뿐 원한을 달성하지 못했습니다. 그리하여 전중에서 소란을 일으킨 죄로 주군은 원통하게도 할복을 하고 말았습니다. 그 때문에 영지는 몰수되고 가신들은 남김없이 뿔뿔이 흩어졌습니다. 그중에서 가로家老였던 오이시 구라노스케大石內藏助(1659~1703)가 망군의 원수를 갚기 위해 충신의 자들과 서약하여 1692년(元祿15) 겨울 에도에서 기라의 저택을 공격하여 드디어 존의를 달성하였고, 공직인 재판을 받아 할복한 47명 중의 한 명입니다. 어머니는 다쿠노가미가 서거한 후 슬퍼한 나머지 병사했습니다. 저는 여기 저기 옮겨 다니며 살았으나 지금은 부모가 모두 죽고 없어 마침내 비구니尼法師가 되어 선군과 부모의 명복을 빌기 위해 유석심流石心의 더러움에 모습을 바꾸지 못하고 하물며 이대로 여러 지역의 신사불각을 순례하며 절하고 에도江戶를 떠나 묘에 물을 올리려는 생각으로 행각을 하고 있는 것입니다. 저의 선조는 당토唐土 무림武林의 적손嫡孫으로 문자를 바꾸어 읽어 성씨를 다케바야시武林라 하였습니다.

내가 들은 바에 의하면 이전의 1597년(慶長2)에 히데요시秀吉가 조선 정벌을 나섰을 때 아사노 사쿄다타이후유키나가淺野左京太大夫幸長가 조선의 울산에서 농성을 벌인 적이 있었습니다. 그때 명에서 조선군을 돕기 위해 대군을 일으켜 병부상시형진兵部尙書刑珍이라는 자를 대장으로 임명하여 보내어 일본군과 전쟁을 벌이게 하였습니다. 이에 일본군이 여러 번 이겼지만, 명군 또한 여러 번 유격을 하였습니다. 그때 무림강武林降이라는 자가 선봉에 서서 싸웠으나, 유키나가의 공신 가메다 오스미龜田大隅가 복병으로 명군 수만을 물리쳤습니다. 그중에서 오카노 야우에몬岡野彌右衛門이 무림강과 서로 뒤엉켜 싸우다가 그를 생포하여 울산으로 퇴각하였습니다. 가토 기요마사加藤淸正가 용기와 지혜로써 적을 물리치고, 모든 군대가 귀국할 때 무림강은 유키나가의 손에 체포되어 오카노에게 맡겨졌고, 또 오카노는 유키나가에게 구명 요청을 하여 공의公儀로부터 조선에서 잡은 포로를 살려 준다는 허락을 받아 무림강을 맡았습니다. 그 후 유키나가의 아우 우네메노쇼采女正는 5만석의 분지分地가 되었고, 오카노는 쇼칸將監으로 개명하여 가로직家老職에 올랐습니다. 이에 무림강을 우네메노쇼가 가엽게 여겨 차노마茶の間의 하녀女房와 결혼하게 하였고, 그의 이름도 다케바야시 다다우에몬武林唯右衛門이라고 부르게 하였습니다. 그 며느리는 다쿠노가미의 유모를 했었기 때문에 나의 아버지 다다시치와 다쿠노가미는 젖형제로 한층 더 주군에 대한 생각이 깊고, 근습近習으로서 섬겼는데, 주군이 허무하게 생을 마감하여 이루 말하기 어려운 지경이었습니다. 때를 기다려 의사義士의 무리에 들어가 소원을 이룰 수가 있었습니다. 참으로 사람이 살아가는 행말이 흐르는 물과 같아 덧없이 애절한 일이 없을 것입니다.

한편 이상에서 말하는 경장연중慶長年中(1596~1614)에 무림강의 일족 중 이랑자라는 자가 세키슈石州 산본마쓰三本松의 성주 요시미 모토요리 吉見元賴의 휘하 무사인 사이토 이치자에몬斉藤市左衛門에게 생포되었습니다. 그 역시 귀국 시에 함께 포로召質가 되어 산본마쓰의 인근 마을 스기 가토오게杉ヶ峠라는 곳에서 살면서 생명의 부지가 허락되어 조석朝夕으로 위로삼아 그릇을 구우며 살고 있다는 것을 듣고 "지금은 어떻게 살고 있을까" 하며 다다우에몬이 아버지에게 항상 말을 하곤 했습니다. 때마침 내가 산본마쓰를 지나가다가 문득 생각이나 혹시나 (李郎子의) 자손이라도 있으면 만날 생각으로 안내인을 고용하여 스기가토오케를 찾아가 보았습니다. 시내城下에서 1리 정도 아홉 구비 비탈의 산길을 올라 깊은 산으로 들어가니 겨우 도진야唐人屋라는 곳에 다다랐는데, 그곳에는 인가가 없고, 원숭이 소리, 물소리만 심하게 나서 아연실색하여 서 있었습니다. 때마침 더부룩한 수염을 기른 노인을 만나 옛날 이곳에 당인이 살았던 흔적을 알고 있는지, 또 그들의 자손은 없는지를 물었지만, 그 노인은 눈을 부라리며 이상한 것을 묻는다며, 옛날 요시미라는 영주가 있었을 때 포로로 잡혀온 당인을 이곳에 두었기 때문에 도진야라 한다고 했습니다. 그는 훗날 마타자에몬又左衛門이라는 이름을 사용했고, 조석으로 위로삼아 그릇을 만들었다고 들었습니다. 자손도 없고, 일대에서 대가 끊어졌다고 했습니다. '묘는 없는가' 하고 묻자 '이쪽으로' 하며 안내하였는데, 그곳에는 그릇(파편)이 쌓인 논두렁 같이 생긴 묘가 있을 뿐이었습니다. 누구도 찾는 이가 없는 것처럼 보였으며, 잡초들만이 우거져 있었습니다. 보았더니 너무나 마음이 아파서 물을 바치고 합장하여 명복을 빌고 산속이었기 때문에 그 노인과 헤어져 산본마쓰에 돌아왔습니다."라고 하였다.

정말 세상의 성쇠시비盛衰是非는 없다. 당토의 무림강 씨족이 일본에게 포로가 되어 수난을 당하고, 1대에서 대가 끊어지는 것을 만약 다다우에 몬이 살아서 보았다면 얼마나 통절하였을까? 이 같은 어려운 고충을 떠올리곤 주체할 수 없이 눈물이 솟구쳐 몸을 떨면서 울었다. 주인도 예기치 못한 것을 묻고 이러한 노파의 이야기를 듣고 '버리기 어려운 것'이라고 생각하고 글로 적어두었다가 모리 번毛利藩에 제출했다. 그러자 번에서는 부인附人 두 명과 은자銀子를 내려 에도江戶까지 무사히 보냈다고 한다. 그것은 "나무가지 끝에 꽃이 피고, 원래 이름이 나타나는 곳"과 같다. 이 이야기는 도쿠야마의 상객商客, 가나야 긴우에몬金屋金右衛門의 이야기를 그대로 도진야의 구적旧跡에 부기附記해 둔다.[5]

이상의 내용에서 보면 울산에서 잡혀간 사람은 한 명이 아니라 두 명이었다. 한 사람은 무림강이었고, 또 한 사람은 이랑자였다. 이양자라는 이름은 보이지 않았다. 전자는 오카노 야우에몬에게, 후자는 사이토 이치자에몬에게 각각 생포되었다. 무림강은 선봉에 서서 일본군과 싸웠다고 하고, 또 그의 후손인 다케바야시 다다시치가 반슈 아코의 사무라이가 된 것으로 보아 본시 무사계급의 출신이었던 것 같다. 그 반면 이랑자는 일본에서 아침 저녁으로 위로삼아 그릇을 구우며 살았다는 것에서 보듯이 그의 직업은 원래 도공이었던 것 같다. 이 두 사람은 일족이라는 표현에서 보듯이 서로 가깝게 지냈던 같은 고향 사람으로 볼 수 있다.

그런데 그들의 이름이 당시 조선에서는 흔히 볼 수 있는 것이 아니다. 다시 말하여 매우 드문 이름이다. 무림강의 '무씨'는 한국에는 없으

---

5 柿木村誌編纂委員會, 『柿木村誌』 1(柿木村, 1986), pp.343~345.

며, 이랑자의 '랑자' 또한 양반계층의 여성을 일컫는 말과 동음이어이기 때문에 고유명사로 사용하기에는 적합하지 않기 때문이다. 더군다나 랑자의 '랑郎'은 김문길이 말하는 것처럼 이양자의 '양'과 다르며, 또 그 의미는 여성이라기보다는 젊은 남성을 의미하는 말이다. 이와 같이 이 두 사람은 위의 기록만으로 이양자가 울산 출신 여성 도공이라는 사실을 증명하기 힘들다. 그렇다면 이 두 사람이 누구인지 구체적으로 살펴보지 않을 수 없다.


## 3. 쓰와노에서 활약한 도공 이랑자

이랑자에 관한 『길하기』의 기사 가운데 "이랑자라는 당인이 일본식 이름 마타우에몬으로 개명하고 조석으로 위로삼아 '이상한 그릇'을 만들었다."라는 내용이 있다. 이 구절은 두 가지 면에서 중요한 단서가 된다. 그것은 다름 아닌 그의 일본식 이름을 마타우에몬으로 하였다는 사실이다. 이것은 그가 남자인지 여자인지를 알게 해 주는 결정적인 증거물이다. 즉, 이 이름은 남자에게 사용되는 것이지 결코 여성들에게 붙여지는 이름이 아니기 때문이다. 다시 말하여 이랑자는 여성 도공이 아니라 남성 도공이었던 것이다. 그리고 그가 정착한 곳은 야마구치 현이 아니라 시마네 현이었다.

이랑자가 살았던 요시카 사람들은 그가 생산한 사기그릇을 도진야키唐人燒라 했고, 그가 살았던 곳을 도진야唐人屋라 하였음은 위의 기록에서도 확인된다. 현재 쓰와노와 도진야를 연결하는 터널이 건설되어 있는데, 이 터널의 이름을 '도진야 터널'이라 하고 있다. 이처럼 도진야는 아직도 지역명으로 사용하고 있었다. 이랑자가 살았던 지역민들은 상대가 영문 모를 말을 할 때, 이를 "당인들이 말하는 것과 같다"라는 표현을 자주하곤 한다. 그 기원을 임란 이후 이곳으로 끌려온 포로들이 지역민들에게 말을 할 때 지역민들은 전혀 알아들을 수가 없었던 것에서 생겨난 것이라고 생각하는 사람들이 많다. 즉, 지역민과 외국인 포로들이 처음에는 서로 언어를 소통하지 못했던 것이다. 이러한 악조건 속에서 이랑자는 일본인과 대화하며 그릇을 굽고 판매하였던 것이다. 그가 그릇을 생산하던 가마터에 요시카 정吉賀町의 교육위원회가 세운 안내판이 서 있는데, 그것에는 가마터에 대해 다음과 같이 설명되어 있었다.

당인 가마唐人燒窯는 서일본에서 초기의 가마로 유리질의 유약을 바른 도자기 즉, 도기를 구운 가마로서는 시마네 현 내에서도 가장 오래된 것들 중의 하나이다. 별명 '도자기 전쟁'이라고 불리는 도요토미 히데요시豊臣秀吉에 의한 문록文祿(1592년, 임진왜란), 경장慶長(1597년, 정유재란)의 역역役役으로 쓰와노津和野 성주 요시미 히로나가吉見廣長를 따라 종군하여 조선으로 건너간 후쿠가와福川 산노세三ノ瀬 성주인 사이토 이치자에몬이 울산전투 후 귀국 시 도공 이랑자를 데리고 돌아왔다. 그리고 이랑자를 그대로 자신이 맡아서 도기에 적합한 연한 황토淺黃土가 있는 이곳 스기가토오케杉ヶ峠에 살게 하여 가마를 지었다. 이것이 당인 가마의 시작이다.

1981년(昭和56)에 실시한 발굴조사 결과 요체窯體는 5실 전후의 각방이 있었고, 급하게 경사가 진 곳에 지은 비교적 소규모의 「계단상연방식등요階段状連房式登窯」라는 것이 확인되었다. 또 굽다가 파손된 물건을 버리는 곳에서 접시, 밥그릇 등의 파편이 대량으로 출토되어, 이 지방의 일용품을 공급하고 있었음을 알 수 있었다. 여기서 약 300미터 내려가면 이랑자의 묘가 있다.

이상의 설명에서 보듯이 이랑자가 작업을 하던 가마터를 1981년 가키노키무라 교육위원회가 발굴조사를 실시했다. 그 결과 그의 가마는 매우 가파른 곳에다 지어진 소규모의 등요登窯였음이 확인되었고, 또 그가 생산한 그릇들은 주로 일상생활에 필요한 잡기들이 주를 이루고 있었음을 알 수 있다. 그러나 발굴조사팀의 보고에 따르면 차 사발과 굽 달린 화분의 파편들도 발견되는 것으로 보아 일상잡기뿐만 아니라 차도 구들도 생산했으며, 또 유약에는 흰색의 짚을 태운 재와 황록색의 흙 재를 사용한 것이 압도적으로 많았다고 했다.[6] 이랑자가 이곳에다 등요를 짓고, 장작불을 때어 고온에서 생산한 그릇의 제조법은 그 이전까지 일본에는 없었던 새로운 기술이었다. 그러므로 그곳에서 생산되는 그릇 또한 획기적인 물건이 아닐 수 없었다. 이것이 신기하였는지 『길하기』에 "이랑자가 하루 종일 '이상한 그릇'을 만든다."라고 표현하였던 것이다.

위의 기록 『길하기』에 의하면 다케바야시 다다시치의 자손이 이랑자의 자손을 찾아 보았지만, 자손은 없고, 논두렁과 같은 초라한 무덤만이 남아 있고, 또 1대에서 대가 끊어진 것을 노파의 조부가 알았다면 마음 아파하였을 것이라는 내용에서 보듯이 그의 대는 일찍 끊어졌던 것 같다. 그의 무덤으로 추정되는 묘가 위의 안내판의 설명문에서 보듯이 그곳에서 얼마 떨어지지 않은 곳에 위치해 있었다.

가마터에서 큰 길을 따라 내려가다가 좌측에 '이랑자의 묘'라는 안내

---

6 柿木村誌編纂委員會, 앞의 책, p.338.

표시가 가리키는 산길을 따라 올
라가면 그의 묘가 나타난다. 그
런데 그의 묘만 있는 것이 아니
었다. 그곳에는 여러 명의 묘가
함께 있다. 그 묘역에는 담장이
둘러쳐져 있는데, 중앙에 단을 쌓
고 그 위에 이랑자의 것으로 추

이랑자 묘로 가는 길

정되는 묘비가 우뚝 서 있다. 『길하기』에는 표시가 없었고, 잡초만 우
거져 있다고 했지만, 현재는 누군가에 의해 단장되고 묘비도 새롭게 세
위져 있다. 묘비의 정면에는 '귀일구아선정문영위歸一久我禪定門靈位'라는
문구가 새겨져 있고, 좌우 옆면에는 작은 글씨로 '寬文二年(1661) 六月八
日', '季郞子(享)'로 되어 있다. 이랑자의 '李'를 '季'로 착각한 것 같고,
'(享)'은 '墓'가 아닌가 생각한다. 이같이 본다면 이 묘비는 이랑자의 것
임에 틀림없을 것이다.

　그럼에도 불구하고 이 묘비를 두고 가키노키무라 교육위원회는 처음
에는 애매모호한 자세를 취했다. 그 단적인 예로 이랑자의 가마터를 발
굴 조사한 후 작성한 조사보고서에는 이 묘를 '현 시점(1982년) 이랑자
의 묘라는 증거는 어디에도 없다'고 하면서 "『진화야정사津和野町史』(1권)
에서 이 부분을 집필한 오키모토 쓰네요시沖本常吉는 도공이 아니라 산
에서 나무를 깎아 그릇을 만드는 목공木地師의 묘지일 것이라고 추정했
다."라는 내용까지 소개했다.[7] 즉, 그의 묘지는 어디까지나 구전일 뿐
역사적으로 실증된 것이 아니라는 입장을 취했던 것이다. 그러던 것이

7 柿木村教育委員會, 『唐人燒窯跡發掘調査槪報 －島根縣鹿足郡柿木村－』(柿木村, 1982), p.30.

오늘날에는 안내판에도 친절하게 "여기서 약 300미터 내려가면 이랑자의 묘가 있다."라고 설명할 만큼 완전히 태도를 바꾸었다. 이제는 이들도 묘비에 적힌 계랑자季郎子를 이랑자로 인정한 셈이다.

한편 이랑자의 묘비가 세워진 단 아래 나란히 두 개의 묘비가 서 있는데, 우측 묘의 비에는 정면에는 '공空'이라는 글자 밑에 '도달선정문영위道達禪定門靈位' 그리고 옆면에는 '寶永三年(1706) 十二月二十九日'라고 새겨져 있고, 또 그 옆 묘비의 정면에는 '귀진정원신녀영위歸眞貞円信女靈位', 그리고 옆면에는 '寶永五年(1708) 二月二十七日'이라는 글씨가 새겨져 있다. 『시목촌지』 편집위원회가 펴낸 『시목촌지』에서는 이랑자가 이 지역에 정착하여 일본 여성과 결혼하였으나 자식이 없어서 양자를 받아들였고, 양자 또한 도공의 길을 걸었다고 한다. 그러므로 위에서 본 묘비의 '도달道達'이라는 이름은 양자의 이름이며, 그리고 또 묘비의 이름인 '정원貞圓'은 양자의 아내일 것으로 추정했다.[8] 그렇다면 이랑자의 계명은 '구아久我'이며, 그의 양자의 계명은 '도달', 양자 아내의 계명은 '정원'이며, 이랑자는 1661년, 도달은 1706년, 정원은 1708년에 각각 사망한 것으로 추정할 수 있다.

다케바야시 다다시치의 딸인 노파가 이랑자의 후손을 만나기 위해 이 지역을 방문한 연대를 원래 오자키 다지에몬이 기록할 때에는 '보력 3년'이 아닌 '보영寶永 3년'으로 되어 있었다. 이를 훗날 보완하여 집필한 와타나베 겐호는 여기에 대해 의문을 제기하고 있다. 그 이유는 다케바야시가 아코의 낭인집단에 들어가 주군의 원수를 갚고 할복 자결하였을 때의 나이가 32세였고, 그해가 1703년이다. 그런데 그의 딸이 노파가

---

8 柿木村誌編纂委員會, 앞의 책, p.339.

이랑자의 묘

되어 이랑자를 찾았다는 '보영 3년'은 1706년이므로 계산이 맞지 않기 때문이다. 다케바야시가 일찍 결혼하여 25세 때 아이를 낳았다 하더라도 그 아이가 1706년이면 겨우 11세이다. 『길하기』에는 그녀를 '노인'이라고 표현하고 있다. 따라서 이것은 '보력 3년(1753)'을 잘못 표기한 것으로 보는 것이 자연스럽다. 그러면 그녀의 나이가 대략 58세 전후가 되어 노파라는 말과도 합치된다. 이러한 사정을 고려하였는지 위에서 본 가키노키무라가 펴낸 『시목촌지』에서는 이를 아예 보력 3년이라고 정정하여 기술해 놓고 있다.

그럴 가능성이 위의 묘비에서도 발견된다. 보영 3년(1706)은 이랑자의 양자와 그 부인이 모두 살아 있을 때이다. 그러므로 찾아보아도 자손들이 없었다는 말이 성립되지 않는다. 그러나 그것이 보력 3년(1753)이라면 정원이 죽은 지 45년 이후의 일이기 때문에 이랑자의 후손을 찾았을 때 자손도 없고 잡초가 무성한 초라한 무덤만 있었다는 노파의 말과도 일치한다.

이랑자가 울산 출신 여성도공이라는 설의 진원지인 김문길이 울산의 어느 일간지와의 인터뷰에서 "일본으로 끌려간 도공들이 남성일 것이라는 편견들이 많지만, 사실상 도공 중 상당수가 여성이었다는 사실에 주목할 필요가 있다."라고 하면서 '이랑자'는 이름 없는 하층민일 뿐인 여자 도공에게 일본인이 붙여준 이름일 가능성이 높다고 주장을 굽히지 않았다고 한 적이 있다.[9] 그가 이양자를 이랑자로 수정하고, 그 이름이 본명이 아닌 여자 도공에게 붙여준 이름일 것으로 추정하고 있는 것은 서두에서 소개한 일간지와는 약간 차이를 보이고는 있지만, 이랑자가 여성이라고 보는 점에 대해서는 여전히 변하지 않은 태도를 취하고 있다.

그러나 이상에서 보았듯이 이랑자는 이양자가 아니고, 그는 여자가 아니라 남자이며, 정유재란 때 울산에서 왜군에게 잡혀간 사람이었다. 그는 본시 도공이었기 때문에 그 자질을 살려 쓰와노의 인근 가키노키무라에서 등요를 짓고 그릇을 구우며 살다가 1661년경에 세상을 떠난 사람이었다. 그는 현지 여성과 결혼하였으나 자식이 없어서 대를 잇기 위해 양자를 받아들였고, 그 양자에게도 자식이 없었는지 일찍이 대가 끊어졌다. 이같이 일본에서 이랑자의 삶과 가계는 일찍 끝나 버렸다.

9 『경상일보』(2010년 10월 5일 자).

## 4. 또 한 명의 포로 맹이관

　그렇다면 김문길이 말하는 것처럼 이랑자는 울산 출신의 조선인인 가? 여기에 대해서도 『길하기』는 중요한 단서를 남기고 있다. 그것에 의하면 이랑자는 무림강의 일족이며, 무림강은 당토唐土 출신이라고 하고, 또 이랑자를 당인이라고 하고 있기 때문이다. 그러므로 그를 중국인 이라고 보는 것이 지극히 자연스러울 수도 있다. 그러나 당시 일본에서 는 외국인을 당인이라고 하고, 그에 따라 외국을 당토唐土라고 표현하기 도 했다. 그러므로 당토, 당인이라고 한 것만으로 이랑자를 중국인으로 보기에는 충분하지 않다. 실제로 규슈九州와 시코쿠四國 지역에서 흔히 보이는 당인정唐人町은 중국인들이 사는 마을이 아닌 조선인들이 사는 마을을 지칭하는 경우가 많기 때문이다. 그러므로 그 말은 얼마든지 조 선인에게도 적용될 수 있는 외국인을 통칭하는 말이기도 하므로 이랑자 의 출신지를 생각할 때는 신중을 기할 필요가 있다.

　『길하기』에서 제시된 단서는 이랑자가 다케바야시 다다시치의 선조 무림강의 일족이라는 사실이다. 더군다나 다다시치는 일본인이면 누구 나 다 알고 있는 『충신장忠臣藏』이라는 이야기에 등장하는 47인의 사무 라이 중 한 명이다. 『충신장』이란 조류리淨瑠璃(=文樂)라는 전통 인형극 및 가부키歌舞伎라는 전통연극 무대에 자주 올려지는 『가명본충신장仮名 手本忠臣藏』을 통칭하는 말인데, 이 연극은 에도江戶 중기 때 발생한 겐로 쿠 아코 사건元禄赤穂事件을 테마로 한 것이었다.

　이 사건에 대해 『길하기』에서도 잠시 언급되어 있지만, 그 내용을 간략히 소개하면 다음과 같다. 즉, 1701년(元禄14) 4월 21일 막부의 쇼 군이 거주하는 에도 성江戶城 마쓰노오오로키松之大廊下라는 복도에서 아코 번赤穗藩 영주 아사노 나가노리浅野長矩(1667~1701)[10]가 기라 요시히사吉良義央(=上野介)[11]에게 칼을 뽑아 상처를 입혔다. 천황이 막부에 파견한 칙사의 접대를 둘러싸고 빚어진 갈등이었다. 이 사건으로 가해자가 된 아사노는 즉시 할복 처분을 당해 목숨을 잃고, 피해자가 된 기라는 그 책임을 묻지 않는 것으로 결론이 났다. 그 결과에 불복하는 아코 번의 가로家老 오이시 요시오大石良雄(=内蔵助: 1659~1703)를 비롯한 구 아코 번의 사무라이 47명이 우여곡절 끝에 1703년(元禄15) 1월 30일 새벽 기라의 저택에 쳐들어가 복수를 감행하여 성공을 거둔다.

이 부분에 대해 좀 더 상세히 서술하면 이들이 기라의 저택을 기습하였을 때 미처 방비를 못한 기라의 호위무사들도 맞서 싸웠지만, 기라 자신은 숯 창고에 숨을 쉬고 있었다. 아코의 낭인들은 기라를 찾았지만 쉽게 찾아지지 않았다. 그러던 중 아코의 낭인들이 부엌 옆 숯 창고에서 인기척이 나서 안으로 들어가려고 하니 접시와 숯 등을 던지면서 2명의 기라 부하들이 공격하기에 이를 피하기 위해 밑으로 엎드리자 창고 안에서 무언가 움직이는 것이 있었다. 이때다 싶어 창으로 찌르자 기라가 칼을 빼어 저항하였다. 그때 다케바야시 다다시치가 그의 목을 베었다는 것이다.

그 후 47명의 무사들은 막부로부터 할복자결의 처분을 받아 목숨을

10 반슈 아코 번播磨赤穗藩의 제3대 번주. 관위는 종5위하從五位下 다쿠노가미内匠頭. 관명에 따라 아사노타쿠미노가미浅野内匠頭라고 부르는 경우가 많다.
11 에도 전기의 무사. 에도 출신. 어릴 때 이름은 사부로三郎. 통칭은 左近. 從四位上左近衛權少将, 고즈케노스케上野介. 흔히 기라노 고즈케노스케吉良上野介라고도 한다. 겐로쿠 아코 사건의 당사자. 『충신장』에서는 악역으로 나오지만 자신의 영지 三河国幡豆郡吉良에서는 새로운 농지개발에 힘써 주민들의 소득증대를 가져다 준 명군으로 손꼽힌다. 그의 가문은 조부 義弥 이래 고가高家로서 막부의 의전을 책임지는 역할을 맡았다. 에도 성에서 칙사접대를 둘러싼 갈등으로 인해 아사노 나가노리에 의해 부상을 입고 은거를 했으나 나가노리의 가신이었던 오이시를 비롯한 낭인들의 습격을 받아 1702년 61세의 나이로 사망했다.

끊었다. 이 사건은 당시는 물론 오늘날에도 미화가 되어, 이들은 주군을 위해 복수극을 벌인 '충의忠義의 의사義士'로서 일본국민들에게 사랑을 받고 있다. 『길하기』에 의하면 무림강의 후손 다다시치의 모친이 아코 번의 영주 아사노 나가노리의 유모였기 때문에 이들은 서로 젖형제라고 했다. 다시 말하자면 이들 사이는 누구보다도 각별했다는 것이다. 더군다나 다다시치는 기라의 목을 직접 벤 장본인이다. 따라서 그에 대한 관심은 일찍부터 있었다. 그러므로 그에 관한 자료가 여기저기서 산견된다. 여기에 주목할 필요가 있다. 왜냐하면 다다시치의 선조인 무림강의 출신지가 밝혀지면 그와 같은 고향인 이랑자의 출신지도 자연스럽게 해결될 것이기 때문이다.

다케바야시 다다시치의 본명은 다케바야시 다카시게武林隆重(1672~1703)이다. 그는 에도 시대江戸時代 전기 아코 번의 무사였고, 통칭으로 다다시치라 불렀다. 그의 부친은 와타나베 고토시게渡辺式重이고, 모친은 기타가와 구베이北川久兵衛의 딸이었다. 고토시게의 부친은 와타나베 고토노리渡辺士式(?~1657)이다. 그는 일반적으로 치안治庵이라 불려졌다.

가니 히로아키可児弘明의 연구에 따르면 치안의 11대손 야마다 가즈히코山田一彦가 치안을 시조로 하는 「선조유서서先祖由緒書」를 소장하고 있는데, 그것에 의하면 "원조무림치암사식元祖武林治庵士式, 초명이관初名二官" "본국중화생항주무림군本國中華生國杭州武林郡" "추국공맹가육십일세손鄒國公孟軻六十一世之孫"이라고 표현되어 있다 한다.[12]

이 말대로라면 그의 시조 무림치암사식武林治庵士式은 원래 이름이 이관二官인데, 본국이 중국 항주 무림군 출신이며, 추국공鄒國公 맹가孟軻의

---

12 可児弘明, 「研究ノート 孟二寛とその後裔 〈補遺〉」, 『史學』 75卷-2, 3號(慶應義塾大學, 2007), p.144.

도쿄 천악사泉岳寺의 다케바야시 다다시치 묘

6세손이라는 것이다. 그렇다면 그의 본명은 와타나베 고토노리가 아니라 맹이관孟二官이다. 그리고 무림강이란 그의 고향 이름을 딴 별칭이었다. 또 그는 명나라의 유격부관遊撃副官으로 조선으로 파견된 인물이기도 했다.[13]

이러한 그가 어떻게 일본에 살게 되었을까? 여기에 대해서도 비교적 빠른 시기에 관심을 가진 자가 있었다. 그는 다름 아닌 무로큐 소室鳩巣(1658~1734)[14]였다. 그는 다다시치와 거의 동시대를 살았던 당시 주자학자이다. 그가 1703년에 펴낸 자신의 저서 『적수의인록赤穗義人錄』(卷下)에는 "다카시게의 선조는 조선인이며, 성씨는 불명이며, 그가 있었던 곳이 무림武林이었다고 한다. 문록연간文祿年間 중 도요토미 히데요시豊臣秀吉의 조선 침략이 있었던 일이다. (그때) 다카시게의 선조가 일본군에 포로가 된 것이다. 그 자손들은 드디어 일본인이 되었으며, 비로소 선조가 태어난 곳을 자신들의 성씨를 삼았다"[15]라고 하였다가, 그 이듬해 1704년에 낸 그의 저서 『구소소

---

13 可児弘明, 「孟二寛研究の現状と問題点」, 『中央義士会会報』(中央義士会, 2007), p.3.
14 에도 출신 주자학자. 15세 때 가가 번(加賀藩)의 가신이 되었다. 그 후 에도 시대를 대표하는 학자 키노시타 준안木下順庵의 문하에서 수학, 그 후 동문인 아라이 하쿠세키新井白石의 천거로 막부의 유관儒官이 되어 합리적인 인재등용을 위한 제도를 만드는 등 쇼군 요시무네吉宗의 개혁정치를 보좌하였고, 이어서 이에시게家重의 시강侍講이 되는 등 권력의 측근에 있었다. 아코 사건을 보고 지은 그의 저서 『義人錄』은 주군과 신하의 충과 의리를 강조하는 입장에서 쓰인 것이므로 당연히 47명의 사무라이들은 이를 상징하는 인물로서 칭송되었다.
15 石井紫郎校注, 「赤穗義人錄」 下, 『近世武家思想』(岩波書店, 1977), p.330.

설鳩巣小說』(卷下)에서는 "조선에 원군으로 파견된 명나라 항주 무림 출신 맹이관孟二寬이며, 그의 향리 이름을 따서 일본에서는 다케바야시 치안武林治庵이라고 칭하고 의술로서 생계를 유지했다."라고 정정하여 펴냈다.[16]

이러한 행위에서 보듯이 아마도 그는 처음에는 맹이관에 대해서 잘 몰랐던 것 같다. 단순히 히데요시의 조선 침략 때 조선에서 포로가 된 자라는 것만으로 당사자를 조선인이라고 단정했고, 또 다다시치의 가계도 파악하지 못해 성씨와 이름도 모른다고 하였다. 그러나 그 이듬 해에는 그에 대한 비교적 상세한 정보를 입수하였는지 다다시치를 중국인 맹이관의 후손이라고 정정하여 설명하였던 것이다.

그 이후 이것이 거의 정설화되었다. 그 예로 오카다 기요시岡田淸가 『엄도도회嚴島圖繪』에서 쓴 글에서도 "고토노리는 맹자의 후예로서 중국(漢土) 항저우 무림군의 사람이다. 명나라 말기 우리 일본에 귀화하여 다케바야시 치안武林治庵이라 칭하였다."라고 하였고,[17] 또 아코의 47명 사무라이에 대한 정보를 총망라한 사전에서도 "히데요시의 정명征明 이후 명나라 사람 맹이관이 귀화하여 일본인과 결혼하여, 그 자식은 완전한 일본인이 되었다. 자손 중에 와타나베 헤우에몬渡部平右衛門이라는 자가 있는데, 그가 처음으로 아코 번의 번사가 되었다고 보아야 하며, 다케바야시 다다시치는 그 자의 아들이다."라고 서술하고 있는 것이다.[18]

이상에서 보듯이 다다시치의 조부 맹이관은 중국 항주 무림군 출신

---

16 近藤甁城 編, 『續史籍集覽』 6, 所收 「鳩巢小說」(臨川書店, 1985); 可児弘明, 「研究ノート 孟二寬とその後裔」, 『史學(74卷-4號)』(慶應義塾大学, 2006), p.101에서 재인용.

17 可児弘明, 앞의 논문, p.150에서 재인용.

18 『增訂赤穗義士事典』(新人物往來社, 1983), p.249; 可児弘明, 앞의 논문, pp.97-98에서 재인용.

으로 임란 때 조선을 돕기 위해 파견된 명나라 병사였고, 그는 조선에서 전쟁을 치르다가 왜군에게 포로가 되어 일본에 정착하여 때로는 다케바야시 혹은 와타나베 고토노리라 하였고, 통칭으로는 치안治庵이라고도 했던 자이다. 『길하기』에 의하면 그가 이랑자와 함께 울산에서 포로가 되었다는 것이다.

그럼에도 불구하고 맹이관의 도일에 대해 지금까지 몇 가지 견해들이 있다. 이를 종합하면 대략 다음과 같이 두 가지로 정리된다. 하나는 일본표류설이고, 또 다른 하나는 전쟁포로설이다.

전자는 그의 묘비와 「선조유서」에 적힌 내용에 의거한 것이다. 그의 묘가 히로시마広島의 남상원南湘院이라는 사찰에 있는데, 그 묘비의 정면에는 "치안헌도대덕治庵玄道大德, 각옹신독기사覺翁信篤居士", 측면에 "치안治庵의 이름은 사성士成인데, 명나라 항주 무림군 출신으로 나가토長門에 표류하여 맹이관이라 했다(治庵名士成明杭州武林郡人漂流仕長門國稱孟二官)."라는 내용이 새겨져 있는 것이다. 이러한 내용은 「선조유서先祖由緖書」에도 나타나 있다. 즉, 관영연간寬永年間(1624~1643)에 나가토에 표류하여 한 때 나가토 번에서 살다가 1643년(寬永20)에 아오키 시게카네青木重兼의 알선으로 히로시마 번広島藩의 사무라이가 된 것으로 서술되어 있는 것이다.[19] 그러나 이러한 내용을 그대로 믿기 어렵다. 그가 처음으로 일본에 표류한 곳이 나가토라 했다. 중국의 남쪽 항주에서 이곳으로 표류한다는 것은 거의 불가능에 가깝다. 그러므로 이 설은 그가 전쟁포로였다는 부끄러운 역사적 사실을 숨기려는 의도에서 나온 것으로 볼 수밖에 없는 것이다.

19 可児弘明, 앞의 논문, p.145.

후자의 경우는 다시 두 가지 견해로 나누어진다. 하나는 남원에서 포로가 되었다는 설이고, 또 다른 하나는 울산에서 포로가 되었다는 설이다. 남원설은 역사학자 나이토 순보內藤雋輔에 의해 제기된 것이다. 그는 『부록譜錄』과 『추번벌열록萩藩閥閱錄』과 같은 하기번의 기록을 근거로 맹이관을 1597년 8월 남원성 전투에서 전라도병마절도사의 아들 이성현李聖賢(당시 7세)의 호위무사였는데, 성이 함락될 위기에 처하자 이성현 그리고 한 명의 종자와 함께 성을 빠져나왔으나 모리毛利의 가신 아소누마 모토히데阿曾沼元秀(?~1597)의 휘하 부대에 체포되어 나가토로 송치되었다는 것이다. 그는 또 맹이관이 이성현의 후손인 정현正玄에게 힌방에서 전해지는 비파엽탕枇杷葉湯의 제조 기술을 전수했다고도 했다.[20]

아소누마가 남원성 전투에 참가한 것은 사실이다. 그리고 이성현은 일본에 있어서 리노우에李家라는 성씨의 시조이며, 남원성 전투에서 사망한 이복남李福男 장군의 아들로 알려진 인물이다. 그러므로 나이토의 견해에는 다소 일리가 있다. 그러나 역사학자 가니 히로아키가 확인해 본 바, 그가 종자 2명과 함께 일본으로 보내진 것은 사실이나, 나이토가 증거로 들었던 『벌열록』과 『보록』에는 그 종자 2명의 이름이 기입되어 있지 않으며, 또한 이들에 대해 두 문헌 모두 "아들 또는 손자에 이르러 후손이 단절되었다(子又孫二至斷絶仕候)."라고 설명하고 있기 때문에 맹이관이 이들 중 한 명이라고 보기에는 힘들다고 지적하고 있다.[21] 더군다나 이 설은 조선의 귀족 아들을 호위하는 무사가 왜 조선인이 아닌 중국인이어야 했는지 그 부분에 대해서도 명쾌하게 설명되지 않는다.

한편 아소누마는 남원성 전투에도 참가하였지만, 울산성 전투에서도

20 內藤雋輔, 『文祿. 慶長役における被擄人の研究』(東京大出版会, 1976), pp.758~759.
21 可児弘明, 앞의 논문, p.147.

참가하여 그곳에서 전사한 왜장이다. 이러한 점을 고려한다면 맹이관은 울산에서 포로가 되었을 가능성도 없지 않다. 왜냐하면 남원에서 퇴각하면서 포로들을 억류하여 울산에 까지 이동시켰다고 보기 보다는 울산에서 잡은 포로들을 일본으로 퇴각할 때 함께 데리고 가는 것이 훨씬 더 용이하며 그 가능성 또한 높기 때문이다.

또 다른 하나의 설은 울산성 전투에서 포로가 된 자라는 설이다. 이 설은 에도 말기에도 널리 퍼져 있었다. 그 대표적인 예로 에도 말기 대표적인 화가 우타가와 구니요시歌川國芳(1798~1861)의 「성충의사전誠忠義士傳 죽림정칠융중竹林定七隆重」이라는 목판화(錦繪=浮世繪) 작품이 있는데, 그것에 "다케바야시 다카시게竹林隆重는 아코赤尾의 구 가신인데, 그 신조가 조선정벌 때 오카노 마사모토奧野正元에게 생포된 다케바야시 다카武林隆의 후예이다."라는 문장이 적혀 있다. 여기서는 비록 다케바야시 다카시게武林隆重를 다케바야시 다카시게竹林隆重로, 아코赤穗를 아코赤尾로, 오카노 쇼칸岡野將監을 오카노 마사모토奧野正元로, 다케바야시 다카武林降를 다케바야시 다카竹林隆로 잘못 표기하고는 있지만, 정유재란 때 울산에서 아사노 군淺野軍 휘하의 오카노 야우에몬岡野彌右衛門에 의해 생포된 중국인 무림강을 말하고 있음은 틀림없다.[22]

이러한 설명은 무림강이 병부상서 형진을 따라 명나라 장수로 조선에 출병하여 울산전투에서 선봉에 서서 싸우다가 오카노 야우에몬에게 체포되어 일본으로 가게 되었다는 『길하기』의 내용과도 일치가 된다. 더군다나 『길하기』에서는 그도 이랑자와 함께 울산에서 왜군에게 포로가 되었다고 기술하고 있다.

22 可児弘明, 앞의 논문, p.146.

오카노 야우에몬의 주군 아사노 요시나가淺野幸長(1576~1613)는 두 차례나 울산 서생포에 머물렀다. 처음에는 임진왜란 때이며, 두 번째가 정유재란 때의 일이다. 더군다나 조명연합군과 일전을 벌였던 것이 정유재란 때의 일이다. 그때 아사노가 이끄는 부대는 서생포에 본거지를 두고 울산으로 나가 명나라 장수 이여매李如梅[23] 부대와 전투를 벌인 적이 있는 것이다. 아마 맹이관이 오카노에게 포로가 되었다면 바로 이때일 것이다. 그가 자손들에게 이랑자에 대해 안타까움을 표현했던 것도 같은 장소에서 체포되어 함께 일본으로 건너가 살면서도 서로 만나지 못하는 애절한 상황에서 나온 것임을 쉽게 짐작할 수 있다. 그러한 것이 고스란히 후손들에게 전해져 증손녀가 노파가 되어 이랑자의 후손을 찾았던 것이다. 그러므로 이 설이 가장 설득력을 지닌다 하지 않을 수 없다.

이같이 보았을 때 이랑자는 정유재란 때 명나라 병사로 조선에 파병되었다가 울산전투에서 같은 고향 출신 맹이관과 함께 왜군의 포로가 되어 일본으로 간 중국인 남성의 도공이었다. 다시 말하여 그는 울산 출신도 아니고, 여성도 아니었던 것이다.

한편 맹이관은 처음에는 의술로서 생계를 유지하였으나 자신을 포로로 잡은 오카노岡野의 소개로 아사노 요시나가의 아우 아사노 나가아키라淺野長晟(1586~1632)의 가신이 되었고, 또 그것이 인연이 되어 아사노

23 생몰년 미상. 명나라 말기 장수. 이성량李成梁의 아들이자 이여송李如松, 이여백李如柏의 아우. 임란 때에는 조선으로 파병된 총병總兵 이여송의 휘하에서 전쟁에 참가하여 1593년에는 고니시 유키나가小西行長 등이 지키는 평양성을 탈환을 하기도 했다. 퇴각하는 일본군을 추격하여 남하하여 같은 해 2월 26일 벽제관에서 벌어진 전투에서는 일본군에게 패퇴하여 평양성으로 철수했다. 1597년 정유재란 때에는 부총병副總兵으로 승진하였고, 경리經理 양호楊鎬·총병 마귀麻貴의 지휘하에 좌협군左協軍의 대장으로서 명군 1만 3,006명 및 이시언李時言 등의 조선군을 이끌고 울산 왜성을 공략했으나 일본 원군의 공격을 받아 끝내 이기지 못하고 경주로 퇴각한 전력을 가지고 있다.

가문의 하녀와 결혼하여, 이름도 다케바야시 유우에몬武林唯右衛門으로 바꾸었고, 거주지도 히로시마로 옮긴 것 같다. 그리고 미야모토 테쓰지宮本哲治의 연구에 의하면 그의 아내는 와타나베 가문의 딸이어서 그가 고향의 이름을 딴 다케바야시라는 성씨 이외에 자신의 성씨를 와타나베渡辺라 칭하는 것은 바로 이 때문이라고 했다.[24]

그는 일본에서 결혼을 두 번 하여 전처와 후처에게서 각기 아들 1명씩 얻었다. 장남이 요이치與市이고, 차남이 헤우에몬平右衛門(=고토시게)이었다. 그중 차남 고토시게가 슬하에 아들 두 명을 두었는데, 장남은 와타나베 가문을 계승하여 와타나베 다다다카渡辺尹隆라 했고, 차남 다카시게隆重는 분가하여 조부가 사용했던 '다케바야시武林'를 자신의 성씨로 삼았다. 이랑자의 후손을 찾아서 가키노기무라를 찾았던 노파는 바로 다카시게의 딸이었던 것이다.

일설에 의하면 다카시게의 형인 다다다카도 1701년 아코의 영주 아사노가 사망한 후 아우인 다카시게와 함께 오이시의 무리에 들어가 주군의 복수를 감행하기를 희망하였으나, 부모 모두 병상에 누워있었던 것을 감안하여 오이시가 그에게 부모의 간병을 권하여 1702년(元祿15) 8월 11일에 어쩔 수 없이 탈퇴를 했다고 한다. 이러한 사정을 잘 알고 있었기 때문에 다카시게가 할복자결한 후, 그의 형으로서 히로시마 번 아사노 본가의 가신으로 발탁되었다. 그리고 그때는 자신의 성씨인 와타나베에서 아우의 성씨인 다케바야시로 바꾸어 자신의 이름을 '다케바야시 간스케武林勘助'라 했다고 전해진다.[25] 다시 말하여 그는 아우 다카시게의 대를 이었던 것이다. 역사가 가니 히로아키는 다카시게는 자식

24 宮本哲治, 『古文書による赤穂義臣伝』(科学書院, 1988), pp.188~189.
25 ウイキペデイア フリー百科辞典의 「武林尹隆」 항목(2014. 02. 01.) 참조.

을 남기지 않고 할복 자결했다고 했다.[26] 만일 그렇다면 가키노키무라에 사는 이랑자의 후손을 찾아 나선 노파는 다케바야시 간스케의 딸이었을 것으로 추정된다.


## 5. 맺음말

이상에서 살펴보았듯이 울산에서 잡혀간 조선의 여성 도공 이양자는 없었다. 그것은 울산에서 왜군의 포로가 된 명나라 병사 이랑자를 잘못 이해한 결과였다. 그러므로 이랑자는 여성도 아니며 조선인도 아니다. 그는 저장성 항저우 무림군 출신의 중국인이다. 그는 정유재란 때 같은 고향 사람 맹이관과 함께 조선의 원군으로 출병하여 울산성에서 왜군과 맞서 싸우다가 왜군의 포로가 된 자였다. 이랑자는 요시미 모토요리, 맹이관은 아사노 요시나가의 휘하 장수들에게 붙잡혀 일본으로 건너가 피로인으로서 살았던 것이다.

그들은 일본에서 각기 다른 길을 걸었다. 이랑자는 요시미의 영지에서 본시 직업이었던 도공의 기술을 살려 등요를 짓고 그릇을 구우며 살았다. 현지 여성과 결혼하여 이름도 마타우에몬이라고 바꾸었다. 그러나 슬하에는 자식이 생겨나지 않아 양자를 받아들였고, 그들에게도 자식이 없어 일찍이 대가 끊겨져 현재는 그가 작업을 했던 가마터와 그의 일족들의 묘가 요시카초에 쓸쓸히 남아 있을 뿐이다.

한편 맹이관은 중국에서 익힌 의술로 생계를 유지하다가 자신을 포

---

26 可児弘明, 앞의 논문, p.144.

로로 잡은 오카노 쇼칸의 도움을 받아 히로시마 번의 의관이 되었고, 그것이 계기가 되어 자식들도 무사계급의 사람이 되었다. 그도 일본어성과 결혼하여 아들 두 명을 얻었으며, 차남의 자식 2명 중 한 명이 기라의 목을 벤 다케바야시 다카시게이다. 그 덕택으로 그의 후손은 일본에서도 충의를 상징하는 명문가문으로서 오늘에 이르기까지 이어져 오고 있다. 이처럼 울산에서 왜군들에게 포로가 되어 일본에서 살게 된 두 사람의 인생은 너무나 판이하게 달랐다.

최근 하기 시萩市 거주 소설가이자 도예가이기도 한 요시오카吉岡曉藏 씨가 그의 개인 블로그를 통해 이랑자의 계명인 '구아久我'가 17세기 하기에서 도공으로 활약한 미와케三輪家의 시조 아카나 구라노스케赤穴内蔵助의 오와 일치한다는 점을 밝히고, 이랑자는 곧 아카나 구라노스케라고 쓴 내용의 소설을 공개하고 있다. 이처럼 울산에서 왜군에게 포로가 된 이랑자에 대해서는 여전히 풀리지 않은 의문점들이 남아 있다. 앞으로 여기에 대한 연구가 진행되어질 때 이들에 대한 실체가 더욱더 뚜렷하게 드러날 것이다. 이를 위한 계속적인 작업이 본 연구의 앞에 놓인 과제가 아닐 수 없다.

## 제1장 후쿠오카 지역의 임란포로

강홍중, 「동사록」, 『고전국역총서 해행총재』 3(민족문화추진회, 1989).

김용기, 「임진왜란의 피로인 쇄환관계 신자료 〈해동기〉고」, 『대구사학(1)』(대구사학회, 1969).

경 섬, 「해사록」, 『고전국역총서 해행총재』 3(민족문화추진회, 1989).

이경직, 「부상록」, 『고전국역총서 해행총재』 3(민족문화추진회, 1989).

이원순, 「임진·정유왜란 시의 조선인 포로·노예 문제 －임란성격 일모－」, 『조선시대 사논집』(느티나무, 1993),.

오윤겸, 「동사상일록」, 『고전국역총서 해행총재』 2(민족문화추진회, 1989).

윤유숙, 「근세초 서일본 지역 조선인 집단 거주지」, 『사총』 68(역사학연구회, 2009).

服部英雄, 「前近代のチャイナタウン.コリアタウン」, 『동북아세아문화학회 국제학술대회 발표자료집』(동북아세아문화학회, 2008).

加藤一純·鷹取周成, 『筑前國續風土記附錄』 上(文獻出版, 1977).

内藤雋輔, 「文祿, 慶長役における被虜人遺聞 －宗敎家の場合－」, 『朝鮮学報(49)』(朝鮮学会, 1968).

_____, 『文祿. 慶長役における被虜人の研究』(東京大學出版會, 1979).

尹達世, 『四百年の長い道』(リーブル出版, 2003).

강홍중, 「동사록」, 『고전국역총서 해행총재』 3(민족문화추진회, 1989).

노성환, 「일본 사가 시에 남은 임진과 정유왜란」, 『일어교육』 46(한국일본어교육학회, 2008).

최 관, 『일본과 임진왜란』(고려대학교 출판부, 2003).

홍종필, 「임란 400년 한민족혼 일본서 숨쉰다 (19) 경동제약기술－의업의 두 명인」, 『동아일보』(1992년 6월 19일 자).

服部英雄, 「前近代日本のチャイナタウン, コリアンタウン」, 『바다와 인문학의 만남, 동북아세아, 동아시아일본학회 연합국제학술대회프로시딩』(동북아세아문화학회, 2008).

米谷均, 「사로잡힌 조선인들 －전후 조선인 포로 송환에 대하여－」, 정두희·이경순 엮음, 『임진왜란 동아시아 삼국전쟁』(휴머니스트, 2007).

青木歳幸, 「朝鮮国王子孫古川家由緒書」, 『海外交流と小城の洋学』(佐賀大学地域学歴史文化研究センター, 2007).

_____, 「近世佐賀藩醫学の先進性」, 『佐賀學 佐賀の歴史, 文化, 環境』(佐賀大学 佐賀学創成プロジェクト, 2011).

阿部桂司, 「更紗と李九山」, 『季刊 三千里』 17(三千里社, 1979).

李進熙, 「小西行長」, 『文祿, 慶長の役』(學研, 1993).

大園弘, 「鍋島更紗雑記 －九山道清と同時代の人々」, 『鍋島更紗·段通展: 日本の更紗, 世界の更紗·段通をたずねて』(佐賀縣立博物館, 1977).

栗原耕吾, 「葉隠にみる朝鮮人, 林榮久父子のこと」, 『葉隠研究』 48(葉隠研究會, 2002).

內藤雋輔, 『文祿慶長役における被虜人の研究』(東京大出版部, 1976).

中島浩氣, 『肥前陶磁史考』〈復刻版〉(靑潮社, 1985).

中里紀元, 「肥前の朝鮮陶工」, 『佐賀の歴史と民俗』(福岡博先生古稀記念誌, 2002).

小宮陸之, 「洪浩然と佐賀縣」, 『佐賀縣立名護屋城博物館研究紀要』 2(佐賀縣立名護屋城博物館, 1996).

佐賀縣立博物館編, 「九山家. 江口家. 江頭家 家系圖」, 『鍋島更紗・段通展: 日本の更紗,
　　　世界の更紗・段通をたずねて』(佐賀縣立博物館, 1977).

志波深雪, 「多久に伝わる韓國少年の傳說」, 『葉隱硏究』 48(葉隱硏究會, 2002).

高橋明彦, 「飜刻, 古賀侗庵 『今齊諧』(乾)」, 『金澤美術工藝大學紀要』 44(金澤美術工藝
　　　大學, 2000).

益田滋人, 「鍋島更紗. 口傳の謎」, 『葉隱硏究』 48(葉隱硏究會, 2002).

富岡行昌, 「唐津城下の唐人町」, 『佐賀縣大百科事典』(佐賀縣大百科事典編輯委員會,
　　　1983).

寺崎宗俊, 『肥前名護屋城の人人』(佐賀新聞社, 1993).

山本常朝, 『葉隱』 上, 松永義弘 譯(敎育社, 1983).

＿＿＿＿, 『葉隱』 中, 松永義弘 譯(敎育社, 1983).

＿＿＿＿, 『葉隱』 下, 松永義弘 譯(敎育社, 1983).

尹達世, 『四百年の長い道』(リーブル出版, 2003).

## 제3장 사가의 조선인 사무라이 홍호연

김달수, 『일본열도에 흐르는 한국혼』(동아일보사, 1993).

김태준, 「일본 신유학의 발흥과 이퇴계의 영향」, 『임진란과 조선문화의 동점』(한국연구
　　　원, 1977).

민덕기, 「임진왜란에 납치된 조선인과 정보의 교류」, 『사학연구』 74(한국사학회, 2004).

＿＿＿, 「임진왜란기 납치된 조선인의 일본잔류 배경과 그들의 정체성 인식」, 『한국사연
　　　구』 140(한국사연구회, 2008).

최 관, 『일본과 임진왜란』(고려대학교 출판부, 2003).

하우봉, 「임란직후 조선문화가 일본에 끼친 영향」, 『임진왜란과 한일관계』(경인문화사,
　　　2005).

服部英雄, 「前近代日本のチャイナタウン. コリアタウン」, 『동북아세아문화학회국제학

술대회프로시딩』(2008년 11월 29일).

浦川和也, 「洪浩然と洪家の系譜 －洪浩然. 洪家史料の目錄と解題－」, 『研究紀要』14
    (佐賀縣立名護屋城博物館, 2008).

金聲翰, 『日本のなかの朝鮮紀行』(三省堂, 1986).

栗原耕吾, 「葉隱にみる朝鮮人. 林榮久父子のこと」, 『葉隱硏究』48(葉隱硏究會, 2002).

內藤雋輔, 『文祿慶長役における被虜人の硏究』(東京大出版部, 1976).

小宮陸之, 「洪浩然と佐賀縣」, 『佐賀縣立名護屋城博物館硏究紀要』 2(佐賀縣立名護屋
    城博物館, 1996).

寺崎宗俊, 『肥前名護屋城の人人』(佐賀新聞社, 1993).

三好不二雄, 「佐賀の儒者 洪浩然」, 『葉隱硏究』48(葉隱硏究會, 2002).


제4장 나가사키 지역의 임란포로

강홍중, 「동사록」, 『고전국역총서 해행총재』 3(민족문화추진회, 1989).

김문길, 『임진왜란은 문화전쟁이다』(혜안, 1995).

김옥희, 「임란 때 피납된 조선 여성들의 일본에서의 순교와 신앙생활」, 『사학연구』 36
    (한국사학회, 1983).

김태준, 「정유년 포로 조완벽과 기리시탄」, 『임진란과 조선문화의 동점』(한국연구원,
    1977), p.291.

권혁래, 「조완벽전의 텍스트와 문학적 의미 인구」, 『어문학(100)』(한국어문학회, 2008).

민덕기, 「임진왜란에 납치된 조선인의 일본생활」, 『호서사학』 36(호서사학회, 2003).

오세영, 『베니스의 개성상인』(장원, 1993).

이원순, 「임진·정유왜란 시의 조선인 포로·노예 문제」, 『변태섭 박사 화갑기념 사학논
    총』(삼영사, 1985).

中村等, 「壬辰丁酉倭亂の被擄人の軌跡 －長崎在住者の場合－」, 『한국사론』 22(국사
    편찬위원회, 1992).

_____, 『文祿．慶長の役』(吉川弘文館, 2008).

金達壽, 「日本のなかの朝鮮文化 －肥前 肥後(長崎縣, 佐賀縣, 熊本縣)－」, 『月刊. 韓國
　　　　文化』 3(발행처, 1988).

佐賀縣立九州陶磁文化館, 『朝鮮の役における大村喜前の行動と波佐見燒陶工に関する
　　　　資料』(2001. 3. 31.).

幸基秀, 「役の裏面史 ＜人さらい戰爭＞」, 『歷史群像シリーズ(35) －文綠. 慶長の役－』
　　　　(學研, 1993).

寺崎宗俊, 『肥前名護屋城の人々』(佐賀新聞社, 1993).

長崎縣高等學校教育研究會社會科部會, 『長崎縣の歷史散步』(山川出版社, 1974).

波佐見市史編纂委員會, 『波佐見史』 上(波佐見町教育委員會, 1976).

藤木久志, 『雜兵たちの戰場 －中世の傭兵と奴隷狩り－』(朝日新聞社, 1995).

深潟久, 『長崎女人傳』 上(西日本新聞社, 1980).

フロイス, 『日本史(12) 西九州編』〈松田毅一, 川崎桃太譯〉(中央公論社, 1980).

松浦靜山, 『甲子夜話』 〈中村幸彦, 中村三敏校訂〉(平凡社東洋文庫, 1980).

山口正之, 「朝鮮役に於ける捕虜人の行方－朝鮮被虜賣買の一例－」, 『靑丘學叢(8)』(靑
　　　　丘學會, 1932), p.140.

尹達世, 『四百年の長い道』(リーブル出版, 2003).

## 제5장 나가사키 지역의 조선인 천주교도

김옥희, 「임란 때 피납된 조선 여성들의 일본에서의 순교와 신앙생활」, 『사학연구』 36
　　　　(한국사학회, 1983).

김태준, 「임진란의 이미지와 한일관계」, 『임진란과 조선문화의 동점』(한국연구원,
　　　　1977).

민덕기, 「임진왜란에 납치된 조선인의 일본생활」, 『호서사학』 36(호서사학회, 2003).

_____, 「임진왜란기 납치된 조선인의 일본잔류 배경과 그들의 정체성 인식」, 『한국사
　　　　연구』 140(한국사연구회, 2008).

박양자, 『일본 키리시탄 순교사와 조선인』(도서출판 순교의 맥, 2008).

박철, 「16세기 한국 선교회사 사료연구」, 『외대사학』 7(한국외국어대학교 역사문화연
　　구소, 1997).

박화진, 「일본 그리스챤 시대의 규슈지역에 대한 고찰」, 『역사와 경계』 54(경남사학회,
　　2005).

이원순, 「임진·정유왜란 시의 조선인 포로·노예 문제」, 『변태섭 박사 화갑기념 사학논
　　총』(삼영사, 1985).

_____, 『조선 시대사론집』(느티나무, 1993).

中村質, 「壬辰丁酉倭亂の被擄人の軌跡 －長崎在住者の場合 －」, 『한국사론』 22(국사
　　편찬위원회, 1992).

浦川和三郞, 『朝鮮殉敎史』(全國書房, 1944).

大石學, 「近世日本における朝鮮人」, 『日本歷史』 9(日本歷史學會, 2005).

姜在彦, 『玄界灘に架けた 歷史』(朝日新聞社, 1993).

藤木久志, 『天下統一と朝鮮侵略』(講談社, 2005).

フロイス, 『日本史(12) 西九州編』〈松田毅一, 川崎桃太譯〉(中央公論社, 1980).

中野等, 『文祿 .慶長の役』(吉川弘文館, 2008).

朴洋子, 「日本でキリシタンになって殉教した朝鮮人」, 『第22回　福岡大會, プログラム
　　硏究論文集』(全国かくれキリシタン硏究會, 2010).

山口正之, 『朝鮮西敎史』(雄山閣, 1967).

尹達世, 『四百年の長い道』(リーブル出版, 2003).

レオン ハジェス・吉田小五郞譯, 『日本切支丹宗門史』 中(岩波書店, 1938).

_____, 『日本切支丹宗門史』 下(岩波書店, 1938).

ルイズデメデイナ、ホアン. ガルシア(Juan G. luiz－de－Medina), 『遥かなる高麗』(近
　　藤出版, 1988).

김강식, 「임진왜란 당시 함경도 백성들은 왜 조선 왕자를 일본군에 넘겼나?」, 『내일을
　　　여는 역사』 29(내일을 여는 역사, 2007).

김문길, 『임진왜란은 문화전쟁이다』(혜안, 1995).

_____, 『일본 속의 가야문화』(가락국사적개발연구원, 2003).

김승한, 「가등청정의 볼모 일요상인의 서한」, 『일본에 심은 한국』 1(중앙일보 동양방송,
　　　1979).

김태준, 「일본 신유학의 발흥과 이퇴계의 영향」, 『임진란과 조선문화의 동점』(한국연구
　　　원, 1977).

노성환, 『일본 속의 한국』(울산대 출판부, 1997).

박양자, 『일본 키리시탄 순교사와 조선인』(도서출판 순교의 맥, 2008).

최　관, 『일본과 임진왜란』(고려대출판부, 2003).

하우봉, 「임란직후 조선문화가 일본에 끼친 영향」, 한일관계사연구논집 편찬위원회 편,
　　　『임진왜란과 한일관계』(경인문화사, 2005).

服部英雄, 「前近代日本のチャイナタウン. コリアンタウン」, 『바다와 인문학의 만남, 동
　　　북아세아, 동아시아일본학회 연합 국제학술대회 프로시딩』(동북아세아문화학
　　　회, 2008).

秋岡武次郎, 『日本地圖史』(河出書房, 1955).

阿部桂司, 「七寶と肥後象嵌」, 『季刊 三千里』 21(三千里社, 1980).

_____, 「手漉和紙と朝鮮」, 『季刊 三千里』 24(三千里社, 1980).

荒木精之, 『熊本歷史散步』(創元社, 1972).

_____, 『加藤淸正』(葦書房, 1989).

上田正昭・辛基秀・仲尾宏, 『朝鮮通信使とその時代』(明石書店, 2001).

加藤淸正と本妙寺の至寶展實行委員會, 『加藤淸正と本妙寺の至寶展 圖錄』(本妙寺,
　　　2010).

川村晃, 『熊本城』(成美堂出版, 1987).

金聲翰, 「余大男」, 『日本のなかの朝鮮紀行』(三省堂, 1986).

熊本市, 『熊本市史』 5(熊本市, 1932).

熊本出版文化會館編, 『肥後の淸正』(亞紀書房, 1990).

島津亮二, 『小西行長』(八木書店, 2010).

內藤雋輔, 『文祿. 慶長役における被虜人の研究』(東京大出版會, 1976).

中野嘉太郎, 『加藤淸正傳』(隆文館, 1909).

中西眞美子, 「八代傳來の朝鮮古面について」, 『小西行長 －2007年度 秋季特別展覽會
　　　八代の歷史と文化－』(八代市立博物館, 2007).

藤木久志, 『雜兵たちの戰場』(朝日新聞社, 1995).

松田甲, 『日鮮史話』 1(原書房, 1976).

森田誠一, 『熊本縣の歷史』(山川出版社, 1988).

_____, 「肥後(熊本)と韓來文化」, 金正柱 編, 『韓來文化の後榮』 下(韓國資料研究所,
　　　1963).

武藤嚴男外 2人編纂, 『肥後文獻叢書 別卷』 1(歷史圖書社, 1971).

矢野四年生, 『加藤淸正』(淸水弘文堂, 1991).

尹達世, 『四百年の長い道』(リーブル出版, 2003).

五野井隆史, 「被虜朝鮮人とキリスト教 －16, 17世紀日韓キリスト教關係史－」, 『東京
　　　大學史料編纂所研究紀要』 13(2003).

제7장 구마모토 본묘사의 고려상인 여대남

김승한, 「가등청정의 볼모 일요상인의 서한」, 『일본에 심은 한국』 1(중앙일보 동양방송,
　　　1979).

노성환, 『일본 속의 한국』(울산대 출판부, 1997).

민덕기, 「임진왜란에 납치된 조선인과 정보교류」, 『사학연구』 74(한국사학회, 2004).

신기수, 「임란 400주년 한민족 혼 일본서 숨 쉰다 (14) 본묘사 보물 여씨 부자 서신」,
　　　『동아일보』(1992년 6월 3일 자).

荒木精之, 『熊本歷史散策』(創元社, 1972).

金聲翰, 「余大男」 『日本のなかの朝鮮紀行』(三省堂, 1986).

熊本日日新聞社編輯局 編, 『地域學シリーズ (6) 新. 熊飽學』(熊本日日新聞社, 1990).

內藤雋輔, 『文祿, 慶長役における被擄人の硏究』(東京大出版會, 1976).

森田誠一, 「肥後の韓來文化」, 金正柱 編, 『韓來文化の後榮』下(韓國資料硏究所, 1963).

李進熙, 『江戶時代の朝鮮通信使』(講談社, 1987).

## 제8장 가고시마 지역의 임란포로

경섬, 「해시록」, 『고진국역총서 해행총재』 3(민족문화추진회, 1989).

노성환, 「나에시로가와의 조선도공 마을에 관한 일고찰」, 『일어일문학』 35(대한일어일
　　　문학회, 2007).

_____, 「옥산신사의 제의와 조선가요에 대한 고찰」, 『일본언어문화』 11(한국일본언어
　　　문화학회, 2007).

_____, 「만들어진 도공신화」, 『일본언어문화』 12(한국일본언어문화학회, 2008).

中野等, 「풍신수길의 대륙침공과 조선인 도공」, 한일관계사학회 편, 『한·일 도자문화의
　　　교류양상』(경인문화사, 2005).

豊川任氏中央宗親會, 「失われた血族井元家を發見して」(개인자료).

大武進, 『薩摩苗代川新考』(個人出版, 1996).

『鹿兒島縣史料 舊記雜錄後篇(3)』 530號 文書.

『鹿兒島縣史料 舊記雜錄後篇(3)』 342號 文書.

木場武則, 「高麗渡來人 高麗ばさんのこと」, 『川內歷史散步』.

源惟盛香, 『成香集〈卷1〉』, 『新薩藩叢書』 3(歷史図書社, 1971).

姜魏堂, 『秘匿 薩摩の壺屋』(晴文社, 1979).

『川內市史古文書編』, 「國分氏由緖書」.

得能通昭, 『西藩野史〈卷13〉』, 『新薩藩叢書』 2(復刻板, 1967).

藤木久志, 『雑兵たちの戦場 −中世の傭兵と奴隷狩り−』(朝日新聞社, 1995).

閔德基, 『前近代東アジアのなかの韓日關係』(早稲田大學出版部, 1994).

尹達世, 『四百年の長い道』(リーブル出版, 2003).

### 제9장 규슈 동남부 지역의 임란포로

민덕기, 「임진왜란에 납치된 조선인과 정보의 교류」, 『사학연구』 74(한국사학회, 2004).

服部英雄, 「前近代日本のチャイナタウン, コリアンタウン」, 『바다와 인문학의 만남, 동
　　　　북아세아, 동아시아일본학회 연합 국제학술대회 프로시딩』(동북아세아문화학
　　　　회, 2008).

久多羅木儀一郎, 『大分縣海外交通史』(金洋堂書店, 1935).

內藤雋輔, 『文祿, 慶長役における被虜人の研究』(東京大出版部, 1976).

竹田市史刊行會, 『竹田市史』中(竹田市, 1984).

直入郡教育會, 『直入郡志』(名著出版, 1973).

田中時次郎, 「椎の峰　緒方廣兵衛高信」, 『からすんまくら』 19(1977년 9월 15일 자).

尹達世, 『四百年の長い道』(リーブル出版, 2003).

中村質, 『近世對外交渉史論』(吉川弘文館, 2000).

제10장 에히메 현의 임란포로

강 항, 「간양록」, 『고전국역총서 해행총재』 2(민족문화추진회, 1968).

김동섭, 「수은 강항의 삶과 시」, 『한국한시작가연구』 8(한국한시학회, 2003).

김경옥, 「수은 강항의 생애와 저술활동」, 『도서문화』 35(목포대 도서문화연구소, 2010).

박균섭, 「강항이 일본 주자학에 끼친 영향」, 『일본학보』 37(한국일본학회, 1996).

박맹수, 「수은 강항이 일본 주자학 발전에 끼친 ., pp.39~66.

박은경, 「서일본 중국. 사국지역의 조선 15－16세기 불화고」, 『석당논총』 46(동아대 석당학술원, 2010).

이동영, 「강항의 일본에서 유학전수와 그의 시세계」, 『새국어교육』 54(한국국어교육학회, 1997).

이동희, 「수은 강항의 애국정신과 일본에의 주자학 전파」, 『유교사상연구』 12(한국유교학회, 1999).

윤유숙, 「근세초 서일본 지역 조선인 집단거주지」, 『사총』 68(고려대 역사연구소, 2009).

이경직, 「부상록」, 『고전국역총서 해행총재』 3(민족문화추진회, 1989).

伊藤義一, 「茶屋吉藏」, 『愛媛縣百科大事典』 下(愛媛新聞社, 1985).

片山清, 「住吉大社石文による地方史の発見(12)―伊豫松山藩商人と廻船業者―」, 『すみのえ』 208(住吉大社, 1993).

龜岡宇三郎, 「龜岡家家寶由來」(필사본, 1889).

北島万次, 『豊臣秀吉の朝鮮侵略』(吉川弘文館, 1995).

杉洋子, 『粧刀』(白水社, 1991).

寺崎宗俊, 『肥前名護屋城の人々』(佐賀新聞社, 1993).

内藤雋輔, 『文禄・慶長役における被擄人の研究』(東京大学出版会, 1976).

尹達世, 『四百年の長い道』(リーブル出版, 2003).

柳原多美雄, 「唐人町の話」, 『伊豫史談』 158(伊予史談会, 1960).

白田三雅, 「百濟魚文について」, 『子規會誌』 31(子規會, 1986).

曾我部松亭, 「百濟魚文」, 『伊豫史談』 71(伊豫史談會, 1932).

牧野龍夫, 「佃十義とその母」, 『伊豫史談』 179(伊豫史談會, 1965).

村上恒夫, 『姜沆 儒敎を伝えた虜人の足跡』(明石書店, 2007).

김달수, 『일본열도에 흐르는 한국혼』(동아일보사, 1993).

이규태, 『한국인의 밥상문화』(신원문화사, 2000),.

최남선, 『조선상식〈풍속편〉』(동명사, 1948).

최효식, 『임진왜란기 영남의병 연구』(국학자료원, 2003).

홍종필, 「두부비법을 전한 박호인」, 『동아일보』(1992년 4월 22일 자).

秋澤繁外 4人 編, 『土佐國史料集成 ― 南路志(2卷)―』(高知縣立圖書館, 1990).

岩原信守校注, 『土佐物語』(明石書店, 1997).

近藤日出男, 『まぼろしの稲を訪ねて』(日本圖書刊行會, 1987).

竹本義明, 『校注「土佐國職人繪歌合」』(土佐女子高等學校, 1989).

松野尾章行, 『土佐群書集成(16) 土佐國職人會歌合, 土佐國職人會歌合餘考』(高知地方
　　　史研究會, 1968).

松野尾章行, 『皆山集(9) ―地理(2), 自然, 産業編―』(高知縣立圖書館, 1970).

鄭大聲, 「豆腐のルーツ」, 『食文化の中の日本と朝鮮』(講談社. 1992).

村上恒夫, 『姜沆―儒教を伝えた虜囚の足跡―』(明石書店, 1999).

廣谷喜十郎, 「高知市 歷史散步〈315話〉 醫師. 經東らの動き」, 『高知市廣報あかる いま
　　　ち(692)』(高知市, 2011).

제12장 시코쿠 지역의 임란포로

권태명, 『한민족이 주도한 고대 일본문화』(시대정신, 2012).

김승한, 『일본에 심은 한국』 1(중앙일보사, 1979).

노성환, 「일본 에히메현의 임란포로에 관한 연구」, 『일어일문학』 54(대한일어일문학회,
　　　2012).

　　　　, 「임란포로 박호인 전승에 관한 연구」, 『일본어문학』 55(한국일본어문학회,

2012).

박은경, 「西日本中國·四國地域의 조선 15 - 16세기 佛畵考」, 『석당논총』 46(동아대학
　　교 석당학술원, 2010).

이경직, 「부상록」, 『고전국역총서 해행총재』 3(민문고, 1989).

윤유숙, 「근세초 서일본 지역 조선인 집단거주지」, 『史叢 68』(고려대 역사연구소,
　　2009).

정우택, 「일본 사국지역 조선조 전기 불화 조사 연구」, 『동악미술사학』 9(동악미술사학
　　회, 2008).

정희득, 「해상록」 1, 『고전국역총서 해행총재』 8(민문고, 1989).

大方町史改訂編纂委員會, 『大方町史』(大方町, 1994).

高知縣高等學校敎育硏究會歷史部會, 『高知縣の歷史散步』(山川出版社, 2006).

貫井正之, 『豊臣政權の海外進出と朝鮮義兵硏究』(靑木書店, 1996).

四國新聞社編, 『讚岐人物風景』(四國新聞社, 1980).

梶原鹽水, 『古今讚岐名勝圖會』(歷史圖書社, 1976).

高松市弦打小學校 PTA, 『弦打風土記』(1979).

寺崎宗俊, 『肥前名護屋城の人々』(佐賀新聞社, 1993).

內藤雋輔, 『文祿慶長役における被擄人の硏究』(東京大學出版會, 1976).

尹達世, 『四百年の長い道』(リーブル出版, 2003).

성율자 지음, 김승일 옮김, 『여인들의 한국사』(페이퍼로드, 2010).

## 제13장 산인 지역의 임란전승과 임란포로

服部英雄, 「前近代のチャイナタウン.コリアタウン」, 『동북아세아문화학회 국제학술대
　　회 발표자료집』(동북아세아문화학회, 2008).

井田村誌編纂委員會, 『井田村誌』(井田村, 1941).

沖本常吉 編輯, 『津和野町史』(津和野町史刊行會, 1970).

加藤一純·鷹取周成, 『筑前國續風土記附錄』 上(文獻出版, 1977).

鄉土部報, 『島前の傳承』(島根縣立隱岐島前高等學校, 1976).

佐伯元吉 編, 「因幡民談記」, 『因伯叢書』 1(名著出版, 1972).

酒井董美島·萩坂昇, 『日本の伝説 48-出雲.石見の伝説』(角川書店, 1980).

島根大學昔話研究會, 『益田の昔話』(益田の文化を育てる會, 2002).

鳥取県, 『鳥取県史 2-中世』(鳥取県, 1973).

鳥取県, 『鳥取県史 6-近世資料』(鳥取県, 1974).

鳥取県立公文書館　県史編纂室, 『江戸時代の鳥取と朝鮮』(鳥取県, 2010).

內藤正中, 『山陰の日朝関係史』(報光社, 1993).

內藤儁輔, 『文祿 慶長役における被擄人の研究』(東京大出版会, 1976).

楪範之, 『日野川の傳說』(立花書院, 1994).


## 제14장 울산에서 포로가 된 중국인

石井紫郎校注, 「赤穗義人錄」 下, 『近世武家思想』(岩波書店, 1977).

伊藤菊之輔, 『島根の陶窯』(1967).

柿木村誌編纂委員會, 『柿木村誌(1)』(柿木村, 1986).

柿木村教育委員會, 『唐人燒窯跡發掘調査槪報 -島根縣鹿足郡柿木村-』(柿木村, 1982).

可児弘明, 「研究ノート 孟二寛とその後裔」, 『史學(74卷-4號』(慶應義塾大学, 2006).

＿＿＿＿, 「研究ノート 孟二寛とその後裔〈補遺〉」, 『史學(75卷-2,3號』(慶應義塾大学, 2007).

＿＿＿＿, 「孟二寛研究の現状と問題点」, 『中央義士会会報』(中央義士会, 2007).

內藤寯輔, 『文祿 慶長役における被擄人の研究』(東京大出版会, 1976).

朴容寬, 「石見燒·唐人燒のルーツを探る」, 『リポート21:「21世紀·地球講座」から』(島根県立大学, 2004).

宮本哲治, 『古文書による赤穗義臣伝』(科学書院, 1988).

색인 511

색인 521